ICHAK A
Die Adizes-
Methode®

ICHAK ADIZES

Die Adizes-Methode®

Wie Unternehmen jung und dynamisch bleiben

Wirtschaftsverlag Langen Müller / Herbig

© 1988 by Ichak Adizes
Amerikanische Ausgabe by Prentice Hall, New Jersey
Titel der Originalausgabe: »Corporate Lifecycles«
Für die deutsche Ausgabe:
© 1995 by Wirtschaftsverlag Langen Müller/Herbig in
F. A. Herbig Verlagsbuchhandlung GmbH, München
Alle Rechte vorbehalten
Aus dem Amerikanischen von Jessica Jäger-Köhler
Redaktionelle Mitarbeit: Dr. Siegfried Augustin
Schutzumschlag: Adolf Bachmann, Reischach
Satz: Fotosatz Völkl, Puchheim
Druck: Jos. C. Huber KG, Dießen
Binden: R. Oldenbourg, München
Printed in Germany
ISBN 3-7844-7334-2

Meinem besten Freund, Marco Naiman

Inhalt

Vorbemerkung

Dieses Buch faßt die Erfahrungen einer 20jährigen Arbeit mit einigen hundert Unternehmen weltweit zusammen. Es entstand durch die Arbeit und die Vorträge vor einigen tausend Führungskräften aus der internationalen Wirtschaft und Politik. Jeder trug etwas dazu bei. Ich hörte zu, machte mir Notizen, analysierte und entwarf Konzepte und stelle das Ergebnis in diesem Buch vor. Die Liste derjenigen, denen ich Anerkennung schulde, ist endlos. Ihnen allen danke ich.

Meinen besonderen Dank verdienen Dr. Ivan Gabor vom Adizes-Institut, Professor William Newman und Dean Kirby Warren von der Columbia University, Joel Schiavone, Präsident der Schiavone Corporation, und Martin F. Saarinen, Direktor des Luther Theological Seminary in Columbia, South Carolina, für ihre Kommentare und Unterstützung. Lyn Castorina, Elaine Barber und Janet Kirkland redigierten dieses Buch. Clark Wigley stellte das Material zusammen und verfertigte die Graphiken. Rosemary tippte nicht enden wollende Entwürfe. Meine Söhne Topaz und Shoham mußten ihren Vater an vielen sonnigen Tagen missen.

Ihnen allen gebührt mein tiefster Dank.

Einführung

Lebende Organismen – gleichgültig ob Pflanzen, Tiere oder Menschen – unterliegen einem Phänomen namens *Lebenszyklen.* Organismen werden geboren, wachsen heran, altern und sterben. Während der Veränderungen in ihrem Lebenszyklus folgen diese Organismen vorhersehbaren Verhaltensmustern. Auf jeder Stufe führen diese Verhaltensmuster zu gewissen Kämpfen, zu Schwierigkeiten oder Übergangsproblemen, die das System überwinden muß. Zuweilen ist das System nicht erfolgreich, wenn es diese Probleme allein lösen will; es entwickelt Krankheiten oder Abnormitäten, die zur Lösung eine externe Einmischung verlangen.

Die Medizin hat über mehrere Jahrtausende diagnostische und therapeutische Methoden entwickelt, um organische Systeme zu behandeln. Die Methoden für Diagnostik und Behandlung der menschlichen Psyche sind noch nicht ganz so alt. Die Instrumente zur Diagnose und Behandlung des Verhaltens von Unternehmen – um eine Veränderung der Kultur und des Bewußtseins zu erwirken – stecken noch in den Kinderschuhen. Das Buch »Die Adizes-Methode®« ist ein Versuch, zu diesem zukunftweisenden Feld beizutragen.

Während ich als Berater für das Topmanagement tätig war, wurde mir bewußt, daß das Konzept der Lebenszyklen genausogut auf Unternehmen wie auf Produkte anzuwenden ist. Nachdem ich einige Jahre gleichzeitig bei verschiedenen Unternehmen gearbeitet hatte, hatte ich ein Déjà-vu-Erlebnis, ein Gefühl, als ob ich da schon einmal gewesen wäre. Es tauchten ähnliche Probleme bei vielen verschiedenen Mandanten auf. Es sah so aus, als ob ich einen bestimmten Typus von Sitzungsraum meiner Klienten vorhersagen konnte, ohne jemals zuvor einen Fuß hineingesetzt zu haben. Ich begann die Probleme, die sich mir darstellen würden, vorauszuahnen. Während ich Zeitungen und Studien über Unternehmen las, glaubte ich den Ausgang einer jeden Geschichte zu kennen.

Unternehmen haben Lebenszyklen wie lebende Organismen auch; sie erleben die normalen Kämpfe und Schwierigkeiten, die jede Stufe eines unternehmerischen Lebenszyklus begleiten, und sehen sich mit Übergangsproblemen konfrontiert, wenn die nächste Stufe der Entwicklung erreicht wird. Entweder lernen die Unternehmen, diese Probleme selbst zu meistern, oder sie entwickeln »anormale« Krankheiten, die das Wachstum beeinträchtigen – das sind Probeme, die gewöhnlich nicht ohne professionelle Hilfe von außen gelöst werden können.

Im Laufe der Jahre entwickelte ich eine Theorie, mit deren Hilfe Veränderungen in organisatorischen Kulturen vorhergesagt werden können und erklärt werden kann, weshalb Veränderungen auftreten. Ich erstellte eine präskriptive Theorie und erprobte praktische Schritte, wie man mit diesen Veränderungen umzugehen hat. Theorie und Praxis bieten den Klienten verschiedene eindeutige Vorzüge. Die Theorie ermöglicht es ihnen, den Unterschied zwischen normalen Problemen, die intern gelöst werden können, und anormalen Problemen, die einer Einmischung von außen bedürfen, zu erkennen. Weiß das Management, in welcher Phase des Lebenszyklus sich das Unternehmen befindet, kann es aktiv präventive Maßnahmen ergreifen und sich zukünftiger Probleme in einem früheren Stadium annehmen oder sie ganz vermeiden, weil sich die Stufen im Lebenszyklus der Unternehmen wiederholen und vorhersagbar sind.

Wenn ein Unternehmen den Schritt von einer Phase des Lebenszyklus zur nächsten vollzieht, tauchen Schwierigkeiten auf, die eine bestimmte Art von Energie erzeugen. Weiterhin wird ersichtlich, daß Organisationen die Erfahrung spezifischer, normaler Übergangsprobleme machen, wenn Energie darauf verwendet wurde, den Wechsel zu stimulieren. In manchen Fällen kann sich diese Energie aber auch nach innen richten, anstatt darauf, externe Probleme zu lösen.

Eine Erläuterung, bei der zwischen externem und internem Marketing unterschieden wird, kann hier hilfreich sein. *Externes Marketing*, das sind die Mittel, die ein Unternehmen einsetzt, um seine Dienste an seine Kunden zu verkaufen. Beim *internen Marketing* handelt es sich um die Zeit und die Energie, die Menschen in einem Unternehmen benötigen, einander gegenseitig ihre Ideen »zu verkaufen«, damit etwas passieren kann. Hierbei wird schnell deutlich, daß ein Unternehmen sowohl ineffizient und als auch ineffektiv wird, wenn das interne Marketing einen größeren Aufwand erfordert als das externe; es steckt in gewisser Weise fest. Wenn dieses Phänomen über einen langen Zeitraum anhält, wird es eine Abnormität, die eine Behandlung von außen erfordert – neue Energie muß importiert werden, um eine Veränderung herbeizuführen.

Die in diesem Buch dargestellte Adizes-Methode® erläutert, wie man intern verwendete Energie in nach außen gerichtete verwandelt, und sie beschreibt, wie man den Wandel im Innern nach außen bringt.

14

Die Fähigkeit, ein Unternehmen oder generell eine Organisation von innen her zu verändern, ist der wichtigste Grund dafür, daß es mit dieser Interventionsmethode möglich war, eine bedeutende Anzahl von Veränderungen in Unternehmen hervorzubringen; folglich konzentriert sich die Methode auf die Umwandlung intern verbrauchter in extern aufgewendete Energie. Je mehr Energie intern verbraucht wurde, die auch auf externe Kunden gerichtet werden kann, desto höher ist das Potential für Veränderungen.

Veränderungen, die aus der Adizes-Intervention resultieren, haben einen tiefgreifenden Einfluß auf das Klima in einer Organisation – gemeint ist damit, wie sich ein Unternehmen selbst sieht, wie die Mitarbeiter zueinander stehen, wie sie als Team miteinander arbeiten, wie sie Entscheidungen treffen und auf Probleme reagieren. Sie haben auch eine externe Wirkung, besonders darauf, wie gut sich die Unternehmen später am Markt entwickeln. Dieser Einfluß kann sich in Marktanteilen, im Gewinn, in der Wirtschaftlichkeit, in der Qualität des Services, in der Markentreue und in der Personalfluktuation widerspiegeln.

Anwendbarkeit

Diese Methodik zur Veränderung von Unternehmenskulturen ist auf Organisationen in den verschiedensten Branchen und unterschiedlicher Größe, gemessen am Umsatzvolumen oder an der Zahl der Beschäftigten, anwendbar.

Diese Methodik wurde bisher bei etwa 450 Organisationen angewandt – bei solchen, die auf Gewinn abzielen, ebenso wie bei Organisationen ohne Gewinnorientierung. Die Größenordnung dieser Organisationen reichte von 30 bis 90.000 Beschäftigten in verschiedenen Branchen: Bauwesen, Schwerindustrie, religiöse Organisationen, Regierungen, Fast Food und Banken. Die Methodik wurde in 20 Ländern angewendet: in Australien, Brasilien, Dänemark, England, Deutschland, Ghana, Griechenland, Grönland, Island, Indien, Israel, Malaysia, Mexiko, Norwegen, Zimbabwe, Südafrika, Spanien, Schweden, in den Vereinigten Staaten und in Venezuela.

Domino's Pizza ist eines der Unternehmen, die diese Theorie des Managements praktiziert haben – ein Unternehmen, das seinen Umsatz innerhalb von sieben Jahren von 150 Millionen Dollar auf 1,5 Milliarden erhöhte. Eine andere Organisation, mit der ich intensiv arbeitete, um sie zu entbürokratisieren und ihre Position im Lebenszyklus zu ändern, ist die zweitgrößte Bank der Welt, die Bank of America mit 120 Milliarden Dollar Bilanzsumme und 90.000 Mitarbeitern. Die Theorie ist auch für nicht gewinnorientierte Organisationen geeignet, einschließlich der weltweit größten Wohlfahrtsorganisation für Kinder, dem Los Angeles Department of Children's Services. Im Gesundheitsministerium von Ghana förderte ich die Einrichtung der Health Delivery Planing Unit, die von der Weltgesundheitsorganisation als ein Modell für die Dritte Welt betrachtet wird. Ich habe mit dem Büro des schwedischen Premierministers beratschlagt, wie die Regierungsmaschinerie und die Bürokratie verjüngt werden könnten. (Unglücklicherweise wurde der therapeutische Teil in Schweden niemals ausgeführt, da die Regierung unter Premierminister Felding, der mich als Berater berufen hatte, ihre Mehrheit im Parlament verlor und das Projekt damit beendet war.) Zu den kleineren Unternehmen, bei denen das System angewandt wurde, zählte ein Nahrungsmittel-Broker in Chicago mit 80 Beschäftigten, eine Kirche in Downey in Kalifornien und eine Kette von Lebensmittelgeschäften.

Ein echter Beweis für die Gültigkeit jeder Technik oder Methodik ist dann gegeben, wenn andere Anwender die Konzepte und Werkzeuge benutzen können, um Resultate und Erfolge zu erzielen, die mit denen der Entwickler vergleichbar sind. Die hier beschriebenen Theorien wurden von anderen getestet und von mehr als 75 geprüften Adizes-Partnern in zehn Ländern demonstriert. Ferner wurden sie in den vergangenen zehn Jahren in Vorlesungen und in anderer Form von Zigtausenden Vorstandsvorsitzenden von Organisationen aus der ganzen Welt geprüft. Ihre Erfahrungen und ihre Reaktionen auf meine Ideen waren eine unschätzbare Hilfe für dieses Buch.

Die Adizes-Methode® ist aufgeteilt in vier Teile. Teil I beinhaltet eine Beschreibung des Verhaltens von Organisationen während der verschiedenen Stadien, so daß die Position, in der sich eine Organisation im Lebenszyklus befindet, bestimmt werden kann. Die ersten drei Kapitel beschreiben die normalen und anormalen Probleme, die während jeder Phase des Wachstums und des Alterns auftreten. Das vierte Kapitel erläutert, auf welche Weise sich Ziele und Führungsstile im Laufe des Lebenszyklus ändern müssen und wie man feststellt, an welchem Punkt der Kurve des Lebenszyklus sich eine Organisation befindet.

In Teil II werden die Instrumente für die Analyse des Wandels im Verhalten einer Organisation während des Wachstums vorgestellt.

Diese Werkzeuge führen den Leser in eine Managementtheorie ein, die ich im Laufe der Jahre entwickelt habe, um die Vorgänge zu verstehen, die notwendig sind, um die Position einer Organisation im Lebenszyklus zu verändern. Diese analytischen Werkzeuge werden in Teil III angewendet, um vorhersagen zu können, auf welche Weise sich organisatorische Strukturen ändern.

In Teil IV lassen wir Beschreibung und Analyse hinter uns und wenden uns den *Rezepten* zu, der zu verordnenden Medizin. Hier stellen wir die praktischen Schritte vor, mit denen es möglich ist, organisatorisches Verhalten zu verändern und organisatorische Kulturen und ihre Leistungsfähigkeit zu beeinflussen.

Während sich dieses Buch hauptsächlich auf Unternehmen konzentriert, zeigt es auch Parallelen zu Ehen auf, dem persönlichen Wachstums- und Alterungsprozeß, es weist auf Ähnlichkeiten hin bei Zivilisationen, biologischen Systemen und Religionen. Diese Parallelen wurden nur dargestellt, um einzelne Punkte zu erklären und das Nachdenken über diese Ähnlichkeiten anzuregen.

Dieses Buch gibt weder einen Überblick über die gegenwärtige Managementliteratur, noch liefert es einen Befund zu einem begrenzten Gebiet. Mit ihm werden eher Konzepte getestet, Erfahrungen analysiert und die Vorzüge verdeutlicht, die die Anwendung der Methodik beim Kunden hervorbringt. Der Beweis für die Gültigkeit der Theorie ist ihre Anwendbarkeit und die Tatsache, daß andere die gleichen Ergebnisse erzielen können.

Ichak Adizes
August 1988
Adizes Institute

Teil I

Der Lebenszyklus eines Unternehmens

Einleitung zu Teil I:

Das Wesen des Wachstums- und des Alterungsprozesses in Unternehmen

Wie bei lebenden Organismen manifestieren sich das Wachstum und das Altern von Organisationen zuerst in der Wechselbeziehung von zwei Faktoren: Flexibilität und Steuerbarkeit. Organisationen sind sehr flexibel, solange sie jung sind; sie sind aber nicht immer steuerbar. Im gleichen Maß, wie Organisationen altern, verändert sich das Verhältnis. Die Steuerbarkeit nimmt zu, und die Flexibilität nimmt ab. Es ist der gleiche Unterschied wie bei einem Kleinkind und einer älteren Person. Das Kleinkind ist sehr flexibel und kann seinen Fuß in den Mund stecken, während seine Bewegungen und sein Verhalten nicht leicht zu steuern sind. Mit zunehmendem Alter kann ein Mensch schließlich auch seine Steuerbarkeit verlieren.

Junge Organisationen sind sehr flexibel. »Früher haben wir 80 Prozent unserer Mittel beim Frühstück auf den Stufen vor dem Geschäft verplant«, erzählte mir einer der Gründer von Logicon, eines großen High-Tech-Unternehmens in Südkalifornien. »Aber jetzt, nachdem wir gewachsen sind, braucht selbst eine kleine Investition Monate und Berge von Papier, ehe sie verabschiedet wird.«

Ein Wort der Vorsicht: Größe und Zeit sind keine Ursachen für Wachsen und Altern; große Unternehmen mit langer Tradition sind nicht automatisch alt und kleine Unternehmen ohne Tradition nicht unbedingt jung. Ich habe 100 Jahre *junge* und zehn Jahre *alte* Unternehmen diagnostiziert. So erscheint Phillip Morris vom Verhalten her als ein junges Unternehmen, obwohl es zu der Zeit, als ich mich mit ihm beschäftigte, Umsätze in Höhe von 8,5 Milliarden Dollar aufwies. Es gibt viele Unternehmen, die als alt gelten können, selbst dann, wenn sie nicht besonders groß sind oder noch nicht lange existieren.

»Jung« bedeutet, daß die Organisation sich verhältnismäßig leicht ändern kann, obwohl man nicht vorhersagen kann, wie sie sich verhalten wird, da ihre Steuerbarkeit nur gering ausgeprägt ist. »Alt« bedeutet, daß ein steuerbares Verhalten vorliegt, die Organisation aber nicht flexibel ist; sie neigt kaum zu Veränderungen.

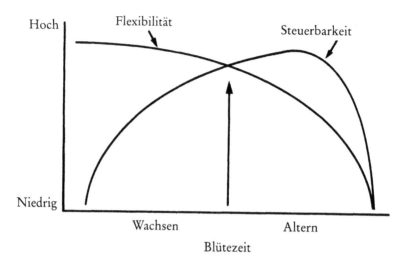

Abb. 1: Das Wesen des Wachstums und des Alterns

Eine Organisation ist weder zu alt noch zu jung, wenn sie sowohl flexibel als auch steuerbar ist. Sie hat die Vorteile der Jugend und der Reife auf ihrer Seite. Dieses Stadium bezeichne ich als Blütezeit. Eine solche Organisation kann die Richtung ändern und diesen Wandel wie gewünscht vollziehen. Die Organisation kann steuern, was sie machen möchte. Das Ziel des Buches ist, herauszufinden, wodurch Flexibilität und Selbstkontrolle beeinflußt werden und wie man mit solchen Faktoren umgeht, so daß die Organisation zur Blüte gelangt und dort verweilt.

Die Natur der Probleme

Bei wachsenden und alternden Unternehmen erzeugen relativ geringe Flexibilität und Selbstkontrolle vorhersehbare und sich wiederholende Schwierigkeiten, die von Managern üblicherweise als »Probleme« bezeichnet werden. Die Aufgabe des Managements besteht nicht darin, Situationen zu schaffen, in denen es keine Probleme gibt, sondern darin, die Organisation zur Blüte zu führen und dabei einen Katalog an Problemen durch einen anderen zu ersetzen.

Wachsen ist gleichbedeutend mit der Fähigkeit, größere, komplexere Probleme zu meistern. Die Funktion der Führung besteht somit

22

darin, die Organisation so zu führen, daß sie fähig ist, sich zum nächsten, anspruchsvolleren Stadium des Lebenszyklus zu bewegen. Dieses Wissen erwarb ich als Kind von meiner Mutter. Ich kam nach Hause und beschwerte mich über meine Probleme; sie erwiderte: »Wenn du jetzt nicht mit diesen Problemen umgehen kannst, wie willst du dann die größeren Probleme lösen, die als Erwachsener auf dich zukommen? Das hier ist nichts im Vergleich zu dem, was auf dich zukommt.«

Es gibt ein sephardisches Sprichwort, das es, so nehme ich an, auch in anderen Kulturen gibt. »Kleine Kinder – kleine Sorgen. Große Kinder – große Sorgen.« Man kann die Größe einer Person an der Größe ihrer Probleme ablesen, die sie beschäftigen. *Kleine* Menschen verbringen ihr Leben mit dem Nachsinnen über kleine Probleme: Was hat der Nachbar getan oder nicht getan, wer trägt welches Make-up oder fährt welches Auto? *Große* Leute sorgen sich um große Probleme, um solche, die komplexer zu analysieren und schwieriger zu lösen sind. Sie suchen nach Erkenntnissen über ihr eigenes Leben – über die Natur der Umgebung, die Lebensqualität, das politische System, die Erziehung ihrer Kinder und die nächste Generation. Ein Mensch muß aus den kleinen Problemen herauswachsen, um die Energie zur Lösung größerer Probleme freizusetzen. Das ist der Prozeß des Wachsens und Reifens. Das gleiche gilt für Organisationen.

Altern bedeutet, daß die Fähigkeit, Probleme zu meistern, abnimmt. Die gleichen Probleme, mit denen eine Organisation seit Jahren zu tun hat, erscheinen zunehmend unbeherrschbar, wenn die Organisation altert. Dieser Prozeß des Alterns kann umgekehrt werden. Das Ziel des Managements ist es, für ausgewogenes Wachstum oder eine Verjüngung zu sorgen, die Organisation zur Blüte zu bringen und sie in diesem Zustand zu halten.

Der Schlüssel zum Erfolg im Management liegt also nicht in der Eliminierung sämtlicher Probleme, sondern in der Konzentration auf die Probleme im gegenwärtigen Stadium des Lebenszyklus, so daß die Organisation wachsen und reifen kann, um die Probleme des nächsten Stadiums angehen zu können. Wenn die Organisation die Blüte erreicht, ist der Erfolg von der Behandlung der *Ursachen* des Alterungsprozesses abhängig, damit die Organisation nicht altert. Das Altern ist ein Prozeß, der sich in den Organisationen nicht ereignen muß. Eine Organisation kann immer in der Blüte bleiben, wenn sie sich selbst verjüngen kann – ein Thema, welches in diesem Buch besprochen wird.

Zu leben bedeutet, ununterbrochen Probleme zu lösen. Je erfüllter ein Leben ist, desto komplexer sind die Probleme. Das gilt auch für Organisationen. Um eine Organisation zu führen, muß man unaufhörlich Probleme lösen. Eine Organisation ohne Probleme existiert nur dann, wenn es keine Veränderung gibt. Und dies ist lediglich dann der Fall, wenn die Organisation tot ist. Hat man Probleme gelöst und stellen sich keine neuen und komplexeren ein, so kann man diesen Zustand mit dem Sterben vergleichen.

Eine Erleichterung, die Manager in meinen Vorträgen über die Lebenszyklustheorie erfahren, ist die Erkenntnis, daß nicht sie alleine mit Problemen konfrontiert sind. Es ist normal, Probleme zu haben. Sie gehören zum Leben, in diesem Fall zum Management. Es ist der Glaube, daß nur er allein Probleme hat, der einen Menschen dazu bringt, sich unzulänglich zu fühlen. Das kann einen schwächenden Einfluß haben. Weiß man, welche Probleme normal sind und von anderen in der gleichen Situation geteilt werden, erkennt man, daß die Probleme nicht durch einen selbst verursacht wurden, sondern durch die Situation.

Eines Tages kam ein Direktor zu mir, der meine Vorträge schon seit langem besuchte, um sich einen persönlichen, das Management betreffenden Ratschlag zu holen. Er hatte anscheinend eine Menge überwältigender Probleme, über die er sprechen wollte. Während er mich zu einer benachbarten Stadt fuhr, hörte ich ihm zu und stellte fest, daß seine Probleme so ernst nicht waren. Ich erzählte ihm meinerseits freimütig von meinen Managementproblemen, um ihm einen Bezugspunkt anzubieten. Er war überrascht.

»Sie haben Probleme? Sie sehen aus, als ob Ihnen so etwas nie passiert.«

Nun war es an mir, überrascht zu sein. Warum konnte er denken, daß ich nie Probleme hatte? Ich war mir bald darüber im klaren, daß er mir das Etikett »Keine Probleme« angehängt hatte, so wie ich es mit anderen gemacht hatte. Bald wurde mir bewußt, daß *wir alle Probleme haben*. Einige Menschen bringen es fertig, völlig unbeschwert zu wirken, wenn ihnen das Wasser bis zum Hals steht, aber sie verhalten sich wie Enten: An der Oberfläche scheinen sie ruhig, während sie unter Wasser hektisch paddeln.

Nicht alle Probleme sind jedoch normal. Welche Probleme sind die *richtigen*, die man haben darf? Ich möchte dies an einem Beispiel verdeutlichen. Nehmen wir einmal an, ich beschreibe eine Person mit folgenden Charakteristika: Sie weint viel, schläft viel und trinkt eine

Menge Milch. Ist das ein problematisches Verhalten? Die typische Antwort ist nein, weil man davon ausgeht, daß von einem Säugling die Rede ist. Was würden Sie aber sagen, wenn ich Ihnen erklärte, bei diesem Individuum handle es sich um einen 45 Jahre alten Mann, der Vorstandsvorsitzender eines Unternehmens ist?

Ob ein Verhaltensmuster ein Problem darstellt oder nicht, hängt davon ab, ob das Verhalten für den speziellen Abschnitt im Lebenszyklus normal oder nicht normal ist. Dieser Satz besitzt Gültigkeit sowohl für eine Person als auch für ein Unternehmen. Mit anderen Worten: Um im Management erfolgreich zu sein, müssen wir in der Lage sein, zwischen normalen Problemen, die in einer Organisation an einem bestimmten Punkt der Entwicklung auftreten, und anormalen oder pathologischen Problemen, die zum Ableben eines Unternehmens führen, zu unterscheiden.

Normale Probleme contra anormale Probleme

Unter normalen Problemen verstehen wir solche, die eine Organisation aus eigener Kraft lösen kann; es werden Prozesse in Gang gesetzt und Entscheidungen getroffen, die die Probleme zu überwinden helfen. Wenn diese Probleme für dieses Stadium im Lebenszyklus vorhersehbar sind – das heißt, wenn jede Organisation sie in diesem Stadium hat, obgleich mit unterschiedlicher Intensität und von anderer Dauer –, bezeichne ich sie als *Vorkommnis*. Wenn sie unerwartet sind, spreche ich von *Übergangsproblemen*; sie werden verschwinden, wenn der Übergang von einem Stadium zum nächsten im Lebenszyklus vollzogen ist.

Anormale Probleme hingegen erfordern eine externe, professionelle Intervention. Die Organisation ist matt gesetzt. Dieselben Probleme wiederholen sich über einen unerwartet langen Zeitraum, und die Versuche des Managements, sie zu lösen, erzeugen nur unerwünschte Nebeneffekte. Anormale Probleme, mit denen man an einer bestimmten Stelle des Unternehmenslebenszyklus häufig konfrontiert wird, sind für mich *Komplexitäten*. Selten auftretende anormale Probleme bezeichne ich als *pathologisch*.

Bei Betrachtungen über die Lebenszyklustheorie wird uns bewußt, daß es in jedem gegebenen Stadium zahlreiche Probleme gibt. Sie sind vorhersehbar und sollten innerhalb der Organisation gemeistert werden. Diese Probleme sollten eher als Vorkommnisse denn als Probleme betrachtet werden, die an der Energie zehren. Das Management kann sie bewältigen und funktioniert und wächst dabei weiter. Ein Problem kann als pathologisch angesehen werden, wenn das Management dieses Problem eigentlich gar nicht haben sollte und wenn es unfähig ist, die Situation sofort in den Griff zu bekommen. Die Organisation benötigt Hilfe von außen, weil sie Schwierigkeiten hat, die Energie zur Lösung des Problems *selbst* aufzubringen.

		Kann von der Organisation selbst bewältigt werden	
		Ja	Nein
In diesem Stadium des Lebenszyklus erwartete Probleme	Ja	Vorkommnis	Komplexität
	Nein	Übergangs- problem	Pathologisches Problem

▨ = Normales Problem
▢ = Anormales Problem

Abb. 2: Die Natur der Probleme

Pathologische Probleme schwächen die Entwicklungsfähigkeit der Organisation. Die Organisation wird matt gesetzt und verfängt sich in einem bestimmten Stadium des Lebenszyklus. Die Organisation ist »festgefahren« wie ein Mensch, der sich beispielsweise in der Lebensmitte befindet, doch anstatt die Probleme dieses Lebensabschnittes zu haben, sich noch immer mit den Problemen eines Heranwachsenden beschäftigt.

Nehmen wir drei Beispiele für Organisationen:

1) Ein Beispiel für ein Vorkommnis: die Liquiditätslücke. Das passiert häufig bei Organisationen, die in den Kinderschuhen stecken; auf jeden Fall können gutgeführte Organisationen das umgehend regeln. Aber das Ausmaß dieses Engpasses kann größer als erwartet sein. Solange das Management in einem schnell wachsenden Unternehmen mit einem erwarteten Engpaß umgehen kann, ist es ein Übergangsproblem. Wenn das Management diese Sache nicht in den Griff bekommt, wird dasselbe Problem zur Komplexität, und wenn die Lücke gewaltig und das Management unfähig ist, damit umzugehen, handelt es sich um ein pathologisches Problem, welches den Tod des jungen Unternehmens zur Folge haben kann.

2) Ein Beispiel einer Komplexität, die sich in ein pathologisches Problem verwandeln kann; der extrem autokratische Führungsstil. Diesem Phänomen begegnet man häufig in den frühen Phasen des Wachstums, aber die Organisation ist vielleicht nicht fähig, dieses Problem selbst zu lösen. Das Management könnte sich in seinem eigenen Netz verfangen haben. Es gibt keine interne Energiequelle, um den Managementstil zu ändern; sogar die Geschäftsführer werden praktisch von diesem Manager ernannt und gesteuert. Diese Komplexität kann sich zu pathologischen Problemen hin verschlechtern – unerwartete Probleme könnten auftauchen, die noch weniger von der Organisation gesteuert werden können. Ein Beispiel für ein pathologisches Problem ist das *Gründerfallensyndrom*. Hierbei beherrscht der Gründer die Organisation, und ihr Erfolg ist so gut wie ausschließlich abhängig von der Ansprechbarkeit des Gründers. Der Gründer ist der größte Aktiv- und der größte Passivposten der Organisation. Stirbt dieser Mensch, stirbt oft auch die Organisation, oder die Familie, der dieses Unternehmen gehört, verliert die Kontrolle. Gewöhnlich spielt sich das innerhalb von drei Generationen ab. Die Falle besteht meistens darin, daß die Organisation sich nicht *selbst* aus dieser Zwangslage befreien kann.

3) In den Alterungsphasen ist die Bürokratisierung – die abnehmende Fähigkeit einer Organisation, den Bedürfnissen der Kunden gerecht zu werden – das wiederkehrende Problem. Da die Blüte die wünschenswerteste Stufe im Lebenszyklus ist – es besteht keine Notwendigkeit, dieses Stadium zu verlassen –, kann, wenn die Organisation diese Verschlechterung nicht aus eigener Kraft abwenden kann, das Altern als ein anormales Phänomen angesehen werden, das ebenfalls einer Behandlung bedarf.

Eine *Heilbehandlung* sollte die pathologischen Probleme der Organisation beseitigen, so daß sie sich zur nächsten Stufe des Lebenszyklus bewegen kann und mit neuen, normalen Problemen konfrontiert wird. Eine *Präventivbehandlung* sollte die Fähigkeit der Organisation fördern, anormale Probleme in zukünftigen Phasen des Lebenszyklus zu vermeiden, so daß sich keine neuen Komplexitäten oder Pathologien entwickeln.

Die Adizes-Methode® ist eine diagnostische Methode zur Differenzierung verschiedener Problemtypen. Sie ist auch eine heilende und vorbeugende *Interventionsmethodik*. Ihr Ziel ist die Überwindung der komplexen und pathologischen Probleme im Wachstums- und Alterungsprozeß, und sie soll die Organisation zur Blüte führen und die interne Fähigkeit der Organisation fördern, sich dort zu halten.

Diagnose und Behandlung anormaler organisationseigener Probleme, seien sie pathologischer oder komplexer Natur, stehen im Mittelpunkt dieses Buches, Probleme, die das Unternehmenswachstum verhindern oder verzögern und die Fähigkeit der Organisation beeinträchtigen, mit zukünftigen Problemen zurechtzukommen. Ferner ist »Die Adizes-Methode®« ein präventives Mittel; es soll helfen, eine Verschlimmerung der Probleme zu vermeiden, die dadurch eintreten kann, daß sich Vorkommnisse in Übergangsprobleme oder Schlimmeres verwandeln und Übergangsprobleme und Komplexitäten zu pathologischen Problemen werden.

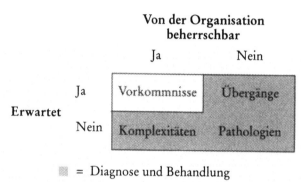

= Diagnose und Behandlung

Abb 3: Das Wirkungsfeld der Adizes-Interventionsmethode

In Teil I beschreiben wir die Probleme von Organisationen in den jeweiligen Stadien des Lebenszyklus. Ob diese Probleme Vorkommnisse oder Komplexitäten sind, ist davon abhängig, wie lange die Probleme ungelöst blieben. Ob sich die Probleme eher als Übergangsprobleme oder als Vorkommnisse entpuppen, variiert von einer Organisation zur nächsten und hängt vom internen politischen Zustand der Organisation ab (siehe Kapitel 5). In beiden Fällen können sie sich in pathologische Probleme verwandeln, wenn sie nicht rechtzeitig behandelt werden. Dieses Buch wird eine diagnostische, eine therapeutische und eine präventive Methode vorstellen, die es ermöglichen, solche Entwicklungen zu verhindern.

1. Der Lebenszyklus einer Organisation: Die Phasen des Wachstums

Werbungsphase

Die erste Stufe in der Entwicklung einer Organisation wird Werbungsphase genannt. Die Organisation ist noch nicht geboren, sie existiert lediglich als Idee.

Werbungsphase

Abb. 4: Die Stufe der Umwerbung

Erste Entschlossenheit

In der Werbungsphase liegt der Schwerpunkt auf Ideen und auf den Möglichkeiten, die die Zukunft bereithält. Obwohl die Organisation als Gebäude noch nicht steht und manche sich fragen, worum es bei der Aufregung und dem Enthusiasmus eigentlich geht, geschieht etwas sehr Wichtiges. Während dieser Zeit kann das Unternehmen mit einem Flugzeug verglichen werden, das am Anfang der Startbahn steht, bereit zum Take-off. Der Pilot fährt die Motoren hoch und macht eine Menge Lärm. Obwohl nichts Substantielles zu passieren scheint, ereignet sich etwas Entscheidendes. Der Druck und die Triebkraft werden aufgebaut, so daß das Flugzeug, sind die Bremsen einmal gelöst, schnell und sanft abheben kann. Ein analoges Phänomen ereignet sich in der Werbungsphase der Organisationsentwicklung. In dieser Zeit der vielen Gespräche, ohne daß etwas geschieht, baut der Gründer ein Engagement auf. Er geht mit seiner Idee, »wie großartig das alles werden wird«, »hausieren«.

Wem verkauft er seine Idee? Sich selbst. Die Bindung an die Idee wird innerlich aufgebaut, und gleichzeitig wird die Idee an anderen ausprobiert. Was denken sie darüber? Ist die Idee lebensfähig? Je öfter er anderen seine Idee verkauft, desto stärker wird seine eigene Bindung an die Idee.

Das gleiche Phänomen ereignet sich in der Werbungsphase vor einer

Eheschließung. Wir nennen es: sich verlieben. Es scheint, als ob das Verliebtsein ein notwendiges Vorspiel für eine Heirat ist; eine Bindung wird aufgebaut, die notwendig ist, um eine Eheschließung zu tragen.

Damit ein Flugzeug fliegen kann und die Funktion erfüllt, für die es gebaut wurde, muß es zunächst einmal abheben. Um in der Luft zu fliegen, braucht es den Vorwärtsschub – die Triebkraft, die sich entwickelte, während der Motor auf Touren kam. Ähnlich verhält es sich bei einer Organisation. Eine Organisation muß Risiken auf sich nehmen, wenn sie beginnt, die Funktion zu entwickeln, für die sie geplant wurde. Ohne das entsprechende Engagement, das in der Phase des Werbens aufgebaut wurde, wird aber kein Risiko akzeptiert.

Flugzeug	Organisation	Heirat
Aufbau der Schubkraft; Antrieb	Engagement aufbauen	verlieben
Start	Risiko eingehen	Bindung eingehen
Flug	Schuhe verkaufen (z. B.)	Familie gründen

Dieser Prozeß des Bindungsaufbaus wird begleitet von Aufregung, Enthusiasmus und Gefühl – oder »Hitze«, als ob Energie in einem Punkt zusammenkäme, um dann freigesetzt zu werden.

Der Aufbau der Bindung kann anormale Probleme, Komplexitäten oder pathologische Probleme mit sich bringen. Im Vorfeld einer Eheschließung z. B. können in der Bindung und der Liebe unrealistische Versprechen gemacht werden, die später von einem oder beiden Partnern bedauert werden.

In ähnlicher Weise kann sich ein identisches Problem in der Werbungszeit des Lebenszyklus einer Organisation ereignen. Der Gründer kann sich dazu verleiten lassen, Versprechungen zu machen, die er im Rückblick bedauern könnte. Es scheint zum Aufbau des Engagements dazuzugehören, Versprechungen abzugeben. Die Gründer geben oft Anteile an dem zukünftigen Unternehmen an Familienmitglieder, Anwälte oder Freunde ab oder versprechen dies. Es scheint, als ob all diese Nutznießer dem Gründer ihre Unterstützung nur vage versprechen müssen, um ein Stück des Kuchens zu bekommen. Das ist leicht getan, weil das Unternehmen in dieser Phase des Lebenszyklus noch keinen greifbaren Wert hat. Der unerfahrene Gründer glaubt nicht, daß er etwas Wertvolles weggibt. Später wird der Gründer von dieser Freigebigkeit verfolgt werden.

Im Falle einer Ehe ist für die Etablierung einer Bindung eine Liebesbeziehung notwendig. Im Unternehmenslebenszyklus muß sich der Gründer in die Idee des entworfenen Unternehmens verlieben. Später, wenn das Unternehmen tatsächlich existiert, ist es die Liebe zu seinem Kind, die den Gründer während der schwierigen Zeiten der frühen Kindheit motiviert.

Eine Organisation wurde geboren, wenn die Bindung erfolgreich allen Prüfungen standgehalten hat – wenn Risiken eingegangen wurden. Im umgekehrten Fall stirbt eine Organisation, wenn niemand mehr Engagement für ihren Betrieb verspürt. Folglich ist die Intensität des Engagements, das eine Organisation beim Aufbau braucht, Gradmesser für das Risiko, das die Organisation erfordert, wenn sie denn einmal zum Leben erweckt wurde. Wenn wir die Größe des Flugzeugs kennen, können wir dem Piloten sagen, wieviel Schub nötig ist, damit er vom Boden abheben kann. Wenn wir die Schwierigkeiten in einer Ehe voraussagen können, können wir auch vorhersehen, wieviel Bindung es braucht, um eine Scheidung zu verhindern. Wenn wir die Größe des Risikos kennen, dem sich das Unternehmen gegenübersehen wird, können wir dem Gründer sagen, wieviel Bindung ihm und anderen Menschen für einen erfolgreichen Stapellauf der Organisation abverlangt wird.

Wenn Erfinder, die mit einem neuen Produkt ein Unternehmen gründen wollen, zu mir kommen, höre ich zunächst nicht darauf, *was* sie sagen. Ich achte darauf, *wer* spricht und *wie* er etwas sagt. Man braucht mehr als eine gute Idee, einen Markt und das Geld im Rücken, um ein erfolgreiches Unternehmen zu gründen. Das Unternehmen braucht einen *Vorkämpfer für ein Produkt,* der nachts kein Auge schließt, wenn das Unternehmen erst einmal existiert.

Ich frage die potentiellen Unternehmensgründer: »Wer wird der Kopf des Unternehmens sein?« Und wenn sie mir antworten, »Wir suchen jemanden«, so antworte ich: »Kommen Sie wieder, wenn Sie jemanden gefunden haben. Reden wir nicht in einem Vakuum über Marktforschung. Wir müssen das Engagement der Person testen, die die Ergebnisse der Marktforschung in die Realität umsetzt.«

Wenn Menschen Ideen für die Gründung neuer Organisationen vorstellen, muß man den »Lärmpegel« oder die »Umdrehungszahl des Motors« prüfen. Wie stark sind sie wirklich engagiert? Sind sie insbesondere finanziell an diese Sache gebunden? Je größer die Aufgabe, desto stärker muß das Engagement sein; es sollte den Schwierigkeiten, eine solche Organisation auf lange Sicht zu führen, angemessen sein. Die Schwierigkeit, eine Organisation zu etablieren, kann an der Komplexität ihrer »Geburt« gemessen werden; an der Schnelligkeit eines positiven Feedbacks (Wie lang wird es dauern, bis sich positive Ergebnisse einstellen werden?) und am Grad der notwendigen Innovation (Wie viele »heilige Kühe« müssen geschlachtet werden?). Wenn das Engagement nicht den zu erwartenden Schwierigkeiten entspricht, wird es für »Geburtswehen« verschwendet – eine tote Organisation wird geboren.

Die Relation von Engagement und Risiko kann man sich auch auf einer Makroebene vor Augen führen. So kann beispielsweise der Erfolg oder Mißerfolg einer Revolution vorhergesagt werden, indem man sich das Engagement der Revolutionäre näher anschaut. Das Engagement muß der Schwierigkeit der Aufgabe gleichkommen, wenn man eine Revolution durchführen will. Die Aufgabe, eine Gesellschaft zu ändern, ist gewaltig. Die Revolutionäre müssen bereit sein, für ihre Sache zu sterben, wenn sie einen umwälzenden Wandel (was eine Revolution per definitionem ist) erreichen wollen. In Teilen der Vereinigten Staaten war es in den frühen 80er Jahren unter iranischen Exilanten populär, gegen die Regierung von Ayatollah Khomeini zu protestieren. Obwohl es viele wütende Drohungen und Transparente gab, waren nur wenige der Protestierenden bereit, für ihre Sache zu sterben. Der Grad ihres Engagements war eine eindeutige Indikation für das längerfristige Erfolgspotential der Bewegung.

Wie sagte Conrad Hilton: »Wenn man große Schiffe vom Stapel lassen möchte, muß man dahin gehen, wo das Wasser tief ist.« Zu viele Leute versuchen, ihre Karriere in seichtem Wasser zu starten.

Ein starkes Engagement ist der Schlüssel zum Erfolg; es erhält eine Organisation, wenn sie das Licht der Welt erblickt hat, am Leben oder bringt sie um. Wenn das Engagement nicht genug Substanz besitzt, bricht die Organisation oftmals schon bei den ersten Anzeichen rauher Zeiten zusammen.

Produktorientierung des Gründers: Prophet oder Profit?

Wenn wir über die Entschlossenheit, Risiken einzugehen, reden, sollte die Frage gestellt werden: Warum ist jemand engagiert? Was motiviert den Gründer oder den Vorkämpfer für ein Produkt? Will er nur

Geld verdienen? Das ist ein unzureichendes Engagement in dieser Phase des Lebenszyklus. Niemand weiß mit Bestimmtheit, welche Gewinne ein Unternehmen erwirtschaften wird. Stellen wir uns einen Säugling in seiner Wiege vor: Sind seine Eltern nur deswegen motiviert, ihn zu füttern und ihm die Windel zu wechseln, damit er einmal Arzt oder Anwalt wird und sie in ihrem Alter unterstützt? So sollte es besser nicht sein.

Die Motivation eines Gründers muß transzendental sein; sie muß über die engen Grenzen des schnellen Gewinns hinausgehen. Das Engagement darf nicht nur rational sein, es muß vor allem ein emotionales Engagement für die Idee und deren Funktionalität am Markt vorhanden sein. Der Gründer sollte auf einen wahrgenommenen Bedarf reagieren; die Idee sollte ihn so gefangennehmen, daß er nicht anders kann, als diesen Bedarf zu decken. Der Gewinn oder das Geld, welches das Produkt oder die Dienstleistung abwirft, bestätigen lediglich die Gültigkeit der Einschätzung der Situation von seiten des Gründers.

Während der Werbungsphase sollten die Befriedigung eines Marktbedarfs und die zusätzliche Wertschöpfung die treibenden Motivationen des Gründers sein. Er sollte völlig eingenommen sein vom Bedarf, den das Produkt decken wird; und falls er herausgefordert wird, sollte er die Funktionalität seines Produkts und seiner Dienstleistung verteidigen. Wenn wir den Gründer danach fragen, wie er sein Unternehmen in fünf Jahren sieht, sollte er ein Unternehmen beschreiben, das seine Kunden zunehmend besser bedient – ein Unternehmen, das die Bedürfnisse effektiver befriedigt. Wenn er ausschließlich über die Kapitalrendite spricht, reicht sein Engagement nicht aus, um das neugeborene Unternehmen durch künftige Krisenzeiten zu bringen. Natürlich stirbt das Unternehmen ohne Gewinne. Die Kapitalrendite kann ein Geschäft ruinieren, aber kein Geschäft bringen. Es ist die Überzeugung des Gründers, daß es einen wirklichen Bedarf gibt und echte Kunden seine Initiative begrüßen werden, die ein Geschäft erfolgreich macht.

Dieses Engagement für die Kundenbedürfnisse ist unabhängig davon, ob der Kunde das Bedürfnis wahrnimmt oder nicht. Das ist ein wichtiger Punkt. Ein Gründer ist wie ein Prophet. Er macht Prophezeiungen über Bedürfnisse, die er erkennt – nicht notwendigerweise solche, die seine potentiellen Kunden hegen. Somit spricht der Gründer davon, was im Markt zu verkaufen sein *sollte*, nicht unbedingt davon, was gekauft *wird*. Wenn die Bedürfnisse des Marktes bekannt sind und der Markt seine Wünsche bereits in hohen Verkaufszahlen eines Produkts oder einer Dienstleistung dokumentiert, sind die Risiken und die Innovation geringer, und das nötige Engagement kann niedriger sein. Hier ist kein Prophet am Werk, der einer neuen Bewegung Bahn bricht, sondern ein »Me-too«-Gründer.

Je mehr ich darüber nachdenke, desto stärker kommen mir die Parallelen zur Mutterschaft in den Sinn. Der Gründer muß gebären; er muß auf ein starkes Bedürfnis reagieren – den Schrei eines Kindes, das noch nicht geboren ist. Er ist wie der Prophet Jonas, der seine Prophezeiung nicht zurückhalten kann. Es brennt wie ein Feuer in seinem Innern. Wenn er, wie Jonas, zu entkommen versucht, wird ein Wal ihn zu seinem Schicksal zurückführen.

Wenn ein Gründer ein Unternehmen in die Welt setzt, weil er auf einen Kapitalertrag hofft, verhält er sich gleich einem Propheten, der Prophezeiungen verkündet, weil er in den Himmel kommen möchte, oder wie eine Mutter, die ein Kind zur Welt bringt, weil sie einen Arzt für eine Tochter zum Mann will. Der Prophet möchte nicht in der Hölle enden; die Mutter will kein Kind, das sich in keinem Job hält; und der Gründer will nicht pleite gehen. Der Kapitalertrag, das Return on Investment (ROI), ist ein begrenzender, kein antreibender Faktor. ROI allein setzt kein Unternehmen in die Welt, obgleich ein Fehlen in gewissem Maße das Ende eines Unternehmens bedeuten kann.

Menschen, die ausschließlich an Geld oder Kapitalertrag interessiert sind, werden entmutigt und wenden sich ab, bevor Gewinne hereinkommen. Ideen müssen operational gemacht werden, und in diesem Prozeß können Fehler gemacht werden, die einen Geldverlust nach sich ziehen können. Diejenigen, die ausschließlich dem Geld hinterherlaufen, werden den Mut verlieren, während andere, die durch die Idee, Bedürfnisse zu befriedigen, motiviert sind, immerfort experimentieren und nach der richtigen Lösung suchen – selbst dann, wenn sich der Gewinn noch nicht einstellt. Ein Kind erfordert die ständige Bereitschaft, es während seiner Kinderkrankheiten und Unpäßlichkeiten zu pflegen. Es herrscht nicht immer eitel Sonnenschein.

Nehmen wir den Gewinn wie eine Anzeigentafel beim Tennis. Man kann das Spiel nicht gewinnen, indem man unausgesetzt die Anzeigetafel anschaut. Sie teilt einem nur mit, *ob* man im Begriff ist zu gewinnen. Um tatsächlich zu gewinnen, muß man den Ball im Auge behalten. Jeder Volley ist eine Möglichkeit, es besser zu machen als beim vorigen Mal. Das gleiche gilt für Organisationen, die noch in den Kinderschuhen stecken. Der Gründer muß entschlossen sein, den Ball zu spielen – die Bedürfnisse seiner Kunden zu befriedigen, was am Verkauf gemessen wird. Der Spieler mag nicht jeden Ball treffen, aber jeder Volley ist wie ein neues Spiel, bei dem man bei Null beginnt. Wenn ein Spieler das Tennisspiel neu erlernt, ist es unsinnig, auf die Anzeigentafel zu sehen. Das ist zwecklos. Es erfüllt erst dann einen Zweck, wenn er die meisten Techniken des Spiels gelernt hat und prüfen kann, was er beherrscht und was er sich noch aneignen muß. Ein Mensch, der jedes Spiel gewinnen muß, kann es sich niemals erlauben, ein neues Spiel zu erlernen. Ein Mensch muß sich zunächst der Idee des *Erlernens* des Spiels verschreiben. Das Gewinnen kommt später.

Der Unternehmer, der ein Unternehmen für die Bedürfnisse, die noch nicht befriedigt oder ausgedrückt worden sind, in die Welt setzt, ist eher produkt- als marktorientiert. Er ist einem Produkt verpflichtet, das ein Bedürfnis befriedigen *sollte*, das zu formulieren ihm noch Schwierigkeiten bereitet. Er *reagiert* nicht auf ein erwartetes Marktbedürfnis, vielmehr versucht er, das Verhalten des Marktes zu ändern und den Markt zu erziehen. In gewissem Sinne formuliert er den Bedarf *für* den Markt. Durch seine Tätigkeit artikuliert und verursacht er den Bedarf. In Wahrheit ist er mehr Geschäftsprophet als Unternehmer. Und wie ein Prophet kann er ans Kreuz geschlagen werden, weil die Machtstruktur ihn zurückweist. Niemand versteht seine Botschaft, weil niemand außer ihm den Nutzen erkennt, bis sich das Produkt verkauft.

Das macht ihn sehr verletzlich gegenüber denen, die mit dem Versprechen kommen, ihm beim Verkauf seines Produkts behilflich zu sein. Mit dem Versprechen, dem Produkt zur Marktfähigkeit zu verhelfen, können solche Mitläufer manchmal einen bedeutenden Anteil am Unternehmen erringen. Häufig verliert der Prophet, der sich mehr dem Produkt als der Kontrolle und dem Kapitalertrag widmet, die Gewalt über sein Unternehmen an einen Verkäufer. Die einzige Belohnung, die der Gründer erhält, ist die Tatsache, daß sein Produkt überlebt und akzeptiert wird. Der Verkäufer wird in den Genuß der Früchte der Neuerung in Form von Geld und Anerkennung kommen.

Warum ist der prophetenhafte Gründertyp nicht marktorientiert, ungeachtet der vielen Marketingkurse, die er besucht hat? Der prophetenhafte Gründertyp konzentriert sich auf das, was der Markt verlangen *sollte*, und das führt ihn zwangsläufig zu dem Produkt oder dem Service, der das Bedürfnis befriedigen *müßte*. Da das Produkt oder die Dienstleistung entwickelt werden müssen, muß der Gründer so lange produktorientiert sein, bis Qualitäten, Eigenschaften und Funktionalität des Produktes akzeptiert werden. Wenn der Gründer nicht auf den Markt hört, wird er den wahrgenommenen Bedarf zu früh bedienen. Dann muß der Gründer gegen die Verwässerung seines Traumes kämpfen, indem er stets über eine Realität spricht, die er zu verändern sucht.

Viele Gründer werden verdächtigt, sich mit Marktstrategien und -realitäten nicht auszukennen. In diesem Stadium des Lebenszyklus ist das ein normales Problem. Das Phänomen ist normal und wünschenswert. Um mit George Bernard Shaw zu sprechen: »Vernünftige Männer passen sich ihrer Umgebung an; unvernünftige Männer versuchen, die Umgebung sich selbst anzupassen. Somit ist der gesamte Fortschritt das Ergebnis der Bemühungen unvernünftiger Männer.«

Wie wir im nächsten Teil sehen werden, kann dieses Merkmal des Engagements für Kundenbedürfnisse, die nach Ansicht des Gründers auf dem Markt vorhanden sein sollten (anstelle eines Engagements für Produkte, nach denen der Markt verlangt), und sein relativ geringes Interesse an Gewinnen (das für das künftige gesunde Wachstum des Unternehmens wesentlich ist), später zu einem pathologischen Problem der Organisation werden. Der Gründer weiß vielleicht nicht, wann er seinen anspruchsvollen Traum aufgeben muß. Er bleibt zu lange zu sehr auf das Produkt fixiert. Er hält die notwendigen Marktstrategien für das Produkt oder den Service für keines Blickes würdig. Er handelt *zu* lange entsprechend seiner Vorstellung davon, was sein *sollte,* statt zu akzeptieren, was ist, und den Markt mit dem zu bedienen, wonach er verlangt.

Sogar dann, wenn der Gründer die Produktorientierung überwindet, kann er noch in Schwierigkeiten geraten. Dann nämlich, wenn er den Wandel zur Profitorientierung vollzieht. Dieser Schritt verlangt Aufmerksamkeit nicht nur für die Technologie und die Wechselbeziehung zum Kunden, sondern auch für finanzielle und personelle Faktoren – alles Bereiche des Managements, in denen der Gründer vielleicht nicht gerade brilliert. Da der Gründer gewöhnlich darauf besteht, strategische Entscheidungen allein zu treffen, und er darin nicht immer exzellent ist, werden diese Elemente falsch angegangen.

Was in einem Stadium des Lebenszyklus normal ist, kann in einer anderen Phase anormal werden. Für die Zeit der Werbung und der frühen Kindheit ist ein fanatisches Engagement notwendig, aber später kann es sich als pathologisch herausstellen. Als Beispiel könnte ein Unternehmen dienen, das chronisch Geld einbüßt, weil es in einem untergehenden Industriezweig tätig ist. Auf jeden Fall kämpft der Gründer gegen die Realität an. Manchmal gerät das Unternehmen immer tiefer in Schwierigkeiten, je verbissener der Gründer kämpft. Der

Gründer klammert sich daran, wie die Dinge sein *sollten*, er hält an seinem Traum fest. Dieses wichtige Paradoxon muß man verstehen. Um eine gesunde Organisation ins Leben zu rufen, wird das Engagement des Gründers benötigt; je stärker er engagiert ist, desto besser. Irgendwann aber muß er den Tatsachen ins Auge sehen und es verstehen, den Dingen ihren Lauf zu lassen. Dieses Paradoxon macht es so schwierig, die Qualitäten eines vernünftigen Gründers abzuschätzen. Wenn er engagiert ist, kann er dann den Dingen ihren Lauf lassen? Wenn er dazu in der Lage ist, reicht dann sein Engagement aus?

Vernünftige Gründer sind sehr engagiert und haben zugleich ein Gefühl für die Realität. Sie sind involviert, aber flexibel. Sie können aus der Erfahrung lernen. Ein Gründer ist vernünftigerweise ein unvernünftiger Mensch – einer, der leidenschaftliche Überzeugungen hat, der sich aber auch Argumenten nicht verschließt.

Eine normale Werbungsphase zeichnet sich dadurch aus, daß die Vernunft den Traum des Gründers beeinflussen kann, ohne ihn zu zerstören. Das Engagement wird im Spiegelbild zukünftiger Realitäten »auf dem Trockenen getestet«, und es überlebt doch. Der Unterschied zwischen der normalen und der pathologischen Werbungsphase liegt darin, ob solch ein Realitätstest durchgeführt wurde oder nicht.

Werbungsphase

Affäre

Abb. 5: Die Affäre

Ist es ernst oder nur eine Affäre?

Während der Werbungsphase sind Zweifel eine ganz normale Erscheinung. Es wäre pathologisch, überhaupt keine Zweifel zu haben. Die normalen Zweifel und Fragen, die ein Gründer beantworten sollte, sind:

Was genau werden wir machen?
Wie wird es gemacht werden?
Wann sollte es gemacht werden?
Wer wird es machen und *warum?*

Das ist ein Test für die Realität. Eine Werbung ohne Realitätstest ist wie eine *Affäre;* bei den ersten Anzeichen von Widerstand verflüchtigt sich das Engagement. Es handelt sich um eine Werbung mit pathologischen Problemen – es gibt Phantasien darüber, wie die Welt *sein sollte, weil wir wünschen, daß sie so wäre,* gleichgültig, ob die Erwartungen realistisch sind oder nicht. Bohrende Fragen werden nicht gestellt. Die Idee bleibt im Reich der Phantasie; sie wird nicht operationalisiert.

In der Werbungsphase sehen pathologische Probleme nicht einmal wie Probleme aus, weil sie nicht als schmerzhaft oder problematisch empfunden werden. Alles ist wunderbar. Das genau ist der Grund, weshalb die Werbungspathologie so gefährlich ist. Sie kann eine infantile Organisation gebären. Da aber die Idee keinen Tests ausgesetzt wurde, ist die kindliche Organisation nicht fähig, der Realität standzuhalten, und könnte zusammenbrechen. Die Organisation bewegt sich von der Schmerzfreiheit am gedanklichen Reißbrett zur Leidenszeit nach ihrer Geburt. Es gibt keinen Realitätstest dafür, wieviel Schmerzen Gründer und Unternehmen aushalten. Es gibt keinen Simulationstest für Entschlossenheit.

Die gleichen Prinzipien gelten für eine Ehe. Der Übergang von der rosigen Werbungszeit zur Realität einer Eheschließung kann für manche Menschen recht verheerend sein. Wir wollen einmal zusammen die Realität einer Ehe simulieren. Stellen wir die unangenehmen Fragen, die in einem frühen Stadium gestellt werden sollten. Ich glaube, viele Paare würden sich im Verlauf der Aufstellung eines Ehevertrages entschließen, nicht zu heiraten. Genau das passiert auch in Geschäftsverhandlungen. Man begeistert sich für eine Idee und beginnt mit den Verhandlungen für eine Partnerschaft, wenn aber die Details ausgearbeitet und schriftlich niedergelegt werden, sieht alles gar nicht mehr so rosig aus.

Werbungsphase

Normal	Anormal
Begeisterung, Realitätstest	Kein Realitätstest für das Engagement
Realistisch entschlossener Gründer	Unrealistischer, fanatischer Gründer
Produktorientierung – Engagement für die Wertschöpfung	Ausschließlich ROI-/gewinnorientiert

Normal	Anormal
Engagement ist dem Risiko angemessen	Engagement ist dem Risiko nicht angemessen
Gründer behält die Kontrolle	Kontrolle des Gründers ist durchlässig

Was löst schließlich die Geburt eines Unternehmens aus? Nicht die Unterzeichnung des Gesellschaftsvertrags; es passiert vielmehr, wenn ein erkennbares Engagement vorliegt, wenn ein Risiko eingegangen wird. Das Risiko kann unterschiedliche Formen annehmen: Jemand kündigt seinen alten Arbeitsplatz, unterzeichnet den Mietvertrag für ein neues Büro oder verspricht die Lieferung eines Produkts zu einem bestimmten Datum. Wenn man sich ein beträchtliches Risiko aufgeladen hat und dafür einsteht, dann kommt die Organisation in die nächste Phase der Entwicklung, die der frühen Kindheit.

Frühe Kindheit

Wurde das Risiko einmal eingegangen, ändert sich das Wesen der Organisation dramatisch. Das Risiko muß abgesichert werden. Geld ist nötig, um die Rechnungen zu bezahlen. Der Schwerpunkt bewegt sich von den Ideen und Möglichkeiten hin zur Produktion von Resultaten – hin zur Bedürfnisbefriedigung, um derentwillen das Unternehmen gegründet wurde. In einer geschäftlichen Organisation drückt sich das in Form von Umsatz, Umsatz und noch einmal Umsatz aus. Nun, da das Risiko da ist, braucht man keine neuen Ideen mehr, sondern den Umsatz. »Erzählen Sie mir nichts von neuen Produktideen, sagen Sie mir lieber, wieviel Sie von unseren jetzigen Produkten verkauft haben.«

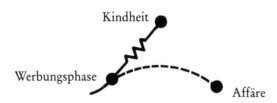

Abb. 6: Die »kindliche Organisation«

Für viele flügge gewordene Unternehmen ist die Umstellung von Ideen auf Resultate eine nervenauftreibende Zeit. Diese Phase kann man mit der Zeit vor und sofort nach einer Eheschließung gleichsetzen. Eine oft gehörte Beschwerde ist: »Die Romantik ist aus unserem Leben verschwunden. Vor unserer Heirat hast du immer mit mir geredet, jetzt aber, seit wir verheiratet sind, sehe ich dich kaum noch.« Die übliche Entgegnung lautet etwa so: »Ich weiß, aber als wir geheiratet haben, waren wir uns einig, daß wir eine Familie haben wollten und ein Haus, und das kostet Geld. Das müssen wir auch verdienen.«

Das gleiche passiert in jungen Unternehmen. In der Werbungsphase gab es Zeit für Gespräche und Träume. Mit dem Eingehen von Risiken endet die Zeit für Gespräche – jetzt ist es an der Zeit zu handeln. Diese Umstellung kann genausogut auf sozialer/politischer Ebene beobachtet werden. Ist eine Revolution erst einmal erfolgreich, sind die ersten Menschen, die ins Gefängnis geworfen werden, die Ideologen, die der Bewegung überhaupt erst einmal Leben eingehaucht hatten. Warum? Weil die neue soziale Ordnung keine weiteren Träume braucht, sie muß diejenigen erfüllen, die sie schon hat.

In dieser Phase des Organisationslebens zählt nicht, was jemand denkt, sondern was er vollbringt. Die Frage, die sich dem Gründer oder die er seinen Angestellten stellt, lautet: »Was haben Sie *getan?* Haben Sie etwas verkauft, produziert oder irgend etwas anderes getan?« Die Träumer von gestern weichen zurück und sind entmutigt. »Ich habe keine Zeit, um nachzudenken«, ist die typische Beschwerde eines Managers in einem jungen Unternehmen. »Es gibt viel zuviel, das ich *erledigen* muß.«

Noch einmal: Je größer das Risiko, desto größer ist das erforderliche Engagement. Gründer müssen in der Werbungsphase Träumer sein, die mit Entschlossenheit ihren Traum verwirklichen können. Ist das Unternehmen einmal gegründet, erfordert die Organisation einen hart arbeitenden, ergebnisorientierten Gründer, der *kein* Träumer ist. Je größer das Risiko eines geschäftlichen Wagnisses ist, desto heftiger ist der Schock des *Erwachens,* wenn die Organisation tatsächlich das Licht der Welt erblickt. Es muß schon eine ganz besondere Person sein, die die Verwandlung von einem Propheten zu einem handlungsstarken Führer, der die Prophezeiung Wirklichkeit werden läßt, erfolgreich besteht. Wenn in diesen Übergang zwei Führungspersonen verwickelt sind, wird es Konflikte geben (weil der erste an seinem Ideal festhält, während der zweite das Ideal aufs Spiel setzen muß, wenn er es operationalisiert und in die Tat umsetzt).

Ein junges Unternehmen hat wenig Grundsätze, Systeme, Verhaltensregeln oder Mittel. Das gesamte administrative System könnte auf der Rückseite eines alten Briefumschlags in der Jackentasche des Gründers Platz finden. Die meisten Leute in der Organisation, einschließlich des Vorstandsvorsitzenden, sind unterwegs, verkaufen, sind *beschäftigt*. Es gibt nur wenige Zusammenkünfte der Mitarbeiter. Die Organisation ist in höchstem Maße zentralisiert und läßt sich am besten als eine Ein-Mann-Show beschreiben. Sie strebt auf Hochtouren nach vorne, ohne Kenntnis ihrer Schwächen und Stärken. Sie ist wie ein Säugling, der nach etwas schlägt, statt es zu berühren, weil er nicht weiß, wieviel Kraft er aufwenden muß. Gleichermaßen geht die junge Organisation umfangreiche Verpflichtungen ein in dem innigen Glauben, sie einhalten zu können. Die Produktionskapazitäten sind überbelegt, und die Liefertermine werden hinausgeschoben. Wenn ein Produkt rechtzeitig geliefert wird, fehlen Teile oder ist das Bedienungshandbuch nicht verfügbar. Immerhin ist die Organisation für die Beschwerden der Kunden empfänglich. Die Mitarbeiter versuchen die Bedürfnisse der Kunden zufriedenzustellen, häufig, indem sie an Wochenenden und Feiertagen durcharbeiten.

In der jungen Organisation herrscht ein sehr intimer Umgangston. Alle sprechen sich mit den Vornamen an, und es gibt so gut wie keine Hierarchie. Die Organisation hat keine Regeln für Einstellungen oder zur Leistungsbeurteilung. Neue Mitarbeiter werden eingestellt, wenn man sie braucht und weil sie beeindrucken. Gewöhnlich werden sie gefragt, ob sie sofort anfangen können, weil die junge Organisation zu spät nach helfenden Händen sucht. Morgen will sie die Mitarbeiter haben, die sie gestern gebraucht hätte. Mitarbeiter werden gefördert, weil sie Resultate erzielen oder weil sie wissen, wie man Druck auf den Chef ausüben kann.

In diesem Stadium des Lebenszyklus ist die Organisation wie ein Säugling. Sie verlangt häufig nach »Milch« (Betriebskapital), und wenn sie sie nicht bekommt, ist sie sehr verletzlich. Gewöhnlich hat sie keine profunde Führungstiefe – niemand kann die Organisation leiten, wenn der Gründer stirbt. Eine Erfolgsbilanz oder Erfahrung kann nicht nachgewiesen werden, so daß ein Fehler in der Produktgestaltung, im Absatz, im Service oder in der finanziellen Planung fatale Folgen nach sich ziehen kann. Solche Fehler ereignen sich mit hoher Wahrscheinlichkeit, weil die Organisation finanziell am seidenen Faden hängt, ohne Kapital, um eine entsprechende Mannschaft auf die Beine zu stellen, die für wohlausgewogene Geschäftsentscheidungen vonnöten wäre.

Die Organisation kann aber nicht auf ewig in den Kinderschuhen steckenbleiben. Der Aufwand an Zeit und Emotionen, um eine junge Organisation am Leben zu erhalten, liegt oft weit über dem unmittelbaren ökonomischen Nutzen, den diese erbringt. Wenn sich das Anfangsstadium länger hinzieht, schwindet der Besitzerstolz. Der Eigentümer/Gründer ist erschöpft und gibt auf. In diesem Fall ist der Tod der Organisation kein nahe bevorstehender und schneller Tod wie in Fällen, bei denen der Tod in einem früheren Stadium eintritt; es ist ein ausgedehnter Prozeß mit einem sich ständig vermindernden emotionalen Engagement gegenüber dem Unternehmen, das sich durch immer häufigere Klagen, »wie schlecht es aussieht«, manifestiert.

Probleme junger Organisationen

Die charakteristischen Verhaltensmerkmale einer Organisation im Anfangsstadium sind: Sie ist

- aktionsorientiert, von Möglichkeiten gesteuert,
  daher
- wenige Systeme, Regeln oder Grundsätze,
  daher
- unbeständige Leistung,
  daher
- verwundbar; ein Problem kann kurzfristig zur Krise führen,
  daher
- Management von Krise zu Krise,
  daher
- gibt es nur wenig Delegation; das Management ist eine One-Man-Show,
  daher
- wird das Engagement des Gründers unablässig auf die Probe gestellt und überlebensnotwendig.

In vielerlei Hinsicht sind Organisationen im Anfangsstadium wie kleine Kinder. Um zu überleben, brauchen sie zwei Dinge:

1. Periodische Milchinfusionen (Betriebskapital). Wenn sie nicht genug bekommen, sterben sie.
2. Die Liebe der Eltern (Engagement des Gründers). Wenn das wegfällt, kann die Organisation ebenso sterben.

42

Das sind die wichtigsten beiden Faktoren, die bei Organisationen im Anfangsstadium pathologische Probleme verursachen.

Das Problem der Unterkapitalisierung

Wir müssen das Bedürfnis periodischer Geldspritzen voll und ganz begreifen. Ich treffe häufig Geschäftsleute, die, ganz wie unerfahrene Eltern, den Raum, die Spielsachen und die Wiege bedacht haben, aber nicht die Milch. Die Milch, die das Unternehmen braucht, ist das Betriebskapital für so wichtige Zwecke wie beispielsweise die Vergrößerung der Lagerhaltung und die Begleichung laufender Forderungen.

Gerne wird der Bedarf an Bargeld und Betriebskapital unterschätzt. Das hat seine Ursache in dem für den Gründer typischen Enthusiasmus aus der Werbungszeit. Obwohl Enthusiasmus eine wichtige Funktion besitzt und für das Engagement unentbehrlich ist, ist eine realistische Einschätzung des Geldbedarfs unvereinbar mit einem fanatisch wachsenden Enthusiasmus.

Man neigt dazu, viel Erfolg und wenig Kapitalbedarf einzuplanen. Die Gründer hoffen darauf, daß »ein schreiendes Kind« schon irgendwie die Milch bekommt, die es braucht. So »gebären« sie erst und machen sich später Sorgen über die Bedürfnisse des »Säuglings«. Daraus resultiert dann die Gefahr der Unterkapitalisierung, und je mehr das neue Unternehmen verkauft, desto höher wird die Wahrscheinlichkeit, daß sich das Problem Unterkapitalisierung entwickelt. Ein Unternehmen mit 35 Prozent oder mehr an durchschnittlichem Umsatzwachstum pro Jahr wird zumeist Schwierigkeiten haben, dieses Wachstum aus den eigenen, internen Quellen zu finanzieren.

Die Nöte der Unterkapitalisierung im Anfangsstadium können vermieden werden, wenn der Gründer in der Werbungsphase einen kritischen Blick darauf wirft, *was* gemacht wird, *wie* es getan werden soll und *wer* es tun wird – sowohl auf kurze wie auf lange Sicht. Ein realistischer Geschäftsplan ist ein Muß für ein gesundes Anfangsstadium, und der Cashflow muß wöchentlich überwacht werden. Die Buchführung sollte ihre ganze Aufmerksamkeit auf den Cashflow konzentrieren. Die Überprüfung der Kapitalvermehrung ist nützlich für Steuerzwecke und Rentabilitätsanalysen, nicht aber zur Überwachung der unmittelbaren Überlebensfähigkeit des Unternehmens. Die Überwachung der laufenden Forderungen und der Lagerhaltung sind ebenso essentiell, um eine unnötige Zunahme des Betriebskapitals zu vermeiden, die die Liquidität des jungen Unternehmens strapazieren könnte.

Viele Organisationen im Anfangsstadium klagen über eine Unterkapitalisierung. Bei den Bemühungen, an Geld zu kommen, machen etliche von ihnen grundlegende Fehler:

1. Sie nehmen kurzfristige Kredite für Investitionen auf, die nur langfristige Ergebnisse liefern.
2. Sie beginnen, ihren Umsatz mit Rabatten anzukurbeln, um zu Geld zu kommen. Die Rabatte können so groß sein, daß die Erlöse nicht einmal mehr die variablen Kosten decken. Im Ergebnis verlieren sie um so mehr, je mehr sie verkaufen.
3. Sie verkaufen Aktien an Venture-Kapital-Geber, die »der Sache« nicht freundlich gesinnt sind.

Die ersten beiden Fehler können den Bankrott des Unternehmens verursachen. Sie lindern die Symptome, verschlimmern auf Dauer aber die Krankheit – das Unternehmen wird sich am Ende noch tiefer in Schwierigkeiten befinden. Bei der dritten Lösung können sich die Venture-Kapital-Geber als großer böser Wolf aus dem Märchen »Rotkäppchen« entpuppen. Sie treten mit einem breiten Lächeln ein: »Wir wollen nur helfen«, sagen sie. Ihr tatsächliches Interesse liegt aber womöglich in einem raschen und substantiellen Kapitalertrag. Solche Geschäftsleute können dem Wachstum eines Unternehmens einen Dämpfer versetzen, indem sie kurzfristig dem Unternehmen Profite abpressen und es schließlich zerstören.

Der Gründer muß den Cashflow der Organisation im Auge behalten, seine Kreditstruktur, seine Kalkulation. Und wenn er Venture-Kapital in das Unternehmen hineinnimmt, stammt es besser von Gebern, die langfristig bei der Stange bleiben.

Das Engagement des Gründers

Die zweite Variable, die den Tod einer Organisation in einer frühkindlichen Phase verursachen kann, ist der Verlust des Gründerengagements. Warum ist das Engagement des Gründers so wichtig?

Junge Organisationen haben am Anfang gewöhnlich einen negativen Cashflow (der Umfang des für den Betrieb benötigten Geldes ist größer als die Einnahmen). Daher entsteht ein Druck, handlungsbereit, sehr aufgeschlossen und flexibel sowie bereit zu sein, Gelegenheiten zu nutzen – es geht darum, um jeden Preis an Geld zu kommen. Da bleibt wenig Raum für Regeln und Grundsätze. Die Organisation experimentiert und versucht, Erfolg zu definieren. Ist der Erfolg einmal formuliert, können Regeln und Grundsätze entwickelt werden, um die spätere Wiederholung dieses Erfolges steuern zu können. In diesem Stadium würden die Regeln und Grundsätze jedoch die Chancen, den Kundenbedürfnissen gerecht zu werden, ersticken. Ohne feste Regeln und Grundsätze dagegen entwickelt das Unternehmen, solange es in hohem Maße flexibel bleibt und begierig auf der Suche nach Geld ist, *schlechte Angewohnheiten*. Es trifft Entscheidungen, die Präzedenzfälle und Kontinuität für die Zukunft schaffen.

Für eine Organisation in den Kinderschuhen sind die Kosten solcher schlechten Angewohnheiten gering, während ihr Wert hoch anzusetzen ist. In dem Maße, wie die Organisation an Personal und Kunden zulegt, schrumpft der Wert der schlechten Angewohnheiten und können die Kosten in die Höhe schießen. Beispiele gibt es im Überfluß. Um ein Geschäft zustande zu bringen, werden alle möglichen Arten von Anpassung an die Bedürfnisse der Kunden durchgeführt. Das kann den Gründer später die Kontrolle über sein Unternehmen kosten. Vielleicht werden umfangreiche Verträge mit hohem Risiko unterzeichnet, die mit einem riesigen Verlust enden.

Mit nur wenigen Grundsätzen und Regeln kommt es zu Leistungsschwankungen. Obwohl das für junge Organisationen normal ist, macht es sie verwundbar, und die Probleme können sich zu einer Krise auswachsen, die das Management zu einer Feuerwehrbrigade verwandelt.

Im Falle eines Krisenmanagements ist ein geringes Maß an Delegation nicht ungewöhnlich. Hierbei handelt es sich eher um eine One-Man-Show, und das muß die Show des Gründers sein. Wenn es dem Gründer an Engagement mangelt, bleiben Probleme ungelöst und entwickeln sich zu einer Krise, die das ganze Unternehmen vernichten kann. Warum aber ist sein Engagement so wichtig?

Aus seiner im Anfangsstadium befindlichen Organisation zieht der Gründer typischerweise folgenden »Nutzen«:
- Die »Befriedigung«, zwölf bis 14 Stunden am Tag, sieben Tage in der Woche, arbeiten zu dürfen, und das für ein niedrigeres Einkommen, als wenn er irgendwo angestellt wäre. Die Möglichkeit, eine Million Dollar zu verdienen, ist nur ein entfernter Traum angesichts der harten Realität einer Unmenge an harter Arbeit.
- Die »Befriedigung«, für die wöchentliche Lohnzahlung für eine

Gruppe von Mitarbeitern kämpfen zu müssen, die sich nicht so dankbar zeigen, wie sie vielleicht sollten.
• Die »Befriedigung«, hart zu arbeiten, nur um dann nach Hause zu kommen und sich von der Gattin und der Familie Vernachlässigung vorwerfen lassen zu müssen.

Warum tut man sich so was an?

In diesem Stadium gibt das Unternehmen kaum eine direkte Befriedigung her. Oft ist das einzige, das alles zusammenhält, die Liebe und das Engagement des Gründers für das, was das Unternehmen leisten und darstellen soll, für die Idee und die Entschlossenheit der Werbungsphase. Der Gründer kann diesen Traum nicht aufgeben, seine eigene Selbstachtung steht auf dem Spiel. Die flügge gewordene Organisation ist die Fahrkarte des Gründers in die *Unsterblichkeit*. Sie ist seine Schöpfung, es sind seine Fußspuren auf einem unberührten Strand. Es ist das Denkmal, das noch nach seinem Tod Bestand haben wird.

Ein Säugling macht eine Menge Arbeit und erfordert viele schlaflose Nächte. Was hat man davon? Auch wenn ein Baby lacht, dann tut es das nicht, weil es jemanden erkennt, sondern weil es Blähungen hat. Warum engagieren sich die Eltern so, obwohl sie offensichtlich nichts dafür bekommen? Weil es *ihr* Kind ist. Das *gleiche* gilt für den Unternehmensgründer. Im Anfangsstadium gibt es keinen greifbaren Lohn für die Mühen. Gespräche über potentielle zukünftige Gewinne sind wie Gespräche darüber, was das Kind einmal werden soll, wenn es erwachsen ist. Das ist nur Gerede. Nur das Engagement, auf das er sich während der Werbungsphase eingelassen hat, hält den Gründer bei der Sache. Wenn ihm dieses Engagement abhanden kommt, stirbt das Unternehmen. Dieses konzentrierte Engagement für die Organisation kann so stark sein, daß es das private Leben des Gründers enorm belastet. Gründer werden oft vor die Wahl gestellt: Unternehmen oder Familie. Im Falle einer Revolution oder der Geburt eines neuen Staates müssen die Menschen mehr als ihre Familie opfern – sie sollten bereit sein, für diese Sache zu sterben.

Die Fürsorge für eine kindliche Organisation verlangt ständige Aufmerksamkeit. Der Gründer wird unablässig mit Problemen konfrontiert, auf die er nicht vorbereitet ist; eine Kundenbeschwerde, ein unzuverlässiger Zulieferer, ein zögerlicher Banker oder ein unproduktiver Mitarbeiter. Es gibt weder Präzedenzfälle noch Regeln, weder Grundsätze noch Stabilität oder ein Organisationsgedächtnis, auf das man sich verlassen könnte. Jede Entscheidung stellt einen neuen

Präzedenzfall dar, und völlig neue Entscheidungen zu treffen erfordert eine Unmenge an Energie. Die Beschaffung der notwendigen Geldmittel, die allen Anforderungen genügen, erfordert höhere Umsätze, und höhere Umsätze schaffen Bedarf für noch mehr Mittel, die wiederum mehr Geld kosten, welches wiederum höhere Umsätze erforderlich macht. Dieser endlose Kreislauf bringt lange Arbeitstage mit sich und viele schlaflose Nächte.

Der Gründer der »Banco de Commercio« in Mexiko erzählte einmal vor einer Versammlung, daß ihn seine Frau gefragt habe, warum er eine Bank gründen wolle. »Ein Geschäft zu gründen«, so seine Frau, »ist, als ob man sich jung zu Bett legt und alt erwacht.« Es verlangt die volle Aufmerksamkeit, gänzliche Hingabe und ein totales Engagement. Das ist wie ein langer Traum. Für viele ist es ein Alptraum.

Eine erfolgreiche Ehe erfordert einen verständnisvollen Ehemann, der der Mutter nach der Geburt eines Kindes eine Stütze ist. Aus dem gleichen Grunde braucht man für die erfolgreiche Geburt eines Unternehmens die Unterstützung einer verständnisvollen Gattin. Um sicherzugehen, daß die Geburt des Unternehmens glücklich verläuft, muß man daher die Hilfsbereitschaft der Familie einem Test unterziehen. Wenn diese Unterstützung nicht gewährleistet ist, kann die Gründung eines neuen Unternehmens eine Scheidung heraufbeschwören oder den Tod des jungen Unternehmens nach sich ziehen. Ein(e) umsichtige(r) Gründer(in) sollte die Kooperation des Ehepartners suchen und ihn oder sie ermutigen, die Freuden und Leiden der Schöpfung zu teilen.

Das unerläßliche Engagement des Gründers kann jedoch nicht nur deswegen verlorengehen, weil der Ehepartner die Unterstützung verweigert. Eine der am weitesten verbreiteten Ursachen dafür sind externe Einflüsse. Es gibt eine analoge Situation im Tierreich, die das Phänomen verdeutlicht. Was kann die Mutter eines Wurfs junger Wölfe veranlassen, den Wurf abzulehnen und ihn sterben zu lassen? Wenn die Jungen von menschlicher Hand berührt werden, wird die Mutter die Jungtiere nicht mehr annehmen, weil den jungen Wölfen nicht mehr ihr Geruch anhaftet. Wenn eine junge Organisation dermaßen von fremder Hand berührt wurde, daß der Gründer sich nicht mehr mit ihr identifizieren kann, kann dasselbe Phänomen auftreten. Während der Werbungsphase geben Gründer häufig Anteile ab oder veräußern Teile ihres Unternehmens an Venture-Kapital-Geber oder an andere externe Gruppen, um eine adäquate Kapitalversorgung zu sichern. Bei fortgesetzten derartigen Fremdinterventionen kann ein Punkt erreicht werden, an dem sich der Gründer nicht länger mit seinem Werk identifiziert. Dann erkennt er sein »Baby« womöglich nicht länger als sein eigenes an, und die Organisation stirbt.

Dieses Verweigerungssyndrom kann ebensogut in einer größeren Organisation auftreten. Neue Abteilungen oder Ausgliederungen (Spin-offs) sind wie neue Organisationen, die extrem viel Begeisterung und Aktivität brauchen. Jedesmal wenn das »Baby« etwas Neues machen möchte, verlangt die Hauptverwaltung das Ausfüllen Dutzender von Formularen und formale Budgetanforderungen. Jede Aktion erfordert unmäßig viel Zeit auf dem Dienstweg. Bei so viel Erschwernis und Einmischung von den Unternehmenseltern verläßt der Gründer vielleicht eines Tages die neue Einheit mit der Bemerkung: »Wenn Sie die Regeln machen, können Sie auch die Show machen.« In manchen Gesellschaften führen zu viele Regeln und Vorschriften zur Steuerung von Neugründungen zu Unfruchtbarkeit.

Diese externe Einmischung kann von der Regierung ausgehen, die durch Regeln, Gesetze und Anforderungen ein Umfeld erzeugt, in dem nur große und gutsituierte Unternehmen bestehen können. Die Kosten für Anwälte und Steuerberater sowie der erforderliche Zeitaufwand, um alle Vorschriften zu identifizieren und einzuhalten, ist so immens, daß mancher Gründer sich entfremdet fühlt und aufgibt.

Wenn die staatliche Einmischung minimal ist, dann herrscht ein soziales Klima, in dem *offensichtlich erlaubt ist, was nicht verboten ist.* Bei intensiver externer Steuerung und staatlicher Intervention ist das gegenteilige Klima vorherrschend: *Was nicht erlaubt ist, ist offensichtlich verboten.* In Gesellschaften, deren Wirtschaft vom Staat stark reglementiert wird, kann der Unternehmer den Eindruck haben, daß er für alles um Erlaubnis nachsuchen muß, weil anscheinend alles verboten ist. Bei allem und jedem um Erlaubnis bitten zu müssen erstickt das Unternehmertum. Zusammen mit dem normalen Risiko einer Unternehmensgründung kann dieser Faktor die Initiativkräfte vollends zerstören.

In Schweden zum Beispiel verlangt das Gesetz, daß im Aufsichtsrat auch gewählte Mitarbeiter vertreten sind. Außerdem ist es äußerst schwierig, jemanden zu entlassen. Ein bereits etabliertes Unternehmen kann sich die Kosten der Einhaltung solcher Regeln leisten. Für ein in den Startlöchern stehendes Unternehmen, das häufig seine Ausrichtung ändern muß und unablässig an der Definition seines Erfolgs herumexperimentiert, kann dies unerschwinglich sein. Da es seine

Strategien laufend neu überdenkt, um erfolgreich zu werden, könnte es gezwungen sein, seine Strukturen und seine Mannschaft zu verändern. Der Gründer bekommt das Gefühl, daß ihm die Kontrolle über das Unternehmen entgleitet, noch bevor es richtig loslegen konnte.

Damit ein in den Kinderschuhen steckendes Unternehmen erfolgreich ist, muß der Gründer enthusiastisch, leidenschaftlich und sogar eifersüchtig auf jeden sein, der sich in sein Werk einmischt. Diese Art von Hingabe ist universell. Haben Sie jemals Tierfilme gesehen? Alle Tiere beschützen ihre Jungen inbrünstig, kein Fremder kann sich nähern. Der Gründer ist wie ein menschliches Tier und verhält sich in der gleichen Weise, wenn *sein* Kind betroffen ist – seine neue Organisation. Der Eifer äußert sich hier in der Form einer One-Man-Show, in einer völlig zentralisierten Organisation. Er beschützt sein Werk über alle Maßen und ist der einzige Boß – der König oder die Königin der Berge. Das ist nach meiner Theorie kein Problem, sondern ein Phänomen und ein erwünschtes dazu.

Viele Berater, Ehegatten und andere Leute beklagen, daß die Gründer einer »kindlichen Organisation« nicht delegieren würden, zu hart arbeiteten, zu starrsinnig seien. Ich weise darauf hin, daß dieses Verhalten mit der Gründung einer Organisation einhergeht und es auch sollte. Es wird nur dann pathologisch, wenn es auch noch anhält, nachdem die Organisation das Kindheitsstadium des Lebenszyklus hinter sich gelassen hat.

Handlungsorientierung und Mangel an Planung und Systemen

Da eine junge Organisation ums Überleben kämpft, müssen Entscheidungen sofort getroffen werden. Weil es jedoch keinerlei nennenswerte Erfahrung gibt, ist das Organisationsgedächtnis nur gering ausgeprägt, und es existieren, wenn überhaupt, nur wenige Regeln oder Grundsätze. Folglich sind viele Entscheidungen Präzedenzfälle – das Unternehmen wird von einer Krise zur nächsten gesteuert. Als Resultat herrscht die Haltung vor: »Wenn es sich nicht um eine Krise handelt, dann haben wir keine Zeit dafür.« In einem solchen Umfeld ist es vollkommen normal, daß nur aufgabenorientierte Leute für die Organisation arbeiten. »Manager-Cowboys« nach dem Motto: »Schieß zuerst – frag später.« Das erwünschte Image ist das eines schwer arbeitenden, reaktiven, stark in Anspruch genommenen »Eisenbahningenieurs« mit der Devise: »Zeig mir die Schienen, und geh mir aus dem Weg.« Es ist weder Zeit zum Planen noch zum Nachdenken vorhanden, weil jeder fürchterlich beschäftigt ist. Die harte Arbeit und die zum Überleben notwendige Hingabe werden von diesen Eisenbahningenieuren persönlich als erregend und befriedigend empfunden. Die Lichter brennen bis spät in die Nacht. Ihre Familien sehen sie oft tagelang nicht. Wenn die Leute Singles sind, heiraten sie häufig einen Mitarbeiter. Es ist wie bei den Guerillas: Nur die Starken überleben, und die das schaffen, schließen enge Freundschaften in diesen Streßsituationen.

In diesem Milieu gibt es weder Titel noch Organisationspläne oder Hierarchien. Ausgebildeten Betriebswirten oder MBAs (Masters of Business Administration) fällt die Arbeit in diesem Umfeld häufig schwer. Ihre Fragen nach Stellenbeschreibungen, Strukturen, Strategien, Zielen, Entlohnung, sozialen Leistungen und Karrierechancen stoßen auf verblüfftes Erstaunen. Die Antwort auf Fragen nach einer Stellenbeschreibung könnte lauten: »Sagen wir mal so: Ihre Aufgabe ist es, alles zu tun und zu erledigen, was getan werden muß. Was Ihre Karriere anbelangt, so fangen Sie in den oberen Rängen an. Je härter Sie arbeiten, desto höher werden Sie steigen. Irgendwelche weiteren Fragen? Fragen Sie unseren einzigartigen Chef.«

Als ich mit dem Adizes-Institut anfing, hatte ich das Glück, einen meiner besten MBA-Studenten zu meinem ersten Mitarbeiter zu machen. Während wir in der Küche saßen, fragte er mich nach seiner Karrierechance. Das war eine vernünftige Frage. Ich erinnerte mich, daß ich ihm beigebracht hatte, daß gutgeführte Organisationen weitreichende Ziele und Pläne brauchen und diese Ziele in spezifische Aktionspläne umsetzen müssen, wovon einer die Karriereentwicklung von Managern betrifft. Da wir aber in meiner Küche saßen und es mit einem Unternehmen zu tun hatten, das nur aus mir, ihm und 5000 Dollar auf der Bank bestand, und wir keine Ahnung hatten, wie sich die Idee umsetzen ließe, war die Frage lächerlich. Meine Antwort auf diese Frage war: »Henrick, du stehst auf der untersten Sprosse der Leiter, nur leider steht die Leiter im Dunkeln. Du willst die Sprossen erklimmen? Großartig! Fang an, sie ans Licht zu zerren.«

Für einen MBA, der gelernt hat, Entscheidungen strategischer und politischer Natur zu treffen und wie ein Vorgesetzter zu denken, kann es ziemlich entmutigend und deprimierend sein, nur einen »ersten und einzigen Chef« zu haben. Darüber hinaus können viele der an der Business School unterrichteten Kenntnisse unrealistische Erwartungen wecken und für eine »kindliche Organisation« nutzlos sein. Die Frage eines MBA nach dem langfristigen Ziel und der Strategie kann nicht beantwortet werden. Junge Organisationen können keine weitreichenden Pläne und Strategien ausarbeiten. Der Anfänger besitzt nicht die nötigen Erfahrungen mit dem Produkt und seinen Märkten, um realistische weitreichende Ziele, Pläne und Strategien zu entwerfen. Es gibt eine Vision, einen Traum, eine Absicht – aber weder Pläne noch meßbare Ziele. Alles ist in der Schwebe und natürlich nicht eindeutig genug definiert für jemanden, der in Zahlen und Ziffern denkt. Das ist alles, was von einem Unternehmen in der Gründungsphase realistischerweise erwartet werden kann.

»Wenn wir wüßten, was zu tun ist, würden wir es machen; wir versuchen aber immer noch herauszufinden, was wir tatsächlich tun müssen«, erzählte mir einmal ein Gründer. Aus neuen Erfahrungen bilden sich Muster heraus, die später benutzt werden können, um die Zukunft zu planen und langfristige Ziele und Strategien zu entwerfen. Ohne wirkliche Erfahrung, was wie funktioniert, kann der Prozeß einer detaillierten, weitreichenden Planung eine frustrierende Übung in Sinnlosigkeit sein. Gebraucht wird eine Kurzzeitplanung zur Prüfung von Ideen und um Erfahrung zu gewinnen.

Im Kindheitsstadium gibt es weder Delegierung von Autorität noch von Verantwortung. Das Unternehmen hat bisher noch keinen organisatorischen Gedächtnisspeicher, und es steht noch nicht fest, was funktioniert und was nicht. Hier geht es um etwas, das erst noch in der »Universität des Lebens« gelernt werden muß. Seine Erfahrung muß jeder selbst machen, sie muß sozusagen aus erster Hand gewonnen werden. In diesem Stadium ist es schwierig, Erfahrung zu artikulieren und sie jemand anderem zu vermitteln. Damit dies gelingt, braucht man ein Muster von wiederkehrenden Erfahrungen. Da die Organisation knapp bei Kasse ist, kann sie es sich aber auch nicht leisten, die Angestellten aus Fehlern lernen zu lassen. Demzufolge muß der Gründer ein wachsames Auge auf die Organisation haben, wenn sie überleben soll, und gibt es keine echte Delegierung von Autorität, und es sollte sie auch nicht geben. Die unterstellten Mitarbeiter sind Botenjungen oder »Laufburschen«, die dem Gründer zur Hand gehen. Das ist normal. Bei einer Delegation könnte der Gründer die Kontrolle verlieren und das Unternehmen darunter leiden. Das erinnert mich an einen Cartoon aus dem *Wall Street Journal*. Zwei unrasierte Wermutbrüder in abgerissener Kleidung sitzen auf einer Parkbank, trinken aus Flaschen und unterhalten sich. In der Bildunterschrift steht: »... und dann sagte mir mein Berater, ich solle delegieren.«

Es gibt noch einen weiteren Grund, weshalb der Gründer nicht delegieren sollte. Die Leute, die unter ihm arbeiten, sind gewöhnlich nicht so gut in ihrem Job wie er. Wenn sie so überragende Unternehmer wären, die genauso gute Entscheidungen treffen könnten, würden sie ihre eigenen Unternehmen aufziehen. Die Mitarbeiter eines »kindlichen Unternehmens« sind oft Leute, die nach einer vorläufigen Position suchen und sich dann entscheiden zu bleiben. Sie wurden womöglich nicht einmal gesucht, sondern spazierten einfach herein oder waren zufällig verfügbar.

Für eine »kindliche Organisation« ist es normal und wünschenswert, daß sie von jemandem geführt wird, der eine One-Man-Show betreibt – dem Gründer, der sieben Tage in der Woche und 15 Stunden am Tag arbeitet. Erst in der nächsten Phase des Lebenszyklus, in der es etwas Stabilität, Zeit zum Luftholen und einen gewissen Erfahrungsschatz gibt, wird der Gründer in der Lage sein zu delegieren. Und das sollte er dann auch tun.

Inzwischen sollte klar sein, daß ein funktionales Verhalten in der einen Phase des Lebenszyklus sich in einer anderen Phase häufig ins Gegenteil verkehrt. Normale Probleme können anormal werden und dann pathologisch. Für eine erfolgreiche Werbungsphase ist ein inbrünstiges Engagement obligatorisch, es kann aber in der nachfolgenden Kindheitsphase zum pathologischen Problem werden, wenn der Gründer nicht von einer schlechten Idee abläßt und sich nicht der Wirklichkeit anpaßt. In der frühen Kindheit einer Organisation sind die harte Arbeit des Gründers, die fehlende Delegierung und die Orientierung an kurzfristigen Ergebnissen entscheidend für das Überleben der Organisation. Die gleichen Eigenschaften können sich in der nächsten Phase des Lebenszyklus, dem Go-Go-Stadium, in einen pathologischen Würgegriff verwandeln.

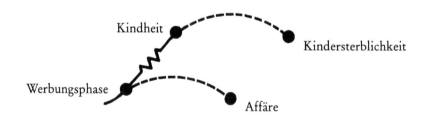

Abb. 7: Kindersterblichkeit

Wenn eine Organisation wachsen soll, muß ihr Management mitwachsen. Man beachte, daß dies nicht gleichbedeutend ist mit: immer mehr von derselben Art. Es bedeutet vielmehr Veränderung. Das Wachstum ist qualitativ, nicht nur quantitativ. Wenn das nicht zutrifft, dann ist eine Veränderung in der Führung vonnöten. Am Ende von Kapitel 3 werden wir einen Blick auf die Führungsstile werfen, die für jedes Stadium im Lebenszyklus angemessen sind.

Kindersterblichkeit

In einer gesunden Kindheit zeigt sich ein ausgewogenes Wachstum, das den zur Verfügung stehenden Geldmitteln entspricht. Das ist die Phase, in der der Gründer das Gefühl hat, alles unter Kontrolle zu haben, in der er von zu Hause unterstützt wird und in der keine der täglichen Krisen fatale Folgen nach sich zieht. Es ist normal, daß der Gründer lange arbeitet, nicht delegiert und alle Entscheidungen selbst trifft.

Das Kind wird sterben, wenn der Gründer an Langeweile leidet, wenn er seinem Werk fremd gegenübersteht oder die Kontrolle über die Organisation verliert. Der Tod kann das Unternehmen auch dann ereilen, wenn das Unternehmen irreparabel an Liquidität verliert.

Frühe Kindheit

Normal	Anormal
Risiko läßt Engagement nicht schwinden	Risiko löscht Engagement aus
Negativer Cashflow	Chronisch negativer Cashflow
Harte Arbeit stärkt Engagement	Verlust des Engagements
Keine Führungstiefe	Voreilige Delegierung
Keine Systeme	Verfrühte Regeln, Systeme, Prozeduren
Keine Delegierung	Kontrollverlust des Gründers
»One-Man-Show« mit Bereitschaft zum Zuhören	Keine Bereitschaft zuzuhören – Arroganz

Normal	Anormal
Macht Fehler	Kein Spielraum für Fehler
Unterstützung von der Familie	Keine Unterstützung von der Familie
Hilfreiche externe Intervention	Gründer fühlt sich durch externe Einmischung zurückgesetzt

Eine Organisation kann nicht für immer in den Kinderschuhen steckenbleiben. Die zum Abheben erforderliche Energie ist größer als die zur Wartung benötigte. Man kann das für den Start einer jungen Organisation erforderliche Maß an Energie nicht lange halten. Der Gründer und seine Mitarbeiter verlieren den Enthusiasmus, und das Unternehmen stirbt. Zeit spielt dabei eine große Rolle. Eine lang anhaltende Kindheitsphase ist ein krankhaftes Zeichen.

Eine Organisation läßt die Kindheit hinter sich und tritt in das nächste Stadium des Lebenszyklus ein, wenn die finanziellen Mittel und die Aktivitäten sich irgendwie stabilisiert haben. Der negative Cashflow und der Bedarf an Kapitalspritzen sind kein Problem mehr. Die Kunden erteilen Anschlußaufträge, Markentreue entwickelt sich, die Zulieferer werden verläßlich, und Produktionsprobleme rufen keine tagtägliche Krise hervor. Der Gründer hat endlich Zeit durchzuatmen. Diese Phase ist vergleichbar mit der Zeit, wenn sich das Verdauungssystem des Säuglings stabilisiert hat und er nun anfängt, nachts durchzuschlafen. Ist sie stabilisiert, tritt die junge Organisation ins nächste Stadium, in die Go-Go-Phase.

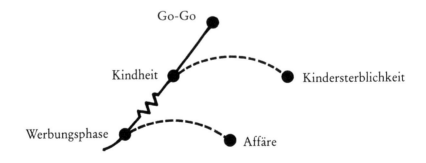

Abb 8: Go-Go

Go-Go

Was ist eine Go-Go-Organisation? In der Werbungsphase gibt es eine Idee. In der frühen Kindheit, dem Anfangsstadium, wurde die Idee in die Tat umgesetzt. Wir haben nun ein Stadium erreicht, indem die Idee funktioniert, das Unternehmen den negativen Cashflow überwunden hat und die Umsätze steigen. Es sieht so aus, als ob das Unternehmen nicht nur überlebt, sondern auch floriert. Das führt dazu, daß der Gründer und die Organisation sich arrogant verhalten, und zwar in höchstem Maße.

Gelegenheiten als Prioritäten

Je erfolgreicher eine Organisation ist, desto arroganter wird der Gründer. Manchmal fühlt er sich gar unbesiegbar. Als Folge davon geraten die Go-Gos gewöhnlich in Schwierigkeiten, indem sie in zu viele Richtungen gleichzeitig drängen. Go-Go-Unternehmen verhalten sich wie kleine Kinder, die mit dem Krabbeln beginnen: Sie sind überall. Sie sehen keine Schwierigkeiten, sondern nur Möglichkeiten. Alles, was sie in die Finger bekommen, stecken sie in den Mund oder zerstören es. Go-Go-Unternehmen handeln genauso: Alles ist eine Gelegenheit. An einem Freitag abend geht der Gründer eines Go-Go-Unternehmens, eines Schuhgeschäfts, ins Wochenende. Montag morgens kommt er ins Büro und verkündet: »Ich habe gerade ein Shopping-Center gekauft.« Die Mitarbeiter sind keineswegs überrascht. So etwas ist schon häufiger vorgekommen.

»Ein Shopping-Center? Wie sind wir denn da hineingerutscht?«

»Tja, ich hatte da ein Angebot, an dem man nicht vorübergehen konnte. Außerdem, was wir mit dem Schuhgeschäft erreicht haben, können wir im Shopping-Bereich auch schaffen!«

Über dem gegenwärtigen Erfolg hat der Gründer die Schwierigkeiten in der Kindheitsphase vergessen. Der Erfolg des Go-Go ist die Verwirklichung des Gründertraums, und wenn ein Traum Wirklichkeit werden kann, warum nicht auch andere?

Pathologische Go-Gos sind wie Mini-Konglomerate; sie neigen dazu, sich in viele verwandte und entfernte Geschäfte zu involvieren. Ungücklicherweise führt diese Diversifizierung gewöhnlich dazu, daß die Go-Gos auf zu vielen zu dünnen Beinen stehen. Sie begehen unausweichlich den Fehler, in Branchen tätig zu werden, von denen sie nichts verstehen. Das Unternehmen kann an dem Shopping-Center über Nacht mehr Geld verlieren, als es in einem Jahr am Schuhverkauf verdient hat.

Fast jede Gelegenheit scheint Priorität zu haben. In einer Konferenz einer Go-Go-Organisation wurden alle Manager gebeten, eine Liste mit den Prioritäten anzulegen, so wie sie sie einschätzten. Als diese Einschätzungen zusammengezählt wurden, ergaben sich 173 unterschiedliche Prioritäten. Zu viele Prioritäten sind ein Indiz dafür, daß es gar keine gibt.

Bei der Reorganisation von Go-Gos hatte ich von Zeit zu Zeit den Eindruck, ich würde einer Katze beim Werfen von Jungen zusehen. Immer wenn ich glaubte, das letzte Kätzchen sei geboren, tauchte noch ein Kopf auf. Bezeichnenderweise frage ich Go-Go-Organisationen: »In wie vielen Branchen sind Sie tätig?« Nachdem sie mir *alle* Details aufgezählt haben – erinnern sie sich ständig an noch einen Deal, ein weiteres Geschäft, noch eine Gelegenheit, die sie ausleuchten oder zu der sie sich schon entschlossen haben. Der Gründer des International House of Pancakes sagte früher gern: »Die Welt steht zum Verkauf.« Go-Gos haben so viele Eisen im Feuer, daß sie gar nicht alle gleichzeitig im Auge behalten können.

Im Go-Go-Stadium gehen die Umsätze schnell und mühelos nach oben, so daß der Gründer bei seinen Investitionen nachlässig wird. Er plant die Ergebnisse nicht, er erwartet sie einfach. Häufig kommt ihn das teuer zu stehen.

Reaktive Umsatzorientierung

Wenn die Organisation in der frühen Kindheit produktorientiert ist, dann wendet sie sich in der Go-Go-Phase ihrem Markt zu. Diese Hinwendung zum Markt führt aber nicht zu einer Marketingorganisation, lediglich zu einer Verkaufsorientierung. Diese Unterscheidung verlangt eine weitere Erklärung.

Das Marketing ist der *denkende* Teil des Verkaufens – es wird entschieden, welche Produkte zu welchem Preis verkauft werden, über welche Absatzwege und wie man den Verkauf ankurbelt. Das ist eine planende Funktion, bei der es um die Positionierung geht. Verkaufen ist eine produzierende, aktive Tätigkeit. Es beinhaltet die Ausführung von Plänen und die Versorgung mit Informationen darüber, wie gut oder wie schlecht die Pläne am Markt funktionieren. Das wiederum könnte eine neue Marketing(Strategie)-entscheidung erforderlich machen.

Während »kindliche Organisationen« vom Verkauf leben müssen, wird die Umsatzorientierung nun zur Sucht: *Mehr* bedeutet *besser*. Die Organisation setzt Umsatz mit Erfolg gleich und schlachtet Gelegenheiten aus, statt sie zu planen. Die Organisation wird von Gelegenheiten getrieben, anstatt Gelegenheiten zu schaffen: »Wenn es eine Gelegenheit zum Geldverdienen gibt, dann nehmen wir sie wahr. Wer weiß, ob sich morgen wieder eine ergibt.«

Bei einer aktiven Marketingorientierung werden neue Kundenbedürfnisse identifiziert und neue Dienstleistungen und Produkte geschaffen, um den Bedürfnissen nachzukommen. Im Go-Go-Stadium ist es dafür noch zu früh, weil die Organisation noch von denjenigen Bedürfnissen abhängig ist und aus ihnen Kapital zu schlagen sucht, die sie schon in der Werbungsphase identifiziert hat.

In der Werbungsphase gibt es eine Vision. In der frühen Kindheit wird mit der Vision experimentiert, und daraus folgt die Produktorientierung. Ist das Experimentieren einmal abgeschlossen, schwenkt die Organisation im Go-Go-Stadium auf die Umsatzorientierung ein.

Diese Umsatzorientierung kann zu anormalen Ergebnissen führen. Go-Gos setzen eine feste Umsatzrendite voraus, folglich glauben sie, daß höhere Umsätze automatisch mehr Gewinn bedeuten. Wenn sie aber unkontrolliert expandieren, wird ihre Kostenrechnung nutzlos. Schließlich verkaufen sie vielleicht mehr, aber anstatt mehr zu verdienen, verlieren sie möglicherweise Geld. Um den Umsatz in die Höhe zu treiben, räumen sie einzelnen Vertriebswegen Rabatte ein, geben Verkäufern höhere Provisionen und Kunden Preisnachlässe. Aufgrund ihres schnellen Wachstums und ihres schnellen Wandels wird ihre Kostenrechnung ineffektiv. Als Ergebnis kennen sie oft die Kosten der verkauften Ware nicht, und der Nettopreis des Produktes könnte niedriger sein als die Gesamtkosten für das verkaufte Produkt. Daraus ergibt sich: Je mehr sie verkaufen, desto höher sind die Verluste.

Ich habe dieses Phänomen häufig genug beobachtet.

Schnelles Wachstum

Sind die Schwierigkeiten und Schmerzen der frühen Kindheit überwunden, kann Erfolg, auch begrenzter, der über Nacht kommt, zu Arroganz verleiten. Als Folge dieser Arroganz lassen sich die Organisationen mit Unternehmen ein, mit deren Geschäften sie eigentlich nichts zu schaffen haben.

Was in der frühen Kindheit das Krisenmanagement ist, ist im Go-

Go eine Managementkrise. Eltern können ein zweijähriges Kind nicht aus den Augen lassen. Sie folgen ihm überallhin und sagen unablässig: »Nein! Nein! Nein!« Das Kleinkind gerät immer wieder in Schwierigkeiten. Ein Go-Go-Unternehmen braucht die gleiche Art der Aufmerksamkeit. Die Vision des Unternehmens verändert sich von einer sehr engen, von harter Arbeit geprägten Perspektive zu einem Panorama unbegrenzter Möglichkeiten.

In den Go-Go-Organisationen ist der Raum knapp, weil die Organisation so schnell wächst. Neue Büroräume werden erworben, sowie sie gebraucht werden oder nachdem sie gebraucht wurden. Daher sind Go-Go-Organisationen oft über die ganze Stadt verteilt – oder gar über das ganze Land.

In der frühen Kindheit gibt es weder Diagramme der Unternehmensorganisation noch Stellenbeschreibungen. Es gibt kaum ein Regelwerk für die Lohnbuchhaltung. Es geht zu wie in einer guten Familie – jeder erledigt das, was getan werden muß. Gehaltserhöhungen werden bewilligt, wenn genügend Geld vorhanden ist und der Gründer gute Laune hat. Es gibt keine Leistungsbeurteilung. Da jeder weiß, was der andere tut, sind solche formalen Mitarbeiterbeurteilungen unnötig. Für eine »kindliche Organisation« ist das normal, nicht einmal ein Mangel. Für eine Go-Go-Organisation kann das ein Übergangsproblem sein. Wenn dieses Verhalten beibehalten wird, wird es in der nächsten Entwicklungsstufe pathologisch.

Mangel an Kontinuität und Konzentration

In diesem Stadium der Entwicklung schart die Organisation eine ganze Truppe von Leuten mit unterschiedlichen Fähigkeiten und mit unterschiedlichen Anreizsystemen um sich. Dem liegen willkürliche Entscheidungen darüber zugrunde, was jemand macht und zu welcher Bezahlung. Es gibt kaum Schulungen, Leistungsbeurteilungen oder Lohnabrechnungssysteme. Da keine Systeme oder etablierte Grundsätze vorhanden sind, werden die Mitarbeiter zu verschiedenen Zeiten mit unterschiedlichen Vereinbarungen eingestellt. Einige sind hochqualifiziert und andere nicht. Die Go-Go-Organisation hat nicht die Zeit oder legt keinen Wert darauf, die Inkompetenten auszusieben.

Erfolg und Arroganz, reaktive Umsatzorientierung, Ambivalenz hinsichtlich der Aufgaben und Verantwortlichkeiten führen dazu, daß die Interessen der Go-Go-Organisationen kurzlebig sind. Die Manager springen von einer Aufgabe zur nächsten, versuchen die gesamte Basis gleichzeitig abzudecken. Sowohl der Organisation als auch den Managern fehlt der Schwerpunkt. Wenn dieser Mangel fortdauert, könnte die Organisation bankrott gehen. Um zu überleben, muß die Organisation festlegen, was sie will, und nicht, was sie sonst noch alles tun könnte.

Das Unternehmen ist eine Organisation von Menschen

In der Go-Go-Organisation teilen die Mitarbeiter die Verantwortung, und ihre Aufgaben überschneiden sich. In einer solchen Organisation war der Präsident beispielsweise Chefeinkäufer, Spitzenverkäufer und Designer. Die Verkäufer kauften auch manchmal etwas ein, und der Buchhalter war in Teilzeit zugleich der Büroleiter. Im Go-Go-Stadium mag es einen Organisationsplan geben, aber der wird aussehen, als sei ein Huhn über ein Stück Papier gelaufen – punktierte Linien, gerade Linien und unterbrochene Linien, die in alle Richtungen führen. Wenn Sie einen Mitarbeiter oder gar eine Führungskraft fragen: »Wem sind Sie unterstellt?«, werden Sie wahrscheinlich eine ungenaue, verwirrende Antwort bekommen. »Meistens arbeite ich unter Sam, aber manchmal mit Lee. Wenn dagegen Qualitätsprobleme auftauchen, wende ich mich an Bob, und wenn ich so darüber nachdenke, manchmal auch an Al.« Und so weiter.

Das Unternehmen ist um die Mitarbeiter herum organisiert, nicht um Aufgaben.

Das Verhalten ist reaktiv, nicht aktiv, und als Folge werden den Mitarbeitern Aufgaben je nach ihrer Verfügbarkeit übertragen und nicht aufgrund ihrer Kompetenz. So war in einer Organisation beispielsweise die Verkaufsabteilung für Kanada dem Engineering unterstellt, weil der Engineering-Chef aus Kanada stammte; in einem anderen Unternehmen berichtete Region A an Herrn Z, und das nur, weil Z unterbeschäftigt war. Dieses Management der Zweckdienlichkeit funktioniert eine Weile, aber das Unternehmen wächst weiter, und die Organisation kann zum verhedderten Jo-Jo verkommen, das man nur schwer entwirren kann.

Für Go-Go-Organisationen ist es ein normales Problem, daß alles Priorität hat. Wenn das Unternehmen heranwächst, lernt es durch unausweichliche Fehler, was es unterlassen sollte. Es ist ein Trial-and-Error(Versuch- und Irrtum)-Lernprozeß, und wenn eine Go-Go-Organisation schwere Fehler begeht – und Marktanteile, den größten Kunden oder Geld verliert –, wird sie in die nächste Phase des Lebenszyklus katapultiert. Die Organisation wird von ihrer Arroganz geheilt, wenn sie eine größere Krise erlebt. Je größer der Erfolg und die Arroganz, desto größer ist die Krise, und die Organisation wird zu Veränderungen gezwungen. Die Organisation begreift, daß sie ein Mindestmaß an Regeln und Grundsätzen braucht. Deren Entwicklung deutet an, daß das Unternehmen auf administrative Subsysteme Wert zu legen beginnt und in das nächste Entwicklungsstadium eintritt. Wenn die Bedeutung der administrativen Systeme nicht erkannt wird, rutscht das Unternehmen in eine pathologische Situation ab, die als Gründer- oder Familienfalle bezeichnet wird.

In der Werbungsphase sterben Organisationen mit ungenügender Entschlossenheit, den Wirklichkeitstest zu bestehen, einen vorzeitigen Tod; das nennen wir eine Affäre. Eine Affäre ist nichts anderes als eine Menge Enthusiasmus ohne echtes Engagement. Eine »kindliche Organisation«, die einen schwerwiegenden Fehler begeht, nicht genug »Milch« bekommt oder deren Gründer die Liebe und das Engagement abhanden kommen, fällt der Kindersterblichkeit anheim. Go-Go-Organisationen, die ihre eigenen administrativen Systeme nicht entwickeln und ihre Führung nicht institutionalisieren können, geraten in die Gründer- oder Familienfalle.

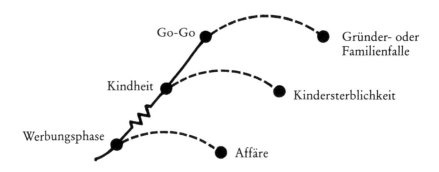

Abb. 9: Die Gründerfalle

Die Gründerfalle

Was ist die Gründerfalle? Von der Werbungsphase bis zum Go-Go-Stadium des Lebenszyklus ist der Gründer grundsätzlich das Unternehmen, und das Unternehmen ist der Gründer. Beide sind ein und dasselbe. Braucht das Unternehmen zum Beispiel einen Bankkredit, muß der Gründer sein persönliches Vermögen zusätzlich zu dem des Unternehmens als Sicherheit anbieten, weil die Bank beide Einheiten als eine einzige ansieht. Der Gründer ist die treibende Kraft, auf die sich die Bank verläßt, um ihren Kredit zurückgezahlt zu bekommen. Er ist sowohl der größte Aktivposten als auch das größte Risiko. Mit der Bildung administrativer Subsysteme beginnt die Organisation damit, die leitende Spitzenposition des Gründers zu institutionalisieren. Weil das Unternehmen nun genügend etabliert ist, kann der Gründer die One-Man-Show nicht länger aufrechterhalten. Er kann nicht mehr tief genug in das Unternehmen eindringen, um persönlich seinen Führungsstil und seine Philosophie zu verwurzeln. Dazu muß ein Regelwerk her. Aber wie? Der Gründer versucht zu dezentralisieren, indem er Autorität und Verantwortung delegiert. Meistens funktioniert das nicht so gut.

Delegieren contra Dezentralisieren

Eine Go-Go-Organisation kommt in Schwierigkeiten und verliert mehr Geld in einer Woche im Shopping-Center, als es in einem Jahr im Schuhgeschäft verdient hat. Die typische Reaktion auf dieses Desaster ist die Einführung von Kontrollen. Der Gründer[1] erkennt, daß er die Kontrolle verliert, und sagt: »Wir müssen uns organisieren. Wir brauchen in dem Laden hier bessere Kontrollen.«

Dann schafft sich das Unternehmen eine Sammlung von Regeln und Grundsätzen. Aber wer ist der erste, der sie bricht? Der Gründer. In einem anderen Szenario könnte der Gründer seine Führungskräfte zusammenrufen und verkünden: »Wie Sie *alle wissen* und mich ständig daran erinnert haben in den vergangenen Monaten, ist dieses Unternehmen zu groß, als daß hier nur eine Person das Sagen haben sollte. Also werde ich anfangen, die Autorität in diesem Laden zu delegieren. Jeder von Ihnen hat seinen eigenen Verantwortungsbereich, und es steht Ihnen frei, von heute an Entscheidungen zu treffen. Fragen Sie mich aber, bevor Sie irgendeine große Entscheidung treffen, und fällen Sie keine Entscheidung, die nicht auch von mir stammen könnte.«

---

[1] Die Bezeichnung *Gründer* sollte hier nicht wörtlich verstanden werden. Zu der Zeit des Go-Go ist der eigentliche Gründer vielleicht längst nicht mehr da. Mit Gründer meine ich den Spitzenmanager der Organisation, der sich so verhält, als ob er sie gegründet hätte und sie ihm gehörte.

In beiden Beispielen versucht der Gründer Autorität zu delegieren, aber er will nicht die Kontrolle verlieren. Obwohl er nur delegieren möchte, endet es mit der Dezentralisierung. Lassen Sie mich den Unterschied erklären.

Das *Delegieren* ist ein Prozeß der Übergabe von Aufgaben an untere Ebenen der Organisationshierarchie und der Schaffung eines gemeinsamen Pflichtgefühls, die Aufgaben zu bewältigen. Die Aufgabe besteht in der Umsetzung einer bereits getroffenen Entscheidung, und die vergebene Autorität ist nur taktischer Natur. Wenn die Aufgabe aber darin besteht, Entscheidungen zu initiieren, das heißt Entscheidungen darüber zu treffen, was umgesetzt werden *sollte*, dann handelt es sich um *Dezentralisierung*.

Eine Go-Go-Organisation kann nicht dezentralisieren. Für eine funktionstüchtige Dezentralisierung braucht man ein Kontrollsystem. Die Dezentralisierung erzeugt eine Zentrifugalkraft, für die die Organisation ein Gegengewicht – die Zentripetalkraft – braucht, andernfalls wird das Management die Kontrolle verlieren. Diese Zentripetalkraft wird mit unternehmenspolitischen Grundsätzen erzeugt, die vorschreiben, was die dezentralisierten Einheiten dürfen oder nicht dürfen. Auf diese Weise bleibt die Einheit trotz der Dezentralisierung gewahrt. Das administrative Subsystem (Regeln und Vorschriften) wirkt als zentripetale Kraft. Im Go-Go-Stadium ist dieses administrative Subsystem noch nicht voll ausgereift.

Daher führt der Versuch des Gründers zu delegieren, ohne ein Kontrollsystem zu haben, oft unbeabsichtigt zur Dezentralisierung. Die Mitarbeiter beginnen, die Initiative zu übernehmen, was der Gründer zuweilen als bedrohlich empfindet, weil dabei nicht immer seine Urteile, Einschätzungen, Bedürfnisse und Vorlieben berücksichtigt werden. Wir dürfen nicht vergessen, daß es in der Kindheitsphase keinerlei Delegierung auf irgendeine Art und Weise gegeben hat. Der plötzliche Sprung von einem autokratischen Zentralismus zu einer Dezentralisierung ist berechtigterweise beängstigend für den Gründer. Er fühlt, daß er die Kontrolle verliert. Deswegen sagt er tatsächlich: »Sie treffen nur solche Entscheidungen, die ich auch selbst treffen würde.« Wenn seinen Untergebenen dies mißlingt, und das ist unausweichlich, da sie durch Versuch und Irrtum die Gedanken des Gründers lesen lernen, rezentralisiert er die Autorität. Dann hat der Gründer wiederum viel zuviel zu tun und kann nicht die gesamte Organisation umhegen und steuern; also, zurück zum Delegieren, was wiederum mit der Dezentralisierung endet, und zurück zu dem Gefühl des Verrats und des Kontrollverlusts des Gründers. Die Beziehung zwischen dem Gründer und dem Unternehmen ist mit einem Jo-Jo vergleichbar. »Sie sind zuständig. Nein, ich bin zuständig.« In diesem Verfahren gerät die Organisation in schwere Turbulenzen und wird von Schmerz und Ärger durchgeschüttelt. An einem bestimmten Punkt sagen die Mitarbeiter: »Bis der Alte stirbt, wird hier gar nichts passieren.«

Die Fernsteuerung des Gründers

Was im Kindheits- und im Go-Go-Stadium mit einer liebevollen Umarmung des Gründers begann, hat sich nun zum Würgegriff entwickelt, der Wachstum und Entwicklung des Unternehmens erstickt. Das Unternehmen ist in der Umarmung des Gründers gefangen. Aber der Gründer ist auch frustriert. Das Unternehmen ist, am Umsatz gemessen, erfolgreich – der Beweis, daß sich das Produkt gut verkauft. Aufgrund der unglaublichen wirtschaftlichen Entwicklung des Go-Gos fühlt der Gründer, daß er es geschafft hat – von Lumpen zu Reichtümern. Der Gründer fühlt, daß er der Organisation seinen Stempel aufgedrückt hat. Nun möchte er andere Dinge tun – er will aus der alltäglichen Tretmühle des Unternehmens heraus. Also beginnt er, sich für die Gemeinde, die Politik, Gesundheit, Reisen oder irgend etwas anderes zu interessieren, das ein sinnvolleres Ventil für seine Energien darstellt. Pizzas herzustellen langweilt ihn, obwohl Pizzas die Quelle seines Erfolgs sind. Wenn er einen substantiellen Gewinn mit seinem Unternehmen erzielt hat, kassiert er die Früchte seiner Arbeit vielleicht vorzeitig, um endlich die Dinge zu tun, die er schon immer machen wollte, sich in der Vergangenheit aber nicht leisten konnte. Der Chairman der Wells Fargo Bank erzählte mir, daß man auf dieses Problem im Bankgeschäft achten würde. Zuerst bekommt der Gründer ein Darlehen für sein Unternehmen. Mit dem Erfolg beginnt er sich anders zu verhalten und anders zu kleiden. Später kommt er, um einen Kredit für ein verrücktes Auto zu beantragen, dann für ein Boot und dann für ein Flugzeug. Und zum Schluß kommt er, um den teuersten Luxus überhaupt zu finanzieren, seine Geliebte, und vielleicht seine Scheidung.

Da gibt es eine Komplikation, die erwähnt werden sollte. Der Gründer möchte delegieren, ohne jedoch die Kontrolle zu verlieren. Die zunehmende Distanz des Gründers und die Schwierigkeiten des Delegierens enden in einer »ferngesteuerten Umarmung« – die denkbar schlechteste Situation. Der Gründer ist weg, aber niemand anders hat das Recht, die Chuzpe oder den Mut, Entscheidungen zu treffen. Der Gründer glaubt, daß mit der Delegierung von Autorität seine Untergebenen anfangen, die Show am Laufen zu halten. Er beobachtet die Lage aber stets von der Seitenlinie aus, und wenn sie die Show verderben, weil er unfreiwillig dezentralisiert hat, kommt er zurück und übt Vergeltung.

Bei einem Besuch seines Unternehmens kann der Gründer etwas hören oder eine Entscheidung bemerken, die ihm mißfällt, und die Hölle bricht los. An einem Nachmittag wird die Macht wieder rezentralisiert. Dann verschwindet er wieder für einen Monat oder länger. Die Mitarbeiter können nichts entscheiden und werden unruhig. Sie versuchen sich vorzustellen, wie der Gründer entschieden hätte, aber das ist höchst riskant. Der Gründer ist gewöhnlich zu kreativ und in diesem Stadium zu arrogant, um sich etwas zweimal zu überlegen. Seine Größe schließt die Fähigkeit ein, sein Geschäft mit Intuition zu führen. Diese Intuition wurde jedoch weder institutionalisiert noch auf jemand anderen übertragen, der an seiner Stelle agieren kann. Wenn seine Untergebenen nicht handeln, herrscht Lähmung. Der Zyklus beginnt von vorn, wenn der Gründer wieder erscheint und sich ärgert, weil niemand gehandelt hat und niemand mit den Problemen zurechtkam. Wenn aber einer tatsächlich eine Entscheidung getroffen hat, die der Gründer hinterher als Fehlentscheidung ansieht, rollen Köpfe. Die Mitarbeiter beginnen, die Auftritte des Gründers zu fürchten, und sind eingeschüchtert: »Du bist verdammt, wenn du etwas tust, und verdammt, wenn nicht.« Der Gründer wiederum fühlt sich in einer Falle gefangen, die er selbst geschaffen hat. Ein frustrierter Gründer erzählte mir einen Witz, der diesen Punkt verdeutlicht.

»Wann hörst du auf, einen 200 Pfund schweren Gorilla zu lieben?«
»Ich weiß es nicht«, antworte ich.
»Nicht wenn du es willst, sondern wenn der Gorilla es wünscht!« sagt er.

Was im Kindheitsstadium als gute Idee begann und ein nettes kleines Unternehmen war, hat sich während der Go-Go-Phase fort vom Gründer entwickelt. Was mal ein niedliches, kleines Äffchen gewesen ist, ist nun ein häßlicher Affe, der die Aufmerksamkeit des Gründers verlangt. Der Gründer kann diese Aufmerksamkeit aber nicht länger aufwenden, er weiß nicht einmal wie und will auch nicht mehr.

Mit Gründerfalle ist gemeint, daß das Unternehmen sterben kann, wenn der Gründer stirbt. Die Gründerfalle kann sich auch in eine *Fa-*

milienfalle verwandeln. Das kann passieren, wenn ein Familienmitglied das Unternehmen aus Gründen der Eigentumsverhältnisse übernimmt und nicht auf der Basis von Kompetenz und Erfahrung. Wenn das geschieht, hat das Unternehmen Eigentum und Management nicht richtig auseinandergehalten. Es hat die Führungsrolle nicht in dem Maße entpersonalisiert, daß es in der Lage wäre, die kompetenteste Person für die Aufgabe zu wählen. Statt dessen übernimmt die Person mit dem höchsten Eigentumsanteil das Ruder. Diese Vetternwirtschaft ist Gift für die meisten Unternehmen und veranlaßt kompetente Manager, das Schiff zu verlassen. Wie viele Generationen sind wohl nötig, bis ein Unternehmen in der Familienfalle zugrunde gerichtet worden ist? In den Ländern, in denen ich unterrichtet habe, bekomme ich immer die gleiche Antwort: »Drei.« In Mexiko gibt es ein Sprichwort: »Vater Kaufmann, Sohn Playboy, Enkel Bettler.« In China sagt man: »Von Bauernpantoffel zum Bauernpantoffel in drei Generationen.« In den Vereinigten Staaten heißt es: »Von ärmellos zu ärmellos in drei Generationen.«

Eine der größten Innovationen des Kapitalismus ist die Trennung von Eigentum und professionellem Management. Wenn das Unternehmen seine hart erkämpften Gewinne nicht verlieren will, muß es den Wandel des Managements durch Intuition (wie im Go-Go) zu einer professionelleren Ausrichtung vollziehen. Das sollte in der Jugend geschehen. Wenn die Organisation diesen Übergang nicht schafft, fällt sie in die Gründer- oder Familienfalle.

Der Übergang zur Jugend geht gewöhnlich mit einer großen Krise einher. Diese wird von den Fehlern der Arroganz im Go-Go ausgelöst. Die Ursachen für den Übergang sind schon lange sichtbar gewesen: die Arroganz, das schnelle unkontrollierbare Wachstum, der Mangel an Systematik, Budgets und Grundsätzen, das Fehlen einer Struktur, die zentralisierten Entscheidungen. Es ist ein für die Krise präpariertes Unternehmen.

Ich habe Erfahrung darin, Vorstandschefs von Go-Go-Unternehmen davor zu warnen, daß die Faktoren, die eine Krise auslösen, präsent sind. Was fehlte, war der Tropfen, der das Faß zum Überlaufen brachte. Gewöhnlich wurden die Warnungen ignoriert. »Wissen Sie, daß wir pro Jahr 180 Prozent Umsatzwachstum haben? Wir stehen an der Spitze der Hitliste der Zeitschrift *INC.* als das am schnellsten wachsende Kleinunternehmen in den Vereinigten Staaten. Wissen Sie, daß unsere Aktien von zwei Dollar auf zwölf Dollar gestiegen sind?«

Dann passiert es. Sie verkaufen ein Erzeugnis ohne Produkthaftungsabsicherung und werden verklagt, oder sie investieren in ein Geschäft, das schnell »gen Süden« geht. Die klassische, lehrbuchmäßige Krise, der man häufig begegnet, ist das Ergebnis von »Wishful Thinking«, einer Planung, bei der Wünsche mit Zielen verwechselt werden. Für den arroganten Gründer ist die erwünschte Realität genausogut wie die tatsächliche Realität. Hat das nicht die Go-Go-Organisation zu einem erfolgreichen Unternehmen gemacht? Träume wurden verwirklicht, die Zweifler Lügen gestraft, man wurde erfolgreich, indem man unvernünftig war und nicht auf andere hörte. Mit dem Erfolg des Unternehmens wird der Gründer gar noch kühner. Er projektiert das Wachstum exponentiell und bereitet sich für das Wachstum mit Geldausgaben vor. Das können Fixkosten sein, die schwierig zu beschneiden sind, wie Computer, Bürogebäude, Fabriken und so weiter. Dann verwirklicht sich der Traum nicht. Die Expansion in einen neuen Markt war nicht so einfach wie die Eroberung des ersten Marktes; jetzt aber die Kosten zu beschneiden, würde das Eingeständnis bedeuten, daß der Traum nicht vernünftig war. Es bedeutet, eine Niederlage einzugestehen, auch wenn sie nur vorübergehend ist, und daß man unvernünftig war. Gegen Niederlagen anzukämpfen machte den Gründer anfangs erfolgreich. Also kämpft er, und je mehr er kämpft, desto mehr verliert die Organisation. Jedoch: Erst eine große Krise erschüttert die Arroganz. Das ist der Beginn der Jugend.[2]

---

[2] Analog unserer Gliederung nach menschlichen Entwicklungsstufen entspricht Go-Go der frühen Jugend, die einhergeht mit Arroganz und dem Gefühl von Allmacht.

2. Die zweite Geburt und das nahende Alter

Jugend

In diesem Stadium des Lebenszyklus einer Organisation wird das Unternehmen wiedergeboren.

Im Kindheitsstadium wurde das Unternehmen zum erstenmal geboren. Das war die physische Geburt. Nun, in der Adoleszenz, wird die Organisation unabhängig vom Gründer wiedergeboren – eine emotionale Geburt. In vielen Dingen gleicht das Unternehmen einem Teenager, der versucht, von der Familie unabhängig zu werden. Diese Geburt ist schmerzhafter und dauert länger als die physische Geburt der Kindheit.

Die charakteristischsten Merkmale adoleszenter Organisationen sind Konflikt und Inkonsequenz. Hier einige Beispiele:
- Eine »Wir-gegen-sie«-Mentalität, alte gegen neue Mitarbeiter
- Inkonsequenz bei den Unternehmenszielen
- Inkonsequenz bei den Entlohnungs- und Anreizsystemen

Alle diese Eigenschaften erfordern viele unproduktive Konferenzen und können zum Verschwinden der unternehmerischen Führung und zum Ende der Organisation führen. Die Schlangenlinie in Abbildung 10 zwischen der Go-Go- und der Adoleszenzphase deutet dieses Übergangsstadium an.

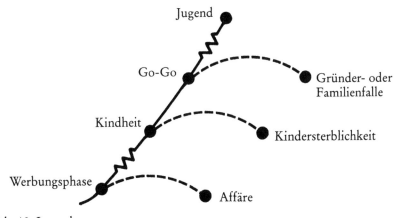

Abb. 10: Jugend

Warum stellt dieser Übergang eine so schwierige Zeit dar? Dafür gibt es drei Hauptgründe:

- Delegieren der Autorität
- Führungswechsel
- Wechsel der Ziele

Delegieren der Autorität

Der Übergang zur Jugend erfordert ein *Delegieren von Autorität.* In einer Gesellschaft ist dies analog mit dem Wandel von einer absoluten Monarchie zu einer konstitutionellen Monarchie, in der der König bereit ist, der Verfassung treu zu bleiben. Der Gründer muß willens sein zu sagen: »Ich bin bereit, dem Unternehmen zu dienen, statt das Unternehmen mir zu unterwerfen. Ich werde mich an die gleichen Grundsätze gebunden fühlen wie jeder andere.« Es geschieht selten, daß sich ein König einer Verfassung unterordnet und damit seine absolute Macht freiwillig abgibt. Dieser Wandel ist in der Regel von einer Revolution begleitet. Diese Revolution bricht nicht allein deshalb los, weil der König die Macht liebt und auf sie nicht verzichten mag, sondern auch, weil des Königs Verhalten auf Umständen basiert, die vielleicht nicht länger existieren. Er hat Schwierigkeiten, sein Verhalten der neuen Situation anzupassen.

Mit dem Adizes-Institut erfahre ich dieses Phänomen selbst, obwohl ich weiß, daß so etwas nicht passieren sollte. Aber Arzt zu sein schützt nicht vor Krankheit. Am Institut verbringen wir viel Zeit damit, Regeln und Grundsätze zu entwickeln, wobei ich der erste bin, der sie bricht. Warum? Wenn sich die Umstände ändern, die eine Entscheidung herbeigeführt haben, ertappe ich mich dabei, die Grundsätze hier und da zu ändern, statt jemanden, der die besondere Verantwortung dafür hat, zu bitten, sich des Problems anzunehmen. Dieses Verhalten meinerseits stammt aus den Kindheitstagen unserer Organisation, als ich die Entscheidungen auf der Stelle und allein zu treffen hatte. Ich lasse die alten Verhaltensmuster auch noch in der Jugend meine Handlungen steuern. Dieses Verhalten verlangt seinen Preis. Da ich Grundsätze mißachte, folgen andere meinem Beispiel. Schließlich haben wir eine Vielzahl von Grundsätzen, die niemand befolgt, wir bringen die Organisation so weit, daß sie sich unvorhersagbar verhält, und akzentuieren das Gefühl des Gründers, daß er die Kontrolle verliert.

Ein Gründer mit dem Managementstil eines einsamen Rangers, mit Vollmachten eines Präsidenten, der zugleich die Rollen Verkaufschef, Kassierer, Produktverbesserer und Finanzier spielt, muß seinen Stil ändern. Spezialisierung wird verlangt, jetzt, da das Geschäft den individuellen Fähigkeiten des Gründers entwachsen ist. Der Tag hat nicht genügend Stunden, um die Organisation als eine One-Man-Show zu betreiben. Der Gründer muß delegieren. Der Trick dabei ist, es zu tun, ohne die Kontrolle zu verlieren. Der Gründer weiß nur nicht wie und fürchtet sich vor den möglichen Folgen.

Im frühkindlichen Entwicklungsstadium seiner Organisation hat der Gründer die Verantwortung bei wichtigen Entscheidungen nicht delegiert, sollte er auch nicht. Folglich wurde er zum entscheidenden Bewahrer der wesentlichen Informationen über die Entscheidungen des Unternehmens. Das ist freilich ein zweischneidiges Schwert. Die Angestellten haben wahrscheinlich nicht genügend Informationen und nicht die Einsicht, um Entscheidungen von der gleichen Qualität treffen zu können. Deshalb muß der Gründer in wichtigen Fällen einspringen und Entscheidungen fällen. Je länger der Gründer das tut, desto länger ist der Lernprozeß für andere.

Von einer Krise zur nächsten lernt der Gründer, wie man delegiert. Er gibt seinen Leuten öfter eine Chance, sich zu bewähren. Meist delegiert er anfangs genauso inkompetent, wie seine Untergebenen zu entscheiden scheinen. Bei den ersten Anzeichen eines potentiellen Fehlers rezentralisiert er die Autorität. Bis zu einem gewissen Punkt ist dieses Verhalten normal. Es wird pathologisch, wenn der Gründer unabhängig davon, wie kompetent seine Leute sind, an seinem Verhalten festhält – damit fällt er in die Gründerfalle. In ihrer Verzweiflung entschließen sich viele Gründer, einen professionellen Manager zu suchen, der die Organisation durch den Alptraum der Dezentralisierung führt. Dieser Schritt kann entweder durch das Einstellen einer Führungskraft oder durch den Verkauf des Unternehmens an eine professionelle Muttergesellschaft erfolgen. Wir wollen uns auf die Schwierigkeiten konzentrieren, die die Hereinnahme eines professionellen Managers mit sich bringt. Die mit einem Verkauf verbundenen Schwierigkeiten werden an späterer Stelle in dem Teil über Aufkäufe und Übernahme erörtert.

Führungswechsel – Vom Unternehmertum zum professionellen Management

Die Führung des Unternehmens verändert sich, wenn ein professioneller Manager eingestellt wird. Führen bedeutet in diesem Zusammenhang: Veränderung der Unternehmenskultur – das Unternehmen wird von einer Phase des Lebenszyklus zur nächsten geführt. Tatsächlich wird damit die Organisation von einer Palette von Problemen zu einer neuen geführt. Die Führung löst die heutigen Probleme, die normal und wünschenswert sind, und bereitet das Unternehmen auf die Probleme vor, denen es morgen begegnen wird. Der neue Manager muß eine Führungskraft sein. Er ist kein neuer Laufbursche, der die Entscheidungen des Gründers auszuführen hat. Diese neue Person ist ein Geschäftsführer, ein Betriebs- oder ein Abteilungsleiter, dessen Aufgabe es ist, an die Stelle des Gründers zu treten und die Probleme der Go-Go-Organisation zu lösen. Das Unternehmen muß professioneller werden. Es soll seine Entscheidungen weniger intuitiv treffen und eher Gelegenheiten *schaffen,* als sich von ihnen *treiben* zu lassen. Eine neue Führungskraft sollte eine neue Systematik schaffen, Entlohnungssysteme gestalten, Funktionen und Verantwortlichkeiten neu definieren und eine Reihe von Regelungen und Grundsätzen institutionalisieren. Sie wird »Nein! Nein! Nein!« sagen, während das Unternehmen früher daran gewöhnt war, nur »Go! Go! Go!« zu hören.

Welche Art von Führung wird hier gebraucht? In der »kindlichen Organisation« war jemand vonnöten, der Risikobereitschaft zeigte und auf Ergebnisse aus war. Man brauchte jemanden, der bereitwillig voranschritt und Verpflichtungen einging: »Hier sind meine 10.000 Dollar. Wer macht mit?« – einen stark am Ergebnis orientierten *Macher.* Das Go-Go-Unternehmen, das mit der ursprünglichen Idee Erfolge erzielt und begonnen hat, neue Wege auszuprobieren, mußte die einseitige Fixierung hinter sich lassen. Zusätzlich zu seiner kurzfristigen Ergebnisorientierung brauchte die Organisation Visionen. Das waren keine überzogenen Anforderungen, da das typische Profil eines Unternehmers von Kreativität und Ergebnisorientierung gekennzeichnet ist. Die Schwierigkeiten beginnen beim Übergang zur Jugend. In diesem Stadium verschiebt sich der Schwerpunkt hin zur Systematik, zu Unternehmenspolitik und Verwaltung; *auf diesem Gebiet sind völlig andere Fähigkeiten gefordert.* Viele Gründer erkennen diese Notwendigkeit ebenso, wie sie ihre mangelnden Kenntnisse oder ihr fehlendes Interesse auf diesem Gebiet sehen. Sie versuchen, dieser Notwendigkeit mit der Einstellung eines externen, professionellen Managers Rechnung zu tragen. Sie finden jedoch schnell heraus, daß diese »bezahlten Kanonen« nicht genauso sind wie sie. Sie kommen pünktlich zur Arbeit, und, nicht zu fassen, sie gehen pünktlich. Sie sitzen den ganzen Tag in ihrem Büro mit ihren Computern und dem Papierkram. Sie reden nicht viel, aber wenn sie es tun, reden sie nur davon, was *nicht* gemacht werden soll. Sie sind nicht besonders zugänglich oder freundlich. Allmählich dämmert dem Gründer: »Dieser Mensch ist nicht wie ich. Wenn ich das Unternehmen wie der geführt hätte, wären wir niemals so weit gekommen.« Diese Logik setzt das Drehtür-Syndrom für angestellte Manager in Bewegung. Sie werden immer wieder entlassen, »weil sie nicht zu uns passen«. Der Gründer wird vielleicht einen anderen Typ von Verwalter einstellen, einen, der »so ist wie wir und nicht den ganzen Tag in seinem Büro hockt«.

Das scheint genausowenig zu funktionieren. Jeder mag den neuen Geschäftsführer, der aber erfüllt seine Aufgabe nicht, weil er es nicht schafft, das Unternehmen zu organisieren und zu systematisieren und, was besonders wichtig ist, den Gründer unter Kontrolle zu bekommen. »Wir brauchen jemanden, der stärker ist als der«, sagen die Leute. Kommt aber eine stärkere Persönlichkeit, wird die Organisationskultur zu sehr aufgemischt, fühlt sich der Gründer bedroht, und die Drehtür setzt sich wieder in Bewegung. Das Paradoxe ist, daß der Gründer jemanden sucht, der einerseits »so ist wie wir«, andererseits »die Dinge erledigt, mit denen wir nichts zu tun haben wollen«.

Der Gründer sucht nach jemandem, der ein Unterseeboot fliegen kann. Er muß aber erkennen, daß der neue Führungsstil in der Jugend nicht der gleiche sein darf wie in den vorangegangenen Entwicklungsphasen. Die Jugend ist ein kritischer Übergangspunkt. Das Unternehmen braucht einen Verwalter, der ganz anders als der Gründer ist, einen, der den Führungsstil des Gründers ergänzt und weiß, daß die beiden Richtungen miteinander konkurrieren.

Der Gründer muß das Kommando zur rechten Zeit abgeben, um einen reibungslosen Übergang in die Jugend zu sichern. Ein gutes Management ist kein Marathonlauf. Es ist ein Staffellauf, bei dem der Stab genau zum rechten Zeitpunkt an den nächsten Läufer weitergegeben wird.

Wann ist der richtige Zeitpunkt dafür? Der richtige Zeitpunkt wäre gekommen, wenn es dem Unternehmen gutgeht, so daß kein massiver Druck besteht, abzutreten und zu verkaufen; das heißt, daß die Situation nicht zu dem momentanen falschen Führungsstil zwänge. Wer aber ändert die Führung, wenn alles wunderbar läuft? Jetzt ist der Gründer doch glücklich. Der Übergang findet jedoch in einer Krise statt, und zu diesem Zeitpunkt ist eine nach innen gerichtete Führung nicht gerade beliebt.

Es gibt noch andere Schwierigkeiten bei der Übergabe des Kommandos an eine andere Person. In diesem Stadium des Lebenszyklus ist die Organisation desorganisiert, und einem Außenstehenden erscheint alles verwirrt und verwirrend. Der Organisationsplan des Unternehmens paßt auf kein einzelnes Blatt Papier. »Hinz und Kunz« sind dem Gründer aus dem einen oder anderen Grund unterstellt. Das Lohnsystem gleicht einem Flickenteppich aus speziellen Vereinbarungen, die sich rein zufällig zu Grundsätzen entwickelt haben. Es gibt keine Führungstiefe. Das Verhalten des Unternehmens ist ein Spiegelbild des Gründers und gleicht gewöhnlich einer Guerilla- oder Partisanenkultur. Die Mitarbeiter sprechen von den guten alten Zeiten und haben ihre eigenen Rituale und ihre eigene Hackordnung. Höhere Dienstalter werden vom Gründer belohnt, der verzweifelt um Stabilität ringt. Da die Organisation keine ausführlich dokumentierten Grundsätze hat, dienen diese dienstältesten Mitarbeiter als das Firmengedächtnis, und wenn sie gehen, können sie die Organisation in ein Chaos stürzen, bis sich jemand anderes findet, der ihre Aufgabe übernimmt. Wegen ihrer Unentbehrlichkeit besitzen diese Dienstältesten enorme politische Macht.

Der Gründer erinnert sich auch daran, daß ihm die Dienstältesten schon im Anfangsstadium die Stange gehalten haben. Sie tragen dieselben Narben. Sie standen auch in schwierigen Situationen loyal zu ihm. Der Gründer hört auf die Veteranen.

In diese Umgebung kommt der neue Manager, der das Unternehmen »professionalisieren« möchte. Die Bemühungen des Managers zur Entwicklung von Regeln und Grundsätzen werden als direkter Angriff auf altehrwürdige Machtpositionen angesehen. Altgediente Mitarbeiter werden im allgemeinen versuchen, sich seinen Bemühungen zu widersetzen. Wenn er versucht, seine Hand nach den Hebeln der Macht auszustrecken, wird die wahre Schlacht losbrechen. Die alten Machtstrukturen umgehen die neue Kommandokette: Man geht direkt zum Gründer, um sich über den neuen Chef zu beschweren.

»Er ruiniert die Moral.« »Er versteht nicht, wie dieses Unternehmen funktioniert.«»Er wird dieses Unternehmen kaputtmachen.«

Und der letzte Vorwurf: »Er führt das Unternehmen ganz anders, als Sie es immer geführt haben.«

Wen unterstützt der Gründer? Den neuen Geschäftsführer? Wahrscheinlich nicht. Also ist der Neue gezwungen, sich eigene Hilfskräfte durch Neueinstellungen heranzuziehen, um »die alte Garde« der Organisation zu umgehen. Man nimmt Partei, und Guerillataktiken machen sich breit. Cliquen entstehen, und ein »Wir gegen sie«-Klima wird geschaffen.

Der Geschäftsführer versucht vielleicht, ein neues Anreizsystem zu schaffen, das persönliche Einschätzungen durch objektive, strikt an Leistungen ausgerichtete Belohnungen ersetzt. Dieses neue System stößt auf Widerstand bei den Mitgliedern der alten Garde, weil sie dadurch ihre besonderen Abmachungen verlieren. Der neue Chef will vielleicht auch die Aufgaben und Verantwortlichkeiten neu verteilen, was natürlich von den Altgedienten attackiert wird, da sie fürchten, ihre Machtbasis zu verlieren. Der neue Manager stößt auf Schritt und Tritt auf Opposition.

Die größte Quelle von Problemen liegt jedoch beim Gründer, der den Manager überhaupt eingestellt hat. Der Gründer setzt die Prioritäten für neue Projekte und Produkte; und entsprechend seinem herkömmlichen Stil sind diese Ideen erbärmlich durchdacht. Der neue Manager wird höflich gebeten, ein Budget zu entwickeln, und macht sich große Mühe bei dessen Vorbereitung. Es handelt sich wahrscheinlich um das erste Budget, das die Organisation je hatte, aber die neuen Aktivitäten, die der Gründer wünscht oder schon begonnen hat, sind darin nicht enthalten. Der Gründer ändert seine Meinung schneller, als der professionelle Manager seine Budgets ändern kann.

Der Gründer ist der erste, der die neuen Grundsätze und Abläufe des Geschäftsführers verletzt. Die alte Garde schaut dem Spiel gespannt zu. Wenn der Gründer mit seiner Mißachtung ein Beispiel setzt, vermuten sie, daß der professionelle Manager eine lahme Ente ist und daß alle anderen Regeln ebenfalls verletzt werden können, und sie machen sich daran, dies auch zu tun. Raten Sie mal, wer zum Chef zitiert wird, um zu erklären, warum die neuen Budgets, Regeln und Grundsätze verletzt werden? Der neue Manager. Diese Behandlung reicht aus, um bei dem Manager einen starken Verfolgungswahn zu entwickeln sowie eine intensive Abneigung gegenüber dem Gründer und dessen alten Kameraden. Der Manager sieht sich in einer aussichtslosen Situation und beginnt sich zu fragen, warum er diesen Job überhaupt angenommen hat. Er fühlt sich machtlos, erschöpft, unbeliebt und völlig verkannt in seinen Bemühungen, seinen Beitrag für die Organisation zu leisten.

Wechsel der Ziele

Der Übergang der Autorität wird noch dadurch kompliziert, daß das Unternehmen seine Ziele ändern muß. Das Unternehmen muß sich umstellen von *Mehr ist besser* auf *Besser ist mehr,* von harter auf smarte Arbeit.

Wenn schließlich jemand die direkten und indirekten Kosten des Umsatzwachstums aufrechnet, stellt er häufig genug fest, daß das Unternehmen Geld verliert. Warum ist dies nicht schon längst bekannt? Meistens deshalb, weil das Unternehmen so viele Produkte auf so vielen Märkten mit so vielen besonderen Preisvereinbarungen hat, die sich auch noch laufend ändern, daß es eine unmögliche Aufgabe ist, mit der ganzen Datenflut Schritt zu halten. Das ist typisch für ein Go-Go. Die meisten Buchhalter können das alles letztendlich ausrechnen – aber sechs Monate zu spät, um damit noch etwas ausrichten zu können.

Infolge dieser Turbulenz sinkt die Moral, einige gute Mitarbeiter gehen oder zeigen Anzeichen, daß sie gehen wollen. Der Gründer bemüht sich verzweifelt, die Mannschaft zusammenzuhalten, versucht ihr Engagement zu kaufen und bietet ihnen Aktien oder eine Gewinnbeteiligung an. Das bringt neue Probleme mit sich. Es schafft unternehmenspolitische Probleme. Wenn die Mitarbeiter schon in der Vergangenheit das Verhalten des Gründers kontrollieren wollten, aber nicht konnten, so wollen sie es nun erst recht und glauben, sie sollten dazu auch in der Lage sein, weil sie einen Teil des Kuchens besitzen und es ihre Besitzteile sind, die der Gründer in Gefahr bringt. Also beginnen sie den Kampf gegen den Gründer zu verstärken, was an der unternehmensinternen Energie zehrt. Die Gewinnbeteiligung verursacht wiederum eigene Probleme. Um ein neues Anreizsystem zu schaffen, muß die Organisation klare Verantwortlichkeiten, Autoritätsstrukturen und Informationssysteme entwickeln, aus denen ersichtlich ist, wie gut jeder einzelne arbeitet; andernfalls beruht die Gewinnbeteiligung auf dem Zufallsprinzip. Weder fördert sie dann ein stärkeres Engagement, noch steuert sie den Wechsel des Managements, es sei denn, die Zuwendungen sind sehr hoch. In funktioneller Hinsicht ist das wie eine Bestechung.

Obwohl jedermann gern besser organisiert wäre, begegnet man

entsprechenden Bemühungen oft mit: »Meine Abteilung ist in Ordnung. Nehmen Sie sich lieber die Verkaufsabteilung vor, da liegen die Probleme.« Um den Übergang zu schaffen, muß sich jeder an der Restrukturierung beteiligen. Dieser Übergang ist umfassend, und um ihn durchzuführen, werden in der gesamten Organisation Vertrauen und Respekt benötigt. Und die einzelnen Schritte des Übergangs müssen in der richtigen Reihenfolge vollzogen werden.

Solche Veränderungen erfordern Zeit, viel Zeit zum Nachdenken im Büro, weit von der Schußlinie entfernt, wo traditionsgemäß das Geschehen stattfand. Nur will in der Jugend der Organisation niemand Zeit im Büro verbringen. In ihrem Herzen sind die Mitarbeiter immer noch Go-Gos. Das Unternehmen möchte organisiert werden *und* die gleiche Wachstumsrate halten. Diese beiden Ansprüche schließen einander aber aus. Das Unternehmen muß sein hektisches Wachstumstempo drosseln, um die Systematisierung zu ermöglichen. Eine typische Go-Go-Lösung für dieses Problem ist: »Prima, wir müssen uns nur schneller organisieren.« Also kaufen sie einen Computer, um das Verfahren voranzutreiben. Damit aber computerisieren sie lediglich ihre Ignoranz, da sie nicht die notwendige Zeit und Energie aufbringen, um gründlich über die Unternehmensbedürfnisse nachzudenken. Jetzt haben sie die Chance, ihre Fehler schneller zu begehen.

Das Endergebnis dieser drei Faktoren – Delegieren der Autorität, Führungswechsel und Wechsel der Ziele – ist ein Konflikt, und was für einer! Dieser Konflikt hat viele Dimensionen. Es ist ein Konflikt zwischen

• der alten Garde und den Neuen,
• dem Gründer und dem professionellen Manager,
• dem Gründer und dem Unternehmen,
• den Unternehmenszielen und denen der individuellen Mitarbeiter.

Normal contra pathologisch – die Scheidung

Der Konflikt in Abbildung 11 manifestiert sich in cliquenhaftem Verhalten. Es bilden sich Gruppen für oder gegen irgendein Projekt, ein System oder eine Person. Dieser Konflikt und die daraus entstehenden Nöte verursachen einen Wechsel des Personals, besonders der unternehmerisch denkenden Mitarbeiter.

»Es macht keinen Spaß mehr.«

»Wir haben nichts mehr mit den Kunden oder den Produkten zu tun.«

»Wir haben vergessen, warum wir hier sind. Wir kämpfen nur noch.«

Die Energie, die früher einzig und allein auf den Markt und den Absatz der Produkte oder des Service gerichtet war, wendet sich nun völlig nach innen. Sie verbraucht sich in internen Kämpfen und in der Beilegung von Konflikten, die die Gerüchteküche anheizen oder umgekehrt von ihr gespeist werden.

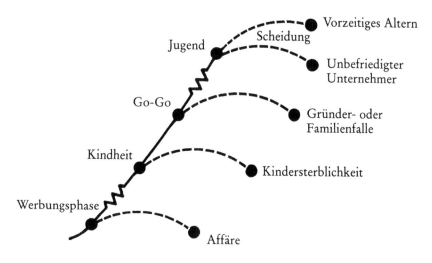

Abb. 11: Scheidung

Wenn das Unternehmen in Form einer Partnerschaft oder mit einem Mitgründer etabliert wurde, wird der kreativere, risikobereitere Partner oft grundsätzlich als Bedrohung für die Stabilisierung des Unternehmens angesehen. Der beständigere und besser organisierte Partner wird sich seinem kreativen Partner mehr und mehr widersetzen und ihn hinauszudrängen versuchen.

Wenn der Verwalter von außen kam, wird der Kampf um die Macht sogar noch heftiger. Der Ausgang der Schlacht wird davon abhängen, wer die bessere Ausgangsposition hat. Wenn der unternehmerische Gründer die Dinge unter Kontrolle hat, wird er den Verwalter entlassen, und die Drehtür für Geschäftsführer beginnt sich wieder zu drehen. Wenn ein externes Vorstandsgremium das Sagen hat, verändert sich die Dynamik der »Revolution«: Der professionelle Manager und der Vorstand werden eine Allianz eingehen. In diesem Fall besteht die Gefahr, daß der unternehmerische Gründer hinausgedrängt wird und der Verwalter die Aufgabe des Geschäftsführers übernimmt.

Die Allianz bildet sich, weil der Vorstand erkennt, daß es sich nicht nur um einen Kampf zwischen dem Verwalter und dem unternehmerischen Manager handelt (bei dem es sich jetzt gar nicht mehr um den ursprünglichen Gründer handeln muß). Er ist derjenige, der das Unternehmen hochgebracht hat. Es ist auch ein Konflikt zwischen dem Vorstand und dem unternehmerischen Manager. Solange der Unternehmer erfolgreich war, hatte er die Zügel in der Hand, und die Autorität des Vorstands war begrenzt. Da aber jetzt die Unternehmensergebnisse nicht mehr positiv sind und die Fehler der Go-Go-Organisation sich bemerkbar machen, will der Vorstand das Unternehmen unter Kontrolle bekommen. Wenn der Verwalter erst einmal als Vorstandsvorsitzender oder Geschäftsführer fest etabliert ist, bekommt auch der Vorstand die Autorität, die er wollte. Und der neue Vorsitzende akzeptiert dessen Autorität, etwas, was der unternehmerische Typ nie tat und nie getan hätte.

Der schmerzhafteste Übergang findet statt, wenn die Partnerschaft an die Familie geknüpft war. Ehefrauen, Eltern, Kinder und andere Verwandte werden mit hineingezogen. Dann werden die Rechtsanwälte hinzugezogen.

Der Konflikt in den drei oben erwähnten Dimensionen ist in der »jugendlichen Organisation« normal. Pathologisch wird es, wenn der Konflikt einen erheblichen Verlust an gegenseitigem Respekt und Vertrauen unter denjenigen nach sich zieht, die formal und informell den Entscheidungsprozeß des Unternehmens steuern. Sie kündigen mit dem Gefühl, andere Ideen und Möglichkeiten ihrer Realisierung zu haben; warum also sollen sie sich mit diesem Unsinn abquälen? Sie mochten das Unternehmen, als es klein und flexibel war. Als es zu inflexibel und zu sehr geregelt wurde, fand der Spaß ein Ende. Sie bekommen eine Abfindung und verlassen das Unternehmen. Dieser Abgang kann ein pathologisches Phänomen erzeugen – die Organisation altert vorzeitig. Sie verliert die grundsätzliche unternehmerische Komponente, die ihr Flexibilität verlieh, und das Gespür für das Umfeld, aus dem die Vision gespeist wurde und das die treibende Kraft für das Unternehmen war. Wenn die Zahlenmenschen das Kommando übernehmen, wird das System effizient, aber es verliert seine Effektivität. Die Gewinne steigen vielleicht, aber der Umsatz sinkt. (Das ist nicht unbedingt schlecht, je nachdem, welche Produkte eingestellt werden.) Der *Organisator* wird zum Verhaltensmodell; *Arbeite mit System, befolge die Regeln* lautet das Motto. Die Organisation beginnt sich wie eine »aristokratische Organisation« in den Altersphasen des Lebenszyklus zu verhalten.

Es wird hier von *vorzeitigem* Altern gesprochen, weil die Organisation noch eine Weile von dem Schwung und dem Unternehmungsgeist des Go-Go zehrt, aber niemals ihr volles Potential erreicht: die Blütezeit.

Jugend

Normal	**Anormal**
Konflikt zwischen Partnern oder Entscheidungsträgern, zwischen dem administrativen und dem unternehmerischen Typ	Zurück zum Go-Go und zur Gründerfalle
Zeitweiliger Verlust der Vision	Unzufriedene Unternehmer gehen, Verwalter übernehmen das Ruder
Der Gründer akzeptiert die Souveränität der Organisation	Gründer wird hinausgedrängt
Anreizsystem belohnt falsches Verhalten	Mitarbeiter erhalten Leistungsbonus, während das Unternehmen Verluste macht
Autorität wird nach Jo-Jo-System delegiert	Paralyse, während die Macht hin und her pendelt
Grundsätze werden verfaßt, aber nicht eingehalten	Rascher Verfall von Vertrauen und Respekt
Der Vorstand übernimmt die Kontrolle über das Management	Der Vorstand entläßt die unternehmerischen Mitarbeiter

Wenn die administrative Systematisierung erfolgreich ist und die Führung institutionalisiert ist (wir werden später sehen, wie das gemacht werden sollte), kommt die Organisation in die nächste Phase der Entwicklung und erreicht ihre Blütezeit.

Blütezeit

Was ist die Blütezeit? Es ist der optimale Punkt auf der Lebenszykluskurve, an dem die Organisation ein Gleichgewicht der Selbststeuerung und der Flexibilität erreicht. Die charakteristischen Merkmale der Blütezeit sind:

- Funktionsgerechte Systeme und Organisationsstrukturen
- Institutionalisierte Vision und Kreativität
- Ergebnisorientierung; die Organisation befriedigt die Bedürfnisse der Kunden.
- Die Organisation macht Pläne und befolgt sie.
- Die Organisation erreicht eine prognostizierbare exzellente Leistung.
- Die Organisation kann sowohl Umsatzwachstum als auch Rentabilitätssteigerungen erzielen.
- Die Organisation gliedert neue »kindliche Organisationen« aus.

Organisationen in der vollen Blüte wissen, was sie machen, wohin sie sich entwickeln und wie sie dort hinkommen. Sie verdienen gutes Geld und sind im Wachstum mit den Go-Gos gleichzusetzen – mit einem großen Unterschied. Eine Go-Go-Organisation kann erklären, warum sie *Geld verdiente.* Blühende Unternehmen können erklären,

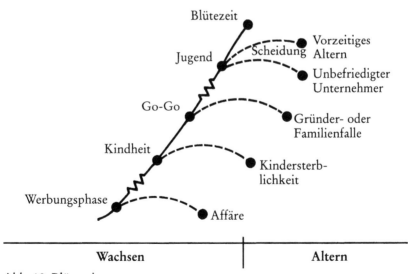

Abb. 12: Blütezeit

warum sie *Geld verdienen werden*. Und das tun sie auch. Die Abweichung zwischen Ist-Werten und dem Budget ist im Go-Go beträchtlich – falls sie überhaupt ein Budget haben.

In der Blütezeit haben die Unternehmen aggressive Budgets, und die Abweichungen sind erträglich. Ein Unternehmen in der vollen Blüte hat die Vision und die Aggressivität eines Go-Go, verbunden mit der Steuerbarkeit und der Kalkulierbarkeit der Durchführung, die es in der Jugend erworben hat.

Was sind die typischen Probleme einer Organisation in der Blütezeit? Nun, was waren die Probleme in den anderen Wachstumsphasen?

Stadium	Typische Beschwerden	
	Normal	**Anormal**
Kindheit	Nichts wird delegiert	Fortgesetzte Unterkapitalisierung
Go-Go	Zu viele Prioritäten	Arrogante, zentralisierte Führung
Jugend	Zu viele Konferenzen	Zu viele interne Kämpfe

Wenn wir die typischen Probleme identifizieren, können wir sagen, wo sich eine Organisation auf der Lebenszykluskurve befindet. Die Tatsache, daß eine »kindliche Organisation« nicht über fehlendes Managementtraining klagt, heißt nicht notwendigerweise, daß sie gutgeschulte Manager hat. Auch die Go-Gos und die »jugendlichen Organisationen« beklagen das nicht. Die Probleme, die von ihrer Position im Lebenszyklus herrühren – Cashflow in der Kindheit und interne Kämpfe in der Jugend –, sind so überwältigend, daß das Problem der Managementqualität niemals auftaucht.

In jeder Phase des Lebenszyklus gibt es Probleme. Einige sind Überreste früherer Phasen und andere die ersten Anzeichen zukünftiger Entwicklungsstufen. Bei einer gesunden Entwicklung erhalten diejenigen Probleme die oberste Priorität für das Unternehmen, die dem gegenwärtigen Standort im Lebenszyklus entsprechen. Welche Probleme von zweitrangiger Bedeutung sind, hängt davon ab, wie weit das Unternehmen in eine bestimmte Phase des Lebenszyklus eingetreten ist. Das ist wie mit dem Mond. Wir können Neumond haben, Vollmond oder abnehmenden Mond. Demzufolge können wir ein aufgehendes Go-Go, ein volles Go-Go oder ein abnehmendes Go-Go haben. In der aufgehenden Phase stammen die zweitrangigen Probleme aus einer früheren Entwicklungsphase, und die drittrangigen sind die Probleme der nächsten Phase. Im abnehmenden Stadium verlagern sich die Prioritäten. Die erste Priorität liegt immer noch in der gegenwärtigen Phase, aber der zweite Rang gebührt der nächsten Phase, und die Probleme der vorangegangenen Phase sind in ihrer Wichtigkeit auf den dritten Platz gerutscht. Das ist wie bei der Verlagerung des Gewichts beim Gehen. Zu Beginn liegt der Schwerpunkt des Gewichts meistens hinten, ein Teil in der Mitte, vorne nur wenig. Dann verschiebt sich das Gewicht zur Mitte mit mehr Orientierung nach vorne, weniger nach hinten. Schließlich drängt das meiste Gewicht nach vorne, etwas liegt noch in der Mitte und das geringste hinten. Sie haben sich nach vorne bewegt, und der Vorgang wird sich mit dem anderen Bein wiederholen.

Das ist eine gesunde Vorwärtsbewegung. In den abnehmenden Phasen der pathologischen Bewegung werfen ungelöste vergangene Probleme die Organisation in frühere Phasen des Lebenszyklus zurück, statt daß zukünftige Probleme an Wichtigkeit gewinnen. Einige Subsysteme bewegen sich nach vorne, andere sind dagegen unterentwickelt und bleiben zurück, verzögern die gesamte Entwicklung des Unternehmens. Die Organisation sollte solche Probleme gar nicht mehr haben. Wenn sie sie doch hat, müssen sie gelöst werden, oder es handelt sich um pathologische Probleme, die die Entwicklung des Unternehmens beeinträchtigen.

Hier nun einige Beispiele dafür, wie sich die Bedeutung von Problemen im gesunden Teil des Lebenszyklus verändert, während die Organisation wächst.

Wenn wir die Probleme der Kindheit auflisten, wird die Rangfolge der Probleme – daran gemessen, wie oft sie erwähnt werden – folgende sein: erstens Geldknappheit und zweitens zuviel Arbeit.

Interne Kämpfe werden nicht erwähnt werden. Die »kindlichen Organisationen« tolerieren Kämpfe nicht, weil es viel zuviel Arbeit gibt. Es wird nur wenig, wenn überhaupt, von der Qualität und der Ausbildung der Leute gesprochen. In der Kindheitsphase wird niemand geschult. Niemand hat die Zeit, um in Leute zu investieren. Man hofft und betet, daß die eingestellte Person ausreichend geschult ist.

Im Go-Go verändert sich die Bedeutung der Probleme.

Eine aufsteigende Go-Go-Organisation hat

häufig	1) zuviel zu tun
	2) zuwenig delegiert
manchmal	3) interne Kämpfe
	4) nicht genügend gutgeschultes Personal

Eine abnehmende Go-Go-Organisation hat

häufig	1) zuviel zu tun
	2) interne Kämpfe
manchmal	3) Führungskrise
	4) nicht genügend gutgeschultes Personal

Die frühe Jugend hat

häufig	1) interne Kämpfe
	2) Führungskrise
manchmal	3) Marktverlust
	4) nicht genügend gutgeschultes Personal

Die späte Jugend hat

häufig	1) Führungskrise
	2) nicht genügend gutgeschultes Personal
manchmal	3) zuviel zu tun
	4) einige interne Kämpfe

Die frühe Blütezeit hat

| | 1) nicht genügend gutgeschultes Personal |
| | 2) einige interne Kämpfe |

Gewöhnlich klagt ein Unternehmen in der Blütezeit nicht über Geldknappheit. Das bedeutet nicht, daß es viel Geld hätte. Geldknappheit ist für das Unternehmen in der Blüte ein erwartetes und gelenktes Ereignis. Es ist ein Vorkommnis, nicht aber ein Problem. Das gleiche läßt sich von der Menge der Arbeit sagen. Die »blühende Organisation« hat nicht weniger als ein Go-Go zu tun, aber es kommt nicht unerwartet, es ist geplant und kontrollierbar.

Anzumerken bleibt, daß auf der glockenförmigen Kurve des Lebenszyklus die Blütezeit nicht den Zenit der Kurve darstellt, weil, wie man in der Obstbranche sagt: »Wenn es grün ist, wächst es, wenn es reif ist, fault es.« Die Blütezeit bedeutet nicht, daß man angekommen ist, sondern daß man noch wächst. Es handelt sich um einen Prozeß, nicht um einen Zielpunkt.

Warum führt die Kurve weiter nach oben, und was geht nach oben? Die Kurve beschreibt die Vitalität der Organisation, deren Fähigkeit, kurz- und langfristig effektive und effiziente Ergebnisse zu erzielen. Die Vitalität nimmt noch zu, selbst wenn eine Organisation die Blütezeit hinter sich läßt. Dieser Zuwachs an Entwicklungsfähigkeit rührt von dem Schwung des Unternehmens her, der in der Werbungszeit entstand, in der Kindheit getestet, im Go-Go beschleunigt, in der Jugend institutionalisiert wurde und aus dem die Organisation in der Blütezeit Kapital schlägt. Wenn ein Unternehmen in voller Blüte diesen Schwung nicht neu antreibt, wenn es seinen Unternehmungsgeist verliert, wenn es nur Kapital aus dem Schwung schlägt, anstatt ihm neue Kraft zu geben, wird die Wachstumsrate sinken und die Unternehmensvitalität schließlich abgetötet. Diese Organisation wird zu einem Stadium voranschreiten, das als stabile Phase bezeichnet wird, die das Ende des Wachstums und den Beginn des Abstiegs markiert.

Blütezeit

Normal	**Anormal**
Unzureichende Managerschulung	Selbstzufriedenheit

Die Herausforderung der Blütezeit besteht darin, in voller Blüte zu bleiben. Was eine Organisation veranlaßt, die Blütezeit zu verlassen, werden wir im analytischen Teil des Buches erörtern. Was getan werden muß, um eine Organisation in der Blütezeit zu halten oder sie zur Blüte zurückzuführen, wird im methodischen Teil des Buches diskutiert.

3. Der Lebenszyklus von Organisationen: Die Phasen des Alterns

Die stabile Organisation

Die »stabile Phase« ist die erste Alterungsphase im Lebenszyklus der Organisation. Das Unternehmen ist noch immer stark, aber es beginnt, seine Flexibilität zu verlieren. Es ist am Ende des Wachstums angelangt und steht am Anfang des Abstiegs. Es leidet an einer Haltung, die ausdrückt: »Was nicht kaputt ist, brauchst du nicht zu flicken.« Das Unternehmen verliert allmählich seinen kreativen Geist, die Innovationsfähigkeit und den Mut zum Wandel – alles Faktoren, die die Organisation zu voller Blüte brachten.

Wenn die Flexibilität nachläßt, wird die Organisation mürbe. Sie ist noch immer ergebnisorientiert und gut organisiert, aber es gibt weniger Konflikte als in den früheren Phasen. Es gibt nicht mehr viel, um das man kämpfen müßte, und die Bedrohung durch aggressive Kollegen wird geringer. In so einer Organisation wächst die Neigung, Vorbildern zu folgen und sich darauf zu berufen, was in der Vergangenheit gut funktionierte. Zu diesem Zeitpunkt hat die Organisation gewöhnlich eine stabile Position auf dem Markt erreicht und ein Sicherheitsgefühl entwickelt, das auf lange Sicht unbegründet sein kann. Kreativität und das Gespür für Dringliches tauchen von Zeit zu Zeit auf, aber sie sind nur kurzlebig. Alles hat seine Ordnung, und man hat sich konservative Betrachtungsweisen zu eigen gemacht, um vergangene Errungenschaften nicht zu gefährden.

In der stabilen Organisation verbringen die Leute mehr Zeit miteinander im Büro, weniger mit Kunden oder Verkäufern als in der Vergangenheit. Unstimmigkeiten, die früher laut ausgetragen wurden, werden jetzt mit einem dümmlichen Lächeln abgetan, als ob man sagen wollte: »So wichtig ist es wirklich nicht.« Die Leute neigen dazu, die Konferenzen auszudehnen. Wenn ein neues Meeting einberufen wird, sind die früher laut und deutlich ausgesprochenen Proteste – »Wo, zum Teufel, soll ich die Zeit für eine neue Konferenz hernehmen?« – selten und leise geworden. Das Klima wird förmlicher; neue Ideen werden angehört, aber niemand begeistert sich mehr dafür.

In der stabilen Phase finden etliche Veränderungen statt. Eine davon betrifft das Budget. Die Mittel für die Forschung werden zugunsten der Entwicklungsausgaben reduziert. Ähnlich ergeht es dem

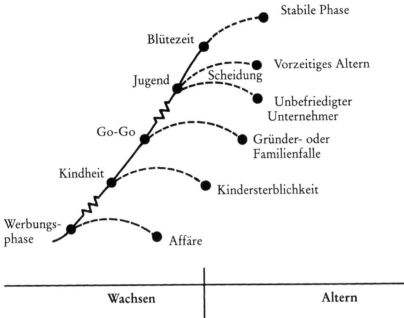

Abb. 13: Die stabile Organisation

Budget für die Marktforschung. Es wird reduziert, um die Ertragskraft des Unternehmens zu stärken. Die Entwicklung des Managements wird durch Managementschulung ersetzt. Kurzfristige Rentabilitätsbetrachtungen gewinnen die Oberhand.

Die zweite Veränderung ist eine Machtverschiebung innerhalb der Organisation. Die Finanzleute werden wichtiger als die Marketingleute, die Ingenieure, die Forscher oder die Entwicklungsabteilung. Die Kapitalrendite wird zum dominanten Leistungsmaßstab; Kennziffern verdrängen das konzeptionelle Denken. Die Organisation riskiert weniger und hat weniger Ansporn, ihre Vision beizubehalten. Die Organisation wächst noch immer, gemessen am Umsatz, aber die unterschwelligen Ursachen des Abstiegs sind schon vorhanden – der Unternehmungsgeist ist verschwunden.

Eine stabile Organisation hat folgende charakteristische Merkmale:

- geringere Wachstumserwartungen
- geringere Erwartungen, neue Märkte und Technologien zu erobern und neue Ufer zu erreichen
- Konzentration auf vergangene Errungenschaften statt auf Zukunftsvisionen

- Abneigung gegen Veränderungen
- Belohnung derjenigen, die tun, was ihnen gesagt wird
- stärkeres Interesse an persönlichen Beziehungen als an Risiken

In dieser Phase gewinnt die Interaktion zwischen den Mitarbeitern an Wichtigkeit. Die Wachstumsphasen verlangten Veränderungen, die Konflikte hervorriefen. Daher waren die zwischenmenschlichen Beziehungen in den Phasen des Wachstums nicht so wichtig. In der stabilen Phase gibt es kaum Veränderung, Konflikte sind seltener. Es gibt weniger Unstimmigkeiten, und ein wichtiges »Old Boys«-Netzwerk nimmt Gestalt an. Der Mangel an Konflikten zieht in dieser Phase des Lebenszyklus keine wahrnehmbaren dysfunktionalen Folgen nach sich; nur negative Investitionen werden gemacht – die Resultate zeigen sich später.

Wenn die Kreativität lange genug ruht, beeinträchtigt das mit der Zeit die Fähigkeit des Unternehmens, den Wünschen der Kunden entgegenzukommen. Es findet ein schleichendes Abgleiten in die nächste Phase des Lebenszyklus, die Aristokratie, statt. Wichtige Übergangsereignisse wie in den Wachstumsphasen gibt es nicht. Von der Blüte an ist die Bewegung im Lebenszyklus ein *Prozeß* der Verschlechterung.

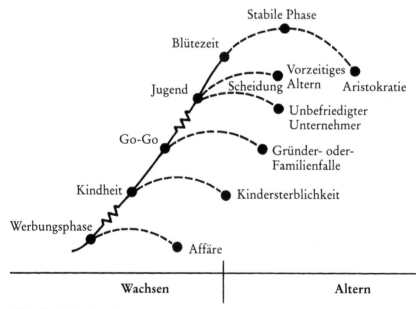

Abb. 14: Aristokratie

Während des Wachstums der Organisation kann man die Übergangspunkte, Knospe und dann Blüte, erkennen. Wenn sie altert, gibt es keine eindeutigen Anhaltspunkte, nur den Prozeß der fortlaufenden, zunehmenden Verrottung.

Es ist ein Prozeß der zunehmenden Selbsterhaltung und der Distanzierung von den Kunden. Dieses Stadium wird oft fälschlicherweise mit der Blütezeit verwechselt, vor allem von den Mitarbeitern der Organisation. Diese hat das gleiche Ziel, die gleiche Aktivität, Integration und administrative Kompetenz wie eine Organisation in der Blütezeit. Nur die energetische Aktivität des Unternehmertums, die Handlungsfreudigkeit, ist nicht vorhanden. Bei oberflächlicher Betrachtung ist die Saat des Abstiegs nicht zu sehen.

Aristokratie

Dieses Stadium ist durch folgende Verhaltensmuster gekennzeichnet:

- Es wird Geld ausgegeben für Kontrollsysteme, Leistungszulagen und Anlagen.
- Der Nachdruck liegt darauf, wie etwas getan wird, und nicht auf dem »Was« und dem »Warum«.
- Die Kleidung, die Anrede und die Gebräuche sind förmlich.
- Die einzelnen sind beunruhigt über die Vitalität des Unternehmens, aber in der Gruppe gilt als Handlungsmaxime: »Nur nichts aufrühren.« Es herrscht »Business as usual«.
- Es gibt nur wenig interne Innovation. Die Gesellschaft kann vielleicht andere Unternehmen kaufen, um neue Produkte und Märkte zu erobern oder in dem Versuch, Unternehmertum einzukaufen.
- Die Organisation ist kapitalkräftig – ein potentielles Ziel für Übernahmen.

Der Niedergang der Flexibilität, der in der Blütezeit begann, hat einen weitreichenden Effekt: Irgendwann muß auch die Fähigkeit, Ergebnisse zu erzielen, darunter leiden. Da die Organisation sich weniger darum bemüht, langfristige Möglichkeiten zu nutzen, verringert sich auch das Vermögen, auf kurzfristige Bedürfnisse zu reagieren. Das Unternehmen erzielt Resultate, ist aber nicht aktiv tätig. Ziele mit kurzgesteckten, relativ sicheren Ergebnissen werden zur Norm, und die Saat der Mittelmäßigkeit ist ausgesät.

Der Rückgang der langfristigen Ergebnisorientierung bringt einen neuen Organisationsstil hervor: Das Klima in der »aristokratischen Organisation« wirkt verhältnismäßg muffig. Was in dieser Organisation zählt, ist nicht, was man geleistet hat, sondern *wie* man es getan hat. Wer den Kopf weit genug einzieht und keine Wellen macht, kann überleben und sogar gefördert werden, ungeachtet dessen, was er geleistet hat.

Die aristokratische Organisation unterscheidet sich von anderen durch die Art, wie sich ihre Mitglieder kleiden, wo sie ihre Meetings abhalten, wie sie Räume nutzen, wie sie sich anreden und miteinander kommunizieren und wie sie in Konflikten miteinander umgehen.

Kleidungscode

In der Kindheit kann man seine Kleidung verkehrt herum tragen, wenn man nur verkaufen kann. Keiner wird sich darum kümmern, solange man Ergebnisse erzielt. Bei Unternehmen in der Go-Go-Phase werden Anzüge und Sportsakkos mit Krawatten erwartet, aber der Kleidungscode ist nicht einheitlich. In der Blütezeit wird professionelle Kleidung gefordert. Die Anzüge sind weder zu teuer noch zu billig, weiße oder babyblaue Hemden werden erwartet. Die Krawatte sollte dazu passen. Es wird praktisch uniformes Aussehen gefordert. Es ist eine sachliche Uniformität, die ein durchdachtes Image repräsentiert. Ist das Stadium der Aristokratie erreicht, bleibt nur noch die Uniformität. Sie ist nicht unbedingt damit verbunden, ein gewünschtes Image präsentieren zu wollen. Die Uniform besteht um der Uniformität willen, und zwar aus dem dreiteiligen Anzug – je dunkler, desto besser. Die Manager ziehen sich an, als ob sie zu einer Hochzeit oder einer Beerdigung gingen. Die konservative Kleidungsuniformität reflektiert die konservative Uniformität des Denkens. In diesem Organisationsklima dominiert die Form die Funktion und drückt sich selbst in den Möbeln, in der Kleidung, in den Kalendern und in den Räumen aus.

Konferenzräume

Wo trifft man sich in »kindlichen Organisationen«? Für Konferenzen hat niemand Zeit, also gibt es keinen formalen Versammlungsort. Die Meetings finden in Taxis auf dem Weg zum Flughafen statt, in Restaurants während der Mahlzeiten, auf den Fluren und in den Fahrstühlen. In Go-Go-Unternehmen trifft man sich, wenn überhaupt, im Büro des Gründers, wo sich das Zentrum der Macht befindet. Arbeitsfrühstück, -lunch und -dinner gehören zur Lebensart. Entscheidungen werden schnell getroffen, und zwar meistens vom Gründer – die Diskussion über ein Problem dauert nicht lange. Die Leute gehen von einem Thema zum nächsten, und oft ist es schwierig zu verstehen, wie die Diskussion zu einer Entscheidung geführt hat.

In einer pathologischen Jugend finden die echten Konferenzen abseits der offiziellen Zusammenkünfte statt, gewöhnlich in Eingangshallen oder mitten in der Nacht bei irgend jemandem zu Hause. Gerüchte ranken sich um diese inoffiziellen Meetings. Die formalen Konferenzen sind langweilig, voller Spannungen und verhaltenem Ärger. Das Verhalten ist cliquenhaft. Mit wem man gesehen wird, hat eine enorme Bedeutung und wird von denjenigen interpretiert, die gewissenhaft die Machtverschiebungen in der Organisation verfolgen – und in dieser Phase des Lebenszyklus gibt es viele Machtveränderungen. In der normalen Jugend gibt es viele Konferenzen. Anstatt unterwegs zu sein, treffen sich die Leute zu Besprechungen, um über Verantwortlichkeiten, Regeln, Grundsätze, Informationsbedürfnisse und Belohnungssysteme zu entscheiden.

In der Blütezeit haben die Unternehmen einen offiziellen Konferenzraum, der im höchsten Maße funktionsgerecht gestaltet ist und für die Arbeit von Ausschüssen gebraucht wird. Es gibt stämmige Stühle und Tische, deren Nutzen größer als ihre Bequemlichkeit ist. Der Raum ist gut beleuchtet, es gibt Schreibunterlagen und viel Platz. Stellen Sie jedes dieser Merkmale denjenigen eines typischen Sitzungsraums der Aristokratie gegenüber:

Ein stark polierter, dunkler Holztisch, umgeben von dazu passenden, noblen Stühlen beherrscht den Raum. Der Teppich ist dick. Die Beleuchtung ist dezent, und an den Fenstern hängen schwere Vorhänge. Von den getäfelten Wänden starrt ein überlebensgroßes, ernstes Porträt des Gründers auf die Teilnehmer, als ob es sagen wollte: »Vergessen Sie nicht, wo Sie sich befinden.« Der Raum mag leer sein, aber das Rauschen der Stille ist überwältigend. Wer hineingeht, fühlt sich in dem schwachen Licht, der Stille, angesichts der Uniformen und des Gründerporträts unbehaglich und deplaziert. Es wird so gut wie unmöglich zu sagen: »Tag, Leute, wir verlieren Marktanteile.« Industriepsychologen weisen darauf hin, daß Licht, Raum und Farben das Verhalten der Mitarbeiter beeinflussen. Führungskräfte sind genauso davon betroffen. Das formale Dekor des Sitzungsraumes schreit: »Macht keine Wellen!«

Eine »kindliche Organisation« hat nicht genug Platz. Die Mitarbeiter teilen sich die Tische, Schreibmaschinen und Telefone. Die Organisation ist sehr kostenbewußt; der Betrieb ist stets knapp bei Kasse. In einem Go-Go-Unternehmen sind die Leute typischerweise über die ganze Stadt oder das Land verteilt. Die Verkaufsabteilung liegt im Zentrum, die Buchführung befindet sich zehn Kilometer entfernt in einem anderen Gebäude, und das Hauptbüro ist in einer anderen Stadt. Warum? Das Go-Go-Unternehmen ist ein von Gelegenheiten gesteuerter Betrieb. Es plant nicht, sondern reagiert. Wenn es ein bedeutendes Umsatzwachstum gibt, sucht es sich irgendwo Räume und stellt ein paar Leute ein.

Im »jugendlichen Unternehmen« verschlimmert das Erbe der verstreuten Räume der Go-Go-Zeit die inhärente Klatschkultur und heizt die Gerüchteküche an. Während der Blütezeit erfolgt die Zusammenlegung der Räume. Das Unternehmen zieht in ein neues Gebäude, in dem alle betroffenen Abteilungen untergebracht werden können. In der Blütezeit sind die Leute stolz auf die Raumaufteilung. Der Büroraum ist wohl durchdacht, und die Einrichtung ist funktionsgerecht. Es gibt keine exzessive Opulenz, keinen Luxus und keine Effekthascherei.

Wenn die Organisation die Aristokratie erreicht, holt die Form die Funktion ein. Der leere Korridor allein könnte mehreren »kindlichen Unternehmen« Platz bieten. Das Chefbüro mit privatem Bad, Speisezimmer und dem Büro der Sekretärin kostet wahrscheinlich soviel Miete wie die Einrichtung des gesamten Unternehmens, als es sich noch im Go-Go-Stadium befand. Eines dieser Unternehmen gab eine glatte Million Dollar für das Büro des Präsidenten, für Möbel und Dekoration, aus. Es hatte den verschwenderischsten Baderaum, den ich jemals gesehen habe.[3]

Anrede

In »kindlichen« und in Go-Go-Organisationen sprechen sich die Leute gewöhnlich mit dem Vornamen an. Die in der Jugendphase be-

---

[3] Diese Überbetonung der Form trifft wahrscheinlich genauso auf Zivilisationen zu. Wenn eine Gesellschaft anfängt, sich über Architektur, Form und Dekoration Gedanken zu machen, frage ich mich, ob hier nicht schon der Alterungsprozeß eingesetzt hat.

nutzten Namen sind nicht druckreif. In der Blütezeit sprechen sich die Mitarbeiter mit Vor- oder Nachnamen an. In der Zeit der Aristokratie benutzt man in Konferenzen ausschließlich die Nachnamen. Man ist sehr förmlich geworden. Es gibt einen Mr. Smith und eine Ms. Jones. Innerhalb ihres Büros mögen sie Bob und Mary sein, aber in den Sitzungsräumen gilt die förmliche Anrede. In manchen Ländern wird die Förmlichkeit durch militärische, erzieherische oder soziale Titel wie Colonel Shwartzer (a. D.), Dr. Alexburg (obwohl er einen Doktortitel in mittelalterlicher Literatur hat, was vollkommen irrelevant für seine Aufgabe im Unternehmen ist) oder »Don« Alexandro in Mexiko auf die Spitze getrieben. In Italien werden sogar die noch nicht examinierten Studenten mit »Doktor« angeredet, und in Brasilien wird man »Doktor« genannt, nur weil man eine Führungsposition innehat.

Kommunikation

In der Werbungsphase sprechen die Leute nur vage über ihre Gefühle und Gedanken. Sie wiederholen und widersprechen sich selbst, sind leicht verärgert und empfindlich. Im Kindheitsstadium sind sie kurz angebunden, direkt und zeitweilig offensiv in ihrer Aufrichtigkeit – wenig Gerede, mehr Taten. *Taten sprechen für sich* und *Taten sind lauter als Worte* sind die Motti einer »kindlichen« Organisation. Es ist eine scharfe Abkehr von der romantischen Ära der Werbungsphase.

In einem Go-Go-Unternehmen ist die Kommunikation verwirrend. Anforderungen werden gestellt, gleichgültig, ob die Leute ihnen nachkommen können oder nicht. Von jedermann wird erwartet, daß er sein Bestes gibt. Meist ist es egal, was einer tut, es ist in jedem Falle weniger als erwartet. In der Go-Go-Organisation gehören Schimpfwörter zum normalen Umgangston. Im Sprachgebrauch zeigt sich aggressive Arroganz.

In der Jugend regiert die Paranoia. Jeder liefert endlose Interpretationen darüber, was jemand gesagt hat und warum er es gesagt hat. In der Blütezeit ist die Ausdrucksweise klar. Man kennt das Was, Warum, Wann, Wie und Wer. Die Aufgaben sind eine Herausforderung, aber sie sind zu erfüllen. Die Leute wägen ab, was sie sagen, und sie sprechen in einem maßvollen Ton, als ob sie damit Gewicht und Bedeutung des Gesagten verifizieren könnten.

In der Aristokratie wird die Art des Vortrags zur Essenz – das Medium ist die Botschaft. Die Leute sprechen langsam ... Punkt. Es hat gar nichts mit dem Inhalt zu tun. Die Manager überstrapazieren visuelle Hilfsmittel und schriftliche Mitteilungen. Während der Sitzungen sichern sie sich ab, bevor sie etwas sagen, benutzen immer wieder doppelte Verneinungen und Relativierungen. Wenn man an einer solchen Konferenz teilnimmt, fragt man sich, was denn eigentlich gesagt wurde. Das Sitzungsprotokoll eines aristokratischen Unternehmens ist häufig ein Labyrinth von Hinweisen, Andeutungen und verdeckten Vorschlägen. Wenn man nicht Teil der Kultur ist und genau weiß, was vor sich geht, ist es so gut wie unmöglich zu verstehen, was in der Sitzung gesagt wurde.

»Es scheint, daß unter bestimmten Umständen angenommen werden könnte, daß ... jedenfalls können wir andererseits nicht notwendigerweise daraus schließen ...«[4]

Wenn Sie jemanden vertraulich fragen, was die Person gesagt habe, könnten Sie zur Antwort bekommen: »Er sagte, wir verlieren Marktanteile.« Warum sagt derjenige das nicht ohne Umschweife und so, wie er sich in einem »kindlichen« oder einem Go-Go-Unternehmen ausgedrückt hätte? Weil das mitgeteilte Problem noch nicht akut ist; das Aufrühren dieses Themas ist vielleicht politisch gerade nicht opportun. Also macht er Wellen, von denen niemand wirklich aufgerüttelt wird. Überdies könnte das Unternehmen das Unwetter durchstehen. Es ist erfolgreich. Entzückt von ihrer Vergangenheit, verharrt die aristokratische Organisation, unfähig, mit der Zukunft umzugehen. Wir verstehen dieses Phänomen, wenn wir erst einmal erörtert haben, wie die Organisation mit Konflikten und mit Geld umgeht.

Umgang mit Konflikten und Krisen

Ein viertes Merkmal von Aristokratien ist die Art des Umgangs mit Konflikten in der Gruppe. Dieses Charakteristikum hat Giorgio Bassani in seinem Roman »Die Gärten der Finzi-Contini« ausgezeichnet dargestellt.

Beschrieben wird das Verhalten einer aristokratischen jüdischen Familie kurz vor Ausbruch des Zweiten Weltkriegs in Italien. Als die Faschisten mit den Judenverfolgungen beginnen, weigern sich die Finzi-Contini zu glauben, daß sich etwas Ernsthaftes ereignen wird.

---

[4] In kommunistischen Ländern bemerkte ich eine unwahrscheinliche Vorsicht im Ausdruck. In den Besprechungen sagten die Leute Dinge in einer Art und Weise, die es äußerst schwierig machte, sie eindeutig zu verstehen.

»Wir leben hier schon sehr lange«, sagen sie. »Wir gehören zu den besten Familien in Italien.«

Und so spielen sie weiter Tennis hinter den hohen Mauern ihres Anwesens, essen in ihrem mit Kerzen beleuchteten Speisezimmer und führen ihre Geschäfte weiter wie gewöhnlich. Währenddessen ist jede *einzelne* Person in der Familie tief besorgt, als Gruppe aber würden sie ihre Bedenken nicht äußern. Als Gruppe, verzückt von ihrer Vergangenheit, sind sie unfähig, ihre Zukunft selbst in die Hand zu nehmen. Die gruppendynamischen Kräfte wirken stärker als die individuelle Angst.

Das aristokratische Unternehmen verhält sich ähnlich. Normalerweise hat es sein eigenes »Anwesen« und verschwendet viel Raum, so als ob das nichts kosten würde. Die Leute machen sich insgeheim Sorgen über das Unternehmen und seine Zukunft, aber in den offiziellen Sitzungen erwähnen sie ihre Zweifel nicht. Wenn ein Berater sich den versammelten Managern gegenübersieht und ihre Aufmerksamkeit auf die Bedrohungen durch den Wettbewerb lenkt, sind sie geneigt zu erwidern: »Machen Sie sich keine Sorgen, wir sind lange genug dabei. Man braucht uns. Wir haben einen Namen, eine Tradition, das Knowhow.« Aber jeder *einzelne* der Manager stimmt mit dem Berater überein. Die Situation ist schlecht, und *irgend jemand* (gewöhnlich ein anderer als der, der sich beschwert) müßte etwas tun. In einer dieser Organisationen sagten die Manager explizit: »Wir wollen gar nicht am Wettbewerb teilnehmen. Wir wollen lieber dienen.« Das endet damit, daß sie morgen wiederholen, was sie gestern getan haben.

Das Aristokratie-Unternehmen verneint die gegenwärtige Realität. Seine Angehörigen legen eine »Business as usual«-Haltung an den Tag, während es Marktanteile verliert und immer unfähiger wird, mit seinen Produkten oder Marketingfähigkeiten im Wettbewerb mitzuhalten. Mit seiner historischen Entwicklung hat es überdies einen Leistungsnachweis erbracht, der aufrechterhalten werden muß. »Dividenden müssen ausgeschüttet werden. Wir können es uns nicht leisten, die Witwen und Waisen, die in uns investiert haben, zu enttäuschen.« So beträgt die Ausschüttung in jedem Jahr soundsoviel Dollar pro Aktie, obwohl dies einen immer größeren Anteil des Gewinns ausmacht.

Ein Unternehmen, mit dem ich arbeitete, hatte eine Dividende festgelegt, die 93 Prozent des Jahresüberschusses ausmachte, obwohl das Produkt veraltet und keine neuen Produkte entwickelt worden waren. Das war Selbstmord. Ich fragte: »Wie kam das?« Die Antwort paßte zu einer Aristokratie-Organisation. Man plante teleologisch und strukturell von oben nach unten. Das oberste Management entschied, wieviel Rendite man den Aktieninhabern geben wollte. Dann legte man fest, wieviel Gewinn auszuweisen war. Daraus folgte, wieviel Gewinn jede Einheit dazu beitragen *mußte* und also auch die Höhe des Umsatzes, die sie erreichen *sollte,* und welche Kosten sie haben durfte.

Bemerkenswert ist, daß diese Faktoren nichts mit dem zu tun hatten, was am Markt vor sich ging. Das war egozentrisch, arrogant, aristokratisch, abgehoben, die Art von »Wir befinden uns in einem Vakuum«-Denken. Alles drehte sich nur darum, wie es sein *sollte,* nicht wie es *war.*

In Wirklichkeit konnten die Einheiten den Umsatz nicht erbringen und folglich auch nicht den Gewinn. Da aber das oberste Management sich gegenüber dem Vorstand verpflichtet hatte, eine bestimmte Dividende auszuschütten, wurde das auch getan, womit das Unternehmen sich übernahm.

Die »Business as usual«-Haltung (obwohl eigentlich nichts gewöhnlich ist) ist noch stärker ausgeprägt, wenn die Organisation einer Branche angehört, in der das Kundenvertrauen ein Aktivposten ist. Nehmen wir zum Beispiel Banken. Mitte der 80er Jahre waren einige Institute wegen der Schulden der Dritten Welt oder wegen der Kredite im Ölsektor und in der Immobilienbranche pleite. Eine Dividendenkürzung hätte signalisiert, daß die Banken in Schwierigkeiten stecken, was die Leute veranlaßt hätte, in aller Eile ihr Geld von der Bank abzuziehen. Das wiederum hätte die Gewinne noch mehr geschmälert, und die Dividenden wären noch weiter gesunken – ein Kreislauf, den einige Banken um jeden Preis vermeiden wollten.

Um bei rückläufigem Umsatz dieselbe Dividende ausschütten zu können, müssen die Erlöse aufgebläht werden. Deshalb erhöht die Organisation die Preise oder »paßt die Preise nach oben hin an, damit sie besser unseren gestiegenen Kosten entsprechen«.

Im allgemeinen versuchen Aristokratien, die Gewinne zu steigern, indem sie die Erlöse erhöhen, nicht aber, indem sie die Kosten senken. Sie erreichen ihr Ziel nicht mit Hilfe steigender Stückzahlen, sondern durch Preisanhebungen. Manchmal werden die Kosten in Aristokratiekulturen beschnitten, aber nur, wenn sie dazu gezwungen werden, und dann nur bei trivialen Punkten. So sagte einmal ein Manager im Zorn: »Sie versuchen das Bordell zu säubern, indem sie den Klavierspieler vor die Tür setzen.«

94

Wenn die Preise bei sinkendem Marktanteil steigen, dann ist das, als ob Öl ins Feuer gegossen würde. Dieses Verhalten beschleunigt nur den Abstieg in die nächste Phase des Alterns – in die »frühe Bürokratie«.

Fusionen und Übernahmen

Die Kassen aristokratischer Organisationen sind stets gut gefüllt. Wenn man die Kennzahlen von Dun and Bradstreet der aristokratischen und der blühenden Organisationen vergleicht, dann sind die der aristokratischen höher. Die Organisation ist konservativ und liquide, weil sie aus sich heraus wenig Bedarf an Investitionen hat. Die Neigung der Organisation, die Gegenwart als wünschenswert zu akzeptieren, ist stärker als die aggressiven Ambitionen eines einzelnen innerhalb der Organisation. Folglich werden, wenn überhaupt, nur wenige riskante Unternehmungen vorgeschlagen. Mit ihrem Geldpolster sucht die aristokratische Organisation nach neuen Wegen des Wachstums. Da es keinen internen Bedarf für dieses Geld gibt, wird außerhalb nach Möglichkeiten gesucht.

Aristokraten entschließen sich häufig, das Wachstum zu fördern, indem sie Wachstum kaufen. Und was kaufen sie? Keine Unternehmen im frühen Anfangsstadium. »Sie sind zu jung und risikoreich!« Auch keine Jugend-Organisationen. »Sie sind zu problematisch!« Keine blühenden Organisationen. »Sie sind zu teuer!«

Aristokratien kaufen Go-Go-Unternehmen. Sie fühlen sich hingezogen zu solchen Unternehmen, weil sie ihre Hände nach einer neuen Technologie auf dem Markt ausstrecken wollen. Go-Go-Unternehmen lassen sich gerne aufkaufen, weil sie die Versuche, sich zu organisieren und aus eigenen internen Mitteln zu wachsen, leid sind. Sie nehmen an, daß die Aristokratie dies leichter schafft, weil sie größer, reicher und besser organisiert ist.

Aber was wird wohl wirklich geschehen? Immer wenn die neu zugekaufte Firma etwas unternehmen will, muß sie dem Vorstand ein Budget und einen Geschäftsplan vorlegen. Der Vorstand braucht drei Monate, um darauf zu reagieren, und wenn die Pläne endlich gebilligt wurden, ist es zu spät – die Gelegenheit hat sich in Luft aufgelöst. Einige Zeit danach verlassen die wichtigsten Manager die Go-Go-Organisation. Die Aristokratie bleibt zurück mit einer leeren Hülle, weil der größte Aktivposten, den die Go-Go-Organisation hatte, ihre Unternehmer waren. Wenn die Aristokratie einen ihrer eigenen Geschäftsführer auswählt, um die Go-Go-Tochter zu führen, könnte sogar der Unternehmungsgeist verlorengehen.

Auch die umgekehrte Situation ist denkbar. Die reiche aristokratische Organisation ist ein attraktives Objekt für eine Übernahme. Der wahrscheinlichste Kandidat für die Übernahme einer Aristokratie ist eine Go-Go-Organisation, die ihrem Wachstumsstreben keine Grenzen setzt.

In beiden Fällen ist die Heirat nicht leicht zu vollziehen. Wenn die aristokratische Organisation ein Go-Go kauft, wird letzteres erstickt. Was das Go-Go-Unternehmen aufregend und vital erscheinen ließ, war seine Flexibilität – seine Schnelligkeit, Entscheidungen zu treffen. Viele Entscheidungen wurden intuitiv gefällt, und die Organisation hatte wenig Respekt oder Raum für Rituale. Mit der aristokratischen Organisation kehrt sich das Klima ins Gegenteil. Das Ritual ist rigoros: Budgets werden in einer bestimmten Form verlangt, zu einer bestimmten Zeit und mit bestimmten Details – alles Anforderungen, die eine Go-Go-Organisation erdrückend findet.

Wenn ein Go-Go eine aristokratische Organisation zukauft, dann ist das so, als ob ein kleiner Fisch einen Wal verschluckt hätte. Es braucht Zeit, ehe der Wal verdaut ist. Die Go-Go-Organisation ist kopfüber in die Probleme der Aristokratie eingetaucht. Das aristokratische Unternehmen wird sich nicht in eine blühende Organisation verwandeln, sondern in eine bankrotte Aristokratie, wenn ihr die Geldmittel entzogen werden. Das vitale Go-Go-Management führt abrupte und energische Veränderungen ein. Damit ängstigt es die Aristokraten zuweilen bis zur Erstarrung und macht die Fusion damit nur noch schwieriger. Bei dem Versuch, ihre jüngste Beute zu verdauen, könnte die Go-Go-Organisation ihre Wachstumsdynamik und -orientierung für Jahre einbüßen.

Wenn die Aristokratie sehr alt ist und das Go-Go-Unternehmen die inhärenten Probleme des späten Alters nicht so leicht lösen kann, zehrt die aristokratische Organisation Stück für Stück die Zeit der Go-Go-Führungskräfte auf, und beide Unternehmen könnten untergehen.

Wenn eine Aristokratie keine Go-Go-Organisation kaufen kann, wird sie mit einer anderen Aristokratie fusionieren. Das schadet der Organisation noch mehr.

Da ist es nicht verwunderlich, daß neuere Untersuchungen über Konglomerate zeigen, daß die als Ergebnis von Fusionen und Übernahmen erhofften Synergien sich in der Regel nicht einstellten. Meistens gibt es einen Zusammenstoß der Kulturen, mit dem nur wenige Manager umgehen können.

Im fortgeschrittenen Stadium der Aristokratie sind die Produkte veraltet. Die Kunden wissen es, die Verkäufer wissen es, und sogar der CEO (geschäftsführende Direktor) weiß es; aber keiner unternimmt etwas. Beschwerden werden abgeheftet. Konferenzen werden abgehalten, aber sie sind unproduktiv. Kurz gesagt, jeder wartet, daß der erste Stuhl wackelt. Bei dem Versuch, ihren Kopf zu retten, verlassen viele Leute die Organisation. Andere, die nicht gehen können, weil ihnen attraktive Angebote fehlen, beschuldigen die Deserteure der Illoyalität.

Es herrscht Untergangsstimmung. Das Unternehmen versucht, die Situation mit Goldmedaillen für obskure Leistungen oder mit Seminaren in Hotels zu retten, wo die meiste Zeit der Entspannung und nicht der Arbeit dient. Das Unternehmen kann auch ein kostspieliges und unnötiges neues Gebäude bauen. Die Manager verschwenden Geld für die Form, als ob das den Inhalt veränderte. Das gleiche Verhalten zeigt sich bei fehlgeschlagenen Ehen. Die Partner versuchen, die Beziehung durch neue Verpflichtungen zu kitten, zum Beispiel durch ein Kind oder den Kauf eines Hauses. Sie verwechseln Ursache und Wirkung, Input mit Output. Zuerst muß es die Verpflichtung geben, die sich dann durch ein Kind oder ein Heim ausdrückt, nicht umgekehrt: erst ein Kind oder ein Haus, um dadurch Verpflichtungen in die Welt zu setzen. Das Verhalten soll keinen funktionalen Nutzen befriedigen. Es folgt der Form, als ob die Form die Funktion erzwingen könnte.

Warum passiert das? Woher kommt das Finzi-Contini-Syndrom? Warum weisen Leute auf Probleme hin und erwarten, daß jemand anderes etwas dagegen unternimmt? Die Leute wissen, was geschehen wird. Im privaten Bereich werden die Probleme klar analysiert. Warum also zeigt das Management nicht Führung und handelt?

Ich habe eine Theorie, die ich die *Theorie des Gegenwartswerts von Konflikten* bezeichne. Wir wissen, daß der Wert eines Dollars in einem oder in zehn Jahren nicht mit dem jetzigen übereinstimmt. Wir müssen den Gegenwartswert des zukünftigen Einkommensflusses kalkulieren. Das gleiche gilt für die Kosten eines sinkenden Marktanteils oder für ein zukünftiges Problem. Ein Problem der Zukunft ist nicht so kostspielig, als wenn wir mit demselben Problem schon heute konfrontiert werden, denn die erwartete, gefürchtete Zukunft wird vielleicht niemals Realität.

Es gibt eine Geschichte, die diesen Punkt illustriert. Zwei Diebe werden ins Gefängnis geworfen und zum Tode verurteilt. Einer der beiden schickt eine Nachricht an den Sultan, daß er drei Jahre bräuchte, um dem Lieblingspferd des Sultans das Sprechen beizubringen.

»Wie kannst du das versprechen?« fragt der andere Dieb. »Du kannst einem Pferd nicht das Sprechen beibringen!«

»Wer weiß«, sagt der erste. »In drei Jahren kann der Sultan tot sein, das Pferd könnte sterben, oder das Pferd kann vielleicht sprechen!«

Die gleiche Philosophie kann in aristokratischen Organisationen beobachtet werden. Sie verlieren ihren Marktanteil, aber das ist heute, bei ihren Mitteln, nur ein nebensächlicher Faktor. Wer weiß, sagen sie, in der Zukunft könnte sich die Regierung ändern, die Politik der Regierung könnte sich ändern, der Wettbewerb könnte zusammenbrechen, die Kunden könnten ihren Geschmack ändern, vielleicht wird das Unternehmen überleben oder sogar aufblühen. Man merke: Sie vertrauen nicht auf eigene Anstrengungen, um zu überleben. Sie rechnen auf ein Umfeld, das sich zu ihrem Vorteil verändert. Es gibt einen Witz, den ich von einem Banker hörte. Er handelt von einem bestimmten Land, nennen wir es Calico, aber er läßt sich auf ein anderes Land, einen Konzern oder einen einzelnen Menschen übertragen.

»Wie wir alle wissen«, sagte der Banker, »hat Calico schwere wirtschaftliche Probleme. Es gibt zwei Lösungen für dieses Problem. Eine ist rational. Die andere ein Wunder. Die rationale besteht darin, daß der heilige Soundso vom Himmel herabsteigt und Calico rettet. Das Wunder bestünde darin, daß die Menschen von Calico den inneren Schweinehund überwinden und anfangen, hart zu arbeiten.«

Demnach haben Aristokratien *rationale* Lösungen, um ihre Probleme zu klären.

Es ist zunehmend schwieriger, eine Zusammenarbeit über die Linien der Organisation hinweg zustande zu bringen, um Veränderungen zu vollziehen. Vergleichen Sie diesen Witz mit einem anderen, der zutreffend ist für ein Go-Go-Unternehmen. Ein Mann sagt zu einem Freund: »Ich habe gehört, in deinem Geschäft hat es gebrannt.« »Pst ...«, sagt der Geschäftsbesitzer, »das ist morgen ...«

Der Punkt ist, daß Go-Gos ihr Schicksal selbst in die Hand nehmen. Aristokratien wünschen, daß ihre Umgebung ihnen entgegenkommt. Von der stabilen Phase an wird der Schwerpunkt der Steuerung (wem traut man die Fähigkeit zu Veränderung zu) zunehmend nach außen verlagert.

Warum verläßt man sich darauf, daß externe Faktoren zur Klärung der Lage beitragen? Weil zukünftige Probleme in der Gegenwart nicht als drückend empfunden werden. Das Unternehmen ist profitabel und liquide. Die Sache jetzt in die Hand zu nehmen, würde bedeuten, Wellen zu schlagen und in einen politischen Kampf verwickelt zu werden, der vielleicht einen hohen Preis hat, den der »Wellenschläger« heute bezahlen muß, nicht erst in drei Jahren. Und diese Kosten sind größer als der momentane Wert einer Lösung der Probleme von morgen. Darüber hinaus schwindet das Gefühl für Steuerbarkeit. Das gezeigte Verhalten soll auf die Probleme anspielen, ohne sie in Angriff zu nehmen, in der Hoffnung, jemand anderes werde etwas tun.

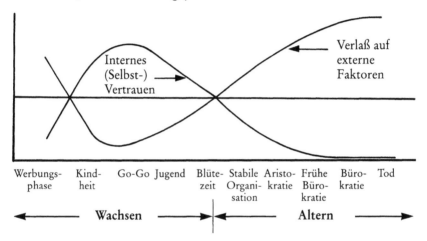

Abb. 15: Der Schwerpunkt der Steuerung im Lebenszyklus

Dafür sind Berater da. Sie werden geholt, um das zu sagen, was das Management sagen möchte, ohne damit explizit etwas zuzugeben. Das Management läßt jemand anderen »die Kastanien aus dem Feuer holen«. Die Beratungsberichte werden gelesen, aber vor dem Eintritt in die frühe Bürokratie geschieht nichts. Warum? Weil dann die einst zukünftigen Probleme gegenwärtige geworden sind und nach schnellen Taten gerufen wird. Zu diesem Zeitpunkt spricht das Pferd des Sultans nicht, es schlägt aus, und es schlägt fest aus. Marktanteile gehen verloren, der Cashflow ist negativ, und die guten Leute gehen. Alle Alarmsignale der Organisation leuchten auf: »Notfall!«

Verzweifelt über den ständigen Verlust an Marktanteilen, an Umsatz und Gewinn, tritt die aristokratische Organisation in die frühe Bürokratie ein. Das geht keineswegs langsam vonstatten, sondern schnell und energisch. Die Aristokratie gleicht die Verluste durch Zukauf und Anpassung der Preise nach oben aus. Während die Preise steigen, sinken die Stückzahlen. Zuerst steigen die Einnahmen aufgrund der steigenden Preise, aber schließlich zeigen die abnehmenden Quantitäten ihre Wirkung, und die Einnahmen sinken rapide. Die Organisation kann nicht länger von ihrem guten Namen leben, den sie so gewissenhaft seit der frühen Kindheit aufgebaut hat. Das künstliche Facelifting der Preisanhebungen funktioniert nicht mehr, weil es nicht das richtige ist. Die Befriedigung der Kundenbedürfnisse wäre das richtige, echte Werte zu liefern.

Der Tag der Abrechnung naht, wenn die Organisation die Preise nicht mehr erhöhen und Zukäufe nicht mehr so leicht finanzieren kann. Die Wahrheit kommt schnell ans Licht. Dann ist Schluß mit den Nettigkeiten. Die Messer werden gewetzt, und der Kampf um das individuelle Überleben (nicht um das der Gesellschaft) beginnt. Willkommen in der frühen Bürokratie.

Frühe Bürokratie

In der frühen Bürokratie sind folgende Charakteristika typisch für das Verhalten einer Organisation:

Abb. 16: Frühe Bürokratie

100

- Die Betonung liegt darauf, *wer* das Problem verursacht hat, und nicht darauf, *was* dagegen zu tun ist (als ob das Erkennen des Schuldigen gleichzusetzen wäre mit der Lösung des Problems).
- Es gibt zu viele Konflikte und interne Auseinandersetzungen.
- Paranoia lähmt die Organisation; jeder zieht den Kopf ein.
- Der Schwerpunkt liegt auf internen Schlammschlachten; der externe Kunde wird als Plage empfunden.

Die Hexenjagd

Wenn es während der Aristokratie über einen längeren Zeitraum weder einen Wunsch nach Veränderung noch eine Ergebnisorientierung gibt, hat das künstliche Facelifting steigender Preise am Ende einen negativen Effekt. Schließlich kommt der Tag der Abrechnung. Die Nachfrage ist erstarrt, somit führten die Preiserhöhungen zu einem geringeren Gesamterlös; die Einnahmen und der Marktanteil gehen ständig zurück. In dieser Zeit löst sich die gegenseitige Bewunderungsgesellschaft auf. Die guten alten Zeiten der Aristokratie sind vorbei, und die Hexenjagd beginnt. Die Leute versuchen herauszufinden, wer für den Schaden verantwortlich ist. In den Sitzungsräumen bricht mit blanken Klingen die Zeit der Dolchstöße an. Die Situation ähnelt der bei einem primitiven Volk, das mit einer ausgedehnten Dürreperiode oder einer Hungersnot konfrontiert ist. Jetzt müssen die Götter beschwichtigt werden, die nach einem Opfer verlangen. Wen wird der Stamm opfern? Die schönste Maid oder den vortrefflichsten Krieger – die Elite des Stammes. Wen opfert die frühe Bürokratie? Den Rohstoff, den sie am meisten schätzen und von dem sie am wenigsten haben – den letzten Krümel der Kreativität. Der Chef des Marketingbereichs wird gefeuert, weil »wir mit den falschen Produkten auf dem falschen Markt sind«. Der Unternehmensstratege oder der Chefingenieur ist der nächste, der geht: »Unsere Strategie funktioniert nicht; Produkte, Technologie und Werbung sind obsolet.« Die Leute werden vor die Tür gesetzt, als ob sie die Ursache des Problems wären.

Die Leute jedenfalls fühlen sich für die Lage des Unternehmens nicht verantwortlich. Der Marketingchef hat immer und immer wieder gesagt, daß die Richtung, die das Unternehmen eingeschlagen hat, geändert werden muß. Der Stratege entwickelte wahrscheinlich ein Magengeschwür, weil er sich Sorgen über die mangelhafte Ausrichtung der Organisation machte. Die Leute beschwerten sich privat, drängten, baten und drohten; sie empfanden die Lage jedoch »so, als ob man nasse Spaghetti einen Berg hinaufschob«. Von innen heraus konnten sie keinen Wandel herbeiführen. Wer sich bemühte, die aristokratische Organisation von innen her zu reformieren, tat dies zu Lasten seiner Karriere. Die Organisation drängte ihn schließlich hinaus, selbst dann, wenn seine Bemühungen ihr Vorteile einbrachten. Folglich verlassen die kreativen Mitarbeiter, die die Organisation am meisten zum Überleben braucht, das Unternehmen, oder sie werden entmutigt und nutzlos.

Es gibt eine Hauptvariable, die die aristokratische Organisation von der frühen Bürokratie trennt – Managerparanoia. In der aristokratischen Organisation herrscht die Stille vor dem Sturm. Die Leute lächeln, sind freundlich und fassen einander mit Samthandschuhen an. In der frühen Bürokratie dagegen, wenn die schlechten Ergebnisse schließlich evident sind, bekämpfen die Manager einander, statt im Wettbewerb zu kämpfen. Es gibt keine Handschuhe mehr, nur noch bloße Fäuste. Das Ritual der Menschenopfer setzt ein. Jemand muß die Schuld auf sich nehmen; einer muß das Opferlamm sein. So wird in jedem Jahr oder alle paar Quartale einer für die schlechte Lage des Unternehmens verantwortlich gemacht und entlassen. Die Paranoia rührt von der Tatsache her, daß keiner wirklich weiß, wer der nächste Schuldige sein wird. So verdächtigen sie einander. Jeder zieht den Kopf ein.

Es ist nicht ungewöhnlich, daß die Leute weit hergeholte Erklärungen für das, was geschieht, in Umlauf bringen. Wenn beispielsweise der Verkaufsleiter sich zu einem Discountpreis entschließt, erklären das die anderen Manager nicht mit rationalen Begriffen, indem sie etwa auf die Wettbewerbskonditionen hinweisen; eher dichten sie ihm eine machiavellistische Strategie an, mit der er die Marketingabteilung zu diskreditieren und die Inkompetenz von deren Hauptabteilungsleiter zu enthüllen versucht.

Dieses Verhalten beschleunigt den Abstieg. Die Manager kämpfen gegeneinander, verbringen die meiste Zeit mit internen Angelegenheiten, gründen Cliquen und Koalitionen, die sich ununterbrochen ändern. Ihre kreative Kraft ist nicht darauf gerichtet, bessere Produkte zu produzieren oder eine bessere Marktstrategie zu entwickeln, sondern darauf, sich gegenseitig zu eliminieren und zu diskreditieren, um das persönliche Überleben zu sichern. Während die Leistung der Organisation sich weiter verschlechtert, nimmt die Paranoia sogar noch zu. Da die besseren Mitarbeiter gefürchtet werden, werden sie entweder entlassen oder gehen von selbst. Dieser Kreislauf setzt sich fort, bis ihm der Bankrott ein Ende setzt oder die ausgereifte bürokratische Organisation von der Regierung verstaatlicht oder subventioniert wird.

Wenn ein Unternehmen subventioniert oder nationalisiert wird, verlängert das seine Lebensdauer. Es wird wiedergeboren. Es hätte sterben sollen, wurde aber am Leben gehalten. Es ist eine künstlich am Leben erhaltene Leiche. Folglich erscheint eine weitere Schlangenlinie auf der Lebenszykluskurve.

Was für Leute bleiben in so einer protektionierten Umgebung? Verwalter! Unternehmer kommen und gehen; die Verwalter drängeln sich. Da die Verwalter nur verwalten müssen, entwickelt sich das Unternehmen zu einer ausgewachsenen Bürokratie, bei der es nur noch um Regeln und Grundsätze geht, nicht aber um irgendeine offensichtliche Richtung oder die Befriedigung von Kundenbedürfnissen.

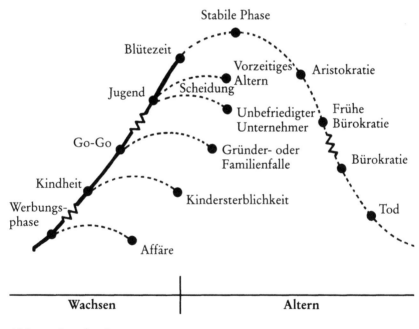

Abb. 17: Bürokratie

Bürokratie und Tod

Im Stadium der Bürokratie erwirtschaftet das Unternehmen keine ausreichenden eigenen Mittel. Es rechtfertigt seine Existenz nicht dadurch, daß es gut funktioniert, sondern durch die Tatsache, daß es existiert. Es kann den Tod nur durch künstliche Lebenserhaltungssysteme aufhalten. Wie ist die bürokratische Organisation beschaffen?

- Sie hat viele Systeme mit geringer funktionaler Orientierung.
- Sie koppelt sich von ihrer Umgebung ab und konzentriert sich meistens auf sich selbst.
- Sie spürt die mangelnde Steuerungsfähigkeit.
- Um effektiv mit der Organisation zu arbeiten, müssen die Kunden ausgefeilte Annäherungsstrategien entwickeln, um in das System einzudringen oder es zu überwinden.

Systeme mit geringen funktionalen Resultaten

Ein Manager erzählte mir folgenden Witz: Ein Mann fuhr nach Paris und wollte wissen, wie er den besten Juwelierladen der Stadt fände. Er fragte einen Freund, der ihm riet: »Geh zur Rue La Michele 25. Ich habe gehört, dort sei der beste.« Also ging er dahin und wurde an der Tür von einem Bediensteten in einer roten Uniform mit goldenen Epauletten und glänzenden Knöpfen begrüßt. Der Bedienstete tippte an seinen Hut und sagte: »Was wünschen Sie, mein Herr?«

»Ich möchte Juwelen kaufen.«

»Linke Tür«, entgegnete der rotuniformierte Pförtner.

Er trat ein, und ein anderer Bediensteter, diesmal in Blau, fragte: »Suchen Sie Schmuck für einen Herrn oder eine Dame?«

»Für eine Dame«, erwiderte der Manager und wurde in den rechten Korridor hineingeführt, wo ein anderer Bediensteter, in Purpur gekleidet, fragte, ob er Gold oder Silber bevorzuge.

»Gold.«

»Den Korridor zu Ihrer Rechten, bitte.« Anschließend traf er noch auf drei andere Bedienstete, die sich nach seiner Vorliebe für bestimmte Dinge erkundigten und ihn wieder und wieder zum nächsten verwiesen. Schließlich fragte ihn der letzte Bedienstete, ob er Diamanten oder Rubine haben wolle.

»Rubine.«

»Linke Tür, bitte.« Er öffnete die Tür und fand sich auf der Straße wieder. Frustriert kehrte er in das Hotel zurück.

»Wie war es denn?« fragte ihn der Freund.

»Ich kam gar nicht dazu, etwas zu kaufen, aber, Mann, die haben ein System!«

In der bürokratischen Organisation wird kaum etwas Bedeutsames erreicht. Sie funktioniert wie eine gesprungene Schallplatte, wiederholt dieselben Phrasen wieder und wieder. Die typische Antwort auf eine Frage ist: »Warten Sie« oder »Gleich wird Sie jemand informieren«, aber richtige Antworten bekommt man nicht. Wenn man sie erst einmal kennenlernt, sind die Manager die nettesten Leute, die man sich denken kann. In der Öffentlichkeit (nicht aber privat) sind sie fast immer einer Meinung, wenn irgend etwas geschieht, fast nie. Es gibt keine Ergebnisorientierung, keine Neigung, etwas zu ändern, und kein Teamwork; es gibt hauptsächlich Systeme, Formen, Prozeduren und Regeln.

Eine der hervorstechendsten Eigenschaften in einer Bürokratie ist die Verehrung des geschriebenen Wortes. Wenn ein Kunde oder ein anderer Manager nach etwas fragt oder etwas vorschlägt, kommt die typische Antwort: »Reichen Sie mir das schriftlich ein.« Einer bürokratischen Organisation einen Brief zu schreiben ist oft Verschwendung von Zeit, Papier und Briefmarken. In der Regel wird er nur abgeheftet. In den Ordnern einer solchen Organisation befand sich ein Brief, in dem der Beschwerdeführer mit einer Klage drohte, wenn seiner Beschwerde nicht sofort nachgegangen werde. Der Brief wurde mit dem Eingangsstempel versehen und dann abgeheftet. Als der Registraturangestellte gefragt wurde, warum der Brief nicht beantwortet worden sei, antwortete er, daß dafür benötigte Informationen gefehlt hätten.

Eine bürokratische Organisation ist schlecht organisiert. Den Versuchen der Kunden, eine Entscheidung über etwas zu bekommen, wird mit der Frage nach zusätzlichen Unterlagen begegnet. Die Organisation fragt nicht im voraus nach benötigten Dingen, so daß der uneingeweihte Kunde unmöglich vorbereitet sein kann. Anstatt das ganze Blatt aufzudecken, zeigt die bürokratische Organisation immer nur jeweils eine Karte. Dieses Verhalten reißt ein, weil niemand in der Organisation einen Überblick darüber hat, was getan werden sollte. Jeder ist im Besitz eines kleinen Ausschnitts der notwendigen Kenntnisse, und vom Kunden wird erwartet, daß er sie alle zusammensetzt. Neue Mitarbeiter kennen sich mit der Gehaltspolitik nicht aus, Verkäufer sind im ungewissen über die Marktstrategie; die Leute von der Marketingabteilung sind nicht über Unternehmenspläne informiert; die Finanzabteilung weiß nicht, welche Umsätze erwartet werden; die Produktion ist nicht darüber informiert, wie gut das Produkt ankommt; und der Abnehmer weiß nicht, wo er auf effektive Aufmerksamkeit trifft. Die Abteilung für den Kundenservice besteht oft aus einem Telefonvermittlungsangestellten, dessen Aufgabe es ist, zuzuhören, Beschwerden aufzunehmen und sie mit einem Standardbrief: »Wir werden unser Bestes tun ...« zu beantworten.

Abkoppelung

Bürokratische Organisationen kennen alle Regeln, können sich aber nicht mehr erinnern, warum sie existieren. Wenn man fragt, warum bestimmte Dinge in der Bürokratie gemacht werden, ist die typische Antwort: »Ich weiß nicht warum« oder noch typischer: »Weil das die Unternehmenspolitik ist.« Die Bürokratie wird von Ritualen regiert, nicht von der Vernunft.

Wie eine alte Person, die nicht zu viele Störungen in ihrem Leben wünscht und die Enkelkinder nicht länger als für ein paar Stunden ertragen kann, mögen diese Organisationen keine Unterbrechungen von außen und schaffen tatkräftig Hindernisse für Einmischungen von außen (Kunden). Die Bürokratie versucht, sich von der Umwelt zu isolieren, und ist mit der Außenwelt nur durch einen sehr schmalen Tunnel verbunden. Es gibt viele Beispiele für diese schmalen Tunnel – wie den Besitz von nur einer Telefonleitung. Der Kunde muß endlose Stunden oder Tage versuchen, das Unternehmen zu erreichen. Wenn er persönlich zu der Organisation geht, wird er zuerst zum Abfertigungsschalter geschickt, der nur wenige Stunden am Tag geöffnet ist. Es ist möglich, daß er den Tag mit Schlangestehen verbringt, um herauszufinden, wohin er als nächstes muß. Wenn er der Organisation schreibt, kann es Monate dauern, bis er eine Antwort erhält, und dann wird es ein Formbrief sein, der auf sein besonderes Anliegen nicht einmal Bezug nimmt. Oft ist nicht einmal das der Fall: Die Korrespondenz wird abgeheftet oder geht einfach verloren.

Gefühl mangelnder Steuerungsfähigkeit

Warum diese Distanzierung? Warum der Mangel an Aktivität? Die Führungskräfte spüren, daß sie nicht viel tun oder erreichen können, wissen aber, daß sie den Ritualen folgen müssen, als ob sie etwas machten. Damit etwas geschieht, braucht man die Mitarbeit anderer, was in einer Bürokratie schwierig zu erreichen ist, weil die nötigen Veränderungen kompliziert sind und eine einzelne Führungskraft nicht alle nötigen Leute quer durch die Organisation mobilisieren kann, um den notwendigen Wandel zu vollziehen. Folglich ersetzen Pro-forma-Rituale die Tat.

Überbrückungssystem

Ein Kunde muß von Pontius zu Pilatus laufen, wenn er in einer solchen Organisation etwas erreichen will. Es scheint, als ob das Nervensystem der Organisation zusammengebrochen sei. Die linke Hand weiß nicht, was die rechte tut. Eine Abteilung lehnt ab, was die andere fordert. Der Kunde ist verwirrt, frustriert und verloren.

Was passiert mit einem älteren Menschen, wenn einige seiner Organe nicht mehr richtig arbeiten? Gewöhnlich wird er in eine beschützende Umgebung (Krankenhaus) gebracht und an verschiedene Maschinen angeschlossen, die die Aufgabe nichtarbeitender Organe übernehmen. Analog geschieht es in bürokratischen Organisationen.

Unternehmen, die mit einer Bürokratie zusammenarbeiten müssen, haben gewöhnlich eine gesonderte Abteilung, die ein Überbrückungssystem liefern soll. Es gibt verschiedene Namen für diese Abteilungen. Bei den einen heißen sie deutlich Abteilung für Regierungsangelegenheiten, bei anderen Abteilung für Öffentlichkeitsarbeit. Diese Abteilungen werden zu Experten für die interne Arbeitsweise staatlicher Stellen und teilen dann ihre Verantwortlichkeiten. Herr A will mit Unterstaatssekretär Y arbeiten; Frau B will mit dem Bürovorstand Z arbeiten. Da Y und Z sich vielleicht nicht einig werden oder nicht wissen, was sie eigentlich tun sollen, entscheiden A und B, was sie wollen, und helfen so Y und Z, eine Entscheidung zu treffen, die ihnen wünschenswert erscheint.

Unternehmen geben jährlich Millionen von Dollar aus, nur um herauszufinden, was die staatlichen Stellen wollen oder wollen sollten und wann und wie sie davon überzeugt werden können.

Auf einer meiner Vortragsreihen in Indien erzählte mir ein indischer Geschäftsführer: »Ihr Amerikaner sprecht über Marktanteile und Marktstrategien. Das ist für uns irrelevant. Über unseren Erfolg entscheidet das Verständnis für die inneren Vorgänge staatlicher Stellen. Die Regierungspolitik bei Lizenzvergaben, bei der Preisfestsetzung, bei Importkontingenten und gegenüber den Tarifpartnern bestimmt über unseren Erfolg oder Mißerfolg. Sie ist wichtiger als jedwede noch so erfolgreiche Marketingstrategie. Wenn ein Unternehmen herausfindet, wie es den Regierungsapparat dazu bringen kann, zu seinen Gunsten zu arbeiten, gewinnt es einen entscheidenden Wettbewerbsvorteil. Wer das Know-how über die Regierung und ihre Arbeitsweisen entwickeln muß, braucht gute Beziehungen. Das ist schwierig, und daher ist er im Konkurrenzkampf benachteiligt. Die Regierungsbürokratie ist mein bester Verbündeter. Sie stellt meine beste Barriere gegen die Konkurrenz dar – besser als jede Marktposition, von der Sie sprechen.«

Bürokratien werden durch das Monopol am Leben erhalten, das sie auf bestimmten Gebieten haben – ein unfreiwilliges Publikum, das gesetzlich gezwungen ist, ihre Dienste zu kaufen –, und durch die von ihren Kunden geschaffenen externen Überbrückungssysteme. Zöge man den Regierungsstellen den Stecker heraus, so würden viele dieser bürokratischen Organisationen aus dem Leben scheiden. Der Aufstand der Steuerzahler von 1978 in den Vereinigten Staaten war ein solcher Schritt. Ich prophezeie nicht, daß Steuerermäßigungen die administrative Gesundheit der staatlichen Stellen fördern würden, sie würden vielmehr den Tod einiger von ihnen beschleunigen.

Das Wohlbefinden einer gänzlich flügge gewordenen Bürokratie ist sehr empfindlich. Was als ein gefährliches Monster erscheint, kann eigentlich verhältnismäßig leicht zu zerstören sein. Bürokratien, die wir für schwer veränderbare Monstrositäten halten, können im Kern korrupt sein und sich am Rande des Bankrotts befinden. Jeder plötzliche Wandel wird sie ruinieren. Bürokratien, die zur schnellen Reorganisation gezwungen werden, überleben meist den Versuch nicht. Ein neuer Computer könnte ein bürokratisches System in eine Abwärtsspirale stürzen. Das alte System läuft weiter, als ob sich nichts geändert hätte, und die Leute sitzen daneben und ignorieren das neue Computersystem.

Bürokratische Organisationen können ein langes Koma überstehen. Das trifft dann zu, wenn sie in der Lage sind, in der Isolation fern der externen Umgebung zu operieren. Die Beispiele solcher Organisationen schließen Monopole und staatliche Stellen mit ein. Gewerkschaften oder politischer Druck können sie am Leben halten, weil keiner es wagt, eine Dienststelle, die Arbeitsplätze bietet, zu eliminieren. Das endet in einer sehr kostspieligen künstlichen Verlängerung des Lebens.

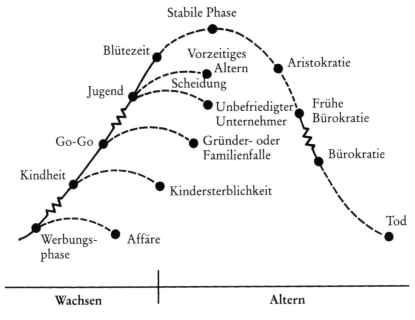

Abb. 18: Tod

Der wahre Tod mag sich über Jahre hinziehen.

Der Tod tritt ein, wenn sich niemand mehr der Organisation verpflichtet fühlt. Er kann vor der Bürokratisierung eintreten, wenn kein lebendiges politisches Engagement die Branche oder das Unternehmen unterstützt. Bei einer Bürokratie wird der Tod hinausgezögert, weil das Engagement nicht den Kunden der Organisation gilt, sondern den politischen Interessen, die eine Organisation aus politischen Gründen am Leben halten. Wenn die Organisation von den Kunden abhängig wäre, so wäre sie längst gestorben, weil die Kunden abgesprungen wären.

In Brasilien, Mexiko und Israel begegnete ich einem interessanten Phänomen. Einige Leute kamen am Morgen, um für staatliche Organisationen zu arbeiten, drapierten ihre Mäntel über die Stühle oder richteten auf andere Weise ihre Tische her, so daß sie geschäftig wirkten. Dann gingen sie zu ihrer Schwarzarbeit. Abends kamen sie zurück, sammelten ihre Sachen ein, als ob sie gerade ihre Arbeit beendet hätten. Am Ende des Monats fanden sie sich ein und holten ihre Lohntüte ab.

Wie kann das passieren? Wo ist das Management? Das Management macht vielleicht dasselbe. Das kann passieren, wenn das Ziel der Regierung nicht ein funktionierender Markt, sondern die Erhaltung von Arbeitsplätzen und der Gehaltsliste ist. Diese politische Bestechung wird von der Regierung finanziert: Sie druckt Geld, um die Bürokratien zu füttern und sie am Leben zu erhalten, oder sie erhöht die Steuern und zieht damit die Spargelder von den Investitionen ab. Am Ende steht entweder eine unsichtbare oder eine explizite Inflation.

Damit ist der deskriptive Teil des Lebenszyklus zusammengefaßt. Nun wollen wir Wachstums- und Alterungsphasen vergleichen und einige Gemeinsamkeiten dieser Phasen analysieren.

4. Verhalten, Führung, Ziele und Form contra Funktion und Bestimmung des Standortes im Lebenszyklus

Es gibt charakteristische Unterschiede zwischen Organisationen auf der Wachstums- und auf der Alterungsseite der Lebenszykluskurve. Diese Unterschiede waren in den fortgeschrittenen Phasen der Blütezeit latent. Sie beginnen sich in der ersten Phase des Alterungsprozesses – *stabile Phase* genannt – zu manifestieren und beherrschen zunehmend die Organisationskultur. Die folgende Tabelle vergleicht diese feinen Veränderungen.

Wachsende Unternehmen	Alternde Unternehmen
1. Persönlicher Erfolg durch Risiko*übernahme*	1. Persönlicher Erfolg durch Risiko*vermeidung*
2. Erwartungen übertreffen. Ergebnisse	2. Ergebnisse übertreffen Erwartungen
3. Leere Kassen	3. Volle Kassen
4. Funktion ist wichtiger als Form	4. Form ist wichtiger als Funktion
5. Vom *Warum* zum *Was*	5. Zum *Wie* und *Wer*
6. Leute werden wegen ihres Beitrags zur Organisation gehalten, trotz ihrer jeweiligen Persönlichkeit	6. Leute werden wegen ihrer Persönlichkeit gehalten, trotz ihres Beitrags zur Organisation
7. Alles, was nicht ausdrücklich verboten ist, ist erlaubt	7. Alles, was nicht ausdrücklich erlaubt ist, ist verboten
8. Probleme werden als Gelegenheiten angesehen	8. Gelegenheiten werden als Probleme angesehen
9. Die politische Macht liegt bei der Marketing- und der Ver-Verkaufsabteilung	9. Die politische Macht liegt bei der Buchhaltung, der Finanz- und der Rechtsabteilung
10. Die Linienorganisation hat das Sagen	10. Die Stabsabteilungen haben das Sagen

Wachsende Unternehmen	Alternde Unternehmen
11. Die Verantwortung ist größer als die Autorität	11. Die Autorität ist größer als die Verantwortung
12. Die Führung steuert die Organisation	12. Die Organisation steuert die Führung
13. Das Management bestimmt die Dynamik	13. Das Management wird von Trägheit beherrscht
14. Ein Wechsel in der Führung kann zu Verhaltensänderungen der Organisation führen	14. Zu Veränderungen im Verhalten der Organisation ist eine Veränderung im System notwendig
15. Es werden Berater gebraucht	15. Es werden »Ankläger« gebraucht
16. Von der Umsatzorientierung …	16. … zum Vorrang der Gewinne
17. Vom Wertschöpfungs-(Gewinn)ziel …	17. … zur politischen Kunst des Gewinnens unter Einsatz aller gerade noch erlaubten Mittel

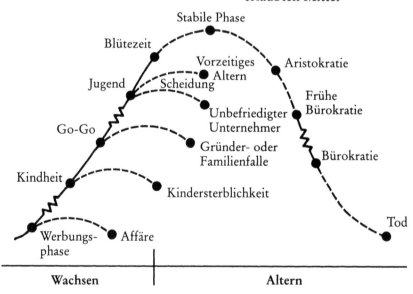

Abb. 19: Wachsen kontra Altern

Von der Risikobereitschaft zur Risikovermeidung

Während der Kindheit wurde der Preis der Risikobereitschaft als gering angesehen, weil es nur wenig zu verlieren gab. Während des Go-Go wurde das Risiko ignoriert; das Unternehmen wuchs schnell, und das Management gewöhnte sich an periodisch auftretende fette und magere Jahre. Die Leute regen sich nicht übermäßig auf, wenn manche Abenteuer traurige Resultate erbringen, weil Erfolge auf anderen Gebieten dies kompensieren. Darüber hinaus gibt es in einer Go-Go-Organisation einen hohen Grad an Toleranz. Die Leute fragen, und schon getroffene Entscheidungen werden verziehen.

In einer Blüteorganisation hingegen herrscht ein Klima anhaltenden Erfolges. Ein Mißerfolg ist unüblich und fällt auf. Er wird analysiert, studiert und bestraft. Die Leute sind vorsichtig. Es gibt eine Organisationsstruktur – eine Hierarchie und Rituale für den Entscheidungsprozeß. Die Genehmigung macht Nachsichtigkeit überflüssig. Die Leute fragen, bevor sie handeln.

Diese feinen Veränderungen akkumulieren und produzieren eine wachsende Zurückhaltung in der Risikobereitschaft. Das ist typisch für eine gesunde Blüteorganisation. Vor der Blüte übertrifft die Risikobereitschaft die Risikoscheu. Nach der Blüte dominiert die Risikoscheu über die Risikobereitschaft. In der Blüte ist beides im Gleichgewicht.

Mit dem Erfolg werden die Leute immer zufriedener mit dem Schwung, der in der Vergangenheit geschaffen wurde – sie erfreuen sich an ihm, und sie vertrauen auf ihn. Sie haben die Einstellung: »Bring bloß nicht in Ordnung, was nicht kaputt ist« oder: »Eine gute Sache soll man in Ruhe lassen«. Weil sie nicht stören wollen, was so gut läuft, beginnen die Leute, den Preis des Risikos als zu hoch einzuschätzen. *Nun gibt es etwas zu verlieren.*

Wenn die Genehmigungen größere Bedeutung erlangen als die Nachsicht, wird die Vorsicht zum dominierenden Grundmuster, und die Risikoscheu wächst über die Risikobereitschaft hinaus.

Von Erwartungen, die die Resultate übertreffen, zu Resultaten, die die Erwartungen übertreffen

Eine in den Kinderschuhen steckende Organisation kann immer erst davon berichten, wie erfolgreich sie in einem Jahr war, wenn das Jahr gelaufen ist. Ihren Mitarbeitern fällt es schwer, die Zukunft vorherzusagen; das Verhalten der Manager orientiert sich am *Jetzt.* Sie haben einen Traum von der fernen Zukunft, aber der ist bestenfalls unbestimmt. Per definitionem übertreffen ihre Erwartungen für diese Zukunft ihre gegenwärtigen Ergebnisse. Dieses Phänomen findet sich auch noch in der Go-Go-Phase.

In Go-Go-Organisationen wird experimentiert. Die Organisation wird sich übernehmen und schließlich ihre Grenzen kennenlernen. Das Management wird versuchen zu planen und zu budgetieren, es wird aber keine echte Kontrolle über die veranschlagten Resultate gewinnen. Es mangelt der Organisation an einem administrativen System, das einen Rückhalt verschafft und die Organisation rechtzeitig steuern und die gewünschten Resultate hervorbringen würde. Im Go-Go können die Erwartungen die Resultate weit übertreffen. Der Unterschied zwischen Soll und Ist kann beträchtlich sein, wobei die Ist-Werte um 200 bis 300 Prozent über oder unter dem Budget liegen können. Selbst wenn sie unter dem Budget liegen, werden die Soll-Werte nicht korrigiert. Die Manager glauben, daß die Resultate früher oder später aufholen werden. Tatsächlich glauben die Manager im Go-Go eher, als daß sie nachdenken. Sie erwarten und beabsichtigen mehr und mehr. Im großen und ganzen sind sie mit den Ergebnissen unglücklich, unabhängig davon, wie die Resultate ausfallen.

In der Jugend lernt die Organisation, sich selbst zu regulieren. Mit der Blüte ist die Selbstkontrolle erreicht. Deshalb kann eine Blüteorganisation die Wachstumzahlen einer Go-Go-Organisation erzielen und gleichzeitig diese Resultate voraussagen und erreichen. Ein Blüteunternehmen kann vorhersagen, was es machen wird, und das Ziel mit nur geringen Abweichungen erreichen.

Zur Wiederholbarkeit der Vorhersagen in der Blütezeit werden Budgetsysteme formalisiert, wird Leistung belohnt, und Abweichungen werden bestraft. Aufgrund seiner vergangenen Standards, wonach mehr besser ist, werden Abweichungen vom Budget nach oben bzw. unten nicht gleich behandelt. Wenn die tatsächlichen Umsätze die Erwartung übertreffen, werden die Leute belohnt, ungeachtet der Größe der Abweichung. Wenn die wirklichen Einnahmen hinter der Erwartung zurückbleiben, werden die Leute bestraft, ohne Rücksicht darauf, wie klein die Abweichung ist.

Dieses System der Belohnung und Bestrafung bestimmt das Verhalten der Leute stärker als der Zweck, für den das Budget eingerichtet wurde. Mit der Zeit konzentrieren sich die Mitarbeiter zunehmend darauf, *wie* unerwünschte Abweichungen vom Budget vermindert werden und wie man Abweichungen, für die man belohnt wird, bis zum Höchstmaß steigert, anstatt darauf, *was* das Budget und die Pläne überhaupt erreichen sollen.

Ein Weg, um Abweichungen zu minimieren und Belohnungen zu maximieren, ist die Reduktion der Erwartungen. Bald streben die Mitarbeiter schon während des Budgetprozesses nur noch das an, was sie *sicher* übertreffen oder zumindest erreichen können. Jedes Jahr setzen sie das Ziel tiefer an, um alle Unsicherheiten auszuschalten.

Bei kindlichen und bei Go-Go-Organisationen kann das nicht passieren. Die Leute werden für das belohnt, *was* sie tun, nicht für die Art und Weise, *wie* sie es tun. Es gibt kaum ein Budget. Man wird mit einnem Bonus wie mit einer Provision belohnt, der auf den Ist-Werten basiert. Wenn das Budget und das Belohnungssystem darauf basieren, *wie* die Leute ihr Ziel erreichen, verändert sich ihr Verhalten. Das Belohnungssystem begünstigt in zunehmendem Maße eher das *Wie* als das *Was*. Das System erreicht bald einen Punkt, an dem die Leute um so stärker belohnt werden, je mehr sie vorgaukeln, was sie alles nicht können (je erfolgreicher und überzeugender sie vortragen, daß »etwas nicht gemacht werden kann«). Belohnt wird, *wie weit* sie das Budget schlagen. Also: Je niedriger das Ziel, desto höher sind die Chancen, es zu übertreffen – und den Ertrag einzustreichen.

Es ist vergleichbar mit einem Pferderennen. Der Mann, der sicher sein will, daß sein Pferd jedesmal gewinnt, läßt es nur bei Maultierrennen laufen. Eine Zeitlang wird das Pferd gewinnen, aber schließlich fängt es an, sich wie ein Maultier zu verhalten.

Es gibt keinen Gewinn auf lange Sicht, es sei denn, man ist bereit, das Risiko eines kurzzeitigen Verlusts auf sich zu nehmen.

Indem sie das Ziel niedrig hängen, versuchen die Leute sicherzustellen, daß sie niemals das Budget unterschreiten. Das Management könnte unmißverständlich klarstellen, daß es niedrige Budgets nicht akzeptiert, aber das zieht andere negative, langfristige Wirkungen nach sich. Es schafft ein Klima des Mißtrauens. Untergebene (auf jeder Stufe) setzen das Ziel niedrig an, weil sie wissen, daß die Oberen (auf jeder Stufe) darum feilschen werden, das Planungssoll zu erhöhen. Die Vorgesetzten verhandeln um höhere Zielsetzungen für das Budget, weil sie automatisch annehmen, die Untergebenen setzten sie zu niedrig an. Damit beginnt eine Gruppendynamik von wechselseitiger Täuschung. Das Budget, das letztlich akzeptiert wird, reflektiert nicht die tatsächlichen Fähigkeiten der Organisation oder die wahren Möglichkeiten des Marktes. Es handelt sich lediglich um eine Reflexion des Vertrauens oder Mißtrauens zwischen den verschiedenen Ebenen in der Organisationshierarchie. Da die Organisation Resultate belohnt, die die Erwartungen übertreffen, verändert sich das Unternehmensklima, das Unternehmen entwickelt eine Abneigung gegen Risiken und beginnt Bargeld anzuhäufen.

Von leeren zu vollen Kassen

Ein Unternehmen, dessen Erwartungen die Resultate übertreffen, braucht immer noch mehr Geld. Geld beflügelt das Wachstum. Weil die Organisation wachsen möchte, verbraucht sie immer mehr Brennstoff. Wachsende Unternehmen sind ständig knapp bei Kasse.

In Organisationen, deren Resultate die Erwartungen übertreffen, beginnt sich das Kapital zu sammeln. In der aristokratischen Phase findet man höchst liquide Unternehmen, die nicht wissen, was sie mit ihrem Geld machen sollen – eine Situation, die einen Unternehmer des Go-Go-Stadiums verwirrt.

Von der Vorherrschaft der Funktion zur Vorherrschaft der Form

Der Übergang von der Funktion zur Form, vom »Mehr ist besser« zum »Besser ist mehr«, beginnt in der Jugend. Die Organisation begreift, daß sie mehr Geld (Gewinn) verdienen kann, indem sie die Sachen richtig erledigt, als wenn sie einfach die richtigen Sachen macht. Tatsächlich erkennen jugendliche Organisationen unter großen Schmerzen, daß die falsche Umsetzung einer richtigen Sache eine Menge kostet. Sie erkennen, daß Gewinne eher dadurch erzielt werden können, daß man Dinge zurückschraubt, als daß man neue hinzufügt.

Unternehmerische Typen (Gründer) erzielen Gewinne durch Umsatzsteigerungen. Administrative Typen machen Gewinn, indem sie die Kosten vermindern. Der Unternehmertyp fragt: »Was können wir *noch* machen?« Der administrative Typ fragt: »Was können wir lassen?«

Die administrative Form des Verhaltens und der Orientierung ist während der Jugend funktional. Es ist an der Zeit, sich von der Hyperaktivität des Go-Go zu verabschieden. Es ist an der Zeit, die überschüssigen Blätter und Zweige zu trimmen, so daß die Energie in eine Richtung gelenkt werden kann, statt sie breit zu verteilen. Dabei wird der Nachdruck von der Funktion auf die Form verlegt. Weil eine Form in einer Go-Go-Organisation so gut wie nicht vorhanden ist (sie wird als unnötig erachtet), ist der marginale Nutzen eines jeden Systems (Form), das in der Jugend entwickelt wird, groß. Das wiederum steigert noch die Bedeutung, die man ihm beimißt. In der Blütezeit erreichen Form und Funktion ein Gleichgewicht. Danach ist die Entwicklung der Form von abnehmendem Nutzen, sie wächst aber weiter.

Alles, was in den späteren Phasen des Lebenszyklus übrig bleibt, ist Form, da ihr zunehmendes Gewicht auf Kosten der Funktion geht. Jedermann nimmt am Ritual des Regentanzes teil, wohlwissend, daß es deswegen nicht regnen wird. Die Leute durchlaufen weiterhin den Gang der Planung, obwohl sie wissen, daß die Zahlen nicht realistisch sind. Sie verhalten sich, als ob durch die Verehrung der Form die Funktion sich irgendwie ergeben würde. Wenn irgendeine Funktion existiert, steckt sie im Verborgenen – trotz der Form. Diese Verdrängung der Funktion durch die Form erfolgt, weil die Form bei ihrer ersten Einführung die Funktion verbesserte. Das ist der Zeitpunkt, zu dem die Form legitimiert und wünschenswert wird.

Warum tritt die Form an die Stelle der Funktion? Warum wächst sie trotz der Verringerung ihres marginalen Nutzens weiter? Weil es emotional und psychisch leichter ist, die Form zum Werkzeug zu machen, als die Funktion auszuüben. Ich benutze die Wörter *zum Werkzeug machen* und *ausüben* mit Bedacht. Zum Werkzeug machen bedeutet: Wiederholung von Ritualen. Das verlangt keine kreative Energie. Das ist nicht von Angst begleitet, dem Nebenprodukt der Unsicherheit, die immer präsent ist, wenn wir etwas Neues machen. Um eine Funktion auszuüben, muß man sich den sich verändernden Realitäten anpassen, Veränderungen, die Unsicherheit schaffen, die wiederum ängstlich machen und psychologische Energie erfordern.

Die Form ist simpel. Wir müssen nicht nachdenken, wir müssen nur das wiederholen, woran wir gewöhnt sind. Mit der Zeit siegt die Form über die Funktion, weil sie emotional weniger belastet.

Solange die Funktion bis zu einem gewissen Grad existiert, auch illegitim, kann die Form überleben. Wenn keine Funktionalität vorgegeben ist, wenn die Form nutzlos ist, wird ein Zusammenbruch und eine Wiedergeburt der Funktion (neues Werben) stattfinden.

Von Warum und Was Jetzt zu Wie, Wer und Wann

Der Wechsel von der Funktion zur Form kann im Kern der Organisation in gruppendynamischen und Entscheidungsprozessen festgestellt werden, wie in Abb. 20 dargestellt.

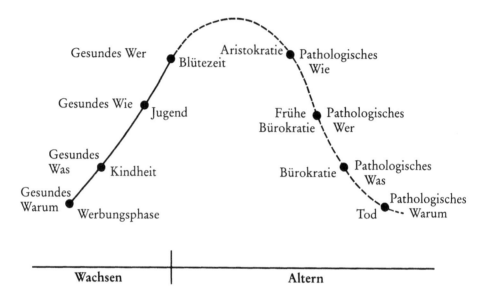

Abb. 20: Veränderungen des Schwerpunkts

Während der Werbungsphase reden die Leute hauptsächlich darüber, warum etwas getan werden sollte. Was, wie und wer werden nur beiläufig erwähnt. In der frühen Kindheit, nach der Geburt der Organisation, hört man nur, was zu erledigen ist. Das Warum wird kaum erwähnt; einigen Leuten erscheint es sogar lästig. Das Wie und das Wer sind irrelevant, solange das Was erreicht wird.

Das Ignorieren des Wie und des Wer fordert irgendwann seinen Preis. Wenn die Organisation über sich selbst hinauswächst, wird sie zu einem solchen Durcheinander, daß das Wie und das Wer nicht länger ignoriert werden können. Zuerst übernimmt das Wie die Führung in den gruppendynamischen und den Entscheidungsprozessen. Darauf verwendet die jugendliche Organisation viel Zeit. Sie versucht das Was und das Warum durch eine Konzentration auf das Wie zu etablieren. Das Wer ist gesund und aktiv. »Wen brauchen wir für den Job?« Diese personelle Orientierung wird in der Blütezeit deutlich.

118

Man achtet auf den Faktor Personalressourcen, die Einstellungsentscheidungen und darauf, die besten Leute zu bekommen, die man für Geld bekommen kann.

In der Aristokratie ist das Wie pathologisch. Es geht nicht darum, *wie was warum* gemacht wird. Es geht nur um das Wie, punktum. Es geht um das Wie um seiner selbst willen; es ist ein Ritual.

In der frühen Bürokratie ist das Wer pathologisch. Es ist eine Zeit der Hexenjagd; man sucht eher danach, wer etwas getan hat (Vergangenheit), als danach, wer gebraucht wird, um etwas zu erledigen (Zukunft). Statt darauf zu schauen, was eine Person für die Organisation tun kann, sucht man nach den Fehlern, die der Betreffende macht.

In der Bürokratie wird das Was pathologisch; die Organisation ist verloren und fragt sich selbst verzweifelt, was sie tun könnte, um zu überleben. Es ist nicht das gesunde, aktive, nach vorn gerichtete energetische Was der Kindheit.

Im Tode ist das Warum pathologisch; warum sollte die Organisation existieren? Es gibt für sie keine Daseinsberechtigung mehr.

Von der Leistung zur Persönlichkeit

Die zunehmende Betonung der Form auf Kosten der Funktion hat Auswirkungen in der Personalverwaltung. In den Phasen des Wachstums zählt vor allem das, was die Leute produzieren oder leisten. Selbst wenn sie »Stinker« sind, ist das in Ordnung, solange ihre Leistung etwas wert ist. Wenn die Form die Führung übernimmt, wird das Wie wichtiger als das Was. Wie die Person sich verhält, redet und kleidet und wen sie kennt, wird wichtiger als die Leistung der Person für die Organisation. Dieses Verhalten wird durch die Tatsache gefördert, daß die Organisation möglicherweise so groß ist und die Interdependenzen so komplex sind, daß es beinahe unmöglich ist, einem bestimmten Individuum eine bestimmte Leistung zuzurechnen, es sei denn, es handelt sich um einen Verkäufer oder einen Mitarbeiter der Produktion. Je höher die Hierarchieebene, um so schwieriger ist die Bewertung der individuellen Leistung eines Mitarbeiters. Also konzentriert sich die Organisation auf das Wie, als ob sie das Was vorhersagen könnte. Wenn das Wie dysfunktional wird, weil es immer weniger funktionsorientiert ist, bleibt nur noch die personelle Orientierung. Deshalb wird man in wachsenden Organisationen wegen seiner Leistung gefeuert oder befördert, nicht wegen seiner Persönlichkeit,

119

in alternden Organisationen hingegen wegen seiner Persönlichkeit gefeuert oder befördert, trotz der persönlichen Leistung.

Erlaubt oder verboten?

Vor mehr als 20 Jahren schrieb ich meine Dissertation über das jugoslawische Managementsystem[5] und stellte dabei etwas sehr Interessantes fest. Als das Land nach dem russischen zentralen Planungssystem geführt wurde, herrschte das Motto: »Wenn irgend etwas nicht ausdrücklich erlaubt ist, dann nimm an, daß es verboten ist – geh keine Risiken ein.« Als sich Jugoslawien von diesem Planungssystem befreite und versuchte, Marktkräfte als Regelwerk der Wirtschaft einzuführen, mußten die Menschen beginnen, Risiken einzugehen, wenn sie in der Marktwirtschaft operieren wollten. Das verlangte ein anderes Verhalten: »Wenn etwas nicht ausdrücklich verboten ist, ist es erlaubt – versuchen wir es.«[6]

Dieser Wandel ist nicht einfach durchzuführen. Es fällt leichter, anzunehmen, daß etwas verboten ist, als zu unterstellen, daß etwas erlaubt ist; denn niemand wird dafür gehängt, daß er etwas nicht getan hat, oder wie das sephardische Sprichwort sagt: »In einen geschlossenen Mund kommen keine Fliegen rein.« Zwei Geschichten können den Punkt illustrieren. Einst sprach ein Bürokrat: »Ich weiß nicht, warum sie Schmidt gefeuert haben. Er hat überhaupt nichts getan!« Man erwartet Untätigkeit und belohnt sie. Handeln verursacht interne Probleme. Daher werden Team Player, das heißt jene, die keine Wellen machen und den Status quo akzeptieren, gewöhnlich belohnt und befördert.

Eine andere Geschichte handelt von zwei Verkäufern verschiedener Schuhunternehmen, die zu Beginn des Jahrhunderts in Afrika Schuhe verkaufen sollten. Einer informierte sein Unternehmen: »Es gibt hier keinen Markt. Alle laufen barfuß herum.« Der andere berichtete: »Ein unglaublicher Markt. Alle laufen barfuß.« Die erste Antwort kam von einem alternden Unternehmen, die zweite von einem wachsenden.

Im Talmud heißt es: »Für einen Gläubigen gibt es keine Fragen. Für einen Skeptiker gibt es keine Antworten.« Das gleiche gilt für das Klima in Organisationen. Wachsende Organisationen zählen zu den

---

[5] Adizes, Ichak: Industrial Democracy, Yugoslav Style, s. Literaturverzeichnis
[6] Derselbe Wandel war bei den ökonomischen Reformen in Polen 1987 zu beobachten

Gläubigen. Alternde Organisationen sind Skeptiker. Wachsende Unternehmen schaffen neue Bedürfnisse. Sie haben eine Vision. Solange ihnen nicht das Gegenteil bewiesen wird, gehen sie davon aus, daß sie recht haben. Alternde Unternehmen schlachten erwiesene Bedürfnisse aus. Sie sind risikoscheu, skeptisch und verhalten sich nach der Devise: »Bis etwas sich als richtig erwiesen hat, unterstellen wir, daß es falsch ist.«

Handelt es sich um Probleme oder um Gelegenheiten?

Für den Unternehmertyp gibt es keine Probleme, nur Gelegenheiten. In Problemen sieht er die Chance, etwas anders (oder besser) zu machen. Nimmt er zu viele Gelegenheiten wahr, schafft er freilich Probleme. Deshalb schafft das Management in Go-Go-Unternehmen eher Krisen, als daß es sie überwindet.

Für den Verwaltungstyp, der mehr darüber nachdenkt, *wie* die Ideen umgesetzt werden, sind Chancen Probleme. Er beschäftigt sich vor allem mit der Frage: »Wie in aller Welt bringen wir das zum Laufen?« Die Verwaltungstypen sehen in Gelegenheiten nichts als Probleme der Umsetzung, die manchmal als unüberwindbar erscheinen.

Da in jugendlichen Unternehmen die Verwalter die Führung übernehmen, werden Chancen immer öfter als Probleme gesehen, und diejenigen, die auf Chancen aufmerksam machen, werden als Unruhestifter eingestuft. In aristokratischen Organisationen schließlich werden die Innovateure an den Pfeilen in ihrem Rücken erkannt. Das Unternehmen ist matt gesetzt, es agiert nicht mehr und reagiert am Ende nicht einmal auf Veränderungen. Der Wandel von Chancen zu Problemen ist von einem Wechsel der Machtzentren in der Organisation begleitet.

Von Marketing und Verkauf zu Finanzen und Recht

Die Rolle von Marketing und Verkauf ist es, Gelegenheiten auszuschlachten. Aus diesem Grunde tragen diese Abteilungen in den Wachstumsphasen des Lebenszyklus die Flagge; sie haben die Macht, zu entscheiden, welches Produkt, welches System oder welche Idee leben oder sterben wird. Linienabteilungen dominieren, und in Wachstumsphasen gibt es keine erwähnenswerten Stabsfunktionen im Unternehmen. In der Blütezeit werden Stabsabteilungen entwickelt, die planen, steuern und Zentripetalkräfte bereitstellen sollen. Das

Machtzentrum verlagert sich zum Exekutivkomitee, das die Repräsentanten von Stab und Linie einschließt. Wenn die Organisation in die Altersphasen eintritt, verlagert sich das Machtzentrum weiter zu den Stabsabteilungen – den Finanz- und Rechtsabteilungen –, deren Rolle darin besteht, das Unternehmen vor Fehlern zu bewahren. Ihre Rolle ist es, »nein« zu sagen. Und das tun sie. Während das System zunehmend zentralisiert wird, verlieren die Linienabteilungen immer mehr Macht.

Von der Linie zum Stab

Diese Verlagerungen der Autorität und der Macht repräsentieren mehr als nur einen Wechsel von einer Abteilung zur anderen: nämlich den Wechsel von der Linie zum Unternehmensstab. Diejenigen, die keine Ergebnisverantwortung tragen, haben nun die Autorität über die Verantwortungsträger. Vorher waren die Marketing- und Verkaufsabteilungen für die Ergebnisse verantwortlich, und sie besaßen die Autorität, sie zu produzieren.

Diese Autoritätsverlagerung von der Linie zum Unternehmensstab verursacht eine Zentralisierung des Entscheidungsprozesses und ein Altern des Unternehmens. Die Organisation verliert an Flexibilität und die Fähigkeit, auf ein verändertes Umfeld zu reagieren (oder darin zu agieren).

Der Wechsel des Machtzentrums hat weitere Auswirkungen.

Verantwortung contra Autorität

In jungen Unternehmen ist die Autorität klar; die Verantwortung ist es nicht. In alternden Unternehmen ist die Verantwortung klar; die Autorität ist es nicht. Das ist mehr als nur ein Wortspiel.

In einem wachsenden Unternehmen gibt es viel zu tun, und von jedermann wird erwartet, daß er tüchtig mit anpackt. Die Verantwortungslinien sind noch nicht klar gezogen. Von jedermann wird erwartet, daß er tut, was getan werden muß. Die Autorität dagegen bleibt eindeutig beim Gründer. Während die Verantwortung unscharf ist, ist die Autorität klar.

Die jugendliche Organisation begann damit, Verantwortung von der Linie abzulösen und die Autorität zu entpersonalisieren. Als Ergebnis fallen in der Blütezeit Verantwortung und Autorität zusammen. Während die Organisation altert, muß sie ihre Struktur den Um-

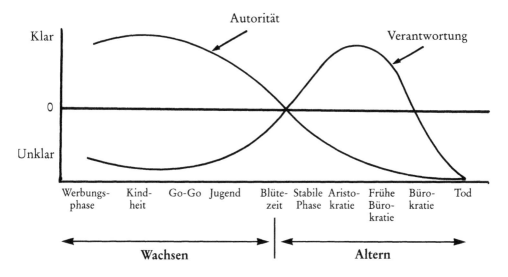

Abb. 21: Autorität und Verantwortung im Lebenszyklus

feldveränderungen anpassen, aber das ist leichter gesagt als getan. Die
Strukturen verändern die politischen Machtkonstellationen; dagegen
gibt es Widerstand. Wenn Verantwortlichkeiten nicht funktionsgemäß
angelegt sind, muß man die Zusammenarbeit mit anderen suchen. Das
bedeutet, daß andere Macht haben. Autorität ohne Verantwortung ist
schwach. Die mit Autorität ausgestatteten Personen fühlen sich
machtlos, was im Management gleichzusetzen ist mit dem Gefühl,
keine funktionsfähige Autorität zu besitzen. Am Ende ist schließlich
die Autorität unklar. Wenn sowohl Verantwortung als auch Autorität
mehrdeutig sind, stirbt das Unternehmen an Altersschwäche. Es ist
nicht klar, wer handeln könnte oder sollte, und wenn niemand agiert
oder reagiert, wird das Unternehmen überflüssig und stirbt.

Die Auswirkungen dieses Wandels beeinträchtigen den Steuerungs-
mechanismus der Organisation.

Wer führt wen?

Eines Tages veranstaltete ich vor Topmanagern eines Unternehmens
eine Nachmittagspräsentation. Sie fand in einem berühmten, abge-
schiedenen Anwesen statt, wo man auch Pferde mieten konnte. Ich
entschloß mich, am Morgen über Berg und Tal zu reiten. Nachdem
ich einige Minuten geritten war, bemerkte ich, daß das Pferd seit vie-

123

len Jahren vermietet wird. Es kannte die Wege auswendig. Ebenso wußte es, wie lange eine Stunde dauerte, ohne daß es die Uhr lesen konnte. Ich gab ihm die Sporen, um es den Hügel hinaufzutreiben. Es trat zwei Schritte nach rechts, hielt an und wedelte mit seinem Schweif hin und her. »Vielleicht zieht es das Tal dem Hügel vor«, dachte ich. Also trieb ich es zur linken Seite. Es ging zwei Schritte nach links und hielt an. Es stellte seine Ohren nach vorn auf, und ich verstand. Wenn ich reiten wollte, mußte ich mich benehmen und auf den Pfad zurückkehren. Nun, wer führte wen? Ich saß auf dem Pferd, sah nach rechts und links und handelte, als ob ich die Führung innehätte. Aber für den Rest des Weges versuchte ich, »das System« nicht zu sehr zu stören.

Viele Geschäftsleute, die nach einer Herausforderung suchen, übernehmen eine Aufgabe in der Regierungsbürokratie. In ihrer Vorstellung sehen sie sich durch die Landschaft galoppieren. Doch wenn sie intelligent sind, erkennen sie bald die Machtstruktur der Organisation und beginnen, sich durchzumogeln – nicht weiter als zwei Schritte nach rechts und zwei Schritte nach links. Oberflächlich betrachtet, handeln sie, als ob sie alles unter Kontrolle hätten; tatsächlich beobachten sie jeden Schritt sorgfältig, weil das System stärker ist als sie; wenn sie zu viele Machtzentren gleichzeitig stören, können sie auf dem Bauch landen. Dasselbe geschieht mit politischen Parteien, die an der Macht sind. Als Oppositionspartei suchen sie die Macht und machen viele Versprechungen. Wenn sie aber erst einmal die Macht gewonnen haben, ist es schwierig für sie, die Versprechen einzulösen, weil die Staatsbürokratie eine eigene Trägheit besitzt und in den Jahren ihre eigenen unabdingbaren Interessen etabliert, gestärkt und verewigt hat.

In einem alten Unternehmen dominieren Verwaltungssystem, Unternehmenspolitik, Präzedenzfälle, Regeln und Richtlinien das Verhalten. Die Entscheidungen und das Belohnungssystem der Vergangenheit bestimmen das Vorgehen des Unternehmens, gleichgültig wie sehr sich das Management auch bemüht, den Anschein zu erwecken, die Dinge unter Kontrolle zu haben. In gewissem Sinne wird das Management mehr vom Unternehmen selbst als von irgendeiner bestimmten Person gesteuert. Das mag seltsam klingen. Viele Leute verstehen nicht, wie ein System sich selbst führen kann. Wenn es Probleme gibt, sucht man nach einem Schuldigen – nach jemandem, der das Durcheinander verursacht hat. Aus diesem Grunde veranstalten Organisationen, die in Spätphasen ihres Lebenszyklus Schwierigkeiten haben, Hexenjagden und feuern nach festem Ritual Leute, die ausgesondert und für die Probleme des Unternehmens verantwortlich gemacht wurden, obwohl sie persönlich kaum, wenn überhaupt, Probleme verursacht haben. Irgend jemand war Herr des Geschehens, und daher ist die Zuschreibung auch nicht grundlos erfolgt, aber das war viele Lebensphasen vor der Jugend. Danach hat das System die Führung übernommen, und kein Individuum ist wirklich Herr der Lage.

Schwung oder Trägheit

Der Dynamik eines wachsenden Unternehmens muß man eine Richtung geben. Es ist wie ein Rennpferd. Um es am Laufen zu halten, füttert man es, trainiert man es und erhält es gesund. Jetzt muß man es nur noch dirigieren, und es wird seine Aufgabe erfüllen. Wenn man einen alten Maulesel dirigiert, wird daraus jedoch noch kein Rennpferd. Man muß den Maulesel erst trainieren, bevor man ihn in die richtige Richtung lenken kann. Beim Maulesel muß man die Trägheit nutzen. Bei einem Unternehmen in den Alterungsphasen des Lebenszyklus wird ein Manager versuchen, aus dieser Trägheit Kapital zu schlagen. Statt sich um eine Richtungsänderung zu bemühen, wird er versuchen, irgend etwas an dem gut zu finden, »wohin zum Teufel dieser Maulesel zu gehen bereit ist«. Je älter die Organisation ist, um so mehr wird das Management versuchen, die Effizienz zu Lasten der Effektivität zu benutzen, um zu glänzen.

Was tun – Führung ändern oder System verändern?

Ein typischer Fehler bei einer alternden Organisation ist der Glaube, daß ein Wechsel der Führung das Unternehmen verjüngen würde. Ein neuer Reiter wird aus dem Maultier aber kein Rennpferd machen. Ein neuer Reiter wird lediglich in den Wachstumsphasen des Lebenszyklus die Ergebnisse verändern, und das auch nur, wenn es sich bei dem Unternehmen überhaupt um ein Rennpferd handelt. Eine neue Führung wird in den Altersphasen nur etwas ausrichten, wenn sie das System verändert und ihre Zeit nicht darauf verwendet, das Maultier zu reiten, sondern darauf, es in ein Rennpferd zu verwandeln. (Wir werden uns im analytischen und präskriptiven Teil dieses Buches darum kümmern, wie man Organisationskulturen verändern kann.)

Dies war ein Streitpunkt mit Journalisten, die über meine Arbeit bei der Bank of America schrieben. Sie glaubten, die Führung durch Sam

Armacost, Präsident und Geschäftsführer der Bank, müßte geändert werden, weil er keine unmittelbaren Ergebnisse produzierte. Ich verlangte weitere Analysen. Wenn Sie einen alten Lastwagen auf der Straße stehen sehen, was ist Ihre erste Reaktion? Würden Sie den Fahrer auswechseln? Was ist, wenn der Fahrer sich unter der Kühlerhaube zu schaffen macht? Wenn der Fahrer nichts tut und der Lastwagen nicht fährt, können Sie den Fahrer auswechseln. Wenn der Fahrer aber den Lastwagen repariert, auch wenn er sich nicht bewegt, warum sollten Sie ihn feuern? Vielleicht weiß er nicht, wie man den Lastwagen repariert. Dann sollten Sie erst einmal prüfen, wie gut er ihn repariert. Wir sollten uns den Prozeß ansehen, nicht die vorläufigen Ergebnisse. Die Managementtheorie beschäftigt sich vor allem mit Unternehmensführung, die durch Ergebnisse und Ziele erreicht wird. Ich konzentriere mich auf das Management, das selbst Ergebnisse zeitigt, Ziele setzt und Verfahren bestimmt. Der Schwerpunkt liegt auf den Verfahren, und so sollte es auch sein.

In einer wachsenden Organisation prägt der Gründer den Charakter einer Organisation. Im Alterungsprozeß bestimmt das Organisationsklima den Führungsstil. Die treibenden und die getriebenen Kräfte haben die Plätze getauscht. In den Phasen des Wachstums begeistert der Führer die Leute mit seiner Botschaft. Während des Alterns suchen sich die Leute den Führer, der das repräsentiert, was sie wollen. Das Sprichwort »Die Leute verdienen die Führung, die sie bekommen« paßt auf eine alternde Organisation im Lebenszyklus.

In den Phasen des Wachstums werden die Mitarbeiter von der Führung geleitet. Wenn die Organisation altert, folgt die Führung den Leuten. In den Wachstumsphasen verändert die wechselnde Führung das Verhalten der Organisation; während des Alterungsprozesses müssen wir das Verhalten der Organisation verändern, um die Führung zu ändern. Wechselt man die Führung in einem alternden Unternehmen aus, ohne das System zu ändern, verhält es sich so, als ob man *die Hand aus dem Wasser nähme:* Für den Ozean macht das keinen großen Unterschied.

In alternden Kulturen ist der Führer das Ergebnis des Verhaltens der Organisation und nicht dessen Urheber. Bei einem alternden Unternehmen müssen wir nicht nur auf die Ergebnisse sehen, die die Führung produziert, sondern darauf, welche Veränderungen der Unternehmenskultur sie anregt, so daß die gewünschten Resultate erbracht werden. Diese Veränderungen müssen innerhalb des Systems – der Struktur, des Entlohnungs- und des Informationssystems – stattfinden. Die Veränderungen müssen in der Mechanik des Lastwagens stattfinden, nicht nur bezüglich der Richtung, die der Lastwagen fährt. Veränderungen in der Produktlinie, der Preisbildung und der Werbung sind oberflächlicher Natur. Sie mögen einige vorübergehende Ergebnisse zeigen; statt dessen sollte man sich an die Ursache des Problems wagen: Warum gab es überhaupt die falschen Produkte, die falschen Preise und die falschen Werbekampagnen? Man muß die Ursachen behandeln, nicht die Symptome. Wer soll das machen?

Interne und externe Berater contra Ankläger

Wirkungsvoll die Ursachen anzugehen und nicht nur die Symptome der Probleme (was bedeutet, die Autoritäts- und Verantwortungsstrukturen, die Informations- und Entlohnungssysteme anzugehen) heißt, sich des wesentlichen Kerns der Organisation anzunehmen. Wenn man sich mit den Machtzentren der Organisation befaßt, sind Schmerzen zu erwarten. Das bedeutet, daß man bis zum Hals in der Unternehmenspolitik steckt. Berater raten typischerweise, was zu tun ist. Sie rühmen sich selbst gern der Dauer ihrer Kundenbeziehungen; sie können es sich nicht leisten, gefeuert zu werden. Folglich können sie die Unternehmenspolitik nicht aufmischen. Wenn sie einen Kunden halten wollen, müssen sie es vermeiden, Schmerzen zu verursachen.

Ein Berater, der sich den Verlust eines Kunden nicht leisten kann, ist kein Heilmittel für alternde Organisationen. Im besten Falle lindert er die Symptome. Eine alternde Organisation braucht jemanden, der die Machtstruktur verändern kann. Ich bezeichne diese Leute als Ankläger – Berater, die es sich leisten können, Schmerzen zu verursachen und den Kunden zu verlieren.

Für einen internen Agenten des Wandels dürfte es sehr schwierig sein, die Rolle des Anklägers zu spielen, weil er nicht knietief in der Organisationspolitik waten und gleichzeitig auf irgendeine Karriere hoffen kann. Er ist nicht unangreifbar und dürfte auf Widerstand stoßen, das heißt gefeuert werden. Interne Berater wie beispielsweise Organisations- oder Konzernentwicklungsspezialisten in einem Stab können in einer wachsenden Organisation wirkungsvoll einen Wandel in Gang setzen. In solchen Unternehmen gibt es die Vorstellung, daß der Kuchen wächst. Die Schlammschlachten sind nicht sehr gewalttätig, und die Gefahren politischer Grenzüberschreitungen sind nicht allzu groß. Ferner herrscht Begeisterung, und die Unternehmenserfolge dienen als Entschädigung für die Schmerzen. In alternden Unternehmen können externe Ankläger der Aufgabe am ehesten gerecht werden. (Wie in der Einleitung zu diesem Buch erwähnt, habe ich ein entsprechendes Ausbildungs- und Abschlußprogramm entwickelt.)

Die Übergangsphase

a) Von der Umsatz- zur Ertragsorientierung

In jedem Stadium des Lebenszyklus verändern sich die Ziele der Organisation. Das Ziel der frühkindlichen Organisation ist offensichtlich: Cash! Die Organisation muß wachsen, und dafür benötigt sie Betriebskapital – »Milch« –, und je schneller sie wächst, desto mehr Geld benötigt sie. Sie verkauft vielleicht sogar ihre Dienste mit Verlust, um Erlöse zu erzielen. Wenn das Go-Go-Stadium erreicht ist, hat sie die Geldkrise überwunden. Wonach strebt die Organisation als nächstes? Nach Wachstum, abzulesen am Umsatz und an der Marktdurchdringung. Go-Go-Manager antworten üblicherweise auf die Frage, wie die Geschäfte laufen: »Wir haben 35 Prozent mehr verkauft.« In einer Go-Go-Organisation bedeutet das Wort *mehr* meistens mehr Umsatz. In der Jugend wird der Gewinn zum Ziel. Jetzt gewinnt das *Wie*

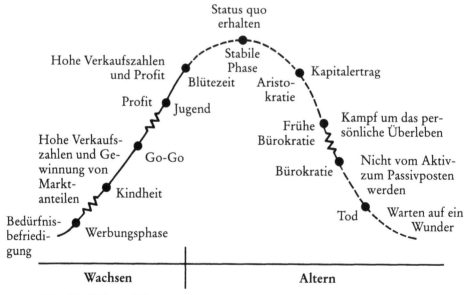

Abb. 22: Ziele und Erwartungen

128

an Bedeutung. Das Ziel lautet nicht nur: mehr *Umsatz,* sondern: mehr *Gewinn.*

Der Übergang von der Umsatz- zur Ertragsorientierung ist äußerst schwierig, weil sowohl das Bonussystem als auch die Einstellungspraxis auf Umsatz zielen. Während der Kindheits- und der Go-Go-Phase sind die Organisationen abhängig von der Umsatzorientierung. Die Leistung eines Mitarbeiters basiert darauf, wie gut er verkaufen kann; das ist es, was zählt. Da jetzt die Organisation auf Gewinn aus ist – nach ergiebigerer, nicht nach härterer Arbeit strebt –, muß sich das Verhalten ändern. Wenn man das Verhalten ändern will, müssen sich auch die Ziele und das Entlohnungssystem ändern. Die Art von Leuten, die eingestellt werden sollen, und wie die Organisation sie schult, muß überdacht werden. Das Bewußtsein der Organisation muß sich wandeln, eine Veränderung, die manchen Organisationen schwerfällt. Es geht darum, bei den Entscheidungen eine Verschiebung von der Mengen- zur Qualitätsorientierung durchzusetzen. Die Form beginnt, mit der Funktion zu konkurrieren, und es findet ein Kampf zwischen beiden Richtungen statt. Das macht das Stadium der Jugend im Lebenszyklus so schwierig.

In der Blütezeit haben Funktion und Form, Quantität und Qualität die gleiche Gewichtung. Daher sind in der Blütezeit sowohl Umsatz als auch Gewinn Ziele des Unternehmens. Es kann tatsächlich mehr Gewinn *und* mehr Umsatz erzielen – etwas, was auch Go-Go-Organisationen anstreben, aber nicht erreichen können.

Go-Go-Organisationen fragen: »Wie können wir mehr Umsatz *und* höhere Gewinne erzielen?«

Meine Antwort: »Sie müssen sich die Zeit nehmen, sich zu organisieren und Ihre Arbeit zu systematisieren, oder, wie der berühmte Yoga-Lehrer Bikram Choudury sagt: ›Der Weg zum Himmel führt durch die Hölle.‹«

Um ihren Traum zu verwirklichen, muß die Go-Go-Organisation zunächst die Schmerzen der Jugend erdulden.

Am Ende der Blütezeit verliert die Organisation ihre Flexibilität. Die Finanzleute und Buchhalter kommen nun an die Hebel der Macht. Das *Wie* wird wichtiger als das *Was.* Während dieses Prozesses ändert sich auch die Kundschaft der Organisation.

b) Von den Kunden zum Kapital

In der Werbungsphase werden alle Interessen der Gruppen, die die Organisation umgeben oder auf diese einwirken, berücksichtigt, und die Gruppen werden daraufhin überprüft, welchen Nutzen sie aus der Gründung der Organisation ziehen. Bei der Geburt der Organisation werden all diese Interessen einzeln formuliert, befriedigt sowie mit den anderen Interessen ausgeglichen und integriert, bis sie in der Blütezeit gänzlich integriert und ausbalanciert sind. Mit zunehmendem Alter verliert eine Interessengruppe nach der anderen ihre Macht, bis in der Bürokratiephase nur noch die »Schatten« dieser Interessen – Politik genannt – übrigbleiben.

Für die kindliche Organisation ist der Kunde unangefochtener König. Im Go-Go-Stadium wird die Organisation zu einem persönlichen Sandkastenspiel der Manager – sie sind selbst die alles beherrschenden Kunden. In der Jugend wird die Organisation mit ihren eigenen Bedürfnissen außerhalb des Managements zum Kunden und beginnt, ihre eigenen Interessen zu wahren. In einem in voller Blüte stehenden Unternehmen wird die Kapitalisierung professionell analysiert. Hier kommen zusätzlich zum Faktor Mensch die Kapitalinteressen ins Spiel, die mit allen vorher genannten Interessen koalieren. Kunden, (oberes und mittleres) Management, Kapital, Arbeit und gegenwärtige und künftige Kunden kommen zu einem Interessenausgleich. In Angleichung an die abnehmende Wandlungsfähigkeit in der stabilen und der aristokratischen Phase werden die Kunden immer unwichtiger. Die persönlichen Ziele des Managements werden ebenfalls unwichtiger, weil sie nicht die treibenden, sondern die getriebenen Kräfte sind, weil die Spielregeln die Show beherrschen. Später, im Frühe-Bürokratie-Stadium, geht es nur noch um das persönliche Überleben; die Leute verlassen das Schiff. In der Bürokratiephase geht es um das politische Überleben. Das bedeutet: Anstelle der Interessen derjenigen Gruppen, aus denen sich die Organisation zusammensetzt, dominieren externe Interessengruppen. Dieser ganze Prozeß zieht eine Verschiebung der Ziele nach sich; absolute und relative Ziele tauschen die Plätze.

c) Vom Geld zur Politik

Absolute Ziele sind solche Ziele, bei denen eine Maximierung angestrebt wird; relative Ziele sind Bedingungen, gegen die man nicht verstoßen darf. Den Markt zu bedienen war ein absolutes Ziel in der Kindheits- und der Go-Go-Phase. Gewinn war ein relatives Ziel. Dividenden wurden eher wie Zinszahlungen auf eine Anleihe angesehen – das war das Minimum, das den Eigentümern gezahlt werden mußte (wenn überhaupt), damit sie auch weiterhin das Unternehmen finan-

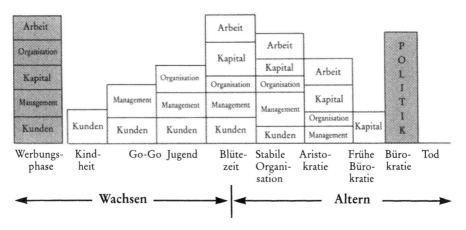

				Arbeit					
					Arbeit				P
				Kapital	Kapital	Arbeit			O
Arbeit			Organisation		Organisation				L
Organisation				Organisation	Organisation	Kapital	Arbeit		I
Kapital		Management	Management	Management			Kapital		T
Management					Management	Management	Organisation		I
Kunden	Kunden	Kunden	Kunden	Kunden		Kunden	Management	Kapital	K

| Werbungs- phase | Kind- heit | Go-Go | Jugend | Blüte- zeit | Stabile Organi- sation | Aristo- kratie | Frühe Büro- kratie | Büro- kratie | Tod |

←—— **Wachsen** ——→|←—— **Altern** ——→

Abb. 23: Interessenlagen während des Lebenszyklus

zierten. Dividendenzahlungen waren kein Ziel – Eigentümer strebten einen Wertzuwachs ihrer Anteile an, keine schnellen Renditen. Das Ziel war die Umsatzmaximierung, bei der die Gewinne auf dem niedrigsten noch akzeptablen Niveau gehalten wurden.

In jugendlichen Organisationen werden Gewinne zu einem bedeutenden Maßstab, und höhere Umsätze werfen nicht notwendigerweise höhere Gewinne ab. Der Umsatz wird nun zu einem relativen Ziel und Gewinn zu einem absoluten. Diese Zielverschiebung vollzieht sich nicht von selbst. Obwohl der Gewinn ein absolutes Ziel sein sollte, dominiert in der Jugend immer noch die Umsatzorientierung die Kultur, da die Organisation in der Kindheits- und der Go-Go-Phase von der Umsatzorientierung abhängig wurde – »mehr« wird immer noch als besser angesehen. In der Jugend ist es daher schwierig zu erkennen, ob das Ertragsziel ein absolutes oder ein relatives Ziel ist. In ihrem Streben nach Umsatz und Ertrag schwanken die Manager hin und her, sie wollen beides. Wenn sie in ihrem Stadium im Lebenszyklus diese beiden inkompatiblen Ziele nicht erreichen können, reagieren sie aufeinander verärgert und frustriert, während das interne Marketing aufblüht.

In der Blütezeit erstrebt und erreicht die Organisation Umsatz- und Gewinnwachstum. Beide Ziele gelten als absolut. Die relativen Ziele – das, was nicht getan werden sollte –, ergeben sich aus der Expansionsstrategie der Organisation.

Vom stabilen Stadium an wird der Gewinn zunehmend zu einem absoluten Ziel und der Umsatz zu einem relativen. Das Management

131

lernt, mehr Geld durch Interpretation der eigenen Finanzen zu verdienen als durch das Management des Marktes. Denn Gewinne – gemessen als Gewinn pro Aktie – sind das Ziel; Investoren, die Aktien kaufen und verkaufen, nehmen den Platz des Auftraggebers als Kunde ein. Wenn es sich um ein nicht an der Börse gehandeltes Unternehmen handelt, wandeln sich die Eigentümer von einem gebenden zu einem fordernden Faktor. Jetzt ist die Organisation an der Reihe zu geben, statt zu nehmen.

Wenn die Organisation die stabile Phase oder gar die Aristokratie erreicht, glaubt sie, zur Gewinnproduktion im Markt zu sein. Sie beginnt, Dienstleistungen zurückzuschrauben (Werbung sowie Forschung und Entwicklung), um den Gewinn zu maximieren. Dabei können auch Faktoren auf der Strecke bleiben, die die Flexibilität und das Unternehmertum stimulieren. Diejenigen, die dieses Ziel anstreben, gewinnen eine bessere Position in der politischen Machtstruktur der Organisation, da in diesem Klima die kurzfristige Rentabilität an Bedeutung gewinnt. Es gibt weniger Mitarbeiter in der Organisation, die dafür kämpfen, daß Mittel für Veränderungen bereitgestellt werden. Was diese Leute versprechen, müßte auf lange Sicht realisiert werden, und das kulturelle Klima ermutigt nicht zu langfristigen Erwartungen. Die kurze Sicht wird unterstützt. Leute, die den Wandel vorantreiben, treten zu vielen auf die Zehen, werden als unvernünftig und unkollegial hingestellt. Sie werden wegen ihrer Bemühungen po-

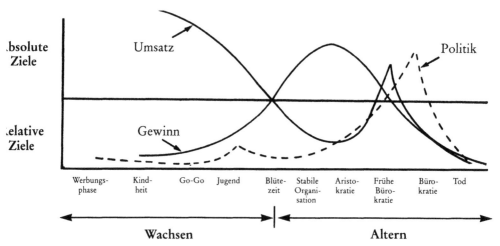

Abb. 24: Absolute contra relative Ziele im Lebenszyklus

litisch isoliert und funktionell aufs Abstellgleis geschoben. Schließlich stellen sie ihre Bemühungen ein, kündigen oder werden gefeuert. Das ist ein allgemeines Phänomen. Ich beobachtete dies bei meinen Eltern, die um so ungeduldiger wurden, je älter sie wurden. Mit zunehmendem Alter verkürzt das System seinen Horizont; es orientiert sich kurzfristig.

In der aristokratischen Phase melkt die Organisation die Zeit. Die Eigentümer versuchen, die Rendite auf das eingesetzte Kapital in aller Eile zu steigern, und streben die schnellstmögliche Rückzahlung an. Am Ende konsumieren sie nicht nur das Fett, sondern auch das Fleisch.

Im nächsten Stadium, der frühen Bürokratie, wenn die Kämpfe beginnen, ändern sich die Ziele noch einmal. Jetzt geht es um das *persönliche Überleben* – nicht um das der Organisation. Das Ziel heißt nicht mehr Dividenden, nicht Rentabilität, nicht Umsatz. Es geht darum, wer überleben wird und wer gefeuert wird. Die Politik verzehrt den größten Teil der Energie des Managements.

Zielverschiebung	Absolut	Relativ
Kindheit	Cash	Persönliche Lebensqualität des Gründers
Go-Go	Umsatz gemessen am Marktanteilsgewinn	Entfällt, wenn der Gründer es sich leisten kann – er prüft, wie weit er gehen kann
Jugend	Gewinn	Wertumsatz
Blütezeit	Gewinn und Umsatz	Strategische Entscheidungen
Stabile Phase	Status quo schützen	Keine Wellen machen
Aristokratie	Kapitalrendite	Mengenumsatz
Frühe Bürokratie	Persönliches Überleben (Cashflow)	Politische Ziele
Bürokratie	Politische Ziele	Politische Beschränkungen

In der Bürokratie herrscht selige Stille. Da die Organisation jetzt zu einem Schutzgebiet geworden ist, gibt es nichts mehr, wofür man kämpfen könnte. Was man um des Überlebens oder einer Beförderung willen tut, ist eine Pflichtübung. Wer die Regeln befolgt, hat nichts zu befürchten. Wer den Kopf weit genug einzieht, keine Wellen macht, niemanden beleidigt oder bedroht und Konfrontationen vermeidet, kann Präsident werden. Das wichtigste Ziel ist, einen Aktivposten darzustellen, nicht etwa einen Passivposten, und das aus politischer und weniger aus ökonomischer Sicht.

Wie man feststellt, an welchem Punkt der Lebenszyklus-Kurve sich ein Unternehmen befindet

Vor Jahren fragte mich ein Freund, ob ich das Alter meines Herzens messen lassen wollte. Das fand ich seltsam. Da mein Herz und mein Körper zur selben Zeit geboren worden sind, glaubte ich, sie hätten das gleiche Alter. Ich lernte etwas Neues. Dieser Freund hatte ein höchst kompliziertes, computerisiertes Heimtrainer-Fahrrad. Mit einem Gerät kann man den Pulsschlag an der Fingerspitze messen und dann das eigene chronologische Alter in den Computer eintippen. Nach einigem anstrengenden Strampeln nennt der Computer das Alter des Herzens.

Das gab mir zu denken. Nicht alle Teile unseres Körpers altern mit der gleichen Geschwindigkeit. Während ich rein chronologisch gesehen z. B. 40 Jahre alt bin, könnte mein Herz älter oder jünger sein. Für Organisationen gilt das gleiche. Manche Einheiten altern schneller als andere. Einige erhalten sich ihre ewige Jugend. Eine Buchhaltungsabteilung kann dagegen innerhalb von 24 Stunden von der frühen Kindheit bis zur Aristokratie voranschreiten. Andererseits scheinen gesunde Marketingabteilungen in einer ewigen Go-Go-Phase zu verharren.

Bei der Lektüre der vorangegangenen Kapitel und im Vergleich mit der eigenen Organisation sollten Sie nicht versuchen, Ihnen bekannte Organisationen lediglich an einer Stelle des Lebenszyklus zu lokalisieren. Unterschiedliche Teile der Organisation können sich in verschiedenen Stadien befinden. Wir müssen verallgemeinern, ähnlich wie bei der Frage, wie eine Person sich *meistens* psychisch und physisch verhält; wir müssen herausfinden, wie die Organisation als Ganzes sich in aller Regel verhält.

Sie werden feststellen, daß es innerhalb der Unterteilung zu weiteren kommt. Wenn sich eine Organisation zum Beispiel in der Jugend befindet, wird sie manchmal Go-Go-Charakteristika an den Tag legen und manchmal diejenigen der Blütezeit, aber *insgesamt* entspricht das Verhalten dem der Jugend. Das ist normal. In schwierigen Zeiten wird die Organisation auf Verhaltensmuster früherer Stadien im Lebenszyklus zurückgreifen. In Phasen der Stärke wird sie Zeichen des nächsten Stadiums aufweisen. (Dieser Umstand hilft mir zu analysieren, ob die Organisation – therapeutisch gesehen – voranschreitet oder zurückgeht.) In pathologischen Stadien gibt es keine Anzeichen eines Vorwärtsdrängens im Lebenszyklus. Die Unternehmen verhalten sich wie in einer Sackgasse. Bei dem Versuch, aus dieser herauszufinden, fallen sie in das vorhergehende Stadium zurück. Es ist, als ob sie den Vorwärtsgang mit dem Rückwärtsgang verwechselten und in ein Verhaltensmuster verfielen, das sie schon kennen und in dem sie sich wohl fühlen. Gewöhnlich handelt es sich dabei um ein Verhalten, das in der Vergangenheit erfolgreich war und sie dahin gebracht hat, wo sie nun sind. Aus Gründen, die wir im nächsten Kapitel erläutern werden, sind sie nicht in der Lage, die Probleme der nächsten Phase anzugehen. Sie sind mit den gegenwärtigen Problemen chronisch überbeschäftigt oder, schlimmer noch, mit denen des vorangegangenen Stadiums.

Eine gesunde Organisation hat eine normale Verteilung innerhalb des glockenförmigen Lebenszyklus. Das bedeutet, daß sie sich zeitweise so verhält, als ob sie sich auf einer früheren Position im Lebenszyklus befände, und einzelne Verhaltensweisen entsprechen denen der nächsten Position. Die meisten Verhaltensweisen entstammen jedenfalls ihrer Grundposition auf der Kurve. Wenn die Organisation gesund ist, ist die Standardabweichung ihrer Verhaltensmuster gering.

Es gibt noch einen anderen sehr wichtigen Punkt für die Diagnose von Organisationen. Die pathologischen Stadien wachsender Organisationen ähneln den pathologischen Stadien des Alterns. So ist Aristokratie in der Gründer- oder Familienfalle schon ebenso enthalten, wie es bürokratische Verhaltensweisen im vorzeitigen Alter gibt. Man kann auch aristokratisches Verhalten im pathologischen Go-Go-Stadium finden. Diagnose und Therapie solcher Organisationen sind komplizierter und verlangen eine fortgeschrittene Methode.

Damit ist der deskriptive Teil des Lebenszyklus abgeschlossen. Wir gehen nun dazu über, die Gründe dafür kennenzulernen, warum diese Verhaltensweisen auftreten, und was dagegen getan werden kann.

Teil II

Die Adizes-Management-Theorie: Werkzeuge für Prognose, Analyse und Behandlung von Unternehmenskulturen

Einleitung zu Teil II:

Analyse-Werkzeuge

Welche Rolle spielt das Management in dem bisher dargestellten Lebenszyklus? Es soll führen und die Organisation im gesunden Teil des Lebenszyklus halten, indem es das Unternehmen vor Problemen pathologischer Stadien bewahrt oder sich dieser annimmt. Das Management sollte die Organisation zur Blüte führen und sie dort halten. Das ist Führung – die Funktion des Managements. Wir werden uns jetzt darauf konzentrieren, wie das Management dies wirksam bewerkstelligen kann. Dieser Teil des Buches wird eine Managementtheorie präsentieren, die das Verhalten von Organisationen im Lebenszyklus erklärt und die Werkzeuge für die Änderung des Organisationsstandpunktes, beispielsweise für den kulturellen Wandel, vorstellt.

Die Führungsrolle des Managements

Um eine Organisation, sich selbst oder eine Gesellschaft zu managen oder um alte Probleme zu lösen und zu neuen, größeren voranzuschreiten, müssen wir gute Entscheidungen fällen und sie möglichst wirksam umsetzen.

Aus Erfahrung wissen wir, daß manche exzellenten Entscheidungen niemals in die Tat umgesetzt werden, obwohl sie den Anforderungen der Zeit entsprechen. Im privaten Bereich bezeichnen wir sie als gute Vorsätze für das neue Jahr. Gewöhnlich handelt es sich dabei um positive Entscheidungen – das Rauchen aufgeben, abnehmen –, aber sie werden nicht immer realisiert. Gleichzeitig werden einige Entscheidungen, von denen wir wissen, daß sie als schlechte Entscheidungen gelten können, in die Tat umgesetzt. Wir beschließen, noch eine Zigarette zu rauchen oder noch ein Stück Schokoladenkuchen zu essen.

Die Qualität einer Entscheidung sagt nichts über die Wahrscheinlichkeit ihrer Verwirklichung aus. Ferner scheinen mir positive Entscheidungen mit effizienten Umsetzungen im allgemeinen nicht vereinbar zu sein. Die Gründe für die Entstehung herausragender Entscheidungen einer Organisation untergraben ihre wirksame Realisierung; und die Gründe für wirksame Umsetzungen vermindern die Qualität von Entscheidungen.

Ich will dies mit einem Verweis auf politische Systeme erläutern. Welches System einschließlich Pressefreiheit und politischer Parteien, die sich streiten und untereinander uneinig darüber sind, was zu tun ist, eignet sich am ehesten für qualitativ hochwertige Entscheidungen? Eine Demokratie. Gleichwohl ist es schwierig, in einer Demokratie Entscheidungen umzusetzen. Die Freiheit abweichender Meinungen, die im Prozeß der Entscheidungsfindung auftreten, kann einen Mangel an Disziplin bei der Umsetzung zur Folge haben.

Welches politische System schafft ein Höchstmaß an effizienten Maßnahmen, indem es ohne Debatte vorandrängt? Ein totalitäres System – gleichgültig, ob es sich um ein kommunistisches, ein faschistisches oder ein theokratisches handelt. In einem solchen System sind verheerende Entscheidungen möglich, weil es keinen offenen Informationsfluß oder freien Austausch von Ideen und Meinungen gibt. Der unangefochtenen persönlichen Voreingenommenheit eines Führers kann mit tragischen Folgen Geltung verschafft werden.

Gutes Management erfordert Demokratie bei der Entscheidungsfindung und Diktatur bei der Umsetzung. Ich bezeichne dies als *Demokratur.*

Wozu entscheiden und Maßnahmen ergreifen? Ist beides notwendig und ausreichend für ein gutes Management? Wir müssen Entscheidungen fällen, weil wir fortwährend mit Veränderungen konfrontiert werden. Wenn es in unserem Umfeld keine Veränderungen gäbe, hätten wir nichts zu entscheiden. Wir würden lediglich Entscheidungen von gestern immer wieder neu umsetzen. Je höher das Tempo des Wandels, desto mehr und um so komplexere Entscheidungen müssen wir fällen. Entscheidungen zu treffen und sie nicht durchzuführen, ist eine nutzlose akademische Übung. Um die Qualität von Management und Führung zu analysieren, müssen wir daher die Qualität getroffener Entscheidungen analysieren und untersuchen, wie effektiv und effizient diese Entscheidungen umgesetzt werden können.

Das ist für die vorher dargestellte Lebenszyklustheorie von großer Bedeutung. In der Einführung zu diesem Buch habe ich erklärt, daß es von zwei Faktoren abhängt, wo im Lebenszyklus sich eine Organisation befindet: von der Vorhersehbarkeit, die durch die Selbststeuerung beeinflußt wird, und von der Flexibilität.

Flexibilität und Selbststeuerung basieren darauf, wie erstens der Entscheidungs- und zweitens der Umsetzungsprozeß organisiert ist.

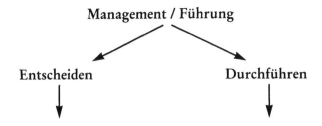

Man muß die Faktoren verstehen, die den Entscheidungsprozeß bestimmen (s. 5. Kapitel), und diejenigen, die Effektivität und Effizienz des Vollzugs determinieren (s. 6. Kapitel), um den Lebenszyklus zu verstehen: Warum folgen Organisationen einem Veränderungsmuster, was verursacht oder behindert die Bewegung im Lebenszyklus, und wie treibt man eine Entwicklung im Lebenszyklus voran? Beide Faktoren erzeugen Konflikte innerhalb und zwischen Organisationen. Konflikte erzeugen Energie. Wenn diese in die richtige Richtung gelenkt wird, ist sie konstruktiv; andernfalls ist sie destruktiv. Wir müssen die Ursachen und das Wesen der Konflikte in Organisationen verstehen und lernen wie man mit ihnen umgeht (s. 7. Kapitel).

5. Prognose der Qualität von Entscheidungen

Wie kann die Qualität einer Entscheidung noch vor ihrer Umsetzung beurteilt werden? Die nachträgliche Bewertung einer Entscheidung ist *relativ* einfach. Ich betone das Wort relativ, weil auch das nicht ganz einfach ist; es gibt unkontrollierbare externe Faktoren, die die Resultate beeinflussen, und es ist schwierig, die von Entscheidungen hervorgerufenen Ergebnisse von den Resultaten externer Faktoren zu unterscheiden. Gleichwohl ist es einfacher, eine Entscheidung der Vergangenheit zu beurteilen als eine gegenwärtige, weil für die Entscheidung der Vergangenheit die Ergebnisse schon vorliegen. So können wir feststellen, was geschah und wann etwas geschah. Ich habe eine Theorie und Techniken entwickelt, die eher die Prognose von Entscheidungen als eine Post-factum-Beurteilung ermöglichen.

Im Unterschied zu Managementforschern ziehen professionelle Manager die *Prognose* der Qualität von Entscheidungen einer nachträglichen Beurteilung bereits umgesetzter Entscheidungen vor. Ein solches Werkzeug ist wertvoll für die Vorhersagbarkeit von Entscheidungen Untergebener und für die Beurteilung der Frage, ob ein Unternehmen gekauft oder reorganisiert werden soll. Je besser man das zukünftige Verhalten einer Organisation kennt, um so eher ist man in der Lage, die nötigen Korrekturmaßnahmen einzuleiten.

Wie kann man die Qualität der Entscheidung einer Organisation beurteilen, bevor sie umgesetzt wurde? Beginnen wir mit einem Szenario: Wir geben vier Leuten, denen wir vorher nie begegnet sind, die Fallstudie eines Problems, das sich in einer bestimmten Organisation stellte. Die Fallbeschreibung sollte alle notwendigen Informationen für die Diagnose und die Lösung enthalten. Diese vier Leute kennen weder den Fall noch das Unternehmen, die Branche oder das Land; sie bringen auch keinerlei zusätzliche Kenntnisse mit. Schicken wir die vier zum Studium des Falles und zur Problemidentifikation in Klausur, und lassen wir sie eine Lösung finden. Sie sollen das Problem und die Lösung niederschreiben und in einem versiegelten Umschlag übergeben. Nun geben wir den gleichen Fall vier anderen Personen, denen wir ebenfalls nie zuvor begegnet sind und die ebenso über keinerlei Hintergrundinformationen verfügen.

Wenn wir vor den beiden versiegelten Umschlägen stehen, was würden Sie erwarten? Werden wir zwei verschiedene Probleme mit zwei unterschiedlichen Lösungen haben oder nur ein Problem mit nur einer Lösung?

Jeder erfahrene Manager wird antworten, daß die Probleme unterschiedlich sein werden und die Lösungen verschieden. Wenn wir die beiden Gruppen auflösen und neu zusammenstellen, kommen wir zu zwei neuen Problemen und zwei neuen Lösungen. Wir werden so viele Probleme und Lösungen bekommen, wie es Möglichkeiten von Gruppenkombinationen gibt.[7]

Warum unterscheiden sich die Probleme und die Lösungen?

Weil die Personen unterschiedlich sind.

Aha!

Schauen Sie nicht in den Umschlag, wenn Sie führen wollen; sehen Sie sich die Personen an, die das niederschrieben, was in dem Umschlag steckt. Führen bedeutet, mit Leuten umzugehen, die Probleme lösen, nicht aber, selbst die Probleme zu lösen. Zu viele sagen: »Ich liebe es, ein Manager zu sein. Nur meine Leute kann ich nicht leiden.« Diese Manager (oder Mißmanager) übersehen, worauf es ankommt.

Wie kann man beurteilen, welches das wirkliche Problem ist und was die richtige Lösung?

Zwei Fragen müssen beantwortet werden, bevor die Umschläge geöffnet werden, und wenn auch nur eine Frage negativ beantwortet wird, haben Sie wahrscheinlich das falsche Problem und die falsche Lösung. Wenn beide Antworten positiv ausfallen, können Sie den Umschlag öffnen, weil Sie dann wahrscheinlich das richtige Problem und die richtige Lösung haben oder diese ansteuern. Die beiden Fragen lauten: 1. Wurden alle Funktionen (Rollen) des Managements bei der Entscheidung berücksichtigt? und 2. Wie wurden diese Funktionen in ihrer Gesamtheit berücksichtigt?

[7] Wenn Probleme und Lösungen sich unterscheiden, welches ist dann das *wirkliche* Problem und welches die *wirkliche* Lösung? Als Manager machen Sie möglicherweise den typischen Fehler, den ersten Umschlag zu öffnen und zu sagen: »Das ist das falsche Problem und die falsche Lösung«, und dann öffnen Sie den anderen Umschlag und sagen dasselbe. Dann werden Sie wahrscheinlich mit einem gewinnenden Lächeln sagen: »Das *wirkliche* Problem und die *wahre* Lösung sind ...« Woher wollen Sie wissen, daß Sie das *wirkliche* Problem und die *wahre* Lösung erkannt haben? Vielleicht haben Sie nur einen anderen Umschlag mit einer anderen Meinung.

Die vier Funktionen des Managements (PAEI)

Was ist damit gemeint, wenn von der Qualität der Entscheidungen bei der Problemdiagnose oder der Problemlösung die Rede ist, und wie kann man diese Qualität beurteilen?

Es gibt vier Funktionen, die bei jeder Entscheidung berücksichtigt werden müssen, wenn diese von hoher Qualität sein soll. Bei *Qualität* spreche ich von einer Entscheidung, die die Organisation sowohl kurz- als auch langfristig effektiv und effizient macht. Wenn die Entscheidung diese Kriterien nicht erfüllt, ist sie wirkungslos – von minderer Qualität.

Vier Rollen müssen ausgefüllt werden, damit die Entscheidung die Organisation kurz- und langfristig effektiv und effizient macht. Da diese vier notwendigen Faktoren die Entwicklung der Organisationskultur erklären und *warum, wann* und *wie* sich die Kultur einer Organisation im Lebenszyklus verändert, werden sie detailliert erörtert. Ferner erklären diese vier Faktoren, *warum* die Entscheidungen einer Organisation fehlerhaft sein können, und mit ihnen läßt sich vorhersagen, *welche* Entscheidungen getroffen werden sollten und *wie*.

Jedesmal, wenn eine der Funktionen unberücksichtigt bleibt, wird sich ein vorhersehbares Muster fehlerhafter Entscheidungen zeigen, dem ich die Bezeichnung *Mißmanagement-Stil* verliehen habe.[8]

Funktion	Organisatorische Wirkung	Zeitraum
• (P)	Effektivität	kurzfristig
•		
•		
•		

Die erste Funktion im Entscheidungsprozeß ist die **(P)**-Rolle, die die Organisation kurzfristig effektiv macht. Das **(P)** steht für Erfüllung der Ziele (perform the purpose) einer Organisation. Welches ist das Ziel, das erreicht werden soll? Ist es Gewinn? Eine Geschichte aus der griechischen Mythologie mag den Punkt verdeutlichen.

Fünf Personen wandern einen schmalen Pfad auf einem Bergrücken entlang. Der Pfad ist so schmal, daß sie hintereinander gehen müssen. Zu ihrer Rechten liegt ein tiefes Tal, und links befindet sich ein sehr steiler Hang. Singend, scherzend und lachend, pfeifend und redend

---

[8] Adizes, Ichak: Wie man Mißmanagement überwindet, s. Literaturverzeichnis

wandern sie schon seit Stunden. Für einen Organisations-Verhaltens-
forscher, Anthropologen, Psychologen oder Sozialpsychologen gibt
es innerhalb der Gruppe eine Organisation, und diese Profis könnten
Bücher über das Verhalten der Leute schreiben.

Für uns als praktizierende Manager gibt es keine Organisation, bis
diese Gruppe an dem Punkt des Weges angekommen ist, wo ein
großer Felsen ihr den Weg versperrt. Keiner kann ihn *allein* bewegen.
In diesem Moment entsteht, aus der Sicht des Managers, eine Organisation; der Führungsprozeß beginnt. Die Gruppe muß planen,
organisieren, motivieren und prüfen, wie sie den Felsen bewegen
kann.

Der Führungsprozeß setzt dann ein, wenn es eine Aufgabe zu erfüllen gibt, eine Aufgabe, die eine Interdependenz zwischen Personen
erfordert. Wenn der Fels von einem einzelnen angehoben werden
könnte, wäre keine Organisation vonnöten, und es würde kein Management geben (außer dem Selbstmanagement der Individuen). Sobald die Aufgabe mehr als eine Person erfordert, ist das Management
einer Organisation erforderlich.[9]

Die erste Aufgabe des Managements im Entscheidungsprozeß besteht darin, das Ziel der Organisation zu definieren. Für welchen
Zweck existiert die Organisation überhaupt? Jede Organisation muß
einen Existenzgrund haben – einen Felsbrocken bewegen, den Dreh-
und Angelpunkt für die wechselseitige Abhängigkeit der Beteiligten
untereinander.

Jedesmal, wenn ich mit einer Organisation arbeite, frage ich die
Topmanager: »Warum sind Sie zusammen? Was hat die Buchhaltung
mit Marketing, Personal oder F & E (Forschung und Entwicklung) zu
schaffen? Welches ist der Existenzgrund Ihrer Organisation?« Jedesmal bekomme ich dieselbe Antwort – Gewinn. Das ist die falsche
Antwort. Das habe ich auch bei der Interpretation der (P)-Funktion
in meinem früheren Buch geschrieben.[10] Die Wirtschaftswissenschaft
hat uns gelehrt, daß der Zweck ökonomischer Einheiten (Unternehmen) die Gewinnerzielung ist. Viele Organisationen sind jedoch der-
art mit ihren Gewinnen beschäftigt, daß sie bankrott gehen. Warum?
Wenn man sich auf die Gewinnerzielung konzentriert, sollte man

---

[9] Wenn diese fünf Leute einen Pfad entlanggingen und ein Ziel hätten, das eine gegenseitige Abhängigkeit schafft, wie beispielsweise körperliche Übungen oder
Bergsteigen, dann hätte es aus Sicht des Managements einen Managementprozeß
gegeben.
[10] Adizes, Wie man Mißmanagement überwindet, s. o.

dann nicht auch Gewinne erwirtschaften? Nein. Sie verwechseln Input mit Output.

Mit dem Gewinn ist es wie mit der Liebe, der Gesundheit und dem Glück. Wer sich auf das Glück konzentriert und sich sagt: »Ich muß heute glücklich sein«, wird wahrscheinlich ziemlich unglücklich werden. Wer sagt: »Ich muß gesund sein«, wird wahrscheinlich zum Hypochonder. Und zu sagen: »Ich muß lieben«, kann ein ziemliches Ausmaß an Haß hervorrufen. Statt dessen sollte man sich fragen, was *macht* mich glücklich, gesund oder verliebt, und sich dann darauf konzentrieren.

Mit dem Gewinn ist es ähnlich wie mit dem Tennisspiel. Der Gewinn ist die Anzeigetafel für den Spielstand. Man kann nicht erfolgreich spielen, wenn man die ganze Zeit die Anzeigetafel im Auge behält. Statt dessen sollte man die Tafel ignorieren und so gut wie möglich spielen. Verfolgen Sie den Ball, und schlagen Sie ihn über das Netz. Organisationen, die dem Gewinn pro Aktie und den Gewinnspannen mehr Aufmerksamkeit schenken als dem Input und dabei Gewinne produzieren, könnten pleite gehen, nicht obwohl, sondern *weil* sie ein zu großes Gewicht auf Gewinne legen. Sie konzentrieren sich zu stark auf die Anzeigetafel, nicht auf den Ball.

Wer den Ball effektvoll schlägt, was gleichbedeutend ist mit der Befriedigung der Kundenbedürfnisse, und das ständig und auf effiziente Weise wiederholt (wozu die drei anderen Funktionen des Managements ebenfalls erforderlich sind), der wird das Tennisspiel gewinnen. Gewinnen bedeutet, er wird Gewinn machen.

Was also ist die Existenzberechtigung einer wirtschaftlichen Organisation? Was ist der »Fels«, der »Ball«, auf den sich ein Manager konzentrieren sollte? Welches ist das Ziel (P) der Organisation?

Gehen wir zurück zu dem Stadium, in dem ein Gründer davon träumt, eine Organisation ins Leben zu rufen. Was erwartete er? Gewinne? Nein. Er sah eine Möglichkeit, Gewinne zu erwirtschaften. Achten Sie auf die Wortwahl – Möglichkeit der Gewinnerzielung bedeutet: Gewinn ist der Output; die Möglichkeit ist der Input. Wir müssen uns auf den Input konzentrieren, damit der Output Wirklichkeit wird. Wir müssen den Ball schlagen, die Möglichkeiten ausschöpfen, und jeden Volley als ersten Volley behandeln. Das Spiel ist nicht aus, bevor es nicht zu Ende ist. Welche Möglichkeiten erspähte der Gründer? Einen unbefriedigten Bedarf am Markt. Ein Bedürfnis, das er besser bedienen zu können glaubte.

Aus der Sicht eines Managers ist die Unterscheidung zwischen gewinn- und nichtgewinnorientierten Organisationen unerheblich. Beide Organisationen haben Kunden, und beide Organisationen müssen, um effektiv zu sein, die Bedürfnisse der Kunden befriedigen. Das Endergebnis ist unterschiedlich für Unternehmen, die wirtschaftlichen Gewinn anstreben, und für nicht gewinnorientierte Organisationen, die vielleicht um das politische Überleben kämpfen. Worauf sich das Input-Management in beiden Fällen konzentrieren muß, ist das gleiche: *einen Service zu leisten ((P)erform a service) und die Bedürfnisse der Kunden zu befriedigen, für die die Organisation existiert,* zum Beispiel Wertschöpfung.

Jede Organisation – gleichgültig, ob es sich um eine Einheit innerhalb einer großen Organisation oder um die große Organisation selbst handelt – hat Klienten, für die sie existiert. Es gibt keine Organisation und kein Management ohne Kunden. Die Kunden einiger Abteilungen – wie der Verkaufsorganisation – werden Auftraggeber genannt; die Buchhaltung und die Personalabteilung haben nur Kunden, keine Auftraggeber. Ihre Kunden sind innerhalb der Organisation zu finden.

Jede Organisation hat per definitionem einen Daseinsgrund. Es sind die Kundenbedürfnisse, die durch ein einzelnes Individuum nicht befriedigt werden können.

Das Verhalten einer Organisation, die sich nicht auf die Bedürfnisse ihrer Kunden einstellt, ist vergleichbar mit einer Krebserkrankung; sie existiert und verbraucht Mittel, bedient aber die Kundenfunktion nicht. Sie dient nur sich selbst.

Wenn ein Manager eine Entscheidung trifft, muß er sich zunächst fragen, worin die (P)-Funktion besteht. Wer sind die Kunden der Organisation? Welcher Art sind ihre Bedürfnisse? Welche Bedürfnisse kann und wird die Organisation befriedigen? Das ist das Ziel (P) der von ihm geführten Organisation. Das gilt nicht nur für das Topmanagement, sondern für jeden Manager, einschließlich der niedrigsten Führungsebene.

Wenn die (P)-Funktion erfüllt ist, wird die Organisation effektiv sein, weil sie die Bedürfnisse befriedigt, für die sie geschaffen wurde. Durch wiederholte Nachfrage nach den Dienstleistungen der Organisation kann das gemessen werden, im Geschäftsleben spricht man von Markentreue. Kommen die Kunden wieder, um mehr zu kaufen? Wenn die Leute nicht wiederkommen, um mehr von dem Produkt zu kaufen oder den Service in Anspruch zu nehmen, bedeutet das, daß ihren Bedürfnissen nicht entsprochen wird und die Organisation nicht effektiv ist.

Gewinn ist also ein Indikator, der daraus resultiert, wie die vier Funktionen erfüllt werden und wie effektiv und effizient die Organisation kurz- und langfristig arbeitet.

• Bedarfsbefriedigung (Ziel)	Effektivität	kurz-
• ((P)erform (P)urpose)	Effizienz	fristig
•	Effektivität	lang-
•	Effizienz	fristig
	Gewinn	

Welches sind die anderen drei Funktionen?

Funktion	Organisatorische Wirkung	Zeitraum
• (P)	Effektivität	kurzfristig
• (A)	**Effizienz**	**kurzfristig**
•		
•		

Eine gutgeführte und profitable Organisation braucht schon mehr als nur Effektivität; die Organisation muß auch effizient sein. Diese Effizienz wird durch die Verwaltung, die (A)dministration geschaffen. Zu (A)dministrieren, zu verwalten, bedeutet zu systematisieren, an Routine zu gewinnen und die Aktivitäten der Organisation so zu lenken, daß die richtigen Dinge zur rechten Zeit und mit der rechten Intensität gemacht werden. Eine ordentliche (A)dministration bewahrt eine Organisation vor der ständigen Neuerfindung des Rades, wenn es gebraucht wird. Wird diese Funktion ordentlich erfüllt, wird die Organisation effektiv sein.

(P)	Bedarfsbefriedigung	Effektivität (kurzfristig)
(A)	Verwaltung	Effizienz (kurzfristig)
		kurzfristige Profitabilität

Die (P)- und die (A)-Funktionen können jedoch nur für kurze Zeit Effektivität und Effizienz schaffen. Die Organisation wird zwar Gewinne erwirtschaften, aber nicht lange.

Kehren wir noch einmal zu dem Beispiel mit dem Tennisspiel zurück. Spielen wir den Ball über das Netz in das Feld des Gegenspielers, so handelt es sich um die **(P)**-Funktion – der Volley war effektiv. Wir erreichten das Ziel **(P)**, um dessentwillen wir den Ball spielten. Wenn wir das Tennisspielen trainieren und in der Wiederholung die Bewegungen routinieren, um ein Minimum an Energie für ein Maximum an Wirkung zu nutzen, erfüllen wir die **(A)**-Funktion – und gestalten unser Spiel effizient.

Gelingt uns ein Volley, bedeutet das nicht den Gewinn des Spiels; um ein Spiel zu gewinnen, braucht es mehr als nur einen wohlplazierten Volley.

Zwei zusätzliche Funktionen müssen erfüllt werden, damit die Organisation langfristig effektiv und effizient ist. Bei der ersten handelt es sich um die **(E)**-Funktion.

Wir müssen mehr als nur einmal den Ball effizient über das Netz schlagen, wenn wir ein Tennisspiel gewinnen wollen.

Funktion	Organisatorische Wirkung	Zeitraum
• (P)	Effektivität	kurzfristig
• (A)	Effizienz	kurzfristig
• (E)	**Effektivität**	**langfristig**
•		

Um den nächsten Ball schlagen zu können, müssen wir dafür bereit sein, das bedeutet, wir müssen voraussehen, von wo der Ball gespielt wird, und in der richtigen Ausgangsposition stehen. Hier ist strategisches Denken gefragt. So müssen wir als gute Spieler, wenn wir einen Ball schlagen, daran denken, was wir als nächstes tun werden. Sollen wir an das Netz gehen? Sollen wir zurück in die Mitte des Feldes gehen? Wir müssen für den nächsten Volley bereit sein. Ich bezeichne das als die **(E)**ntrepreneur-Funktion (Unternehmerfunktion): unternehmerisch, aktiv agierend – nicht reaktiv – den Wandel vorantreiben.

Bei dieser Funktion sind zwei Faktoren notwendig: Kreativität und Risikobereitschaft.

Man muß kreativ sein, um das erwartete Umfeld aktiv gestalten zu können. Man muß sich vorstellen, wie die Zukunft aussehen wird, um auf sie vorbereitet zu sein. Unternehmerisch **(E)** tätig zu sein, ist gleichzusetzen mit Planung – man entscheidet heute, was zu tun ist, im Lichte dessen, was man vom Morgen erwartet. Für die Planung und die Erfüllung der (E)-Funktion muß man genügend Kreativität besitzen, um sich die Zukunft vorstellen zu können.

Kreativität ist vergleichbar mit der Fähigkeit, durch den Nebel zu schauen. Wenn man durch den Nebel sieht, erhält man begrenzte Informationen, und die Gültigkeit der Information ändert sich konstant. Man sieht Bruchstücke des Szenarios, und wenn sich der Nebel lichtet, verschwindet dieses Bild, und die Information verändert sich. Ein kreativer Mensch kann diese Informationsstückchen zu einem Puzzle zusammenfügen, im Geiste die fehlenden Stücke ersetzen und sich vorstellen, wie das Gesamtbild aussehen könnte.

Die Kreativität ist für den Aufbau von Szenarien notwendig, damit die Veränderungen, die sich einstellen werden, vorhersehbar sind; aber sie reicht nicht aus, um in der Gegenwart im Licht dieser Zukunft zu handeln. Um zu handeln, muß man bereit sein, Risiken zu übernehmen.

Kehren wir noch einmal zurück zu der Tennis-Analogie. Was macht einen Spieler unfähig, sich dahin zu bewegen, wohin der nächste Ball geschlagen wird? Ein offensichtlicher Grund könnte sein, daß der Ball zu schnell und der Spieler nicht in Form und zu langsam ist. Ein anderer Grund könnte womöglich sein, daß er das Verhalten seines Gegenspielers nicht berechnen und sich nicht vorstellen kann, wo der nächste Ball landen wird. Ein dritter Grund könnte sein, daß er nicht das Risiko auf sich nehmen mag, sich zu bewegen, bis er nicht *genau* weiß, wo der Ball den Boden berühren wird. Er wartet auf das Eintreffen des Balls, und wenn er dann weiß, wo der Ball sich befindet – wenn er Gewißheit hat – läuft er zum Ball hin. Offensichtlich ist es dann zu spät.

Viele Manager verhalten sich so. Sie sagen: »Das Ereignis ist bis jetzt noch nicht eingetreten. Wir wissen nicht, wie sich der Markt verhalten wird. Laßt uns abwarten und herausfinden, wie die Realität sein wird. Und dann werden wir etwas unternehmen.«

In einer sich rasch verändernden Umwelt kann die Reaktion im Vergleich zur Geschwindigkeit, mit der sich ein Wandel ereignet, so langsam sein, daß die Organisation sich beständig in einer reaktiven Haltung befindet. Das ist auch der Grund, weshalb ich den Begriff *Anpassen* an eine sich verändernde Umwelt vermeide. Die unternehmerische (E)-Funktion liegt nicht in der Anpassung an eine veränderte Umwelt. Anpassung bedeutet Reaktion, nicht Aktion. Wir müssen agieren, uns vorstellen können, was die Zukunft bereithält, und dann etwas unternehmen. Wir können uns nicht den Luxus leisten, auf die Zukunft zu warten und erst dann zu entscheiden, was wir tun.

Die (E)-Funktion bewirkt die langfristige Effektivität der Organisation, indem sie sie aktiv macht. Wir werden in der Lage sein, den nächsten Ball (P) zu schlagen, und einen erfolgreichen Volley dazu, wenn wir Prognosen für die Zukunft erstellen und das Risiko eingehen, uns darauf vorzubereiten.

(P)	Bedarfsbefriedigung	effektiv (kurzfristig)
(A)	Verwaltung	effizient (kurzfristig)
(E)	Unternehmertum	Gewinn, kurzfristig aktiv, effektiv (langfristig)

Diese drei Funktionen sind notwendig, aber nicht ausreichend, wenn die Organisation langfristig effektiv *und* effizient sein will. Die vierte Funktion, die langfristig für Effizienz sorgt, ist am schwersten zu erklären, besonders in der westlichen Gesellschaft.

Sehen wir uns diese Funktion im Detail an, weil sie vielleicht den Erfolg des japanischen Managementstils im Vergleich zum westlichen Stil erklären kann. Nebenbei wird zudem erkennbar, warum die Japaner schließlich ihren Wettbewerbsvorteil verlieren könnten.

Funktion	Organisatorische Wirkung	Zeitraum
• (P)	Effektivität	kurzfristig
• (A)	Effizienz	kurzfristig
• (E)	Effektivität	langfristig
• (I)	**Effizienz**	**langfristig**

Ein aufmerksamer praktizierender Manager könnte Beispiele von Organisationen anführen, die von einer Person gemanagt werden, die die Funktionen der Bedarfsbefriedigung (P), der (A)dministration und des unternehmerischen Denkens und Planens (E) erfüllte. Dieser (PAE)-Manager traf Entscheidungen, die sich auf die Bedürfnisse der Kunden konzentrierten, und die Organisation wurde höchst effektiv – (P). Er war höchst effizient und hatte das Ruder fest in der Hand; Mittel wurden nicht zum Fenster hinausgeworfen – ein Ergebnis von (A). Der Manager verhielt sich sehr unternehmerisch (E), dachte sich neue Bedürfnisse für den Markt aus und handelte aktiv, um diese Bedürfnisse zu befriedigen. Aber was passiert, wenn so ein seltener

Vogel, ein solcher Manager stirbt oder die Organisation verläßt? Aller Erfahrung nach dürfte die Organisation in ernste Schwierigkeiten geraten oder in einigen Fällen sogar sterben.

Damit eine Organisation auf lange Sicht überlebt, muß sie von jedem Individuum, das dazugehört, unabhängig sein. Ein Beispiel dafür ist die katholische Kirche. Sie existiert seit 2000 Jahren und womöglich noch für weitere 200.000 Jahre – unabhängig davon, welcher Papst an der Spitze steht. Das ist möglich, weil es sich um eine organisierte *Religion* handelt.

Wenn wir der katholischen Kirche die Religion entzögen, wäre sie möglicherweise, wie jede andere Organisation auch, das Opfer irgendwelcher Überlebensschwierigkeiten. Damit wird unterstellt, daß eine Organisation viel mehr als ein einzelnes Wesen zum langfristigen Überleben eine »Religion« braucht, die die Organisation auf transzendentale Weise eint. Das sind die Werte, Philosophien, Rituale, Verhaltensmuster und Glaubensinhalte, die die Menschen miteinander verbinden – jenseits der Unmittelbarkeit der Funktion, die sie erfüllen sollen.

Die (I)ntegrierende Funktion soll diese Kultur der Interdependenz und der Affinität entwickeln helfen, um die einzigartige Unternehmens-»Religion« zu hegen. Das geschieht, indem man *das Bewußtsein der Organisation vom mechanistischen zum organischen verwandelt.* Das bedeutet, daß heute etwas unternommen wird, so daß sich das Morgen vom Gestern unterscheidet. (I)ntegration geschieht nicht von selbst. Wir müssen etwas tun, damit sie stattfindet. Ein Manager muß aktiv engagiert sein, damit die (I)ntegrationsfunktion erfüllt werden kann.

Da ist der Begriff *Organisation* schon schwieriger zu erklären. In meinen Seminaren frage ich häufig einen Teilnehmer, wie groß seine Organisation ist und wie viele Leute für ihn arbeiten, und der Befragte antwortet, indem er in den Lohnlisten nachschlägt; das ist der falsche Ort zum Nachsehen.

Wenn ein Manager wissen will, wie viele Mitarbeiter seine Organisation beschäftigt, sollte er integrieren, sollte er auf den Felsen aus unserem früheren Beispiel schauen – den Bedarf, den er mit der Organisation, die er führt, decken muß. Es gibt eine Aufgabeninterdependenz, die gemanagt werden muß. Die Frage dabei ist: Wer sind die Leute, deren Interdependenz geregelt werden muß? Einige von ihnen werden mit Löhnen bezahlt, andere werden mit Provisionen entlohnt, oder der

152

Manager bezahlt sie, indem er sie zum Essen einlädt und ihr Ego streichelt. Wie er bezahlt, ist irrelevant, solange es ethisch vertretbar ist. Was zählt, ist, daß er die Belohnung, die den Felsen bewegt, bereithält.

Der typische Fehler eines unerfahrenen Managers liegt in der Behauptung, er könne eine Aufgabe nicht erfüllen, weil die von ihm angeforderten Leute nicht ausschließlich ihm unterstellt seien. Es gibt keinen Manager – nach meiner Erfahrung mit Hunderten von Organisationen und Tausenden von Managern –, der *sämtliche* Leute um sich schart, die er benötigt, um eine Aufgabe zu erfüllen, und die ihm unterstellt sind. Der Präsident der Bank of America, Sam Armacost, bestätigt mich in diesem Punkt, wenn er sagt: »Man muß keinen Highway besitzen, um darauf fahren zu können. Man braucht nur das nötige Kleingeld für die Autobahngebühr.«

Ein guter Manager identifiziert zuerst seinen »Felsen« – seine Aufgabe oder Verantwortung –, indem er den Kunden identifiziert, den er bedienen soll. Die nächste Frage lautet: »Wen brauche ich, um die Aufgabe zu bewältigen?« Die dritte Frage lautet dann: »Wie belohne ich die Leute, damit sie bei der Ausführung der Aufgabe behilflich sind?« Einige werden mit ihrem Lohn bezahlt, einige werden auf andere Weise entlohnt.

Ein Manager ist nur so gut wie seine Fähigkeit, das Ziel (P) seiner Organisation zu analysieren und die Bedürfnisse und Wünsche der Leute, die vonnöten sind, um die Aufgabe zu vollbringen. Ein unzureichender Manager bewegt nur kleine Kieselsteine und keine Felsen. Er konzentriert sich lediglich auf die Aufgaben, die die Mitarbeiter für ihn bearbeiten können.

Tatsächlich bin ich überzeugt, daß ein Manager an der Anzahl seiner Schuldscheine gemessen werden kann. Für die Bank der gegenseitigen Gefälligkeiten heißt das, je mehr Leute ihm einen Gefallen schuldig sind, um so mehr Gefälligkeiten kann er einfordern, wenn der Tag kommt, an dem er seinen eigenen Stein wälzen muß. Unterstützen Sie die Kollegen, sehen Sie, wie und wo Sie behilflich sein können. Helfen Sie ihnen, ihren Stein zu bewegen, und sammeln Sie für Ihr Konto, weil der Tag kommen wird, an dem Sie sie brauchen, um Ihre eigene Aufgabe zu erfüllen.

Ein guter Manager erkennt Interdependenzen über Organisationslinien hinweg und gibt sein Bestes für die Unterstützung und die Zusammenarbeit mit anderen; dann wird wiederum er unterstützt werden. Kurzum, ein guter Manager ist ein »Team Player«.

Wer die Mitglieder der Organisation sind, hängt von der Aufgabe ab, die erfüllt werden muß. Für gewöhnlich schließt dies mehr Leute ein als die, die dem Manager direkt unterstellt sind oder sich in einer Lohnabhängigkeit befinden.

Der nächste Begriff, den wir erklären müssen, ist *Bewußtsein*. Jede Organisation hat eine Persönlichkeit, ein Verhaltensmuster oder einen Stil. Kennen wir erst einmal eine Organisation, ist ihr Verhalten vorhersehbar. Wir können daher in einer bürokratischen Organisation absehen, daß Aktenordner verschwinden, die Reaktionszeit sich in die Länge zieht, Verzögerungen und Antworten inadäquat sind. Die **(I)**-Funktion sollte das Bewußtsein, das Verhalten, die Kultur und das Glaubenssystem einer Organisation vom mechanistischen zum organischen verändern.

Was ist mechanistisch? Sehen Sie sich einen Stuhl mit vier Beinen an. Sie identifizieren ihn als Stuhl, weil Sie darauf sitzen können. Wenn Sie nicht auf ihm sitzen könnten, wäre es kein Stuhl. Er wird durch das definiert, was er leistet.

Sehen Sie sich einen Hammer an. Es handelt sich um einen Hammer, wenn man damit Nägel einschlagen kann. Wenn er benutzt wird, um einem Menschen zu schaden, ist es kein Hammer, sondern eine Waffe. Wenn er an einer Wand hängen würde als Volkskunst, dann wäre er kein Hammer; er wäre ein Kunstgegenstand oder ein Dekorationsstück. Er wird durch das definiert, was er kann.

Was wird passieren, wenn ein Bein des Stuhls bricht? Er wird nicht länger als Stuhl funktionieren; man ist nicht mehr in der Lage, auf ihm zu sitzen. Damit der Stuhl wieder ein Stuhl sein kann, muß jemand *von außen* ihn reparieren.

Warum bewegt sich nicht eins der anderen Beine zur Mitte, um aus ihm einen Hocker zu machen, damit die Stuhlfunktion bestehenbleibt? Die offensichtliche Antwort lautet: In einer Maschine oder einem Objekt gibt es keine interne Interdependenz zwischen den Teilen. Um repariert zu werden und zu funktionieren, ist die Maschine von einem externen Eingriff abhängig. Ein mehrere Milliarden Dollar teures Raumschiff versagte, weil ein paar Ringdichtungen für wenige Dollar mangelhaft waren. Das ist das Wesen des mechanistischen Bewußtseins, bei dem es keine interne Interdependenz der Teile gibt, um die Funktion der gesamten Einheit zu erfüllen. In Organisationen kann man das als Beschränktheit oder Tunnelblick bezeichnen. Jedermann denkt nur für sich selbst. Jede Abteilung funktioniert, als ob sie unabhängig wäre; sie arbeitet vor sich hin und nicht als Teil eines ganzen Systems. Jemand muß die gegenseitigen Abhängigkeiten steuern, damit das gesamte

System seine Aufgabe erfüllt, da die einzelnen Teile dies nicht leisten können.

Vergleichen wir nun ein organisches mit einem mechanistischen Bewußtsein. Schauen Sie auf Ihre Hand. Was wird passieren, wenn Sie sich einen Finger brechen? Die Hand wird auch weiterhin zu gebrauchen sein. Warum? Nicht fünf unabhängige Finger machen eine Hand aus, sondern fünf Finger, die jeweils einzeln wie eine Hand denken. Die vier gesunden Finger werden die Funktion des gebrochenen mit übernehmen, damit die Hand funktionieren kann. Wenn Sie drei Finger verlieren, verlieren Sie immer noch nicht die Hand, weil die zwei übrigen versuchen werden, die Aufgaben der Hand zu übernehmen. Wenn Sie die ganze Hand verlieren und sie durch eine mechanische Prothese ersetzen, benötigen Sie eine Physiotherapie, um zu lernen, wie die einzelnen Teile zusammenarbeiten. Sie müssen die Prothese lehren, wie eine Hand zu arbeiten. Dabei werden Sie die (I)-Funktion erfüllen, indem Sie ein Gefühl entwickeln für Interdependenz und Identifikation mit dem höheren Zweck, für den die einzelnen Teile da sind.

Eine Analogie soll das verdeutlichen. Drei Leute mauern Ziegelsteine. Der erste wird gefragt, was er tue.

»Ich mauere Ziegelsteine.«

Dem zweiten wird die gleiche Frage gestellt.

»Ich errichte eine Wand.«

Der dritte wird befragt.

»**Wir** bauen einen Ort zur Ehre Gottes.«

Der dritte Mann hat die Interdependenz und ihren Zweck verstanden. Wenn das geschieht, ist keiner mehr abkömmlich. Das ist der Garant für die langfristige Effizienz einer Organisation.

(Input)[11]	**(P)**	Bedarfsbefriedigung	effektiv (kurzfristig)
	(A)	Verwaltung	effizent (kurzfristig)
	(E)	Unternehmertum	aktiv (langfristig effektiv)
	(I)	Integration	organisch (langfristig effizient)

(Output) Langfristige und kurzfristige Profitabilität

---

[11] Unter »Throughput« versteht man, wie diese vier Funktionen »gemanagt« werden.

155

Eine Übung

Es ist notwendig, die vier Funktionen der Entscheidungsfindung richtig zu verstehen. Die folgende Geschichte und die dazugehörige Übung illustrieren die Konzepte der **(PAEI)**-Funktionen.

Als meine beiden Söhne jünger waren, kamen sie zu mir, weil sie sich über ein Xylophon stritten. In meiner Familie teilen sich die Kinder ihr Spielzeug. Einer behauptete, es wäre sein Xylophon, und der andere sagte: »Nein, ich habe es zuerst gehabt.« Sie wollten von mir, daß ich das Problem löste; und das Problem war offensichtlich: ein Xylophon und zwei darum kämpfende Jungen.

Was wären wohl die **(P)**-, die **(A)**-, die **(E)**- und die **(I)**-Lösung dieses Problems? Denken Sie darüber nach: Es ist wichtig, daß Sie als Leser die analytischen Werkzeuge richtig verstehen und zueinander in Beziehung setzen.

Welches ist nach Ihrer Auffassung die **(P)**-Lösung?

In vielen meiner Seminare antworten einige Teilnehmer, die **(P)**-Lösung wäre, den Kindern zu sagen, sie sollten die Klappe halten. »Nehmen Sie ihnen das Xylophon weg, damit sie mit dem Schreien aufhören.« Das ist aber nicht die **(P)**-Lösung. Die Verwirrung ist hier offensichtlich. Um die **(P)**-Lösung zu finden, muß man fragen: Was ist der Fels? Und dabei stellt sich die Frage: Wer sind die Kunden, und welches sind ihre Bedürfnisse? Wenn Sie die falschen Kunden identifizieren, werden Sie die falsche Lösung erhalten. Wenn Sie den Kindern das Xylophon wegnehmen und sie zwingen, ruhig zu sein, wer war dann der Klient, und wessen Bedürfnisse haben Sie befriedigt? Offensichtlich doch Ihre eigenen, und das ist ein Fehler, den viele Manager begehen. Sie versuchen eher, ihre eigenen Bedürfnisse zu befriedigen als die der Kunden, für die die Organisation existiert.

Beginnen wir noch einmal von vorn. Wer sind die Kunden? Die Kinder. Worüber streiten sie sich? Welche Bedürfnisse kann das Xylophon befriedigen? Da kann es verschiedene Bedürfnisse geben. Das erste ist das Krachmachen. Das zweite besteht darin, die Aufmerksamkeit der Eltern auf sich zu ziehen. Beim dritten geht es um die geschwisterliche Rivalität – eine Auseinandersetzung, um festzustellen, wer der Überlegene ist.

Bitte beachten Sie, daß Sie das Problem nicht lösen werden, ehe Sie den Bedürfnissen der Kinder nachgekommen sind. Wenn ihr Bedürfnis darin besteht, Krach zu machen, könnte eine Lösung darin bestehen, einige Töpfe und Pfannen aus der Küche zu holen, so daß der eine mit den Töpfen Krach machen kann und der andere mit dem Xylophon. Wenn das Kunden(Kinder)-Bedürfnis darin besteht, Aufmerksamkeit auf sich zu ziehen oder eine Auseinandersetzung zu gewinnen, bringen die Töpfe und Pfannen nicht die Lösung. Sie müssen dann weiter nach einer potentiellen Lösung suchen, die nur dann als solche anerkannt wird, wenn die Bedürfnisse befriedigt werden.

Wie könnte die (A)-Lösung aussehen? Denken Sie einen Moment nach.

Hier geht es um Routine, um Wiederholung, Recht und Ordnung. Sie müssen die Regeln beachten und sich an den Familienstandard halten. Die Lösung könnte von der Frage abhängig sein, wer das Spielzeug zuerst berührte, wer es zuerst hatte oder wer es am längsten hatte. Vielleicht muß das jüngere Kind nachgeben, oder auch das ältere, oder man wirft eine Münze. Bei der (A)-Lösung wird die Befriedigung der unmittelbaren Bedürfnisse der Kinder ignoriert. Bei der (A)-Lösung liegt der Schwerpunkt auf den Bedürfnissen der Familie nach dauerhaftem Bestand als organisatorische Einheit: *Bei gleichen Bedingungen müssen die gleichen Regeln angewendet werden*. Man stellt eine gewisse Ordnung, einige Regeln auf, und dann setzt man sie in Kraft. Nicht die Kinder sind jetzt die Kunden, sondern die Familie. Zukünftige Situationen müssen auf die gleiche Weise wie die gegenwärtige gelöst werden, will man die Effizienz in der elterlichen Energie oder der des Managers aufrechterhalten. Darum geht es bei der Routine, bei Recht und Ordnung.

Die (E)-Lösung liegt in vorausschauendem Handeln – indem man ein anderes, stärkeres Bedürfnis bei den Kindern hervorruft, das ihre Aufmerksamkeit von dem aktuellen Streit um das Xylophon ablenkt. Nicht jede kreative Lösung ist eine (E)-Lösung. Vielmehr dienen hierbei stärkere Bedürfnisse der Ablenkung von dem Xylophon (Tennis: Überlegen Sie rechtzeitig, wohin Sie den nächsten Ball schlagen). Die denkbare Lösung könnte der Vorschlag sein, fernzusehen, Fußball zu spielen oder ins Kino zu gehen (das war bei uns stets der Gewinner). Sie müssen das anregen, was ein stärkeres Bedürfnis als das aktuelle befriedigt.

Die (I)-Lösung ist am schwierigsten zu identifizieren. Bei der (I)-Lösung wollen Sie sich von der Abhängigkeit von einem externen Eingriff befreien. Ihre Kinder sollen nicht immer zu Ihnen kommen, wenn sie Meinungsverschiedenheiten haben. Der Augenblick des »Mama«- oder »Papa«-Rufs, mit dem Sie zur Problemlösung aufgefordert werden, sollte Ihnen klarmachen, daß ein organisches Bewußtsein zwischen Ihren Kindern nicht existiert. Es ist mechanistisch. Sie bitten jemanden *von außen,* dazuzukommen und das Problem zu lösen, das zwischen ihnen existiert, statt es selbst in die Hand zu nehmen.

Die (I)-Lösung sollte ein Umfeld schaffen, das die Kinder motiviert, einen eigenen Ausweg zu finden. Ein Beispiel wäre, ihnen das Xylophon wegzunehmen, sie in ihr Zimmer zu schicken und ihnen zu sagen, sie sollten so lange nicht herauskommen, bis sie eine eigene Lösung zu dem Problem gefunden hätten.

Dabei müssen Sie darauf gefaßt sein, daß die Kinder für eine Weile nur um so lauter schreien, weil jemand von außen ihnen die Lösung liefern sollte. Ein Schiedsspruch von außen ist für sie leichter zu ertragen, als das Problem selbst zu lösen; die (A)-Lösung (eine Lösung zu finden und sie durchzusetzen) ist jedoch nur kurzfristig von Vorteil. Eine eigene Lösung zu finden ist schwierig für die Kinder und zwingt sie, sich nicht nur mit dem Xylophon, sondern auch mit ihrer Beziehung untereinander zu beschäftigen. Die Chancen liegen darin, daß sie langfristig, wenn die Eltern gestorben sind, nicht Anwälte und Gerichte als Elternersatz heranziehen, um ihre Streitigkeiten beizulegen. Mit der (I)-Funktion wollen wir erreichen, daß die Kinder ihre wechselseitige Abhängigkeit erkennen, statt sie abhängig zu machen von externen Einflußnahmen.

Wenn Sie mit den Kindern in ihr Zimmer gingen und die Diskussion moderierten, um ihnen zu helfen, eine Lösung zu finden, oder wenn Sie sie bitten würden, Regeln für das Teilen von Spielzeug anzuerkennen, und diese dann durchsetzten, wie würde das wohl nach (**PAEI**)-Begriffen bezeichnet werden? Was wäre, wenn Sie die Kinder selbst Regeln aufstellen und diese selbst durchsetzen ließen? Würde das funktionieren? Warum oder warum nicht?

Die (PAEI)-Interdependenz

Wenn die Funktionen (**P**) Bedarfsbefriedigung (Ziel), (**A**) Verwaltung, (**E**) Unternehmertum und (**I**) Integration bewältigt werden, ist die Organisation effektiv, effizient, aktiv und organisch. Und das bedeutet, sie kann kurz- und langfristig effektiv und effizient sein; aber diese Regeln stehen in einer gegenseitigen Abhängigkeit und beeinträchtigen einander.

Schauen wir uns diese Interdependenz zwischen den vier Funktionen genauer an.

(P) zielt auf das ab, was getan werden muß. (E) konzentriert sich darauf, wie es gemacht werden muß. Eine andere Art, nach dem Warum zu fragen, lautet: wofür, was wiederum bedeutet, daß (E) das langfristige (P) ist; und (P) ist das kurzfristige (E). Die Bedeutung dieser Unterscheidung liegt darin, daß erläutert wird, wie (P) und (E) interagieren.

Waren Sie jemals in einer Situation, in der jemand sagte: »Ich habe so hart gearbeitet, daß ich keine Zeit zum Nachdenken hatte.« Oder: »Menschen, die zu hart arbeiten, haben keine Zeit, wirklich viel Geld zu verdienen.« Das heißt doch nichts anderes, als daß diese Menschen dermaßen damit beschäftigt sind, was sie tun (P), daß sie keine Zeit haben, darüber nachzudenken, *warum* sie dies tun (E).

Im Privatleben mögen wir gemeinhin nicht über das *Warum* nachdenken, wenn die eigene Ehe zerstört ist. Wir neigen dazu, uns in das zu verstricken, *was* wir tun, und vermeiden die Notwendigkeit, uns hinzusetzen und zu analysieren, warum wir das tun, was wir gerade tun.

Wie wir gesehen haben, beeinflußt das (P) Ziel das (E) Unternehmertum; umgekehrt kann das genauso richtig sein. Das (E) Unternehmertum beeinflußt das (P) Ziel. Die Leute in der Produktion beschweren sich vielleicht bei den Unternehmensplanern und den Ingenieuren: »Wenn ihr Kerle nicht bald aufhört, dauernd etwas Neues anzufangen, werden wir nie mit irgend etwas fertig.«

Um etwas getan zu bekommen, müssen wir im Planungsprozeß innehalten, wenn dieser als ein Veränderung produzierender Prozeß verstanden wird. Wir müssen entscheiden, wann der Wandel gestoppt werden soll, damit das Handeln beginnen kann. Wenn es zu viele Veränderungen gibt, kann wenig geschaffen werden. In Ländern mit zu vielen Veränderungen ist das nicht anders. Der Wandel ruft eine Paralyse hervor. Um während der 80er Jahre die Inflation in Brasilien zu verringern, wurden immer neue Gesetze und immer neue Richtungen in der Wirtschaftspolitik eingeführt. Das rief eine solche Unsicherheit hervor, daß das Handeln beeinträchtigt wurde. (E) bedrohte (P): Je erratischer die Brasilianer die Inflation bekämpften, um so stärker nährten sie sie. Je höher die Inflationsrate, desto krisenbewußter wurden die Politiker und änderten Gesetze und Politikrichtungen, um ihre Handlungsfähigkeit zu demonstrieren. Während der großen Inflation wechselte Argentinien seinen Finanzminister beinahe jährlich. Damit heizte man die Inflation eher an, statt sie einzudämmen.

(A) und (I) stehen ebenfalls in wechselseitiger Abhängigkeit; (A) zielt auf das *Wie,* während (I) den Schwerpunkt auf das *Wer* und *Mit wem* legt. Beide sind *wie*orientiert, nur das (A) ist ein mechanistisches *Wie,* während das (I) ein organisches *Wie* ist. Ein Beispiel für ihre Inkompatibilität: Wo gibt es die meisten Verbrechen? In einer großen Industriestadt oder in einem kleinen Dorf, in dem sich die meisten Leute kennen. Die offensichtliche Antwort: In der großen Stadt ist die Kriminalitätsrate höher. Kriminalität kann man dem Gefühl der Entfremdung, die die Menschen spüren, zuschreiben oder dem mangelnden Gefühl irgendeiner Zugehörigkeit oder einer gegenseitigen Abhängigkeit. Hier gibt es einen Mangel an (I).

Ein typisches Mittel gegen die Kriminalität ist die Durchsetzung von mehr Recht und Ordnung, was einer (A)-Lösung für ein (I)-Problem gleichkommt. Je mehr (A)-Lösungen wir umsetzen, um so schlimmer wird das (I)-Problem werden. Der rechtliche Rahmen wird enger gezogen, die Menschen verklagen einander häufiger, um ihre Streitigkeiten beizulegen, und sie werden weniger auf die sozialen Werte vertrauen, um ihre gegenseitigen Abhängigkeiten zu steuern. Der Kriminalität kann man mit (A)-Mitteln Einhalt gebieten, doch um die dahinter liegenden Probleme aus der Welt zu schaffen, bedarf es, in sozioökonomischem Sinne, einer (I)-Lösung.

Es gibt die natürliche Tendenz, (A)-Lösungen für (I)-Probleme zu suchen, denn (A)-Lösungen erfordern allenfalls die Durchsetzung von Regeln anstelle des Nachdenkens über den Geist einer Lösung und über das, was sinnvoll ist. (A) ist auf kurze Sicht das effizientere *Wie,* während (I) mehr Zeit in Anspruch nimmt, aber dafür die länger andauernde Wirkung zeigt. (I) ist das langfristige *Wie.* Je stärker wir auf das kurzfristige *Wie* vertrauen, um so größer werden die langfristigen *Wie*-Probleme, die mit der Zeit auftreten.

Ein anderes Beispiel: Welches Land ist stark in Sachen (I) und besitzt deswegen Wettbewerbsvorteile? Japan. In seiner Kultur ist ein starkes Bewußtsein gegenseitiger Abhängigkeit, von Gemeinsamkeit und gegenseitiger Loyalität zwischen den Unternehmen und ihren Mitarbeitern verankert. (A) ist dagegen gering ausgeprägt. Japan hat die niedrigste Rate von Anwälten pro Kopf der Bevölkerung in der freien Welt.

Welches Land besitzt einen wachsenden (A)-Faktor und einen schwindenden (I)-Faktor? Die Vereinigten Staaten. Wie können die USA Japans Vorteil wettmachen?

(A) exportieren. Das wird (I) aushöhlen. Wie kann man (A) exportieren? Indem man Betriebswirtschaftsprofessoren ausschickt, um die

Japaner traditionelle Managementtheorien zu lehren: Kontrolldichte, Einheit der Befehlsgewalt, Exklusivität der Rechte des Managements gegenüber den Arbeitnehmern, Elitarismus von Managerentscheidungen und die auf Tarifgegnerschaft basierende Managementtheorie. Alle diese Konzepte stärken (A) und beeinträchtigen damit (I). Mechanistisches *Wie* ersetzt organisches *Wie*. (A) rückt an die Stelle von (I), weil es kurzfristig mehr verspricht und schnellere Wirkung zeigt; (I) braucht Zeit, um sich zu entwickeln.

Schauen wir uns nun die Interdependenz zwischen (P) und (A) am Beispiel des Tennisspiels an. Den Ball, ganz gleich wie, in das Feld des Gegners zu schlagen, bedeutet, der (P)-Funktion zu entsprechen. Damit wird Ihr Spiel effektiv. Durch das Training von Hand und Körper lernen Sie, effizient zu spielen: mit einem Minimum an Energie die größtmögliche Schlagkraft zu entfalten. Das ist die (A)-Funktion. Stellen Sie sich einen Spieler vor, der trainierte und auf diese Art programmiert und effizient wurde, einen Ball in bestimmter Weise zu schlagen, und der sich dann beschwert, wenn der Ball nicht entsprechend retourniert wird, damit er ihn höchst effizient zurückschlagen kann, anstatt mit seinem Schläger dem Ball zu folgen und ihn dann effektiv zu schlagen.

So verhalten sich Bürokratien. Sie systematisieren sich, um effizient zu sein, bis zu dem Punkt, an dem sie aufhören, effektiv zu sein. Da sind Manager am Werk, die sagen mögen, »dies wäre ein wunderbares Geschäft, wenn es bloß die Kunden nicht gäbe«. Mit der Veränderung ihrer Bedürfnisse und ihrer Anforderungen bringen sie die Effizienz der Organisation durcheinander. Der bürokratische Manager wäre lieber effizient und ineffektiv als effektiv und ineffizient. Er läge lieber präzise falsch als ungefähr richtig.

Eine große Organisation, die effektiver sein soll, muß weniger effizient arbeiten, vor allem wenn man kurz- und langfristig vergleicht. Kurzfristige Effizienz kann in Widerspruch zu langfristiger Effektivität stehen.[12] Das gleichzeitige Erreichen von Effektivität und Effizienz auf kurze und langfristige Sicht erfordert Managerfähigkeiten, über die in einem anderen Buch zu reden sein wird.

Die (E)- und die (I)-Funktionen sind ebenfalls inkompatibel. Die (E)-Funktion hinsichtlich Kreativität und Risikobereitschaft, gemein-

---

[12] Zum mathematischen Beweis siehe ökonomische Preistheorie über das Verhalten von kurz- und langfristigen Variablen und Fixkostenkurven. Vgl. Stigler, George Joseph: The Theory of Price, New York 1966, S. 155

hin Eigenschaften einer Person, kann durch Gemeinsinn, Gruppen-
zugehörigkeit und Gruppendynamik beeinträchtigt werden, die für
die (I)-Funktion charakteristisch sind; kreative (E)-Personen empfinden den (I)-Prozeß manchmal als erstickend. Andererseits kann individuelle Kreativität, die von der Norm abweicht, als eine Bedrohung
für den Gemeinsinn und die Einheit auftreten, die Produkte der (I)-
Funktion sind.

(PAEI) und der Lebenszyklus

Wenn die vier Funktionen inkompatibel sind und einander beeinträchtigen, ist es unmöglich, daß eine simultane, ausgeglichene Entwicklung aller vier Funktionen in dem Moment stattfindet, in dem eine Organisation geboren wird. Die Subsysteme, die die Funktionalität
dieser Rollen fördern, müssen entwickelt werden, und indem dies geschieht, behindern sie andere Subsysteme, die andere Funktionen erfüllen.

Die Lebenszyklus-Sequenz ist vorhanden, weil es eine vorbe-
stimmte Abfolge gibt, wie jede Funktion auftritt und später abtritt,
wenn eine andere Funktion den Ton angibt, und wie die beiden
schließlich ins Gleichgewicht finden und einer dritten erlauben, in den
Vordergrund zu treten, indem sie ihre eigene Wichtigkeit schmälern.
Schließlich – in der Blütezeit – stellen drei der vier Funktionen das
Gleichgewicht her. Wenn alle vier Funktionen sich aufeinander einstellen, handelt es sich um einen wirklichen Ausnahmefall; weder meine Mitarbeiter noch ich haben jemals einen erlebt.

In einer Organisation tauchen Probleme auf, weil alle vier Funktionen mit ihren Untersystemen nicht von Anfang an voll entwickelt
sind und weil es zu einem Kampf zwischen den Subsystemen kommt,
die die Funktionen funktionalisieren. Eine normale Lebenszyklus-
Kurve definiert sich durch die Abfolge der Funktionsentwicklung,
und eine neu auftauchende Funktion wird gefestigt und institutionalisiert nach einem normalen, vorhersehbaren Kampf. Sind diese Probleme (Kämpfe) einmal beseitigt, ist die Organisation bereit, in das
nächste Stadium einzutreten, damit eine neue Funktion entsteht und
um sich mit neuen Problemen auseinanderzusetzen, die von einer solchen Entwicklung herrühren.

Pathologisches Verhalten zeichnet sich ab, wenn die Organisation
festgefahren ist und sich nicht in Richtung der nächsten Funktion
oder Rolle weiterentwickeln kann. Wenn eine Organisation auf

Schwierigkeiten dieser Art stößt, fällt sie tatsächlich für gewöhnlich zurück in eine frühere Funktion; unfähig, sich fortzuentwickeln, kehrt sie zum Vertrauten zurück. Das Verständnis dessen, was normal und was pathologisch ist, ist essentiell, wenn der Veränderungsprozeß auf irgendeine Weise begleitet werden soll.

Da die Reihenfolge, in der sich die Funktionen entwickeln, vorgegeben ist, sind auch die Probleme, die durch die Inkompatibilität geschaffen werden, vorhersehbar. Mit der Fähigkeit, Probleme vorherzusehen, und dem Wissen um den Funktionsmangel, der sie schafft, können wir die Entwicklung einer Rolle fördern und die Probleme beseitigen. Wir haben eine diagnostische und therapeutische Theorie.

Es gibt aber noch mehr zu tun. Nicht nur Organisationen haben eine Kultur, die von der Position im Lebenszyklus abhängig ist. Auch Individuen haben eine Persönlichkeit, die sich in einem Verhaltensstil ausdrückt – wie sie Entscheidungen treffen und wie diese Entscheidungen charakterisiert sind.[13]

Managementstile

Da die (PAEI)-Funktionen nicht kompatibel sind, ist es selten, daß ein einzelner sämtliche Funktionen gleichzeitig erfüllen kann und darin auch noch glänzt. Bis zu einem gewissen Grad sind wir alle Mißmanager aufgrund unserer Menschlichkeit. Einige von uns sind ein bißchen mehr Mißmanager als die anderen.

Wenn eine oder mehrere Funktionen nicht vollständig erfüllt werden, bezeichne ich das als Mißmanagementstil. Wenn die Rollen bis zur entwicklungsnötigen Schwelle erfüllt werden, ist das für mich ein Managementstil. Er hat seine normalen, zu erwartenden menschlichen Defizite.

Im extremen Fall von (P---), daß die Person ausschließlich die (P)-Qualität besitzt, haben wir einen einsamen Kämpfer vor uns. Er konzentriert sich auf die Aufgaben in Reichweite, kann aber nicht verwalten, läßt sich von keiner Vision leiten und besitzt keine Bereitschaft, bewußt ein Risiko zu übernehmen. Er ist nicht unternehmerisch, und er ist seinen Leuten, ihren Werten und der Gruppendynamik gegenüber nicht aufgeschlossen. Dieser Mensch ist ein Macher, und das ist auch alles. Er wurde zum Manager befördert, weil er

---

[13] Für eine genauere Beschreibung und Analyse von Managementstilen, s. Adizes, Wie man Mißmanagement überwindet, a.a.O.

fleißig, einsatzfreudig, hart arbeitend und loyal ist. Anstelle (**A**)dministrativer, (**E**) unternehmerischer und (**I**)ntegrativer Fähigkeiten besitzt er Produktivität.

Das Ergebnis ist ein schwer arbeitender Mensch. Sein Stundenplan ist **FISH** (first in, still here = morgens der erste, abends der letzte). Sein Schreibtisch sieht chaotisch aus. Er leistet nur Krisenmanagement. Es gibt keine Delegation, keine Schulung, keine lang- oder kurzfristige Planung, und seine Untergebenen sind Laufburschen. Er reagiert, er ist nicht proaktiv. Er konzentriert sich so gut wie ausschließlich auf das *Was* jetzt, nicht auf das *Wie, Wann* oder *Warum*.

Was gibt es über den Manager mit dem (-**A**--)-Stil zu sagen? Ich nenne ihn den Bürokraten. Er kommt und geht rechtzeitig, ohne Rücksicht auf die zu erledigenden Notwendigkeiten. Sein Tisch ist aufgeräumt, und seine Papiere sind sauber gestapelt. Die Untergebenen lernen, daß, was sie tun, nicht wichtig ist; das Wie zählt. Der Bürokrat führt nach dem Lehrbuch. Was die Untergebenen machen, ist nicht so wichtig, wenn sie nur pünktlich kommen und rechtzeitig gehen. Während der einsame Kämpfer keine Mitarbeiterbesprechungen abhält (er hat keine Zeit), gibt es bei Bürokraten viele. Aber bei den Treffen konzentrieren sie sich nicht auf den Krieg, sondern darauf, herauszufinden, »wer die Erdbeeren gestohlen hat«, ganz im Stil von Captain Queeg aus dem Film »Die Caine war ihr Schicksal«. Der Bürokrat unterhält ein gutkontrolliertes Desaster; das Unternehmen wird bankrott sein, aber pünktlich.

Wie sieht es mit dem (--**E**-)-Stil aus? Einen Manager, der diesen Stil pflegt, bezeichne ich als Brandstifter. Wann kommt er in das Büro? Wer weiß? Wann geht er? Wer weiß? Aber die Untergebenen müssen immer vor ihm da sein und nach ihm gehen. Da keiner weiß, wann er kommt und geht, bedeutet das, daß seine Leute 24 Stunden am Tag, 365 Tage im Jahr auf Abruf bereit sein müssen.

Führt er Mitarbeitertreffen durch? Ja, aber keiner weiß wann. Gibt es ein Arbeitsprogramm? Es gibt keins, das jemand im voraus kennte oder das er respektierte. Erwartet er von seinen Leuten nichtsdestoweniger, daß sie vorbereitet sind? Darauf können Sie sich verlassen! Also erscheinen seine Leute mit ihrem Büro in einem gedachten Koffer. Sie haben keine Ahnung, worüber gesprochen wird oder weshalb sie angegriffen werden. Wer ist für das Reden verantwortlich? Der Brandstifter. Was machen seine Untergebenen? Sie rollen mit den Augen (»Da sind wir wieder ...«) und hoffen, daß er vergessen wird, was er wollte, oder daß er seine Meinung ändert. Dieser Typus ändert seine Meinung so oft, daß niemand weiß, wie die Entscheidung am Ende aussehen wird. Eine typische Antwort ist: »Für Sie ist es zu spät, anderer Meinung zu sein. Ich habe meine schon geändert.« Die Untergebenen warten alle, daß sich der Staub setzt, so daß etwas getan werden kann. Je mehr der Brandstifter versucht, seine Leute zu aktivieren, um so weniger machen sie.

Wie sieht es mit dem (---I)-Stil aus? Den Manager, der für diesen Stil steht, bezeichne ich als den Superangepaßten. Dieser Manager führt nicht; er folgt allem und in allem. Er fühlt vor allen anderen, aus welcher Richtung der Wind weht, wie die Unterströmung ist, und stellt sich dann selbst an die Spitze dieser Bewegung. Um das politische Klima zu testen, schickt der Superangepaßte Versuchsballons ab, die für ihn zur Deckung werden, wenn er spricht. »Ich habe einen Vorschlag zu machen, weiß aber nicht, ob ich damit übereinstimme ...« »Ich schlage vor, wir beschließen die Ausschüttung der Dividende ..., aber ich bin eigentlich anderer Meinung.« In Mexiko nennen sie diesen Typus *pez enjavonada* – eingeseiften Fisch –, man bekommt ihn nicht zu fassen. Seine Untergebenen dienen ihm als Informationszuträger – sagen ihm, was vor sich geht. Dieser Mißmanager beruft viele Konferenzen ein. Aber wer redet? Alle anderen. Er hört zu, hält die Karten dicht am Körper. Die Untergebenen haben einen schweren Stand, wenn sie beschließen wollen, welche Richtung er von ihnen erwartet. Während sie auf klare Anweisungen von ihm warten, hält er die Nase in die Luft, um herauszufinden, womit die Untergebenen einverstanden sein werden.

Da die oben genannten Stile alle Arten des Mißmanagements darstellen, wird ein (PAEI)-Stil gebraucht. Eine Person, die aufgabenorientiert, einsatzfreudig ist und hart arbeitet (P), organisiert, effizient, gründlich und konservativ ist (A), ein kreativer risikobereiter Mann mit Weitblick (E), der einfühlsam und menschenorientiert ist (I). Dieser Mensch existiert in Lehrbüchern, und da liegt auch der Fehler in der gesamten Managementtheorie – sie basiert auf der Annahme, daß solch eine Person existierte oder geschult werden könnte.

Bis zu verschiedenen Graden sind wir alle Mißmanager, weil keiner von uns perfekt ist. Für (PAEI)-Entscheidungen braucht man, wenn die Entscheidungen proaktiv und effektiv, effizient und organisch sein sollen, ein sich ergänzendes Team.

Ein häufig anzutreffendes sich ergänzendes Team ist die (PaEi)-(pAeI)-Konstellation – das Papa-und-Mama-Geschäft; (PaEi) ist der Gründertyp, (pAeI) der mitbestimmungsfreundliche Organisator –, auch wenn es sich bei dem Geschäft um ein viele Milliarden schweres Unternehmen handelt.

Es treten Konflikte auf, die von den unterschiedlichen Stildifferenzen herrühren, wann immer ein sich ergänzendes Team im Spiel ist. Verschiedene Stile bedeuten notwendigerweise verschiedene Denkarten. Konflikte sind daher notwendig und unabdingbar für positive Entscheidungen. Oder, wie es in den Zen-Schriften geschrieben steht: »Wenn alle Menschen gleich denken, denkt keiner richtig gut.« Menschen, die vor Konflikten zurückscheuen, sollten keine Manager werden. Wie Harry Truman sagte: »Wer die Hitze nicht verträgt, gehört nicht in die Küche.«

Sind alle Konflikte wünschenswert? Nein! Ein Konflikt kann eine Quelle des Wachstums oder der Frustration sein, die eine Organisation oder einen Menschen matt setzt. Ersteres erweist sich als konstruktiv; letztere ist destruktiv.

Was macht den Unterschied zwischen einem funktionalen und einem difunktionalen Konflikt aus?

Der Grund, weshalb sich Leute trennen, ist gewöhnlich der gleiche, weshalb sie heiraten. Sie heiraten, weil ihre sich ergänzenden Stile für sie eine Attraktion darstellen. Aber miteinander in Beziehung zu stehen bedeutet Unterschiede zu entdecken, und wenn man mit diesen Unterschieden nicht zurechtkommt, ziehen sie einen destruktiven Konflikt nach sich und schließlich die Scheidung. Ein Konflikt kann auch für Wachstum stehen. Er kann eine Ehe verbessern.

Worin besteht der Unterschied, ob ein Konflikt konstruktiv und funktional ist, Ob er Wachstum verspricht oder nicht?

Ein Konflikt ist konstruktiv, wenn er zum gewünschten Resultat führt. Es gibt keinen Wandel ohne Spannungen, und der Unterschied zwischen Revolution und Evolution besteht in dem Grad der Spannungen und der Form, die diese Spannungen annehmen.

Es gibt keine Bewegung in einem Vakuum. Wir müssen etwas stören, und diese Störung erzeugt Spannung. Ein Beispiel: Wir gehen von Punkt A zu Punkt B. Zwischen unserem Fuß und dem Boden entsteht Spannung. Nehmen wir nun ein anderes Beispiel. Reiben Sie die Füße aneinander, ohne Unterbrechung. Hitze wird erzeugt und Reibung, aber das bringt Ihnen nichts (es sei denn, Sie haben einen Juckreiz). Es erzeugt nicht die gewünschte Veränderung.

Eine ersehnte Veränderung stellt sich ein, wenn der Konflikt einen Lerneffekt erzeugt. Zwei Leute stimmen nicht überein, und aufgrund der Uneinigkeit lernt jeder der beiden etwas Neues, der gewünschte

Wandel hat sich in ihren Köpfen vollzogen, und daher war der Konflikt funktional. Das Lernen brachte eine bessere Entscheidung als die vorherige, als es keinen Konflikt gab.

Aber wann lernt man?

Wenn das Umfeld für den Lernprozeß stimmt.

Welches sind die Konditionen für ein lerngerechtes Umfeld, damit es sich entwickelt und existieren kann?

Der Lernprozeß ist dann möglich, wenn es *gegenseitigen* Respekt gibt, und das bedeutet, daß man die Legitimität der Andersartigkeit oder die fremde Denkweise des Gegenübers akzeptiert.

Das ist eine Lektion, die ich unter großen Schmerzen selbst erlernte. Ohne den Respekt für die andere Seite ist ein Konflikt destruktiv.

Kehren wir nun zum Anfang dieses Kapitels zurück.

Die zwei Fragen, die wir beantworten müssen, bevor wir den Umschlag öffnen und die Qualität der Entscheidung bewerten, sind: Erstens: Gab es ein sich ergänzendes Team, das die vier (**PAEI**)-Funktionen erfüllen konnte? Und zweitens: Herrschte gegenseitiger Respekt zwischen den Parteien?

Wenn es kein sich ergänzendes Team gab, war die Entscheidung nicht ausgewogen. Wenn das Team aus vier (**A**)s zusammengesetzt war, diagnostizierte es das Problem womöglich im Rahmen unzureichender Regeln und Gesetze, und seine Lösung bestand aus noch mehr Regeln und Gesetzen. Wenn die Gruppe aus vier (**E**)s bestand – Achtung –, öffnen Sie den Umschlag nicht. Die Nebeneffekte ihrer Lösung können schlimmer sein als das Problem, das sie ursprünglich zu lösen versuchte.

Um eine bessere, ausgewogenere Entscheidung zu fällen, als ein einzelner allein treffen kann, müssen wir ein sich ergänzendes Team haben, und die Interaktion zwischen den Mitgliedern muß stimmen. Die Teammitglieder müssen sich gegenseitig respektieren und aus Meinungsunterschieden lernen. Die Komponenten und die Interaktionen zwischen den Komponenten müssen in Ordnung sein.

Um eine Entscheidung zu treffen, brauchen wir ein sich ergänzendes Team. Schön. Aber was ist mit der Durchführung?

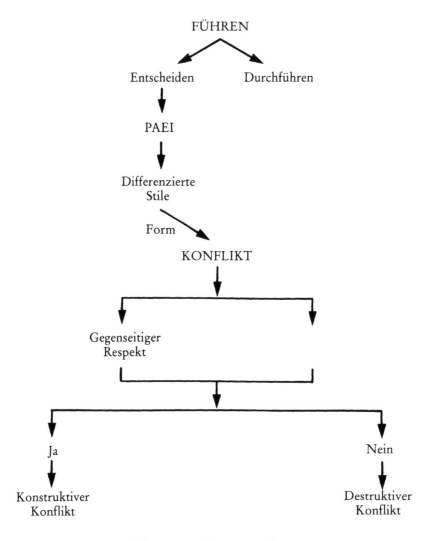

Abb. 25: Die Notwendigkeit gegenseitigen Respekts

6. Effizienz der Durchführung

Einführung

Die Qualität des Managements hängt von der Qualität der getroffenen Entscheidungen und von der Qualität der Durchführung ab. Die Qualität der Entscheidungen hängt davon ab, ob die vier Funktionen (**PAEI**) erfüllt wurden, das war Gegenstand des vorherigen Kapitels.

Effektivität wird durch ihre Funktionalität gemessen: Bringt die Durchführung das gewünschte Ergebnis? Effizienz kann an der Menge an Blut, Schweiß und Tränen des Managers gemessen werden, die er sich für die Durchführung einer Entscheidung abringt.

Effektivität der Durchführung

Viele hervorragende Entscheidungen werden niemals durchgeführt. Persönliche Entscheidungen wie das Abnehmen, das Einstellen des Rauchens und der Beschluß, oft Sport zu treiben, bleiben nichts anderes als gute Vorsätze für das neue Jahr. Genauso werden viele organisatorische Entscheidungen – einen neuen Markt erobern oder ein neues Produkt einführen – niemals ausgeführt.

Was entscheidet darüber, ob eine Entscheidung effektiv ausgeführt wird? Da gibt es verschiedene Faktoren. Der wichtigste: Wenn die Entscheidung gut definiert ist, wird sie auch in dem Geist durchgeführt, in dem sie getroffen wurde.

Definition einer Entscheidung

Eine Entscheidung hat vier Dimensionen. Immer dann, wenn sich eine Dimension ändert, ändert sich auch die Entscheidung; es wird eine andere Entscheidung. Die vier Dimensionen sind:

Was ist zu tun?	–	(P)
Wie ist es zu tun	–	(A)
Wann ist es zu tun?	–	(E)
Wer sollte es tun?	–	(I)

Es gibt noch eine fünfte, eine *versteckte* Dimension. Das Warum. Es ist versteckt, weil es in »Wann?« enthalten ist. Der Zeitpunkt einer

Entscheidung wird von deren Ursache bestimmt. *Warum* wir etwas tun, muß in die Frage, *wann* es getan werden soll, umgemünzt werden. Man kann nicht den richtigen Zeitpunkt *(wann)* finden, wenn man nicht weiß, *warum* eine Entscheidung getroffen wurde. Daher ist das *Warum* in den Argumenten, die zum *Wann* führen, enthalten.

Der Ablauf eines richtigen Entscheidungsprozesses muß die **(PA-EI)**-Komponenten reflektieren. Wir müssen zunächst damit beginnen, *warum* wir eine Entscheidung treffen. Wer das verstanden hat, sollte damit fortfahren, *wann* eine Entscheidung umgesetzt werden sollte, *wann* sie ihre Wirkung zeigen sollte. Im Lichte des *Warum* und des *Wann* wird auch das *Was* bestimmt. Das *Warum*, das *Wann* und das *Was* beeinflussen das *Wie*, das nach einer Analyse wiederum die *Was*-, *Wann*- und *Warum*-Komponenten der Entscheidung rückgängig machen kann. Am Ende fällt die Entscheidung, *wer* tätig werden soll, wodurch möglicherweise wiederum das *Wie* beeinflußt wird, dann nämlich, wenn die Person beispielsweise unwillig ist oder gar nicht zur Verfügung steht. Dadurch kann auch das *Was* verändert und das *Wann* und sogar das *Warum* beeinflußt werden; womöglich muß

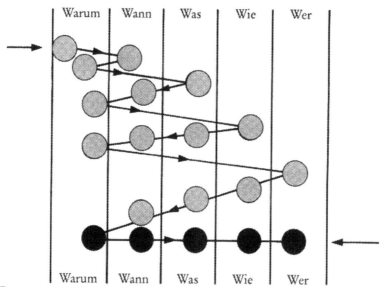

Abb. 26: Entscheidungsprozeß in der (PAEI)-Sequenz

170

sogar der Anlaß für das, was wir tun, verändert werden. Mit anderen Worten: Das *Warum* verändert sich möglicherweise im Lichte des *Wann*, des *Was* und des *Wie*, und der ganze Vorgang wiederholt sich, wenn die Entscheidung verbessert wird.

Solange nicht alle **(PAEI)**-Dimensionen berücksichtigt wurden, ist die Entscheidung noch nicht abgeschlossen. Häufig wird über das *Was* entschieden, ohne daß das *Wie* berücksichtigt wird; dann könnte die Entscheidung ineffektiv sein. Wir bedauern vielleicht die Umsetzung: Das *Was* wurde erledigt, aber in so unerwünschter Weise, daß das gemeinsame Resultat des *Was* und des *Wie* ebenfalls unerwünscht ist.

Eine Entscheidung ist auch dann nicht vollständig, wenn das *Wann* und das *Wer* nicht genügend bedacht wurden. Zwei Entscheidungen, die auf dasselbe *Was* abzielen, aber zu unterschiedlichen Zeiten, werden zu verschiedenen Entscheidungen. Ebenso wird das Wesen der Entscheidung dadurch beeinflußt, *wer* sie ausführen soll; das beeinflußt auch das *Wie* und das *Wann* und letztendlich sogar das *Was*.

Eine Entscheidung ist so lange nicht abgeschlossen, bis nicht alle vier **(PAEI)**-Funktionen dem Entscheidungsprozeß ihren Stempel aufgedrückt haben: *warum, wann, was, wie* und *wer*.

Die Gültigkeit dieses Punktes kann durch das Beispiel von Kindern, die ihre Eltern herausfordern, verdeutlicht werden. Mein Sohn fragte:

»Kann ich Süßigkeiten haben?«

»Nein, das ist schlecht für die Zähne.«

»Warum?«

Ich erklärte es ihm. Er gab trotzdem nicht auf.

»Kann ich welche haben, wenn ich meine Hausaufgaben mache?«

»Nein.«

»Kann ich nach dem Essen welche haben?«

»Nein.«

Dann ging er zu seiner Mutter, um zu sehen, ob sie einverstanden wäre. Bemerkenswert war dabei, daß mein Sohn jede einzelne der **(PAEI)**-Entscheidungskomponenten durchspielte. Zuerst stellte er das *Warum* in Frage, dann das *Wie,* es folgte das *Wann* und zuletzt das *Wer.* Die Frage, *was* er tun kann, war erst abgeschlossen, nachdem alle Dimensionen in Betracht gezogen worden waren.

Die vier Dimensionen stehen untereinander in Beziehung. Das *Was* beeinflußt das *Wie* und umgekehrt. Daraus folgt, daß im richtigen Verlauf eines Entscheidungsprozesses zuerst das *Warum* diskutiert und abgeschlossen werden muß. Sobald über das *Warum* entschieden wurde, können die (PAEI)-Dimensionen bis zum Ende durchgespielt werden. Eine Entscheidung ist getroffen, wenn darüber Einvernehmen herrscht, *warum* etwas getan werden soll, *wann* es getan werden soll, *was* getan werden soll, *wie* es getan werden soll und *wer* es tun soll.

Der *Wer*-Faktor besteht nicht einfach nur aus dem Namen einer Person. Wir müssen uns auch damit beschäftigen, *warum* diese bestimmte Person es machen soll oder wird – welche persönlichen oder kulturellen Faktoren dabei eine Rolle spielen oder sie daran hindern könnten, die Entscheidung effizient durchzuführen.

Die vier Funktionen (PAEI) gelten imperativ; es ist unerläßlich, daß sie erfüllt werden, anderenfalls wird die Entscheidung fehlerhaft sein. (In meinem Buch »Wie man Mißmanagement überwindet« habe ich die absehbaren Stile von Entscheidungsprozessen beschrieben, die immer dann in Erscheinung treten, sobald eine oder mehrere dieser Funktionen nicht erfüllt werden.)

Abb. 27: Imperative des Entscheidungsprozesses

Welche Abfolge wir auch immer wählen, eine Entscheidung ist so lange nicht endgültig, bis wir nicht *Warum, Wann, Was, Wie* und *Wer* vollständig durchgespielt haben.

Was, Wie, Wann und *Wer* der (PAEI)-Dimensionen einer Entscheidung können als Rechteck dargestellt werden.

Diese vier Funktionen haben zwei zusätzliche Dimensionen (ja und nein):

172

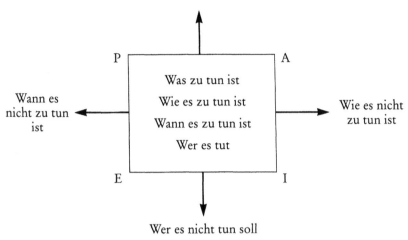

Was nicht zu tun ist

P · A

Was zu tun ist
Wie es zu tun ist
Wann es zu tun ist
Wer es tut

Wann es
nicht zu tun
ist

Wie es nicht
zu tun ist

E · I

Wer es nicht tun soll

Abb. 28: Die Dimensionen des Entscheidungsprozesses

Eine Entscheidung muß Grenzen setzen. Wir sollten wissen, *was* zu tun ist und *was nicht* zu tun ist. Wenn jemand nur weiß, *was* zu tun ist, aber nicht weiß, *was nicht* zu tun ist, weiß er nicht wirklich, *was* zu tun ist. Er müßte die fehlende Information durch Versuche herausfinden. Hat Ihnen Ihr Chef jemals eine neue Verantwortung übertragen und Ihnen gesagt, was Sie tun sollen? Sind Sie womöglich zu Ihrem Kollegen gegangen, um ihn zu fragen, was er meint, daß Sie tun sollen? Warum haben Sie nachgefragt? Ihr Chef hatte Ihnen doch schon gesagt, was Sie tun sollen. Wonach Sie gefragt haben, war wahrscheinlich, *wie* Sie es anstellen sollen. Mit der Wie-Frage versuchten Sie herauszufinden, *was* Sie *nicht* tun sollten. Sie wollten nur Ihren Kopf nicht zu weit herausstrecken. Sie wollten wissen, wo die Tretminen der Organisation liegen.

Wenn Sie als Chef Ihren Untergebenen sagen, *was* sie tun sollen, und es wird nicht in Ihrem Sinne getan, so könnte einer der Gründe dafür sein, daß irgend jemand ihren Mitarbeitern gesagt hat, *was* sie *nicht* tun sollen.

Die Handlungen einer Person entspringen einer Kombination dessen, was sie glaubt, tun zu sollen, *und* was sie meint, nicht tun zu dürfen.

Nehmen wir zum Beispiel Kinder: Wenn Sie ihnen lediglich sagen, was sie tun sollen, nicht aber hinzufügen, was sie nicht tun sollen, wissen sie nicht, wie sie sich verhalten sollen. Das ist eine nicht zu Ende formulierte Anweisung. Kinder wissen nur dann, was sie tun sollen, wenn sie zugleich wissen, was sie nicht tun sollen. Das gleiche gilt für das *Wie*. Wir wissen nur dann, *wie* etwas gemacht werden muß, wenn wir gelernt haben, *wie* man es *nicht* macht.

Versuchen Sie folgende Übung: Stellen Sie eine Trennwand zwischen zwei Personen – nennen wir sie Joe und Frank. Frank soll Joe erklären, wie er seine Schuhe zubinden soll. Dann sagen Sie Joe, daß er genau den Anweisungen folgen soll, und zwar so, daß kein Zweifel an seiner Folgsamkeit aufkommt, er aber zugleich absichtlich die schlechtestmögliche Interpretation der Anweisungen ausführt. Wenn Frank ihm beispielsweise sagt, er solle ein Ende des einen Schnürsenkels über den anderen legen, soll Joe das tun, aber erst nachdem er den Schnürsenkel auch über den anderen Schuh gelegt hat.

So werden die Schnürsenkel keineswegs korrekt gebunden. Wir wissen nicht, wie etwas Neues getan werden muß, solange wir nicht aus der Erfahrung gelernt haben, wie man es nicht macht. Dies trifft auch auf das *Wann* und auf das *Wann nicht* sowie auf das *Wer* und das *Wer nicht* als Komponenten zu.

Gute Entscheidungsprozesse verlangen nach einer ständigen Kommunikation, um Verständnisfehler zu korrigieren. Wenn eine neue Entscheidung beim ersten Mal nicht korrekt ausgeführt wird, sollten Sie daran denken, daß Beauftragte nicht aus Dummheit oder Absicht versuchen, Ihre wunderbare Idee und Entscheidung zu untergraben und zu sabotieren. Sie kennen nicht das *Was, Wie, Wann* und *Wer,* bis sie auf einem anderen Kenntnisstand sind und sich über das *Was nicht, Wie nicht, Wann nicht* und *Wer nicht* klargeworden sind. Genausowenig kennen Sie die Antworten auf diese Fragen, solange Sie nicht mit den Möglichkeiten des Was, Wann, Wer und Wie konfrontiert werden.

Die Sache hat allerdings einen Haken. Was nicht getan werden soll, dafür gibt es unzählige Möglichkeiten, und Sie können sie sich weder alle vorstellen, noch können Sie sie vorhersehen.

Was in Organisationen getan wird, ist daher nicht das Erwartete, sondern das, was nicht erwartet wurde. Das wird dann inspiziert, korrigiert und wieder inspiziert, bis keine Korrekturen mehr notwendig sind. Nur, inzwischen ist die Entscheidung überflüssig geworden, die Lage hat sich verändert, und Sie müssen wieder von vorn anfangen. Sobald Sie sich zurücklehnen und glauben, alles unter Kontrolle zu haben, lächeln Sie und fangen wieder von vorn an. Das nennt man fortwährendes experimentelles Lernen aus der Erfahrung, und jene, die glauben, das nicht mehr nötig zu haben, sollten sich nicht im Management versuchen.

Eine Entscheidung wird nur dann effektiv sein, wenn sie gut erklärt wird, und das ist nur dann der Fall, wenn alle vier Imperative des Entscheidungsprozesses (PAEI) abgeklärt worden sind und in ihrer Zweidimensionalität (ja und nein) beleuchtet wurden.

Doch selbst wenn die Entscheidung für die Ausführung gut definiert wurde, reicht das noch nicht. Durch die (PAEI)-Dimensionen wird sie effektiv, nicht aber effizient. Es muß auch jemand in der Lage sein, die Entscheidung auszuführen und darauf zu achten, daß sie effizient ausgeführt wird.

Effizienz der Durchführung

Bevor die Durchführung angegangen werden kann, muß eine wohldefinierte Entscheidung mit den vier Imperativen vorhanden sein. Mit den vier Imperativen allein ist es allerdings nicht getan. Ein Manager braucht darüber hinaus ein bestimmtes Maß an Energie, um die Entscheidung durchzuführen. Die Quellen dieser Energie sind Autorität, Macht und Einfluß.

Autorität

Ich definiere Autorität als das Recht, Entscheidungen zu treffen – ja und nein zu sagen. Unabhängig von der Macht, den Verbindungen oder der Erziehung einer Person ist dies ein formales Recht, das zu ihrer Position gehört.

Der obigen Unterscheidung zwischen ja *und* nein unterliegt kein Fehler. Die meisten Leute würden ja *oder* nein sagen. Wenn wir Autorität als das Recht definieren, ja *oder* nein zu sagen, könnte das heißen, jemand habe das Recht, ja zu sagen, aber nicht nein (was sehr selten ist); oder daß er das Recht hat, nein zu sagen, aber nicht ja sagen kann (was wiederum sehr verbreitet ist).

Eine Organisation wird bürokratisiert und verliert ihre Fähigkeit, sich auf eine sich verändernde Umwelt einzustellen, wenn Leute nein sagen können, ohne in der Lage zu sein, auch ja zu sagen. Auf neue Bedürfnisse, die sich aus dem *Was, Wie, Wann* und *Wer* ergeben, muß mit Veränderungen in der Vorgehensweise der Organisation reagiert

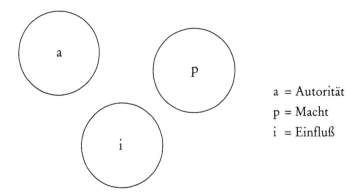

a = Autorität
p = Macht
i = Einfluß

Abb. 29: Quellen der Führungsenergie

werden. Das kann aber nicht geschehen, weil nur einige, die in der Hierarchie weit unten angesiedelt sind, ja sagen. Die Nein-Sager sind Legion, und gewöhnlich sind sie omnipräsent. Das Problem und seine potentielle Lösung werden durch so viele Nein-Sager gefiltert, daß es niemals bei den Ja-Sagern ankommt. Es ist nicht verwunderlich, daß effektive Berater Zugang zu der obersten verantwortlichen Person fordern. Hier kann ein *Ja* erreicht werden.

Die Autorität, ja zu sagen, ist notwendig, aber sie reicht nicht aus. In vielen Ländern genügen Autorität und 25 Cent nicht einmal, um eine Tasse Kaffee zu kaufen. »Was soll's« ist häufig die Haltung der Mitarbeiter, die wenig oder gar nichts fürchten.

Macht

Die zweite Quelle unternehmerischer Energie zur Durchsetzung von Entscheidungen ist die Macht.

Ich definiere Macht als die *Fähigkeit*, zu bestrafen oder zu belohnen. Denn das Ausführen mancher Aufgaben in der Organisation erfordert die Arbeit von mehr als einem Individuum – um den Stein zu bewegen, bedarf es einer funktionierenden Interdependenz; wer auch immer zur Durchführung einer Entscheidung gebraucht wird, sich dieser Zusammenarbeit aber enthalten kann, besitzt Macht. Wieviel Macht jemand hat, hängt davon ab, wie sehr wir die Kooperation mit ihm brauchen und ob er eine Monopolstellung über das besitzt, was wir brauchen.

Eine überwältigende Erfahrung kann das Verlieben sein. Man sagt

176

vielleicht: »Ich brauche dich. Ich will dich. Ich kann ohne dich nicht leben, du bist die (der) einzige.« Wann sind wir von den ständigen Schmerzen und der Ekstase des Verliebtseins befreit? Wenn wir den anderen überhaupt nicht brauchen oder wenn derjenige nicht der einzige ist, an den wir uns wenden können, um das zu bekommen, was wir brauchen. Wunderbar. Wir entledigen uns des Schmerzes, aber zugleich geht die Leidenschaft dahin. Das Leben erscheint leer, weil wir ihm keinen Inhalt erlauben.

Nikos Kazantzakis, der Autor von »Alexis Sorbas«, ließ auf sein Grab schreiben: »Keine Hoffnung mehr, keine Angst mehr, endlich frei.«

Nichts hat mehr Macht über uns, wenn wir auf nichts hoffen und nichts fürchten. Aber das ist nur der Fall, wenn wir tot sind. Leben bedeutet hoffen und fürchten, verlangen und brauchen, abhängig sein und erwarten, geben und nehmen, kurzum: gegenseitige Abhängigkeit.

Von wem sind wir als Manager am meisten abhängig, um eine Entscheidung durchzusetzen? Von unseren Untergebenen! Und dort liegt auch die Macht. Das überrascht viele Manager. Sie glauben, je höher einer in der Hierarchie aufsteigt, desto mehr Macht bekommt er. Falsch. Dort ist mehr Autorität und vielleicht auch autorisierte Macht. Aber die wirkliche, nackte Macht findet man am unteren Ende der Leiter. Und je weiter man hinuntersteigt, desto mehr Macht ist vorhanden.

Ein Beispiel:

In den frühen 70er Jahren, als sich die Berufungen für die Direktoren der Post von politischen zu professionellen Entscheidungen wandelten, wurde ich gebeten, eine neue Gruppe von Spitzenmanagern der Post zu schulen. Um die Anforderungen an meine Kunden kennenzulernen, verbrachte ich einen Tag in der Zweigstelle in San Francisco, wo die Briefe sortiert werden. Ich wollte wissen, auf welche Weise Briefe fehlgeleitet werden können. Ich nahm mir vor, einem Brief zu folgen von dem Moment an, da er in den Briefkasten geworfen wird, bis zu seiner Auslieferung.

In dem Prozeß der Durchleitung der Briefe gibt es einen Punkt, an dem sie nach Postleitzahlen für die richtigen Zielpostämter aufgeteilt werden. Dafür werden die Briefe auf einem Laufband befördert, wobei das Adressenfeld eine bestimmte Richtung zeigen muß. Dabei geht es nicht nur um ein paar Briefe. Die Zweigstelle in San Francisco beförderte zu dieser Zeit sechs Millionen Briefe pro Tag.

Stellen Sie sich also ein gigantisches Laufband vor, an dem die Leute die Briefe entsprechend ausrichten. Dann gibt es noch die »blinden Belindas« – Maschinen mit einem Laufband, einer Gummihand und einer Schreibmaschinentastatur. Die Gummihand nimmt einen Brief und stellt ihn vor die Person, die an der Tastatur sitzt. Diese Person liest die Postleitzahl, tippt einen magnetischen Code ein, der auf die Rückseite des Umschlags gestempelt wird. Dann läuft der Brief auf dem Laufband weiter durch ein Loch mit der richtigen Postleitzahl.

Ich stand hinter einem dieser Sortierer. Die Geschwindigkeit, mit der die Briefe vor den Augen des Mitarbeiters vorbeiziehen, ist phantastisch. Das Problem wird noch dadurch erschwert, daß es Leute mit allen möglichen Arten von Handschriften gibt, die die Postleitzahlen auf die merkwürdigsten Stellen des Briefumschlags schreiben. Ehe ich die Postleitzahl entdeckte, hatte das automatische, vorprogrammierte Laufband den Brief bereits seiner Bestimmung zugeführt.

Insgesamt arbeiteten 16 »blinde Belindas« gleichzeitig. Die Aufgabe der Briefsortierung ist mechanisiert; der Sortierer benutzt nur seine Augen und seine Fingerspitzen. Sein Gehirn arbeitet nur als Informationsprozessor. Die Leute würden verrückt werden, wenn sie diese Aufgabe vier oder acht Stunden lang ausüben müßten. Also legen die Sortierer alle 30 Minuten eine zehnminütige Pause ein.

Ich fragte mich, wer dafür sorgte, daß die Sortierer auf ihren Tastaturen nicht Bach oder Chopin spielten, wenn sie nach schwer entzifferbaren Postleitzahlen suchten. Sie könnten Briefe, die für Washington bestimmt waren, nach Hawaii schicken und die Post für St. Louis nach Denver.

»Wie überwachen Sie deren Arbeit?« fragte ich die aufsichtführende Person.

»Wir nehmen Stichproben aus den Sortiersäcken.«

»Stichproben? Wie können Sie sinnvolle Stichproben ziehen? Es gibt sechs Millionen Briefe pro Tag. Wie viele können Sie davon noch sinnvoll überprüfen? Und was machen Sie, wenn Sie einen falsch sortierten Brief finden? Woher wissen Sie, wer das gemacht hat? Es gibt 16 ›blinde Belindas‹.«

»Jeder Brief wird von der Maschine, die er durchläuft, gestempelt.«

»Großartig«, sagte ich, »aber wer war's? Die Leute wechseln sich doch so häufig ab.«

»Nun, das wissen wir nicht«, gab er zu.

Aha. Wenn meine Briefe richtig ankommen, dann nur deshalb, weil *irgend jemand Wert darauf legt*, seine Aufgabe korrekt zu erfüllen.

Wenn er keine Lust dazu hätte, würde meine Post um die ganze Welt wandern. Es gibt keine Möglichkeit, diesen Prozeß auf ökonomische Weise zu kontrollieren. Selbst wenn der Aufseher 100 Prozent der Briefe überprüfen würde, wer würde den Aufseher überprüfen? Sein Manager? Und wer würde ihn überprüfen? Wenn wir mit dieser Analyse fortfahren, sehen wir bald den Präsidenten der Vereinigten Staaten vor uns, der seine Freizeit damit verbringt, die Briefe des gesamten Landes zu sortieren.

Es dämmerte mir, daß es die Leute in der vordersten Front sind, die die Macht haben, Führungsentscheidungen durchzuführen oder zu unterlaufen. Punkt. Die Leute haben die Macht, gleichgültig, ob die Manager dies wollen oder nicht, ob sie sie haben sollten oder nicht. Das ist die Wirklichkeit.

Ich erinnere mich an einen anderen Vorfall. Ich besichtigte eine Schuhfabrik. In der Versandabteilung erzählte mir ein Arbeiter grinsend und vertraulich: »Wissen Sie, was wir machen? Wir stecken Schuhe verschiedener Größe in denselben Karton und schicken ihn raus.« Ich konnte mir den Präsidenten, den CEO, den Vorsitzenden, das Exekutivkomitee, die strategischen Planer und Berater dabei vorstellen, wie sie schwitzend an einer sinnvollen Strategie zur Marktdurchdringung herumwerkelten. Und da steht dieser 3,15-Dollar-die-Stunde-Kerl, der die gesamte Strategie zugrunde richten kann.

»Gut, aber wenn ich den Kerl erwische, wird er sofort gefeuert«, sagte ein leitender Mitarbeiter, der diese Geschichte in einer meiner Vorlesungen hörte. Aber wie viele unproduktive Mitarbeiter kann man erwischen? Einen? Zwei? Drei? Man kann nicht alle und nicht zu jeder Zeit erwischen. Sie können Ihnen Ihr Leben mehr versäuern als Sie deren Leben. Wenn Mitarbeiter nicht mit Ihnen zusammenarbeiten wollen, können sie Sie schneller zum Verlierer stempeln, als Sie sie feuern können. Außerdem kostet jeder Angestellte, der vor die Tür gesetzt wird, das Unternehmen Geld. Womöglich war der Betreffende seit Monaten unproduktiv, bevor er entlassen wurde. Sein Ersatzmann wird in den ersten Monaten nach seiner Einstellung auch nicht die volle Produktivität erreichen. Das kostet alles Geld. So bestrafen Sie womöglich jemanden für schlechte Leistung, und gleichzeitig begehen Sie Harakiri. Sie sind genauso auf Ihre Mitarbeiter angewiesen, wenn nicht sogar mehr, als diese auf Sie.

Wer leidet denn unter Bluthochdruck, Schlaflosigkeit, Magengeschwüren und Herzanfällen? Nennt man das Managerkrankheit oder Mitarbeiterstreß? Woran leiden denn Arbeiter? Der von den Verhaltenspsychologen veröffentlichten Literatur zufolge leiden sie an Tagträumerei, Langeweile, Apathie und Entfremdung. Also richten sie ihre gesamte Energie gegen den Manager, weil es so viel interessanter ist, zu sehen, wie er sich im Kreise dreht. Sekretärinnen kennen mehr Wege, Akten zu verlieren, als sich das menschliche Gehirn ausdenken kann. Arbeiter können häufiger zur Toilette gehen oder zum Kaffee-Automaten, als Sie zählen können, und wenn Sie versuchen, das zu kontrollieren, verbringen Sie Ihre gesamte Zeit damit, zwischen dem Kaffee-Automaten und der Toilette hin- und herzurennen, um zu erfassen, wer wohin ging oder was trank. Das wiederum kostet Geld in Form von verlorener Produktivität, von Ablagen, Analysen und Informationsverarbeitung.

Die Untergebenen haben die Macht. Punkt! Der gewitzte Manager weiß das. Je höher Sie aufsteigen, um so größer ist die Macht der Leute unter Ihnen. Sie erklimmen den Berg in der Hoffnung, oben die Macht zu finden. Überraschung! Auf dem Gipfel des Berges steht ein Schild: »Da unten liegt sie!« Es ist Ihre Aufgabe, sich die Kooperation der Untergebenen zu sichern, oder Sie sind als Manager gestorben, weil Sie nicht alle hinauswerfen können. Wenn Sie sich der Kooperation Ihrer Mitarbeiter nicht vergewissern (indem Sie die Macht legitimieren und Koalitionen veranlassen – siehe auch die nachfolgende Erörterung über *CAPI*), wird der Tag der Abrechnung kommen. Verlassen Sie sich nicht allein auf Kontrolle! Motivieren Sie statt dessen, und setzen Sie nur diejenigen vor die Tür, die sich nicht motivieren lassen.

Einfluß

Die dritte Energiequelle zur Durchsetzung von Entscheidungen oder zur Wahrnehmung von Verantwortung ist Einfluß, die *Fähigkeit,* jemanden dazu zu bringen, etwas zu tun, ohne Macht oder Autorität auszuüben. Einfluß rührt gewöhnlich von Informationen her, mit denen die anzuleitende Person überzeugt wird, so zu handeln, wie es gewünscht wird. Wenn sie selbst von der Bedeutung der umzusetzenden Entscheidung überzeugt ist, wurde sie beeinflußt, sie handelt aus eigenem Willen und nicht, weil sie dazu gezwungen oder von Angst dazu getrieben wurde.

Wenn wir die Kreise von Autorität, Macht und Einfluß sich überschneiden lassen, bekommen wir verschiedene Kombinationen dieser drei Energiequellen. Wir haben autorisierte Macht (authorized pow-

180

er, **ap**), die das legale Recht zu strafen und zu belohnen hat. Dann gibt es indirekte Macht (indirect **power**, **ip**), die dann auftritt, wenn die dirigierende Person glaubt, Einfluß auszuüben, während der Dirigierte Macht verspürt. Das ist der Fall, wenn wir jemanden nicht überzeugen können; der Betroffene handelt dennoch in unserem Sinn, weil er glaubt, an seinem eigenen unabhängigen Urteil nicht festhalten zu können, und die Rückwirkungen befürchtet, wenn er nicht gehorcht.

Die dritte Kombination wird als beeinflussende Autorität (influencing authority, **ia**) bezeichnet, in der Managementliteratur wird sie auch Autorität durch Akzeptanz oder professionelle Autorität genannt. Wir akzeptieren die Entscheidung unseres Vorgesetzten oder hätten in gleicher Weise entschieden.

Der Kern dieser drei Kreise ist **CAPI** (Coalesced Authority, Power and Influence): die Vereinigung von Autorität, Macht und Einfluß. Sämtliche möglichen Kombinationen werden als Autoritanz bezeichnet, die sich aus Autorität plus Macht plus autorisierter Macht plus indirekter Macht plus Einfluß plus beeinflussender Autorität plus **CAPI** zusammensetzt.

Wie funktioniert dieses Modell in der Praxis?

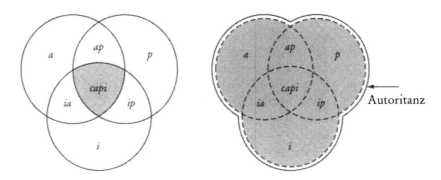

Abb. 30: *CAPI* und *Autoritanz*

Stellen wir uns eine Mutter vor, die ihr Kind davon zu überzeugen versucht, Spinat zu essen. Sie bedient sich unterschiedlicher Komponenten von *Autoritanz*. Am Anfang sagt sie vielleicht: »Iß, es ist gut für dich. Popeye ißt auch Spinat, und sieh, wie stark er ist. Du wirst so stark wie Popeye werden.« Sie nutzt die Einflußkomponente ihrer *Autoritanz*. Ißt das Kind noch immer nicht, wird sie es an den Vater erinnern, der bald nach Hause kommen wird. Das ist indirekte Macht, und vielleicht veranlaßt diese das Kind, den Spinat zu essen. Wenn es sich aber noch immer weigert, wird die Mutter womöglich ärgerlich und bestraft es. Ist die Bestrafung innerhalb des Familienstandards akzeptabel, handelt es sich um autorisierte Macht. Ist dies jedoch nicht der Fall, dann ist es Macht ohne Autorität. Verweigert das Kind immer noch das Essen, könnte die Mutter den klassischen Fehler von Managern begehen, indem sie argumentiert: »Warum hörst du nicht auf deine Mutter? Bin ich nicht deine Mutter? Warum tust du nie, was deine Mutter dir sagt?« Damit bedient sie sich des letzten Mittels ihrer *Autoritanz*, der Autorität. Das ist ein Fehler, denn wenn sie erst ihre Autorität benutzt hat, steht ihr kein anderes Mittel mehr zur Verfügung.

Statt dessen könnte die Mutter das Verhalten ihres Kindes mit beeinflussender Autorität lenken. Sie könnte den Spinat vor den Augen ihres Kindes als Verhaltensvorbild selbst essen; und das Kind würde es ihr vielleicht gleichtun.

CAPI wird benutzt, wenn sie sagt: »Wie wäre es mit etwas Spinat«; das Kind würde ihn sofort essen, weil es glaubt, daß er gut für es ist, und weil es sich vor den Auswirkungen fürchtet, wenn es ihn nicht ißt, und weil es den Vorschlag seiner Mutter respektiert. In diesem Fall hat die Mutter die Lage unter Kontrolle.

Jetzt wollen wir einer Entscheidung, der Verantwortung, eine Aufgabe durchzuführen, *Autoritanz* hinzufügen. Hier gibt es drei identische Aufgaben, identische Verantwortlichkeiten mit unterschiedlicher Zusammensetzung von *Autoritanz*.

Im ersten Fall gleicht die *Autoritanz* fast völlig der Verantwortung.[14] *CAPI* ist kleiner als *Autoritanz*.

Wie nimmt dieser Manager seine Verantwortung wahr? Einen Teil der Aufgabe führt der Manager mit Autorität, aber ohne Macht aus, was bedeutet, er kann den Leuten sagen, was sie tun sollen; wenn sie dies aber nicht tun, kann er sie nicht wirkungsvoll bestrafen. Er hat nur beschränkte, formalisierte Macht, die akzeptiert wird. Einen anderen Teil seiner Verantwortung nimmt der Manager wahr, indem er Macht ausübt. Auf irgendeine Weise gibt er zu verstehen, daß er seine Zusammenarbeit verweigern wird, indem er den Mitarbeitern Wichtiges vorenthält. Folglich werden sie die gewünschte Handlung aus Angst oder Sorge ausführen. Einen dritten Teil seiner Verantwortung wird der Manager durch Einflußnahme wahrnehmen, das heißt, er

---

[14] Sie müssen sich nicht gleichen, weil die Linien nicht Linien, sondern Bereiche sind.

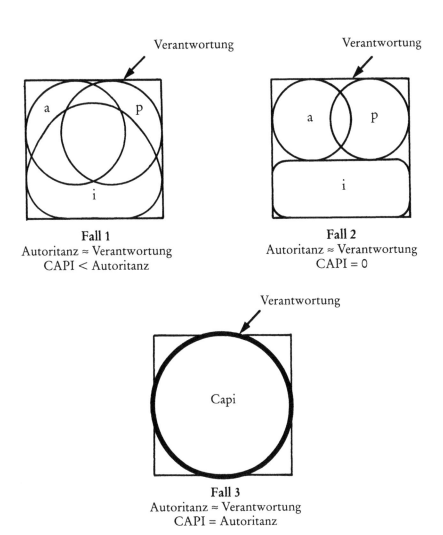

Abb. 31: Effizienz der Durchsetzung

wird die Leute zu überzeugen versuchen und auf das Beste hoffen, weil er weder Autorität noch Macht besitzt.

Nur einen sehr begrenzten Teil seiner Verantwortung kann er mit *CAPI* wahrnehmen, was bedeutet, daß er nur in einem begrenzten Teil seiner Verantwortung völlige Kontrolle hat. In diesem Bereich braucht er nur zu entscheiden, und die Untergebenen werden die ihnen gestellte Aufgabe erfüllen.

In der zweiten Situation besitzt der Manager in ausreichendem Umfang Autoritanz, aber keinerlei *CAPI*. Die drei Kreise überschneiden sich nicht. Der Manager kann zwar immer noch seine Verantwortung wahrnehmen, aber offensichtlich nicht mehr so einfach, weil es keinen einzigen Bereich seiner Verantwortung gibt, den er unangefochten beherrschte.

In der dritten Situation gleicht *CAPI* der Autoritanz, die wiederum beinahe der Aufgabe gleicht. Dieser Manager beherrscht fast jeden Teil seiner Verantwortung. Er besitzt Autorität, die er durch Macht und Einfluß noch verstärken kann.

Die drei Manager können ihre Aufgaben und Verantwortlichkeiten gleichermaßen erfüllen, aber nicht mit gleicher Effizienz, wenn man das aufzuwendende Maß an Blut, Schweiß und Tränen anlegt. Wieviel an psychologischer Energie ist erforderlich, um die Aufgabe abzuschließen?

Der am wenigsten effiziente Manager, das ist der, der nachts am wenigsten schläft, ist Manager Nummer zwei. Der effizienteste, der am wenigsten psychologische Energie benötigt, ist Manager Nummer drei.

Ich bezeichne dieses Phänomen als Managereffizienz. Sie unterscheidet sich von der Effizienz einer Organisation, die die Arbeitseffizienz mißt, und von der Kapitaleffizienz. Ich betrachte die Managereffizienz als das Maß für diejenige psychologische Energie, die ein Manager aufwenden muß, um seine Verantwortung wahrzunehmen.

Manager Nummer drei, der effizienteste, ist zugleich der seltenste.

Kein Manager kann irgend jemanden beherrschen. Man muß die Leute motivieren, und keine Bestrafung kann für sich genommen Herrschaft in dem Maße hervorbringen, wie ein Manager sie anstrebt.

Ein Manager muß bescheiden sein, und das lernt er durch Erfahrung. Anfänger benutzen Macht; sie entlassen Leute oder drohen damit. Mit der Zeit lernen sie, daß der Trick nicht darin liegt, zu herrschen, sondern darin, daß sie eine beherrschbare Situation schaffen. Wie macht man das?

Während ein einzelnes Individuum vielleicht kein völliges *CAPI* über eine Aufgabe besitzt, mag eine Gruppe von Personen gemeinschaftlich das erforderliche *CAPI* besitzen. Um das *CAPI* zusammenzubekommen, muß ein Manager für die unterschiedlichen Interessengruppen, aus denen sich das *CAPI* zusammensetzt, ein Gewinnerumfeld schaffen.

In einer Organisation, in der *CAPI* zwischen den verschiedenen

Leuten aufgesplittet ist, liegt die Autorität gewöhnlich beim Management, das wiederum durch das Direktorium autorisiert ist, die Entscheidungen zu fällen. Normalerweise haben diejenigen Untergebenen die Macht, die an der Ausführung der Entscheidungen mitwirken können oder nicht. Der Einfluß ist gewöhnlich bei den Technokraten zu finden, den Professionellen, die das Know-how für die beste Entscheidung in technischer Hinsicht einbringen.

Das kann zu einem Interessenkonflikt führen. Die Interessen jener, die Autorität haben, könnten Wachstum, Marktanteile, Umsatz, Gewinn, Rentabilität der Investitionen und Dividenden sein. Jene, die Macht besitzen, wollen vielleicht mehr Sicherheit am Arbeitsplatz, eine höhere Qualität des Arbeitslebens und bessere Bezahlung. Die Technokraten bestehen womöglich auf den größten Forschungsbudgets, der besten Ausrüstung und der präzisesten und akkuratesten Lösung eines Problems.

Auf kurze Sicht sind diese Interessen inkompatibel, und der Konflikt, der daraus erwächst, könnte die effiziente Durchführung einer Entscheidung lähmen. Damit dieser Konflikt aus der Welt geschafft wird, ist ein Gewinner-Gewinner-Umfeld nötig. Das aber gehört auf jeden Fall in das Reich der Utopie, weil es nicht möglich ist, ein Gewinner-Gewinner-Umfeld und eine Gemeinsamkeit von Interessen zu jeder Zeit und für immer zu haben. Es ist nichts Außergewöhnliches, daß jederzeit Konflikte über diverse Interessen auftreten. Was machen wir also dann?

Es muß eine Vision des Gewinner-Gewinner-Umfeldes in der fernen Zukunft geben und gegenseitiges Vertrauen unter den Leuten, die in einer Organisation zusammen das *CAPI* ausmachen, um ein Klima des Gewinner-Gewinner-Umfeldes auf kurze Sicht zu erhalten. Sie müssen darauf vertrauen, daß sie vom langfristigen Gewinner-Gewinner-Klima profitieren, obwohl es Gewinnchancen und Verlustrisiken auf kurze Sicht gibt. Wenn zwischen den Leuten kein Vertrauensklima herrscht, wird ihr kurzfristiges Verhalten von den kurzfristigen Interessenkonflikten beherrscht. Und dadurch wird die Effizienz der Durchführung beeinträchtigt.

Wie effektiv die Durchführung einer Entscheidung sein wird, kann man vorhersagen, wenn man weiß, wieviel *CAPI* jedes Individuum für die umzusetzende Entscheidung besitzt. Wenn ein Individuum allein nicht über das gesamte notwendige *CAPI* verfügt, sollten wir herausfinden, wieviel gegenseitiges Vertrauen existiert und wie es mit der Gewinnervision bei den Leuten steht, die für die Umsetzung der Entscheidung notwendig sind, und zwar bei denen, die gemeinsam über *CAPI* verfügen.

Faschismus, Kommunismus und alle anderen totalitären Regime sind effizient bei der Umsetzung von Entscheidungen. *CAPI* wird in diesen Fällen durch Gewalt zusammengehalten, und tatsächlich ist dies der dominierende Faktor in deren politischen Entscheidungsprozessen. Demokratien sind demgegenüber effektiv wegen der Art und Weise, wie Entscheidungen getroffen werden. Sie sind aber nicht effizient, weil *CAPI* per Gesetz auf die verschiedenen Regierungsebenen verteilt ist. In einer effizienten Demokratie muß es gegenseitiges Vertrauen zwischen den unterschiedlichen Parteien geben, die diese Gesellschaft ausmachen und sie regieren.

Bei Unternehmen kann vorhergesagt werden, wie gut eine Entscheidung umgesetzt werden wird, indem man fragt, ob eine einzelne Person die Umsetzung leiten kann, und wenn nicht, wessen Kooperation sie dafür benötigt. Die entscheidende Frage lautet: Gibt es eine Gewinner-Gewinner-Atmosphäre bei denjenigen, deren Interessen durch die Entscheidung tangiert werden, und in welchem Maße trauen sie einander zu, auch noch in Zukunft diese Gewinner-Gewinner-Atmosphäre zu teilen?

7. Das Wesen des Konflikts und wie man damit umgeht

Um zu führen, muß man zuerst entscheiden und dann durchführen. Ein sich ergänzendes (PAEI)-Team ist notwendig, um eine qualitativ hochwertige Beurteilung in einem Entscheidungsprozeß zu ermöglichen.

Die Parteien, deren Kooperation nötig ist, sollten gemeinsame Interessen an der Durchführung der Entscheidung mit Hilfe von *CAPI* haben, damit sie effizient wird.

Verschiedene (PAEI)-Stile erzeugen Konflikte. Eigeninteressen können mit allgemeinen Interessen an *CAPI* kollidieren. Daher ist ein Konflikt, der von der Form (Stil) und dem Inhalt (Eigeninteresse) herrührt, in Organisationen alltäglich. Das bringt der Bereich des Managements mit sich. Das ist notwendig und unentbehrlich. Es gibt keinen Konflikt, wenn keine neuen Entscheidungen getroffen werden oder wenn eine Durchsetzung von Entscheidungen nicht notwendig ist, was lediglich bedeutet, daß es keine Veränderung mehr gibt. Und das geschieht nur im Falle des Todes einer Organisation.

Wie bereits im 5. Kapitel erörtert wurde, ist ein Konflikt entweder destruktiv oder konstruktiv. Er ist niemals vorteilhaft. Er ist konstruktiv, wenn er funktional ist; und er ist destruktiv, wenn er nicht kanalisiert wird. Ein Konflikt ist wie Energie oder fließendes Wasser. Wenn er nicht für ein bestimmtes Ziel genutzt wird, sucht er sich sein eigenes. Durch die Definition schon festgelegt, gibt es keinen Stillstand.

Wenn sich ein funktionales Ergebnis oder ein gewünschter Wandel einstellt, dann ist ein Konflikt konstruktiv. Das geschieht während eines Lernprozesses, da das Lernen eine Veränderung des Intellekts bedeutet; es gibt Wachstum. Wann lernt man? Wenn man sich auf gegenseitigen Respekt verlassen kann. Wir lernen nicht von Personen, die wir nicht respektieren. Respekt ist für einen Lernprozeß unabdingbar und daher auch für bessere Entscheidungen, aber die Durchsetzung einer Entscheidung wird davon nicht gesteuert. Dafür ist das Vertrauen unverzichtbar. Personen werden die Veränderung zulassen und sie hegen und pflegen, wenn sie glauben, daß es ihren eigenen Interessen dient. Da es unmöglich ist, einen solchen Ausgang zu sichern, ist das Vertrauen wichtig, wenn sich die Veränderung effizient vollziehen soll.

Gegenseitiger Respekt

Was ist Respekt? Immanuel Kant sagt, Respekt ist die Achtung der Souveränität der anderen Person. Im Miteinander der internationalen Beziehungen ist ein Land dann souverän, wenn es seine eigenen Entscheidungen treffen kann, ohne daß andere Länder darauf Einfluß nehmen. Das gleiche gilt für zwischenmenschliche Beziehungen. Wir respektieren andere Personen, wenn wir ihre Souveränität, eigene Entscheidungen zu treffen, akzeptieren. Sie müssen ihre Entscheidungen nicht so fällen, wie wir es wollen. Wir müssen nicht mit ihnen übereinstimmen, aber wenn wir von ihnen lernen wollen, müssen wir einander verstehen. Wenn wir eine Person respektieren, die mit uns nicht einer Meinung ist, haben wir die Chance, aus dieser Meinungsverschiedenheit zu lernen; und die Qualität unserer Entscheidung verbessert sich.

Sehen wir uns die englische Sprache einmal genauer an. Das englische Wort *colleague* stammt von dem lateinischen Begriff *zusammen ankommen* ab. Kollegen sind somit Leute, die von unterschiedlichen Standpunkten aus beginnen, aber gemeinsam zu der gleichen Schlußfolgerung kommen, indem sie aus ihren Meinungsunterschieden lernen.

Was einen Konflikt in eine destruktive Kraft verwandelt, ist der fehlende Respekt. Eine Ehe wird nicht durch das Vorhandensein eines Konfliktes zerstört. Eine Ehe ohne Konflikte ist entweder eine tote oder eine sterbende Ehe. Die Leute heiraten einander *wegen,* nicht *trotz* ihrer Differenzen. Psychotherapeuten berichten, daß die Gründe, die zur Eheschließung führen, identisch mit den Gründen sind, die eine Scheidung bedingen. Die Partner werden von ihren Unterschiedlichkeiten angezogen. Sie verlieben sich mit den Unterschieden, mit den Qualitäten, die dem einen fehlen und die der andere besitzt. Gemeinsam sind sie perfekt, und unbewußt, so vermute ich, streben sie eine solche Perfektion an, damit auch ihre Kinder perfekt werden.

Wenn die Bindung hergestellt wird, wird eine Organisationseinheit mit Aufgaben etabliert. Die Partner versuchen, ihre Differenzen auszutragen, wobei ein Konflikt auftaucht, der, abhängig davon, *wie* mit ihm umgegangen wird, eine wachsende Beziehung oder ein bedauernswertes Desaster verursachen kann. Gegenseitiger Respekt ist essentiell, wenn man Wert darauf legt, daß die Ehe Bestand hat. In diesem Fall ist eine Meinungsdifferenz eine Gelegenheit für das Wachstum der Beziehung; die Ehegatten lernen etwas Neues über sich und über ihre Ehe. Wenn gegenseitiger Respekt fehlt, die Partner nicht auf das hören, was der andere sagt, versteht man die Position des anderen viel weniger. Die Ehe löst sich auf oder sollte aufgelöst werden.

Eine Ehe zerbricht nicht an einem Konflikt an sich, sondern daran, *wie* man mit dem Konflikt umgeht.

Vor einigen Jahren las ich einen Artikel in der *New York Times,* in dem Forschungsergebnisse über Paare zusammengefaßt wurden. Mehrere hundert Paare waren von Beginn ihrer Collegezeit an beobachtet worden. Die Wissenschaftler hatten versucht herauszufinden, ob es Persönlichkeitsmerkmale gibt, die es ermöglichen, eine erfolgreiche oder nicht erfolgreiche Ehe zu prognostizieren. Sie konnten keine signifikanten Variablen entdecken, die Aufschluß darüber gegeben hätten, welche Differenzen in der Persönlichkeit eine bessere Beziehung garantierten. Aber sie fanden heraus, was den Unterschied ausmachte, ob ein Paar zusammenblieb oder nicht. Es hing davon ab, *wie* die Paare ihre Meinungsverschiedenheiten austrugen, ungeachtet der Persönlichkeitsdifferenzen.

(PAEI)-Konflikt und Lebenszyklus

Betrachten wir den Lebenszyklus einer Organisation, dann sehen wir, daß die Organisation in jeder Phase Probleme hat; das liegt daran, daß sich die vier Funktionen niemals an jedem Punkt in völligem Gleichgewicht befinden – die vier (PAEI)-Funktionen sind niemals zur selben Zeit voll entwickelt und gleich. Immer fehlt das Gleichgewicht, sogar in den normalen Phasen des Lebenszyklus. Warum? Weil genau das Bewegung und Wachstum ermöglicht. Im Gleichgewicht zu sein heißt tot sein. Dann existiert keine Energie für eine Veränderung.

Probieren Sie die folgende Übung aus. Stellen Sie sich fest auf beide Beine und falten Sie Ihre Hände. Sie fühlen sich wohl und haben alles unter Kontrolle, nicht wahr? Das scheint der normale Status zu sein. Richtig? Falsch! Wenn Sie in dieser Haltung verweilen, werden Sie sterben. Sie können sich kein Essen holen, nicht zum Badezimmer gehen oder sich schlafen legen. Nehmen Sie nun einmal eine andere Haltung ein. Stellen Sie sich auf ein Bein, strecken Sie das andere Bein in die Luft, als ob Sie gehen würden, strecken eine Hand nach vorn und die andere nach hinten. Sie sind nicht im Gleichgewicht und werden wahrscheinlich Schwierigkeiten haben, lange Zeit auf einem Bein zu stehen. Das ist nicht so bequem und normal, stimmt's? Stimmt, aber das ist die gewünschte Haltung, weil Sie sich zwischen zwei Bewegungen befinden. Sie haben sich soeben Essen geholt und wollen etwas anderes tun. Was auf kurze Sicht angenehm erscheint, erweist sich langfristig als sehr unangenehm, und was zunächst für kurze Zeit unangenehm war, stellt sich auf lange Sicht als die angenehmere Position heraus.

Das fehlende Gleichgewicht zwischen den Systemen – die Abläufe, der Stil der Leute und die Strukturen –, das einer Organisation innewohnt und das die (PAEI)-Funktionen hervorbringt und erhält, erzeugt Konflikte. Auf kurze Sicht ist das Fehlen eines Konfliktes sehr angenehm, aber langfristig wird es zum Tod führen. Ein Konflikt ist kurzfristig unangenehm, aber für die Zukunft könnte er sich als konstruktiv erweisen, was wiederum davon abhängig ist, wie mit ihm umgegangen wird.

Der Unterschied zwischen einem pathologischen und einem normalen Konflikt besteht darin, ob der Konflikt die Organisation vorantreibt, damit sie die benötigte Energie entwickelt, um zu funktionieren. Pathologisch sind Konflikte dann, wenn sie die Organisation, das Individuum oder das System dazu bringen, sich selbst zu wiederholen anstatt voranzuschreiten. Sie bedingen keine Veränderung. Da ein Konflikt gelenkt werden muß, kann die Energie nicht an einem Platz verweilen; er verändert, was auch immer auf seinem Weg liegt – er wird destruktiv.

Weder in einer Ehe noch in der Geschäftswelt, noch in der Gesellschaft wird das funktionieren.

Die Dominanz von (P) und die Schwäche von (A), (E) und (I) schaffen in der normalen Kindheit normale Probleme der Besessenheit von quantifizierbaren Ergebnissen auf Kosten des Ablaufs. Es existiert ein reaktives Umfeld, wenn mangelnde Geduld als normal akzeptiert wird. Aber die Saat für die spätere Destruktion ist ausgestreut.

Das Fehlen von Kontrolle und eines Planungsprozesses läßt die Organisation während der Go-Go-Phase außer Kontrolle geraten; mangelnde Geduld, ein Überbleibsel aus der Kindheit, gepaart mit der typischen Arroganz der Go-Go-Phase, führt zu Intoleranz, die wiederum gegenseitigen Respekt missen läßt, und dies kann in der Folge eine jugendliche Organisation zerstören.

Im Go-Go schafft dieses Ungleichgewicht die normalen Probleme der Überbetonung des *Was* und des *Warum* ohne eine ausreichende Beachtung des *Wie* und des *Wer*. Deshalb kommt es zu einem Umschwung von »Management durch Krise« zu »Krise durch das Management«.

Während der Jugend entstehen durch das Ungleichgewicht neue Probleme, die aus dem Konflikt zwischen (A) und (E) herrühren, allerdings verbessert werden könnten, wenn ein bewußter Versuch unternommen würde, die Beachtung der (P)-Funktion einzuschränken und statt dessen der (I)-Funktion mehr Aufmerksamkeit zu widmen.

Welcher Art ist das Wesen des gegenseitigen Respekts im Lebenszyklus? Betrachten wir Respekt als ein Belohnungssystem. Dem zukünftigen Gründer wird in der Werbungsphase noch kein Respekt gezollt, er ist ein Träumer. Während der Kindheit gebührt der Respekt den Machern, denen, die produzieren.

Weil die Ergebnisse in der Go-Go-Phase so unglaublich gut sind, schwärmt man in dieser Zeit für die Gründer und bewundert sie. Während der Go-Go-Phase kommt den Gründern eine religiöse Verehrung zu, die sie in der Werbungszeit nicht erfuhren. Die hohe Wachstumsrate und die unerwartete Expansion schaffen eine gewisse Atmosphäre der Arroganz in der Organisation und besonders beim Gründer.

Ich habe erlebt, daß der Gründer begann, Größenwahn zu entwickeln. In einem pathologischen High-Tech-Unternehmen lag wiederholt ein Wachstum von mehr als 300 Prozent pro Jahr vor. Der Gründer fühlte sich unbesiegbar und fing an, sich selbst als eine Reinkarnation von Jesus zu betrachten. In einem anderen Fall war der Gründer eines solchen Unternehmens der Meinung, er könne nicht nur die Probleme seines Unternehmens lösen, sondern auch die des ganzen Landes. Er dachte daran, ein politisches Amt zu übernehmen, da er glaubte, von Gott verliehene Kräfte zu besitzen. Diese Selbstverherrlichung und -verehrung kann über Nacht zerschmettert werden, wenn die Organisation in den fortgeschrittenen Stadien des Go-Go in eine größere Krise gerät und dadurch in das jugendliche Stadium eintritt. Dann herrschen anstelle des gegenseitigen Respekts gegenseitige Beschuldigungen, Kämpfe, cliquenhaftes Verhalten und gehörige Nichtachtung.

Von der Werbungszeit bis zur Jugend existiert gewöhnlich kein *gegenseitiger* Respekt. Es gibt Respekt vor einer einzelnen Person. Die Krankheit der *Personalitis* geht um, die Verehrung des Führers. Der Führer stellt all das dar, was die Organisation zu sein wünscht. Diese *Personalitis* kann zu einer der Schwierigkeiten in der jugendlichen Organisation werden, wenn der Respekt vor einer Person sich in gegenseitigen Respekt verwandeln muß, damit die Organisation sich zum Blütestadium hin entwickeln kann.

Wenn der Wandel vom individuellen zum gegenseitigen Respekt nicht vollzogen wird, kann dies eine Organisation in eine Gründerfalle locken. Die Monopolisierung des Respekts zeigt an, daß die Organisation Schwierigkeiten haben wird, wenn sie auf ihrem gesunden Weg im Lebenszyklus voranschreitet. Wenn die Organisation gegründet oder geführt wurde von mehreren Leuten mit unterschiedlichen Stilen, die einander mit gegenseitigem Respekt begegneten und bei denen es Konflikte gab, wird die Organisation auf lange Sicht schneller wachsen und gedeihen.

Wenn sich die Organisation zum Blütestadium hin bewegt, ist der Respekt nicht länger auf eine Person bezogen, sondern auf die Organisation als Ganzes; als Ergebnis entwickeln die Angehörigen einer Organisation ein Gefühl von Affinität für eine Wesenheit, und sie sind stolz dazuzugehören. In der Go-Go-Phase identifizieren sie sich mit einem Individuum. »Ich arbeite bei Stewart« contra »Ich arbeite bei IBM«. Das immer wiederkehrende Wort in der Go-Go-Phase, wenn der Gründer spricht, ist *ich;* während der Blütezeit ist es *wir.* (In der jugendlichen Phase sind die gebräuchlichen Wörter *sie* oder *er,* gemäß den Kämpfen und Streitereien, die stattfinden.)

Nach der Blütezeit verändert sich der Respekt abermals, aber er verwandelt sich in einen ritualisierten Respekt der Form, nicht der Funktion, der Person oder des Systems. Das wird um so stärker in der Aristokratie hervorgehoben, wenn die Respektlosen zurückgewiesen werden, auch dann, wenn gerade Respektlosigkeit notwendig ist, um die Organisation funktionstüchtig zu erhalten. Die Respektverweigerer sind die (E)s, die Stänkerer, die die Organisation als Enfants terribles betrachtet.

Hört die Organisation bereits in der frühen Bürokratie auf, gut zu funktionieren, regiert die Respektlosigkeit, und die gegenseitigen Beschuldigungen grassieren. Wenn die Organisation überlebt und trotz mangelnder Funktionalität Unterstützung von außen erfährt, dann werden die Leute zwar in der Öffentlichkeit, also nach außen hin, respektiert, nicht aber die Organisation, und gegenseitiger Respekt fehlt ganz, wenn über abwesende Personen gesprochen wird. Bürokraten sind die Leute mit der geringsten Nervosität, mit denen ich jemals zusammengearbeitet habe. Es existiert kein Druck, sich zu entwickeln, kein Druck, jemanden zu verärgern, und kein Druck, Wellen zu machen. Da jeder einzelne, ungeachtet der Tatsache, wie er sich entwickelt, überleben wird, ist der Respekt von der Entwicklung losgelöst und existiert dennoch, egal was in der Organisation geschieht.

Die Form ist alles. Wenn man sich an die Spielregeln hält, keine Wellen macht und die anderen Mitspieler nicht brüskiert, wird man selbst auch nicht brüskiert. Aber das ist natürlich nur oberflächlich. Oberflächlich betrachtet begegnen Bürokraten einander sehr respektvoll, aber hinter ihren Rücken lassen sie es an dem nötigen Respekt fehlen.

Sowohl bei Tod als auch in der frühen Bürokratie und in der Jugend wird die Respektlosigkeit zur Schau gestellt, sie ist nicht mehr verborgen. Es gibt die Bitterkeit der Niederlage, und alle Gefühle sind nach außen gekehrt.

Vergleicht man die Phasen des Wachstums mit den Phasen des Alterns, findet man Respekt während des ganzen Lebenszyklus, außer in der Werbungszeit, der Jugend, der frühen Bürokratie und im Tod. Vor der Jugend ist der Respekt direkt auf einen einzelnen konzentriert. In der Blütezeit gebührt er den einzelnen und dem Team als einem System. Von da an richtet sich der Respekt die ganze Aristokratie hindurch nur auf das System. In der Bürokratie gibt es den Anschein von Respekt, während Respektlosigkeit die wahre Haltung der Leute ist.

Warum gibt es Respektlosigkeit, und warum wird sie während der Werbungszeit, der Jugend, der frühen Bürokratie und während des Todes zur Schau gestellt? Diese Stadien scheinen eines gemeinsam zu haben, nämlich daß sie einen wichtigen Wendepunkt, eine größere Störung in der Entwicklung der Organisation markieren. Der gemeinsame Nenner für die Zeit des Werbens und der Jugend sind die Geburtswehen. In der Werbungszeit wird die Idee geboren. In der Jugend wird die Organisation als eigenständige Einheit von der Idee oder dem Gründer separiert, der die Initialzündung zu ihrer Entstehung gegeben hatte. Geburt ist mit Schmerzen verbunden, und wo es Schmerzen gibt, kann Respektlosigkeit bekundet werden, es sei denn, der Schmerz ist zielgerichtet und bringt funktionale Ergebnisse hervor.

Der gemeinsame Nenner der frühen Bürokratie und des Todesstadiums ist das Sterben. Die frühe Bürokratie ist durch die Ankündigung des nahenden Endes charakterisiert; dieser wiederum kann der tatsächliche Tod der Organisation folgen – der Konkurs. Wenn die Organisation ins Krankenhaus eingeliefert wird – wenn sie externe Hilfe bekommt –, kann der Tod hinausgeschoben werden. Dann wird auch die Respektlosigkeit hinausgeschoben, bis die Organisation endgültig pleite macht.

Daraus kann eine interessante Folgerung gezogen werden: Es gibt kein Wachstum ohne Schmerzen. Aber Schmerzen können sowohl

Wachstum hervorbringen als auch das System behindern, je nachdem, wie man mit ihnen umgeht. Es handelt sich um Energie, die, wenn sie nicht gelenkt wird, weil sie nicht im Zaum gehalten werden kann, destruktiv wird.

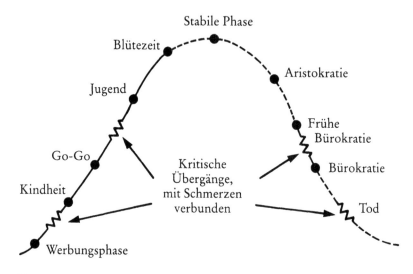

Abb. 32: Schmerzen im Lebenszyklus

Gewinner sind daran zu erkennen, wie sie verlieren, wie sie mit Schmerz umgehen. Es ist einfach, zu gewinnen und die Freude des Erfolgs zu erfahren. Wie man eine Niederlage überwindet, kennzeichnet die Stärke eines Menschen – diese Stärke ist es, die eine Person zu einem Gewinner machen kann, wenn sich dazu eine Möglichkeit ergibt.

Organisationen sollten die Erfahrung von Kinderkrankheiten machen. Es wäre genau wie bei Kindern ihrer Gesundheit dienlich. Kinderkrankheiten stärken das System und versetzen es in die Lage, zu einem späteren Zeitpunkt besser mit Problemen umzugehen. Das Management lernt, Konflikte zu überwinden, wenn die Organisation wächst, und diese Erfahrung ermöglicht es dem Management, mit der Organisation zu wachsen.

Ich stimme ganz mit Red Scott, dem Vorsitzenden von Intermark, überein. Um herauszufinden, ob Bewerber potentielle Gewinner sind, stellt er ihnen die Frage, ob sie schon einmal eine persönliche Tragödie oder Schwierigkeit zu überwinden hatten. Das zeigt ihm, ob diese Leute Stärke haben oder entwickeln konnten. Menschen, die immer nur gewonnen haben, sind wie verzogene Gören; bei ihnen ist es unmöglich vorherzusagen, wie sie einen Verlust, der im Leben irgendwann zu erwarten ist, verkraften werden. Man kann nicht immer gewinnen, es sei denn, man betrügt oder erfüllt nicht die in einen gesetzten Erwartungen, und das sind ohnehin nicht die Leute, die man einstellen will.

Gegenseitiges Vertrauen

Um eine Entscheidung effizient umzusetzen, bedarf es des *CAPI*. Wenn ein Individuum nicht über *CAPI* verfügt, muß es mit anderen zu einem Team verschmolzen werden. Um Menschen, die über Autorität, Macht und Einfluß verfügen, zusammenzuschweißen, muß man ihre unterschiedlichen Eigeninteressen verschmelzen. Das Management will für gewöhnlich mehr oder Besseres; es will etwas aufbauen. In jedem Falle will das Management mit Hilfe der Organisation mit irgend jemandem irgend etwas leisten. Die Betreffenden sind Untergebene, deren Interessen sich von denen des Managements unterscheiden. Es ist nur logisch, wenn diejenigen, die ihre Ideen und ihre Muskelkraft verkaufen und die keine maßgeblichen Interessen daran haben, etwas aufzubauen, nicht an dem langfristigen Nutzen interessiert sind, weil sie vielleicht nicht mehr da sein werden, um ihn genießen zu können. Sie werden den größtmöglichen Erfolg mit dem geringstmöglichen Aufwand auf kurze Sicht anstreben. Sie werden für weniger Arbeit mehr Geld wollen, während das Management mehr Arbeit für weniger Geld anstrebt. Genau hier kommt es zu einem Interessenkonflikt.

Technokraten – Fachleute – haben berufliche Voreingenommenheiten. Wenn sie im Marketing arbeiten, wollen sie die beste Marketingkampagne. Wenn sie in der Finanzabteilung arbeiten, streben sie nach den besten Unternehmenskennzahlen. Jede einzelne Interessengruppe hat ihren fachlichen Bezugsrahmen, auf den sie sich bei fachlichen Entscheidungen stützt. Hier wird sich schon wieder ein Konflikt anbahnen. Diesmal beruht er nicht auf stilistischen Unterscheidungen. Es handelt sich um einen Interessenkonflikt.

Der Grund dafür, daß manche Entscheidungen, die für das gesamte System gut wären, nicht in die Tat umgesetzt werden, liegt darin, daß es nicht im Interesse eines Teils des Systems liegt, die Entscheidungen umzusetzen. Im privaten Bereich könnte es eine gute Idee sein, abzunehmen, es liegt aber nicht im Interesse meiner Geschmacksnerven, auf den Genuß guten Essens zu verzichten. Das nennt man Suboptimierung; die Interessen eines Subsystems unterwandern die Interessen des Ganzen.

Interessenkonflikte können jede Organisation zerstören. Es liegt nicht daran, daß man einander nicht versteht, was wiederum die Quelle von Konflikten im (PAEI) ist. Wir verstehen einander durchaus. Wir sind nur nicht einer Meinung, weil die Entscheidung nicht unseren individuellen Eigeninteressen dient.

Ein Witz macht diesen Punkt ganz klar.

Ein Schwein und eine Henne waren seit langem gute Freunde. Also dachte die Henne, es wäre eine gute Idee, sich auf eine Partnerschaft einzulassen. »Wir sind so gute Freunde. Wir kommen so gut miteinander aus. Warum machen wir nicht zusammen ein Geschäft auf?« fragte die Henne. »Das ist eine gute Idee. Aber woran denkst du?« fragte das Schwein. »Tja, ich dachte, wir eröffnen eine Restaurant-Kette für Eier und Schinken, um unsere gemeinsamen Wettbewerbsvorteile auszunutzen.« »Tolle Idee mit überzeugender Strategie«, sagte das Schwein. »Es gibt da aber ein Problem. Was für dich nur ein Beitrag ist, ist für mich die totale Hingabe.«

Um Entscheidungen umzusetzen, bedarf es einer Gemeinsamkeit von Interessen – eines Gewinner-Gewinner-Klimas. Eine solche Atmosphäre kann aber nicht kurz- und langfristig für immer existieren. Es ist ganz normal, daß zu welchem Zeitpunkt auch immer die Leute glauben, daß dies jetzt eine Gewinner-Verlierer-Situation sei.

Um diese Gewinn-Verlust-Hürde zu überwinden, braucht man eine Gewinner-Gewinner-Vision auf lange Sicht. Wenn die Mitglieder einer Organisation langfristig zu dieser stehen sollen, müssen sie das langfristige Engagement der Organisation für sich spüren. Die Leute brauchen eine Vorstellung davon, wann die kurzfristigen Gewinn-Verlust-Aspekte einer Organisation durch eine Gewinner-Gewinner-Situation kompensiert werden. Sie müssen wissen, daß die jetzigen Opfer später belohnt werden.

Die langfristige Sicht ist nicht nur eine langfristige Prognose von Ereignissen. Damit sind ein langfristiges gemeinsames Ziel und langfristige gemeinsame Interessen auf der Basis einer gemeinsamen Vision gemeint. Wie lassen sich nun diese langfristige Vision und das gemeinsame Interesse auf kurze Sicht übersetzen, um die gemeinsamen Interessen in der Gegenwart, wenn sie gebraucht werden, wirksam werden zu lassen? Den »Transmissionsriemen« nennen wir *gegenseitiges Vertrauen.* Es entsteht, wenn wir einer Person mit Interessen, die sich kurzfristig von unseren unterscheiden, zutrauen, daß sie uns langfristig belohnen wird.

In traditionellen Gesellschaften gibt es einen ausgiebigen Austausch von Geschenken. In Japan gehört das zum gesellschaftlichen Ritual. Beispiele lassen sich auch in der Tierwelt finden. Professor Amotz Zahavi, ein weltberühmter Zoologe, berichtete mir von bemerkenswerten Verhaltensweisen. Er unternahm ausgiebige Forschungen über eine bestimmte Vogelart in der Negev-Wüste. Diese Vögel sind einzigartig, weil sie sehr kooperativ sind. Sie sind es, sagte er, indem sie Dinge füreinander tun, als ob sie sagen würden: »Ich gebe dir etwas, weil ich darauf vertraue, daß du mir gelegentlich etwas zurückgibst.«

Wir hören auf, Leute zum Abendessen einzuladen, wenn wir nach vielen gemeinsamen Abenden an unserem Tisch feststellen, daß sie sich nie erkenntlich zeigen. Sie nehmen immer nur, und dem entziehen wir uns.

Es gibt kein Geben ohne Gegenleistung. Für beides bedarf es des gegenseitigen Vertrauens, weil zwischen den einzelnen Episoden eine Zeitspanne liegt und weil der Wert dessen, was da ausgetauscht wird, schwer zu ermitteln ist. Man muß darauf vertrauen, daß sich auf lange Frist alles ausgleicht.

Menschen, die kein Vertrauen zu anderen Menschen besitzen, geben nicht und nehmen nicht. Sie nehmen nichts, weil sie befürchten, daß sie sich erkenntlich zeigen müssen. Sie wollen niemandem etwas schuldig bleiben. Deshalb stehen sie allein da und bleiben es auch. Solche Personen sollten keine Führungspositionen übernehmen, und sie sind womöglich auch schlechte Ehegatten und Eltern.

Wie und wann entsteht gegenseitiges Vertrauen? Im Griechischen ist das Wort für *Freund* und das für *Liebe* ein und dasselbe – φίλος.

Das machte mich nachdenklich. Wenn man jemanden liebt, der verletzt wird, ist man selbst verletzt. Wenn meinen Kindern irgend etwas Schlimmes zustößt, dann erleide ich selbst fürchterliche Schmerzen. Wenn einem Menschen, den man liebt – Kind, Ehepartner, Eltern –, etwas Schmerzhaftes zustößt, dann sagt man nach guter sephardischer Sitte »Yo para ti«, was wörtlich übersetzt bedeutet: »Ich wollte, ich wäre an deiner Stelle.«

»Liebe, das ist, wenn ich mich selbst am besten fühle, sobald ich mit dir zusammen bin«, sagt Larry Wilson. Warum stimmt das? Weil Liebe gegenseitige Abhängigkeit bedeutet, physisch, emotional und psychisch. Was dir weh tut, tut auch mir weh. Je mehr ich dich liebe, um so mehr fühle ich mich eins mit dir. Da wir eins sind, fühle ich mich großartig, wenn du dich großartig fühlst. Liebe, das ist, wenn man sich nicht schlecht fühlt ... Jemanden zu lieben bedeutet, ihm bis zu dem Punkt verbunden zu sein, an dem man selbst spürt, was dem anderen geschieht.

Im Hebräischen kommt das Wort für Freund von dem Wort »verbunden sein«, als ob man eins wäre. Daher ist es nur zu verständlich, daß die Worte Freund und Liebe ein und dasselbe bedeuten, denn was immer auch dem Freund zustößt, ist, als ob es dir zustieße. Es ist, als ob man organisch miteinander verbunden wäre.

Gegenseitiges Vertrauen entsteht, wenn Menschen Freunde sind. Einem guten Freund können Sie vertrauen, weil er es sich nicht leisten kann, Sie zu verletzen. Eine Verletzung wird ihm genauso weh tun, weil Sie mit ihm verbunden sind, weil Sie einander lieben. Sie können einem Freund vertrauen, weil es in seinem eigenen Interesse liegt, Ihre Interessen nicht zu verletzen. Sie werden niemals eine Person als Freund bezeichnen, der Sie Ihren Rücken nicht zuwenden können.

Ein Team von Kollegen, die auch befreundet sind, ist in jeder Art von System für ein gutes Management notwendig, ganz gleich, ob es sich um ein Unternehmen, eine Familie oder eine Gesellschaft handelt. Sie können sich in allem uneinig sein, bis auf eines: Sie müssen das gleiche Eigeninteresse teilen oder eine Gewinner-Gewinner-Vision haben und einander vertrauen, um sie teilen zu können. Ein perfekter Ehepartner ist jemand, der ein Freund und Kollege ist. Diese Person stimmt auf eine hilfreiche Art nicht mit Ihnen überein, und Sie verschwenden keinen Gedanken daran, daß diese konträre Haltung von einem versteckten Eigeninteresse herrührt, das Ihr Ehepartner auf Ihre Kosten fördert. Japan ist erfolgreich, weil sein Managementsystem auf einer Kultur des gegenseitigen Respekts und Vertrauens aufbaut. In dieser Kultur hören alle respektvoll bei gegenteiligen Meinungen zu. Jemanden zu brüskieren ist eine ernste Sache, und das Gesicht zu verlieren kann einen Selbstmord zur Folge haben. Das System einer lebenslangen Anstellung fördert eine Interessengemeinschaft und eine langzeitige Verpflichtung füreinander, die auf gegenseitigem Vertrauen basiert.

Dieses Thema des gegenseitigen Vertrauens und Respekts kann anhand einer Analogie zur Körpersprache erläutert werden. Wenn wir jemanden respektieren, wenden wir ihm unser Gesicht zu, und mit Respekt hören wir zu und widersprechen. Ist einmal eine Entscheidung gefallen und setzen wir die Durchführung fort, drehen wir der anderen Person den Rücken zu, wenn wir ihr vertrauen – wir wissen, der Betreffende wird die Entscheidung in unserem Interesse durchführen, weil dies auch in seinem eigenen Interesse liegt. Die Unstimmigkeiten treten während des Entscheidungsprozesses auf, nicht bei der Durchführung.

In vielen Situationen tauschen Lärm und Ruhe die Plätze. Diejenigen, die *nicht* widersprechen, um nicht ihre Respektlosigkeit zu zeigen, nicken zustimmend und *verhalten* sich wie Freunde, aber hinterrücks widersprechen sie, indem sie ihre eigenen Interessen verfolgen.

Notwendigerweise ist ein Freund nicht einer, der mit dem anderen übereinstimmt. Ein Freund ist jemand, der die Eigeninteressen des anderen teilt.

Die Essenz eines gesunden Organisationsklimas ist also eine Umgebung, in der das Lernen gehegt wird und die Leute aufrichtig füreinander einstehen. Ein Konflikt, zur Schau gestellt in Meinungsverschiedenheiten, wird so lange akzeptiert, wie das ausschließliche Eigeninteresse die Leute nicht dazu treibt, das Verhalten und die Suboptimierung zu zerstören. Die Verschiedenheit liegt darin, wie das gemeinsame Interesse interpretiert wird.

Für gegenseitigen Respekt braucht man eine Umgebung, die zum Lernen einlädt, und Kollegen, die wissen, wie man uneins sein kann, ohne dabei unangenehm zu sein. Für gegenseitiges Vertrauen braucht man ein Klima des gemeinsamen Interesses, das durch gegenseitige abhängige Eigeninteressen entsteht. Das nennt man Liebe (nicht Leidenschaft), wie die Liebe einer Mutter zu ihrem Kind. Freunde lieben einander, nehmen Rücksicht auf die Interessen des anderen, oder sie sind keine Freunde – sie sind Bekannte.

Um ein guter Manager zu sein, braucht man ein Klima des gegenseitigen Respekts und Vertrauens. Man ist darauf angewiesen, sich mit Freunden zu umgeben, die Kollegen sind, Menschen, von denen man lernen kann und die man liebt.[15]

---

[15] Hierzu etwas Gespenstisches. Tom Monaghan, CEO bei Domino's Pizza, Besitzer der Detroit Tigers und ein Certified Integrator der Adizes-Methode, wies mich darauf hin. Es gab Studien von ernstzunehmenden Wissenschaftlern über Personen, die nach ihrem klinischen Tod wieder in das Leben zurückkehrten. Wie wir wissen, erfahren Menschen, die ernsthafte Traumata durchlebt haben, irgendeine Veränderung in ihrem Lebensstil und in ihrer Lebensperspektive. Menschen, die auf die Erfahrung eines klinischen Todes zurückblicken können, wurden gefragt, ob sie eine neue Einstellung zu ihrem Leben hätten, eine Botschaft, wie sie das Leben sehen sollten. Obwohl sie sich niemals getroffen haben oder gemeinsam darüber diskutierten, sagten sie alle übereinstimmend dasselbe: Liebe und lerne.

Sehen wir uns nun den Lebenszyklus von Organisationen an und wie eine Gemeinsamkeit von Interessen oder ihr Fehlen das Verhalten beeinflußt.

In der Werbungszeit wird die langfristige Interessengemeinschaft aufgebaut; die Organisation baut an ihrer Vision. Ein »Vertrau mir«-Klima wird geschaffen. Wenn der Gründer es nicht schafft, ein Klima des Vertrauens ins Leben zu rufen, wird die Restaurantkette für Eier und Schinken niemals existieren. Tatsächlich flößen Gründer noch nicht solchen Respekt ein, weil ihre Ideen bis dahin noch nicht bestanden haben. Die einzige Sache, die die Geburt einer Organisation ermöglicht, ist Vertrauen, das Vertrauen, daß der Gründer etwas aufbauen wird, das in der Zukunft von Vorteil sein wird für jeden, der an den Bemühungen in der Gegenwart teilhat.

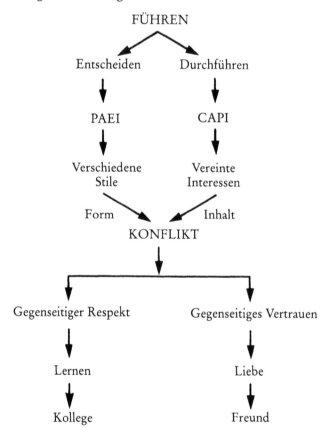

Abb. 33: Kollegen und Freunde

Damit eine Organisation geboren werden kann, muß das Vertrauen durch die Verpflichtung, ein Risiko einzugehen, überprüft werden. Das Geld liegt auf dem Tisch, die Leute widmen einen Teil ihres Lebens der Erfüllung einer Aufgabe und verbringen schlaflose Nächte, darüber sinnend, was sie mit der Organisation machen können.

In der Kindheit gibt es ein gemeinsames Interesse: Überleben. Da gibt es keine Probleme der Durchführung. Jeder macht, was getan werden muß, gemäß den Worten von Mary Parker Follet über das »Gebot der Stunde«. Die Gründe, die zu den Entscheidungen führen, sind offensichtlich und von der Situation diktiert; es handelt sich nicht um den Egotrip eines Individuums.

Im Go-Go-Stadium steuert das Ego, nicht die Situation die Organisation. Noch immer gibt es keine Probleme der Durchführung, weil es keinen Streit um den Erfolg gibt; es herrscht Vernarrtheit in die Führung und das Vertrauen in eine Person und deren Genialität. Das Vertrauen in den Führer erreicht hier seinen Höhepunkt. Jeder, der Anteil an den Vorgängen hat, gibt sein Bestes, man läßt den Gründer machen, was er wünscht; alle vertrauen ihm vollkommen, obwohl sie spüren, daß die Situation angespannt ist, und sie sich sorgen, ob das Hoch anhalten kann und wird. Sie sind beunruhigt, aber sie erheben nicht ihre Stimme oder tragen ihre Sorgen nach außen. Wenn die Probleme des fortgeschrittenen Go-Go sich einschleichen, kommt es zum großen Knall, und das gegenseitige Vertrauen schleicht sich von dannen.

Die Disparität der Interessen, die sich in der Kindheit einstellte und zunächst durch das Gebot der Stunde überbrückt wurde und anschließend durch den Erfolg im Go-Go-Stadium, beginnt während der Jugend an die Oberfläche zu drängen. Die Tatsache, daß der große Knall ein schwerwiegendes Unternehmensunglück ist, akzentuiert die Interessendisparität, die zuerst in der Autoritätsstruktur beim Management lokalisiert wird, dessen Aufgabe es ist, solche Probleme zu überwinden. Der (E)-Typus möchte zu dem zurückkehren, was die Organisation erfolgreich gemacht hat; er will *mehr* von dem machen, was er vorher getan hat. In den Augen des (A)-Typus sieht das aus, als ob man gutes Geld zum Fenster hinauswerfe. Der (A)-Typus möchte den davonrasenden Zug aufhalten – er möchte kontrollieren und konservieren, was aufgebaut wurde. Er möchte weniger unternehmen.

Eine weitere Disparität der Interessen gibt es zwischen dem Gründer und der Organisation. Der Gründer, der mehr Geld verdient hat, als er sich jemals erträumte, beansprucht mehr freie Zeit, mehr

Annehmlichkeiten, die sich mit dem Erfolg einstellen, und eine Ego-Gratifikation durch Einbindung in die Gemeinschaft. Aber die Organisation wünscht sich eine stabilere, nicht eine zurückhaltendere Führung. Die Fachleute wollen die über den Daumen gepeilten Aktionen des Gründers stoppen; es beleidigt ihr fachliches Verständnis von Integrität oder ihr Eigeninteresse, das zu behüten und zu unterstützen, was sie aufzubauen versuchen. In der Jugend ist ein Zusammenbruch der Balance zwischen Autorität und Einfluß normal. In pathologischen Fällen wird dies die Gründungspartner letzten Endes entzweien.

Die schrumpfenden Ergebnisse der Organisation lassen die langfristige Vision hohl erscheinen. Die Vision der Werbungsphase hat ausgedient, wenn die Organisation die Jugend erreicht. Eine neue Vision muß erdacht werden. In dem Maße, wie die langfristigen Interessen ihre Anziehungskraft verlieren, übernehmen die kurzfristigen Interessen das Ruder. Die Zeit der Machtspiele und die Zeit der Fragen, wer wird wen aufkaufen, ist angebrochen.

Die Organisation erreicht niemals diese Blütezeit, wenn sich die Pathologie einstellt. Sie wird sich nur dann bis zur Blütezeit weiterentwickeln, wenn während der Jugend eine neue Vision, eine neue langfristige Gewinner-Gewinner-Situation geschaffen wird und wenn das Vertrauen von einem Individuum auf das System übertragen wird. Das erfordert einen Zusammenschluß der Interessen, basierend auf *Selbst*vertrauen. Die Vision kann keine ausschließliche Domäne des Gründers sein; die Organisation muß an der Vision ihrer Zukunft teilhaben, indem sie auch an der Planung beteiligt wird: gegenseitiges Vertrauen durch Selbstvertrauen.

Gegenseitiges Vertrauen und Selbstvertrauen herrschen auf dem Weg zur Aristokratie, in der das gegenseitige Vertrauen abnimmt, was wiederum später, in der frühen Bürokratie, einen Verlust des Selbstvertrauens zur Folge hat.

Während der frühen Bürokratie kommt es zu einem Zusammenbruch der Interessensbalance zwischen Macht (Arbeiter) und integriertem Autoritätseinfluß (Management und Fachleute). Die oberste Ebene will den unteren Bereich ausgrenzen. Es ist normal für den unteren Bereich, daß er um sein Überleben kämpft. In extremen Fällen geht es noch weiter. Das Management möchte die Fachleute entlassen, oder diese versuchen das Management zu unterminieren, und die Hexenjagd ist eröffnet. Dann gibt es verschiedene Ebenen des Mißtrauens, und jeder ist sich selbst der nächste.

In der Bürokratie findet sich wieder eine Interessengemeinschaft – das Überleben. Die Organisation verhält sich wie ein neugeborenes Kind, aber eines, das mit einem vollständigen Gedeck von Silberlöffeln im Mund zur Welt gekommen ist. Die vorherrschende Regel lautet: Solange man in der Öffentlichkeit nicht weint oder die Kleidung beschmutzt, solange man keine *politische* Belastung ist, ist man sicher. Der Grad des Vertrauens oder Mißtrauens hängt von den politischen Gegebenheiten ab und nicht davon, was mit den Kunden geschieht.

Anhang zum 7. Kapitel

Soziale Kulturen und wirtschaftliche Entwicklung

Man muß sich einen Konflikt zunutze machen, damit eine Organisation gut geführt und konstruktiv ist. Die Quellen eines Konflikts sind Stildifferenzen **(PAEI)** und die Disparität der Interessen *(CAPI)*. Gegenseitiger Respekt funktionalisiert einen Konflikt, der durch die Stildifferenzierung entsteht, während gegenseitiges Vertrauen einen Konflikt funktionalisiert, der von der Interessendisparität herrührt.

Für wirtschaftliche Leistung ist ein gutes Management notwendig, und eine Kultur des gegenseitigen Vertrauens und Respekts ist für eine gutgeführte Organisation ein unersetzlicher Faktor.

Schumpeter erntete weltweiten Beifall für seine Theorien über das wirtschaftliche Wachstum. Ein Eckpfeiler seiner Theorie ist die Bedeutung des unternehmerischen Geistes für das wirtschaftliche Wachstum. Eine Erfahrung im beruflichen Alltag ließ mich Schumpeters Ergebnisse in Frage stellen. Innerhalb einer Woche hielt ich Vorträge vor israelischen, griechischen und deutschen Managern. Als ich die Theorie so vortrug, wie sie in dem Buch dargestellt ist, hatte ich eine Erleuchtung. Wenn es Länder mit einem Überfluß an unternehmerischem Geist gibt, dann sind es Israel und Griechenland. Sie schachern und handeln seit 2000 Jahren. Deutschland ist andererseits mehr aufgrund seiner **(A)**-Kultur bekannt. Wie steht es mit Japan? Nicht sein individuelles Unternehmertum macht seinen Bekanntheitsgrad aus, oder? Die Japaner sind für ihr **(I)** bekannt.

Welches Land kann eine bessere wirtschaftliche Entwicklung vorweisen? Unternehmerische Kulturen wie Griechenland und Israel (unabhängig von den Problemen der politischen Sicherheit) oder Deutschland und Japan? Es scheint mir, daß Schumpeter die Bedeutung des **(E)** Unternehmertums entdeckte, weil er in Österreich, das der deutschen Kultur mit einer Ausrichtung auf die **(A)**dministration sehr nahesteht und wo die Komplementarität von **(E)** dringend benötigt wird, aufgewachsen ist und erzogen wurde und dort seine Studien betrieb.

Was die Vereinigten Staaten zur größten, reichsten und erfolgreichsten Nation der Welt werden ließ, waren nicht nur die Größe des Landes und seine wirtschaftlichen Ressourcen. In Lateinamerika gibt es das auch. Allein Brasilien ist genauso groß wie die Vereinigten Staaten. Der Bundesstaat São Paulo ist größer als Frankreich. Was die physi-

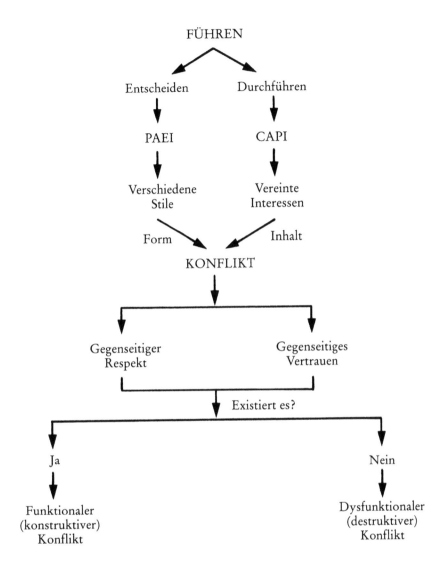

Abb. 34: Konstruktiver contra destruktiver Konflikt

kalischen Ressourcen betrifft, fehlt es Brasilien an nichts. Was die Vereinigten Staaten zu AMERIKA macht, zu einem Konzept, zu einem Markenartikel für Erfolg, ist die Philosophie des gegenseitigen Vertrauens und des Respekts. Es ist ein Schmelztiegel mit vorbestimmten Spielregeln, die im wesentlichen gegenseitiges Vertrauen und Respekt sein sollen und gesetzlich verankert sind. Arbeit soll unbelastet sein von den Vorurteilen des Glaubens, der Hautfarbe, der Rasse, und die Grenze ist der Himmel. Und wenn die Regeln der Demokratie gebrochen werden, wird keiner von den Konsequenzen ausgenommen. Man denke beispielsweise an Watergate, den Fall, in dem der Präsident zum Rücktritt gezwungen wurde.

Das Geheimnis des Erfolgs liegt nicht allein im unternehmerischen Geist, sondern auch in einer Kultur des gegenseitigen Vertrauens und Respekts, in der der unternehmerische Geist auf fruchtbaren Boden fällt und es ihm gestattet wird, erfolgreich zu sein.

Israel und Griechenland könnten erfolgreicher sein, wenn sie eine Kultur des gegenseitigen Vertrauens und Respekts fördern würden. Sehen wir uns Singapur an. Es handelt sich um eine kleine Insel mit keinen nennenswerten Vorkommen, mit vielen Rassen, ethnischen Gruppen, Religionen, Traditionen und Sprachen. Es hat das Potential, ein unglaublicher Unruheherd zu sein. Doch regiert mit eiserner Hand, haben sich die Regeln für gegenseitiges Vertrauen und Respekt durchsetzen lassen. Die entschiedene Führung durch den Premierminister Lee Kuan Yew ermöglichte die Entwicklung einer Kultur, die Singapur vom übrigen Asien unterscheidet, obwohl Singapur mit den gleichen Problemen wie die übrigen asiatischen Länder zu kämpfen hat. Der folgende Zeitungsausschnitt stammt aus der *New Straits Times* vom 19. August 1987:

... Der Premierminister von Singapur, Lee Kuan Yew, setzte die Grundregeln für die 2,6 Millionen starke Bevölkerung von Singapur fest – kein Kommunalismus, kein Kommunismus oder religiöser Extremismus.

Lee, der das Land seit 28 Jahren regiert, hält es für möglich, daß das Volk eine spezifische Kultur haben kann, in der alle Rassen in einem gemeinsamen Strom zusammenkommen, das aber wird eine lange Zeit dauern, getragen von vielen Generationen gemeinsamer geschichtlicher Erfahrung.

Der Premierminister sprach ... von den besonderen Schwierigkeiten Singapurs, eine Nation aufzubauen, über die Gefahren, Rasse, Sprache und Religion dazu zu benutzen, die Leute um sich zu sammeln. Angesprochen auf Singapurs Verletzlichkeit als Nation, zitierte Lee ... einen amerikanischen Gelehrten, der gesagt hatte, daß »die Geographie, die Geschichte, die Sprache und die Kultur sich alle gegen die Länder Asiens verschworen haben, um ihnen den Aufbau einer Nation und die wirtschaftliche Entwicklung verstärkt zu erschweren«.

Der Gelehrte hatte in seinem Buch auch erwähnt, daß die Zukunft voller Risiken für jeden Staat in dieser Region sei ... Mächte von außen könnten auch internationale Kettenreaktionen innerhalb einzelner Länder in Gang setzen, die die Regierungen stürzen und die Erfolge der letzten Jahrzehnte vernichten könnten.

Lee sagte, daß Singapur es vorziehe, den Gefahren, die zu einem Zusammenbruch der Nation führen könnten, so geringe Chancen wie möglich einzuräumen, und daß man gefährlichen Rednern, die aus Rasse, Sprache oder Religion Kapital schlagen wollen, weiterhin den Maulkorb anlegen würde.

Sehen wir uns Schweden an. Eine der natürlichen Quellen des Landes war von jeher eine Kultur des gegenseitigen Vertrauens und Respekts. Die Schweden erdulden endlose Schmerzen, um Konfrontationen, Konflikte und Zurschaustellungen von Mißtrauen und Respektlosigkeit zu vermeiden. Es ist eines der wenigen Länder, in dem die Menschen ihre Regierung respektieren und ihr vertrauen und in dem die Regierung ihre Bevölkerung achtet und ihr vertraut. Schweden hat seit Hunderten von Jahren keine Arbeiterunruhen mehr erlebt. Eine Wohlstandsgesellschaft hat sich entwickelt, die nach mehr Einnahmen verlangt und somit auch nach mehr Besteuerung. Einige Schweden schließen sich dem Rest der Welt an und lernen, wie man Steuern umgehen kann. Die Saat des Mißtrauens und der Respektlosigkeit ist gesät. In meinen Vorlesungen in Schweden sagte ich Mitgliedern des schwedischen Parlaments, daß jede Gesetzgebung, die die Kultur des gegenseitigen Vertrauens und Respekts untergrabe, gleichzusetzen sei mit einer Gesetzgebung, die natürlichen Wohlstand und die Ressourcen des Landes ruiniere. Eine Kultur ist ein bedeutender Faktor für den wirtschaftlichen Erfolg, manchmal sogar wichtiger als die physikalischen Ressourcen. Das ist es, was Japan zu dem Imperium von heute werden ließ. Es besitzt kaum nennenswerte Ressourcen. Es hat aber eine Kultur des Vertrauens und Respekts, die Gruppenkreativität und langfristige Interessenprojektion ermöglicht, die wiederum Eigeninteressen auf kurze Sicht vereint.

Wenden wir uns nun dem ehemaligen Jugoslawien zu, einem Land, dessen früheres Managementsystem ich intensiv analysiert habe.[16]

---

[16] Adizes, I.: Industrial Democracy, S. 290 ff., s. Literaturverzeichnis
Adizes, I./Mann-Borghese, Elisabeth: Self Management: New Dimensions to Democracy, S. 162, s. Literaturverzeichnis

Das System der Selbstverwaltung wurde wiederholt kritisiert, weil es nach ökonomischen Kriterien beurteilt wurde. In meinen eigenen Büchern habe ich den gleichen Fehler gemacht. Heute sehe ich es anders. Das jugoslawische Selbstverwaltungssystem sollte nach sozialen Kriterien beurteilt werden; es hat den Balkan erfolgreich *entbalkanisiert*.

Jugoslawien hatte erfolgreich eine Kultur hervorgebracht, die wenigstens zeitweise die Respektlosigkeit und das Mißtrauen zwischen den unterschiedlichen Nationalitäten zum Teil überwand. Ich betone »zum Teil«, weil das Land weit davon entfernt war, gegenseitigen Respekt und Vertrauen wie in Japan oder in der Schweiz zu erreichen. Das Land hatte aber immerhin erreicht, sich von der Null zur, sagen wir, Vier auf der Vertrauens- und Respektskala zu bewegen, was zwar eine unendliche Verbesserung darstellte, für wirtschaftlichen Erfolg aber nicht ausreichte. Was war die Alternative? Null? Ein Bürgerkrieg! Das jugoslawische System hätte man nicht danach beurteilen dürfen, was es erreicht hat, sondern danach, was es verhindert hat.

Es scheint so, als ob gesellschaftliche Kulturen politische Bewegungen und wirtschaftliche Leistung erklären. So glaube ich beispielsweise, daß der Kommunismus deswegen auf Entwicklungsländer so anziehend wirkt, weil er gegenseitigen Respekt und Vertrauen *verspricht*. »Arbeiter und Bauern, vereinigt euch gegen Ausbeutung und Ungerechtigkeit.« Sehen Sie sich die Flagge an – ein Hammer und eine Sichel friedlich vereint. Lauschen Sie den Slogans – »Proletarier aller Länder, vereinigt euch!« Da wird Einigkeit und Gleichheit versprochen. Der Kommunismus *verspricht* Recht, Ordnung und Verhaltensregeln, die einfach zu verstehen und zu befolgen sind. Das versprochene Ergebnis – Vertrauen und Respekt – erscheint vielversprechend. Totalitarismus verspricht Effizienz.

Was bietet dagegen die Demokratie? Konflikte und Unsicherheit. In freien Märkten werden die Qualifizierten ihren Weg machen, diejenigen dagegen, die da nicht mithalten können, fallen zurück. *Klingt* das nach gegenseitigem Vertrauen und Respekt? In meinen Ohren klingt das eher nach Respektlosigkeit und Mißtrauen. Es verspricht kurzfristige Ineffizienz, oder? Wenn überhaupt von Effektivität die Rede ist, dann wird sie auf lange Sicht versprochen und von irgendeiner unsichtbaren Hand geschaffen werden. Da sollte es nicht verwundern, wenn den Entwicklungsländern kurzfristige Effizienz attraktiver erscheint als langfristige Effektivität im Vertrauen auf eine ineffiziente unsichtbare Hand.

Das Problem, soviel sollte jetzt klar sein, liegt darin, daß kurzfristige Effizienz langfristige Ineffektivität hervorbringt, während kurzfristige Ineffizienz auf lange Sicht Effektivität produziert. Die Bürokratisierung totalitärer Regime bringt Mißtrauen und Mißachtung hervor (wie man an Auschwitz und Sibirien sehen kann). Die Versprechungen werden nicht eingehalten – im Gegenteil. Ehe das sichtbar wird, entwickelt sich das totalitäre System zur Falle, dem selbst die Führer nur noch schwer entkommen können, wie der Fall des Nikita Chruschtschow zeigte. In der ineffizienten Demokratie können sich dagegen, wegen der unbegrenzten Möglichkeiten, Respekt und Vertrauen entwickeln. Schließlich kann jeder daran glauben, daß er die gleiche Chance hat. Eine Demokratie kann nur mit gegenseitigem Respekt und Vertrauen funktionieren. Die Demokratie muß Vertrauen und Respekt beschützen, wenn sie überleben will.

Die bisher vorgestellten Analyseinstrumente sollten verdeutlicht haben, daß Konflikte für ein gutes Management unausweichlich und wünschenswert sind. Management ist ein notwendiger und unvermeidlicher Prozeß, auch wenn die Jugoslawen mit ihrem Selbstverwaltungssystem versucht haben, es praktisch überflüssig zu machen, und die israelische Kibbuz-Bewegung versuchte, diesen Grundlehrsatz durch ein Rotationssystem außer Kraft zu setzen. Es gibt Führung, und es muß sie geben, weil nur dann, wenn es eine Konstante gibt, der Wandel beschleunigt wird. Und irgend jemand muß den Prozeß der aktiven und reaktiven Anpassung leiten. Das nennt man den Führungsprozeß. Er bringt notwendigerweise Konflikte mit sich, denn bei jeder Entscheidung darüber, was zu tun ist, prallen Stile aufeinander; und bei dem Versuch, den Wandel voranzutreiben, prallen Interessen aufeinander. Dieser Konflikt ist unvermeidlich, und es bedarf dabei der Führung und der Funktionalisierung.

Karl Marx versuchte den Konflikt zu negieren, als ob er eine pathologische Entwicklung darstellte, ein Produkt der bourgeoisen Gesellschaft, in der es einen Konflikt der Interessen zwischen den Klassen gibt. Sein *Rezept* war die *Eliminierung* des Konflikts mit Hilfe eines Systems, das die Interessen der klassenlosen Gesellschaft vereint. Beim Erwerb von *CAPI* könnte das funktionieren, aber selbst das ist fraglich, weil die Monopolisierung von *CAPI* nur den Konflikt der beschriebenen Interessen negiert. Demgegenüber stellt Milovan Djilas fest, daß sich in der Realität neue, andere als die Marx bekannten Klassen entwickeln.[17]

---

[17] Djilas, Milovan: The New Class. An Analysis of the Communist System, San Diego 1983

Die Negation von Konflikten durch die Schaffung einer Einheit der Interessen in einer klassenlosen Gesellschaft bewirkt nur den *halben* Ausgleich. Dabei geht es nur um *CAPI*, nur um die Umsetzung von Entscheidungen. Was aber ist mit dem Entscheidungsprozeß selbst? Indem die Kommunisten Konflikte negieren, negieren sie auch Meinungsunterschiede. Die Negation politischer Parteien führt zu Entscheidungen, die schlecht durchdacht sind und in einer Katastrophe enden.

Die Negation eines Konflikts führt am Ende zur Negation des Wandels. Kommunismus ist daher vergleichbar mit dem Beispiel über das Stillstehen mit gefalteten Händen. Stärke entsteht dann, wenn es keine Konflikte und Reibungen gibt. Aber dann gibt es auch wenig Drang, sich einem Wandel anzupassen oder ihn voranzutreiben.

Michail Gorbatschow versuchte, das sowjetische System aufzulockern, indem er Glasnost und damit Offenheit in Diskussionen erlaubte. Das bedeutete eine Liberalisierung und Legitimierung unterschiedlicher Meinungen. Bei der Lockerung zu **(PAEI)** konnte es nicht bleiben; er mußte auch *CAPI* lockern und unterschiedliche Interessen legitimieren. Das konnte nicht gutgehen. Die UdSSR war ein Pulverfaß nationalistischer Interessen. Der Meinungsfreiheit mußte die Forderung folgen, unterschiedliche Interessen verfolgen zu dürfen.

Demokratie ist die legitime Differenzierung politischer Urteile, ist **(PAEI)**. Kapitalismus ist die legitime Differenzierung von Eigeninteressen, ist *CAPI*. Demokratie und Kapitalismus legitimieren Konflikte und damit Bewegung und Wandel.

Der Kommunismus, der wegen seines Versprechens von Effizienz so attraktiv erscheint, behindert den Wandel, was auf lange Sicht gleichbedeutend mit ökonomischer, sozialer und kultureller Auszehrung ist. Der Kapitalismus erscheint unattraktiv – er verspricht Konflikte, Meinungsverschiedenheiten, Ungewißheit und eine ungleiche Verteilung von Wohlstand, weil den unterschiedlichen Interessengruppen erlaubt wird, ihre Eigeninteressen zu verfolgen. Gleichwohl zieht der Konflikt den Wandel nach sich. Er bringt Wachstum hervor und somit die gleiche Möglichkeit für alle, mehr zu besitzen. Der Kommunismus verspricht Gleichheit, die aufgrund des fehlenden Wandels und damit aufgrund des fehlenden Wachstums privilegierte Klassen produziert, die per definitionem mehr haben auf Kosten derer, die weniger haben müssen, d. h. eine ungleiche Möglichkeit zu teilen. Wie Winston Churchill sagte: »Kapitalismus ist die ungleiche Verteilung des Reichtums. Kommunismus ist die gleiche Verteilung der Armut.«

Das demokratische System trägt den Samen zur Selbstzerstörung offensichtlich in sich, da das System die Freiheit jener fördert, die Respekt und Vertrauen negieren und somit das demokratische System, in das sie hineingeboren wurden, ablehnen. So geschehen in Deutschland, als die Nationalsozialisten legal an die Macht kamen. Ferner müssen in einer Demokratie gegenseitiges Vertrauen und Respekt Teil der politischen Kultur sein. Das bedeutet (PAEI) = *CAPI*. Was die Demokratie gefährden kann, ist das Heranwachsen von (A), einer zentralistischen Regierung und Technokratie. Wenn die Gesellschaft ihre Blütezeit hinter sich gelassen hat, leidet sie wirtschaftlich, die Inflation oder ein Handelsdefizit werden lästig, die Zeitspanne für Lösungen wird sich verkürzen, und ein großes (P) wird um Führung und Lösung der Probleme gebeten, die die Demokratie in Gefahr bringen können und werden.

Kommunistische Länder bedeuten eine andere Gefahr für die Demokratie.

Totalitarismus muß geographisch expandieren, um Energie zu importieren, da er auf lange Sicht ein ineffizientes System ist. Ein politischer Witz, den ich in Osteuropa hörte, verdeutlicht diesen Punkt.

Frage: »Welche Kuh ist die größte in der Welt?«

Antwort: »Eine bulgarische Kuh! Sie wird in Bulgarien gefüttert und in Rußland gemolken.«

Indem man Meinungsfreiheit unterbindet, kommen Entscheidungen zustande, die verheerende Veränderungen nach sich ziehen können, und der Import von Energie ist notwendig, um dies zu verbergen.

Kann Demokratie in Entwicklungsländern funktionieren? Demokratie funktioniert erst nach der Jugend und nur, nachdem ein System des gegenseitigen Vertrauens und Respekts etabliert wurde. Vor der Jugend gibt es eine solche Kultur nicht. Die Kultur ist *zu* abhängig von einem Führer, von einer Person. Damit eine Demokratie erfolgreich sein kann, braucht sie eine funktionierende Konstitution und ein funktionierendes Erziehungssystem, das den Menschen gegenseitiges Vertrauen und Respekt wie einen Stempel aufdrückt. Das ist der Grund, weshalb Diktaturen in Entwicklungsländern reichlich zu finden sind.

Wie können die Industrieländer den Entwicklungsländern bei ihrem Übergang von der Diktatur zur Demokratie zur Seite stehen? Nicht indem sie Unterstützung über diese Länder ausschütten oder ihnen militärische Berater schicken.

Es geht nur, indem erstens nicht jedes System unterstützt wird, das ausbeutet, ungerecht zu seinen Leuten ist und Mißachtung und Mißtrauen nährt. Die Hilfestellung bei der Beseitigung von Ferdinand Marcos war schon ein Schritt in die richtige Richtung. Zweitens, indem einem totalitären Regime Getreidenachschub, Maschinen oder andere Waren verweigert werden. Jene Regime werden an der bloßen Last der Ineffektivität zugrunde gehen. Wir müssen uns enthalten und uns weigern, ihre Ineffektivität, ungeachtet dessen, wie rentabel sie für uns auf kurze Sicht ist, zu unterstützen. Drittens geschieht es dadurch, daß ein Erziehungsprogramm eingerichtet wird, das die Effektivität demokratischer Ideologie korrekt verbreitet und von der Auffassung ausgeht, daß die soziopolitische Effizienz ein Gegenmittel für sozioökonomische Effektivität ist.

Teil III

Anwendung der Instrumente zur Prognose von Verhaltensweisen

Einleitung zu Teil III

Effektives Management heißt, die richtigen Entscheidungen zu treffen und sie durchzuführen. Somit ist die Qualität des Führungsprozesses eine Funktion der Qualität der getroffenen Entscheidungen und der Effizienz ihrer Umsetzung.

In der Blütezeit trifft eine Organisation gute Entscheidungen und führt sie adäquat durch. Sie trifft die richtigen Entscheidungen, um Veränderungen herbeizuführen, und setzt diesen Wandel durch. Die Organisation ist sowohl flexibel als auch steuerbar.

Aber wie erreicht eine Organisation die Blütezeit?

Dieses Phänomen des Lebenszyklus wird erreicht, wenn die Fähigkeit, Entscheidungen zu treffen und umzusetzen, wächst, die **(PAEI)**-Funktionen erlernt und institutionalisiert wurden und die Interessen, denen die Organisation dient, integriert und gebündelt werden.

Es gibt eine vorherbestimmte Abfolge, in der sich die **(PAEI)**-Funktionen entwickeln (s. 8. Kapitel). Es gibt auch eine vorherbestimmte Abfolge, wie *CAPI* zusammenwächst (s. 9. Kapitel) und wie und warum eine Organisation die Blütezeit hinter sich läßt und altert (s. 10. Kapitel).

Haben wir einmal verstanden, wie und warum die Organisation sich in ihrem Lebenszyklus entwickelt, wie es in Teil III dargestellt wird, werden wir uns in Teil IV dieses Buches damit beschäftigen, wie man diese Entwicklung beeinflussen kann.

8. Prognose von Unternehmenskulturen

In Teil I dieses Buches wurde jede Phase des Lebenszyklus von Organisationen beschrieben. Gibt es Gründe für den Fortschritt einer Organisation von einer Stufe des Lebenszyklus zur nächsten? In diesem Kapitel wird erörtert, warum Unternehmenskulturen sich so entwickeln, wie sie es tun. Dabei benutzen wir die in Teil II dargestellten Instrumente.

Wenn wir die **(PAEI)**-Funktionen mit dem Lebenszyklus von Organisationen in Verbindung bringen, können wir verstehen, was sich in den jeweiligen Phasen ereignet.

Werbungsphase (paEi)

In der Werbungsphase wird ein Engagement geschaffen, aus dem letztendlich eine funktionierende Organisation hervorgeht; das heißt, ein Bedürfnis wird identifiziert, und das Engagement muß verstärkt werden, um diesem zu entsprechen. Daher ist Unternehmertum **(E)** die bedeutendste Funktion. Es steht für aktives Verhalten, es erkennt die zukünftigen Bedürfnisse in der Gegenwart, und es erzeugt die Bereitschaft, ein Risiko einzugehen, indem das Bedürfnis befriedigt wird. Dies geschieht durch die Bildung von Engagement, das sich durch Begeisterung oder *Verliebtheit* in eine Idee manifestiert.

Eine Organisation wird geboren, wenn das Engagement einer Prüfung standgehalten hat. Organisationen sterben, wenn es kein Engagement mehr für ihre Funktion gibt – wenn wir nicht mehr wissen, warum wir machen, was wir machen. Die Vitalität einer Organisation kann daran gemessen werden, wie viele Personen sich an eine Organisation und ihre Funktion gebunden fühlen.

Da alle vier **PAEI**-Funktionen für eine Organisation notwendig sind, um die Blütezeit zu erreichen, müssen Bestandteile davon schon bei der Konzeption vorhanden sein.

Während der Werbungsphase bieten die Funktionen **(P)** Zielerreichung (oder Bedarfsbefriedigung), **(A)** Verwaltung und **(I)**ntegration einen Realitätstest für die **(E)** Unternehmerfunktion. Der Unterschied zwischen der normalen und der pathologischen Werbungsphase besteht in der Präsenz oder der Abwesenheit der drei anderen Funktionen. Eine normale Werbungsphase ist durch **(paEi)** charakterisiert; ei-

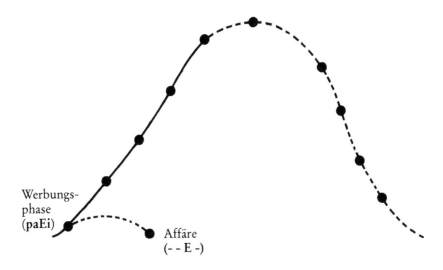

Werbungs-
phase
(paEi)

Affäre
(- - E -)

Abb. 35: Die Kultur der Werbungsphase

ne pathologische Werbungsphase zeichnet sich durch (--E-) aus, das heißt, die (P)-, die (A)- und die (I)-Funktionen fehlen. Die Organisation durchläuft keinen Realitätstest des Engagements. Realitätstests prüfen, *was* wir tun werden – (P) –, *wie* wir es tun werden – (A) – und *wer* es *wie* und mit *wem* machen wird – (I).

Wenn es während der Werbungszeit keine Realitätstests gibt, dann handelt es sich um eine Affäre; wenn der wirkliche Test stattfindet, geht die Werbungszeit zu Ende. Das Engagement wird den Test nicht bestehen. Alle vier Funktionen müssen, wenigstens latent, in der Werbungsphase vorhanden sein.

Der Grund dafür, daß (P) Zielerreichung, (A) Verwaltung und (I)ntegration einen Realitätstest für (E) Unternehmertum darstellen, ist, daß sie mit dem (E) Unternehmertum inkompatibel sind. Das (E) Unternehmertum wird durch *kleine* Portionen von (P), (A) und (I) herausgefordert. Wenn es während der Werbungszeit nicht herausgefordert wurde, könnte die Organisation vom Markt verschwinden, sobald sie in der Kindheitsphase schließlich mit großen Anforderungen an die (P) Zielerreichung konfrontiert wird. Das erforderliche Engagement ist nicht wirklich vorhanden.

Einfacher ausgedrückt: Der Übergang von romantischen Träumen zum tatsächlichen Handeln ist nicht einfach. Wenn eine Organisation entworfen wird, muß die Wirklichkeit *simuliert* werden, mit der die Organisation in der unmittelbaren Zukunft und während ihres ge-

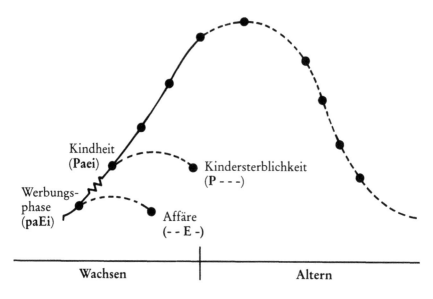

Abb. 36: Die Kultur der Kindheit

samten Lebenszyklus konfrontiert wird. Dabei muß festgestellt werden, ob die Organisation die Simulation überlebt, bevor der Fall tatsächlich eintritt. Das ist, als ob die Saat zukünftiger Subsysteme schon bei der Planung der Organisation vorhanden sein müsse; die notwendigen Bestandteile der Zukunft müssen von Anfang an existieren.

Kindheit (Paei)

Eine Organisation wird geboren, wenn das Engagement wirklichkeitsnah getestet und Risiken eingegangen wurden. Anschließend wird die (P) Zielerfüllung zur wichtigsten Funktion. Genau wie während der Werbungszeit bleiben (A) Verwaltung und (I)ntegration zweitrangig. Allerdings bewirkt das Aufrücken der (P) Zielerfüllung einen Bedeutungsverlust für das (E) Unternehmertum. Warum?

Was den Gründer antreibt, ist sein Engagement für die Organisation: das schreiende Bedürfnis, für dessen Erfüllung er glaubte prädestiniert zu sein. Wenn dann die Organisation endlich ihre Tore für das Tagesgeschäft öffnet, stürzt sich der Gründer mit Begeisterung hinein. Das ist die Zeit des *Los-los-los, Mach-mach-mach*. Das erklärt, warum die (P)-Funktion an Bedeutung gewinnt; nur, weshalb muß

218

das (E) Unternehmertum zurücktreten? Weil es eine gegenseitige Abhängigkeit zwischen der (E) Unternehmer-Funktion und der (P) Zielerfüllung gibt: Wenn (P) das *Was* darstellt und (E) das *Wofür,* dann ist (E) das langfristige Ziel von (P). Wenn die Frage nach dem kurzfristigen *»Was ist zu tun«* – (P) – geklärt ist, muß das langfristige *Wofür* – (E) – in den Hintergrund treten. (Wenn die kurzfristige Aufmerksamkeit nicht mit der langfristigen zusammenpaßt, muß die kurzfristige obsiegen, weil ansonsten gilt: »Langfristig sind wir alle tot«, um mit den Worten von John Maynard Keynes zu sprechen.)

Die Organisation muß die Funktion erfüllen, für die sie geschaffen wurde. Wenn die Organisation nicht einhält, was sie verspricht, wird sie sehr schnell sterben. Außerdem muß das Risiko, das die Organisation während der Kindheitsphase eingeht, durch Taten und harte Arbeit abgedeckt werden; das rettet das Engagement, um dessentwillen das Risiko übernommen wurde.

(P) ist die funktionale Orientierung. Diese funktionelle Orientierung ist bei allen kindlichen Systemen vorhanden, sogar bei Menschen. Während der ersten Lebensmonate ist ein Kleinkind gänzlich auf die funktionalen Bedürfnisse fixiert – essen, schlafen und warm und trocken sein. Genauso ist es bei einer Organisation. (P) ist der Schwerpunkt. Die Organisation braucht Geld – Liquidität –, um zu überleben. In kindlichen Organisationen ist es normal, daß es keine Zeit zum Denken, Träumen oder Fühlen gibt. Es heißt nur immer: Los-los-los. Nach einer Revolution werden die vorrevolutionären Theoretiker in der Regel entweder eingesperrt oder exekutiert; da die Revolution erfolgreich war, ist es an der Zeit, zu handeln und nicht zu reden.

Wer träumt und redet, behindert die anderen in ihrem Tatendrang. Das Alte Testament berichtet uns, daß Moses jenseits des Jordans genau zu dem Zeitpunkt starb, als der Traum, Kanaan zu erreichen, Wirklichkeit wurde – ein Traum, dem er sein Leben gewidmet hatte. Er übergab die Regierungsmacht an Josua, einen Macher, dessen Stärke eher das Durchsetzen und Handeln war als die Prophezeiung.

In einer kindlichen Organisation sind (A) Verwaltung, (E) Unternehmertum und (I) Integration wenig ausgeprägt. Eine kindliche Organisation wird normalerweise von einer Person geführt, einem Einzelkämpfer, der nicht delegiert und wie ein Ein-Personen-Orchester funktioniert. Danach verlangt eine kindliche Organisation. Das ist wie bei einer Mutter, die ihr Kind immerzu füttern, wiegen und trockenlegen muß. Es wäre falsch, wenn die Mutter sich anders ver-

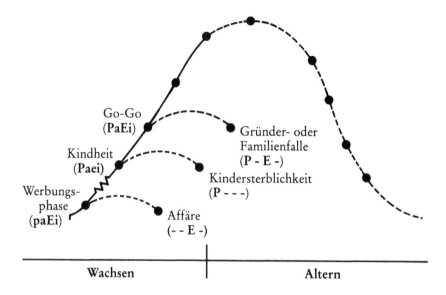

Abb. 37: Die Kultur des Go-Go

halten und versuchen würde, ihrem Kind das Klavierspielen beizubringen, weil das Kind vor allen Dingen die Erfüllung seiner funktionalen Bedürfnisse braucht. Genau das muß der Gründer für eine Organisation in dieser Phase des Lebenszyklus leisten.

Go-Go (PaEi)

Wenn die (P) Zielfunktion die Schwelle zur Stabilisierungsphase erreicht – die Lieferantenbeziehungen sind eingespielt und stabil und der Cashflow ist gesichert, weil die Kunden ihre Aufträge erneuern –, ist (P) vollständig entwickelt. Das erlaubt dem (E) Unternehmertum, an Bedeutung zu gewinnen. Warum? In der Werbungsphase nahm das (E) Unternehmertum viel Raum ein, und eine Vision wurde geschaffen. In der Kindheitsphase trat das (E) Unternehmertum zurück, weil die Vision einer Prüfung unterzogen wurde. Alle Energie wurde darauf verwendet, das Beste aus dieser Vision zu machen. Die (P) Zielerreichung mußte hoch im Kurs stehen. Nach dem Test wurde die Energie freigesetzt und zurück auf die Vision gerichtet, die die Organisation wieder mit ganzer Kraft vorantreibt: Das (E) Unternehmertum gewinnt wieder an Bedeutung.

Es ist wichtig, diesen Ablauf festzuhalten. Während der Werbungsphase steht das (E) Unternehmertum an erster Stelle. In der Kindheit tritt die (P) Zielorientierung in den Vordergrund und verliert das (E) Unternehmertum an Bedeutung. Während des Go-Go müssen beide zusammen stabilisiert werden, bevor der Anteil der dritten Funktion wachsen darf. Das bedeutet: Sowohl das *Was* als auch das *Wofür* müssen stabilisiert werden, bevor die *Wie*-Funktion entwickelt werden kann.

Eine Kindheit wird pathologisch, wenn sich die (E) Unternehmer-Funktion nicht entwickeln kann, wenn die Organisation fortwährend in einer (P) Zielerreichungsorientierung verbleibt. Die Organisation gleicht dann einem Kind, das die funktionale Orientierung nie überwunden hat. Es bleibt auf Essen, Schlafen und den Zustand seiner Windeln fixiert, obwohl viele Jahre vergangen sind. Offensichtlich handelt es sich um einen Menschen, der einer besonderen Behandlung bedarf, weil er sich nicht normal entwickelt.

Genauso verhält es sich bei einer Organisation mit einem negativen Cashflow und einer instabilen Kundenbasis; sie kämpft ständig ums Überleben, obwohl viele Jahre vergangen sind. Schließlich wird sie sterben, weil die für die Entwicklung erforderliche Energie größer ist als die für die Erhaltung notwendige. Die Bereitstellung einer ständigen Energiezufuhr, um diese Organisation zu erhalten, könnte unbezahlbar sein.

Das Go-Go-Stadium wird erreicht, wenn (P) Zielerreichung und (E) Unternehmertum ein gleich hohes Niveau erreicht haben. Dieses hohe Niveau von (P) und (E) in der Go-Go-Phase erklärt das Verhalten einer Organisation. Das Go-Go-Stadium orientiert sich an *Was* und *Warum;* es ist kurz- und langfristig ergebnisorientiert. Es gibt einen Traum wie in der Werbungszeit, die Organisation versucht aber, ihn wie in der Kindheit sofort umzusetzen. Deshalb handelt es sich beim Übergang vom Kindheits- zum Go-Go-Stadium um einen Übergang vom *Krisenmanagement* zur *Krise durch das Management.*

Ein Go-Go-Unternehmen expandiert schnell in viele unterschiedliche Richtungen, gewöhnlich intuitiv und höchst flexibel. Es könnte sich in kürzester Zeit überfordern. Es könnte an Geld mangeln, nicht weil die Situation danach verlangt, sondern weil das Management der Organisation zu viel abverlangte. Die Organisation hat sich selbst nicht unter Kontrolle. Die Differenz zwischen den Soll- und den Ist-Werten ist groß. Politische Vorgaben, wenn es überhaupt welche gibt, werden verletzt, und die Macht ist in hohem Maße beim Gründer konzentriert.

In der Go-Go-Phase hat die (A)dministration wenig Gewicht. Noch ist sie unterentwickelt, was den Mangel an Systematisierung und Ordnung und das Fehlen eines Organisationsplans und klarer Aufgaben- und Spezialisierungsdefinitionen erklärt. Die Organisation ist eher um Personen als um Aufgaben strukturiert. Im Go-Go-Stadium ist die Organisation eher den Personen angepaßt, als daß die Personen den Bedürfnissen der Organisation angepaßt sind.

Pathologisch wird das Go-Go-Stadium dann, wenn die (A)-Funktion sich nicht ganz entfalten kann. (A) muß als nächstes wachsen, da das kurzzeitige *Wie* entwickelt sein muß, bevor sich das langfristige *Wie* – die (I)ntegrationsfunktion – bilden kann. Die Notwendigkeit von (A) wird weniger betont, wenn (I) sich aus der sozialen Kultur der Organisation herleiten läßt. Das erklärt auch, weshalb fernöstliche Familien riesige Handelsgesellschaften mit geringem (A) aufbauen können. Sie haben (I) im Überfluß.

Die Entwicklung der (A) Verwaltung wird durch eine Krise hervorgerufen, die das Management mit seinem Go-Go-Verhalten auslöst. Die Organisation verlangt nach einer gewissen Stabilisierung, nach Ordnung und Prioritäten. Das bedeutet nicht, daß entschieden werden muß, was *noch* gemacht werden muß. Es bedeutet vielmehr, zu entscheiden, was nicht gemacht werden muß, was wiederum eine Konzentration auf das *Wie* bedeutet. Die Organisation wendet sich von *Was* und *Wann* ab und dem *Wie* zu. Wenn das verhindert wird oder wenn die (I)ntegration nicht funktioniert, weil die Familienbande nicht gut genug entwickelt sind, geht die Organisation in die Gründer- oder Familienfalle. Das ist die pathologische Entwicklung einer Go-Go-Organisation.

Die Falle rührt von der mangelhaften Institutionalisierung des *Was* und des *Warum* her – vom Mangel an (A) Verwaltung oder (I) Integration der (P) Zielorientierungs- und der (E) Unternehmerfunktion. Ohne die (A)-Funktion arbeitet die Organisation nicht wie ein System. Sie ist zu stark auf eine Person fixiert, die nach eigenem Gutdünken die Entscheidungen trifft, statt dem System zu erlauben, die Alternativen einzugrenzen. Die Organisation ist zu stark von der sie führenden Person abhängig, wodurch die (E)-Funktion monopolisiert wird; das gleiche Prinzip gilt für die (E)-Funktion. Mächtige soziale Werte halten als Ersatz für die mechanistischen rationalen (A)-Regeln her.

Die Institutionalisierung von (P) Zielerfüllung und (E) Unternehmertum erlaubt die Dezentralisierung dieser Funktionen ohne Kon-

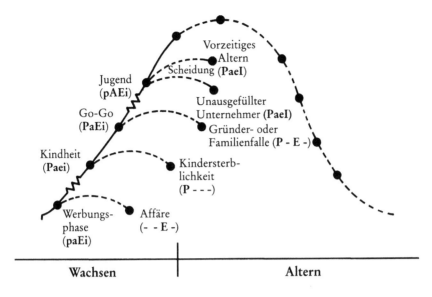

Abb. 38: Die Kultur der Jugend

trollverlust. Das ist ein notwendiger Faktor für den Übergang in die Blütezeit. Es muß Regeln und politische Vorgaben geben, **(A)**, oder solide Werte, **(I)**, denen selbst der Gründer unterworfen ist. Als Ergebnis einer solchen Verfassung wird die Organisation als vom Gründer unabhängiges System geboren.

Jugend (pAEi)

Der Übergang vom Go-Go- zum Jugendstadium wird von einer Krise verursacht, die eine Beachtung der **(A)** Verwaltungsfunktion erfordert. Das Auftreten von **(A)** ist mit Schmerzen verbunden, weil es sich hier um einen bedeutenden Übergang von *Was* und *Warum*, die quantitätsorientiert sind, zum *Wie* handelt, das qualitätsorientiert ist. Es ist ein Wechsel vom »Mehr ist besser« zum »Besser ist mehr«, mithin ein Wechsel von einem externen zu einem internen Schwerpunkt. Die Organisation reduziert ihre Aufmerksamkeit auf externe Kundenbedürfnisse und beginnt, ihren eigenen Bedürfnissen Priorität einzuräumen. Das gleiche geschieht augenscheinlich mit heranwachsenden Kindern.

Der Bedeutungszuwachs der **(A)** Verwaltung als wichtige Funktion muß entweder auf Kosten der **(P)** Zielorientierung oder des **(E)** Un-

223

ternehmertums gehen, die sich schon entfaltet haben. Die neue Funktion erfordert für ihre Entwicklung »Energie«, die irgendwo anders gewonnen werden muß. Wenn dies auf Kosten des (E) Unternehmerischen geht, ist es pathologisch. Wenn es zu Lasten der (P) Zielfunktion geht, dann ist dies ein normaler Fortschritt. Das wollen wir genauer erklären. (Vgl. »Zusammenfassung« am Ende des Buches hinsichtlich meiner Zweifel in diesem Punkt.)

Zunächst muß man wissen, daß die Entwicklung des (A)dministrativen nicht ohne ein Opfer vonstatten geht. Sie kann nicht ohne eine Beeinflussung von (P) Zielerreichung und (E) Unternehmertum wachsen. Der Grund dafür ist, daß der Übergang von der Funktion zur Form, wenn die Funktion (P) und (E) ist und die Form (A), so ausgeprägt ist, daß es zu einer Beeinflussung kommen muß. Es scheint, als ob eine Organisation ihre Energie für ihr Wachstum zusammenfaßt, und wenn neue Anforderungen auftauchen, muß etwas anderes zeitweise ausgeschlossen werden. Wenden wir uns noch einmal der Konzeption zu.

Zu Beginn wird die gesamte Energie für das (E) Unternehmertum verwendet. Ist diese Funktion einmal erfüllt, durch einen erfolgreichen (PAE)-Test, fließt nur die »Schwellenenergie« in (E), und die verbleibende Energie wird für die (P) Zielerreichung nutzbar gemacht. Ist (P) stabilisiert, besteht der nächste Schritt darin, die Energie der gemeinsamen Stabilisierung der (P)- und der (E)-Funktionen zu widmen. Ist das erst erreicht, kann die Energie die zwei Funktionen auch erhalten. Es verhält sich wie zu Beginn: Das System lernt, mit einer Funktion zu einem Zeitpunkt zurechtzukommen. Dann, wenn es lernt, mit zwei entwickelten Funktionen umzugehen, wobei eine neu ist, nimmt es die darin steckende größere Herausforderung an. Die neue Funktion ist die (A)dministrative, bei der es sich eher um eine Form als um eine Funktion handelt, und die Funktion muß sich geschlagen geben, wenn die Form kommt. Die Frage ist, welche Funktionskomponente – die (P) Zielerreichung oder das (E) Unternehmertum – wird zugunsten von (A) aufgegeben?

Das (A)dministrative ist eine *kurzzeitige* Funktion, und daher ist das offensichtliche Opfer die ebenfalls *kurzzeitige* (P) Zielerfüllung. Es handelt sich hier um eine einfachere Umwandlung als bei der Entwicklung einer *kurzfristigen* Funktion zu Lasten einer *langfristigen* wie etwa der (E) unternehmerischen. Aber (E) könnte ein attraktiverer Kandidat sein. (E) könnte in dem Maße schrumpfen, wie (A) zunimmt, weil der Aufstieg des (A)dministrativen ausgelöst wurde durch ein anfangs zu starkes (E) unternehmerisches Element. Es war eine Krise, die (A) den Auftrieb gab, und in einer Krise ist es normal, daß die Organisation versucht, (P) zu schützen. Darüber hinaus existiert die Tendenz, (E) zu opfern, weil die langfristigen Kosten hierbei nicht so hoch sind wie die kurzfristigen bei einer Reduzierung von (P). Somit ist zu erwarten, daß der Aufstieg bei (A) den Abstieg von (E) mit sich bringt. Die Frage ist, ob es sein *sollte,* nicht *wird.*

Durch das Opfer des (E) Unternehmerischen orientiert sich die Organisation völlig kurzfristig – (PA) – und verbaut sich den Schritt in die Blütezeit. Es handelt sich daher um eine unerwünschte Entwicklung.

Die Jugend scheint sich als eine Prüfungszeit zu entpuppen. In der Jugend wird gesiebt; hier werden jene Organisationen, die weiterkommen und blühen werden, von denen getrennt, die ins Trudeln kommen werden. Getrennt werden die Organisationen mit Selbstdisziplin von denen ohne Selbstdisziplin. Vor der Jugend war die Progression normal; zuerst muß (E) kommen, dann tritt (P) in den Vordergrund, und (E) bleibt zurück. Dann sind sowohl (P) als auch (E) obenauf. Die Abfolge verläuft reibungslos, als ob sie von der Dynamik des Organisationswachstums diktiert würde. Der Gründer folgt nur den Hinweisen; aber während der Jugend wird er vor die Wahl gestellt. Die Organisation wird sogar in Versuchung geführt: Wird das Management übernehmen, oder wird es durch die Organisation übernommen? Wird das Management führen oder folgen?

Über die Jahre habe ich gelernt, daß das, was einen Meister in jedem Bemühen auszeichnet, gleichgültig ob es sich um Kunst, Sport, Geschäft oder sogar Verbrechen handelt, nicht nur Talent ist. Man braucht Talent, um etwas gut zu machen, aber Talent kann auch verschwendet werden. Es entwickelt sich daraus kein anhaltender Einfluß. Um Vortrefflichkeit zu erlangen, braucht man Selbstdisziplin zur Kontrolle von Trieben und kurzzeitigen Versuchungen. Je größer das Talent ist, desto größer ist der Bedarf an Selbstdisziplin. In der jüdischen Tradition gibt es ein Sprichwort: »Wer ist ein Held? Derjenige, der seine Triebe erobern kann.«

Selbstdisziplin ohne Talent ist unproduktiv; Talent ohne Selbstdisziplin gleicht einem Strom von Funken, die nicht Feuer fangen können. Ein kontrolliertes Brennen erfordert eine Kontrolle der Funken. In der Jugend taucht das Bedürfnis nach organisationeller Selbstdisziplin auf. Ohne Selbstdisziplin wird das (E) Unternehmertum durch den Trieb verlorengehen. Ohne Selbstdisziplin und Kontrolle wird die Organisation die (P) Zielerreichung opfern.

Bis zur Jugend ist nur das Talent gefordert, um eine kindliche und eine Go-Go-Organisation zu führen; Talent, um zu erspüren, was der Markt fordert. In der Jugend taucht die Disziplin auf. Wird sie dem Talent entsprechen? Wenn nicht, wird die Organisation herumstreunen. Wenn die aufkommende Disziplin das Talent abtötet, geschah die Umstellung zu plötzlich, und die Organisation wird matt gesetzt. Der Wunsch sollte sein, das Talent nicht zu verlieren, sondern bewußt an der Selbstdisziplin festzuhalten und statt dessen kurzfristige Ergebnisse zu opfern.

(P) zu verlieren verlangt Selbstdisziplin. Die Organisation muß sich bewußt entscheiden, weniger für eine Sache zu tun, so daß sie mehr Zeit für andere Dinge hat, obschon sofortige Ergebnisse nicht sichtbar sind. Es muß weniger Zeit für den Verkauf aufgebracht werden, dafür aber mehr Zeit für Zusammenkünfte und für die Organisation.

Selbstdisziplin ist erforderlich, um Mittel zuzuweisen, damit *wenige* Dinge besser getan werden können, auch wenn in der Vergangenheit Investitionen in *mehr* statt in *besser* die gewünschten Ergebnisse brachten. Hier handelt es sich um einen bedeutenden Wandel, der *nicht* ganz natürlich aus eigenem Antrieb zustande kommt, wie es der Fall ist, wenn die Organisation sich von der Kindheit in das Go-Go bewegt. Im Gegenteil, in der Kindheit und im Go-Go werden die Organisationen süchtig nach (P). Sie von (P) zu entwöhnen, ist oftmals schwierig. Meine Erfahrung lehrt mich, daß der Wechsel wesentlich leichter von der Hand geht, wenn das (I)ntegrative präsent ist. Je höher die (I)ntegration, desto leichter kann sich das (A)dministrative auf Kosten der (P) Zielerreichung statt des (E) Unternehmertums hervortun. Das wird durch die Tatsache erklärt, daß (I) das langfristige *Wie* ist, das dem langfristigen (E) Unternehmertum hilft. Diese Funktionen stützen sich gegenseitig. Das Erscheinen des kurzzeitigen *Wie* (A) kann daher leichter zu Lasten des kurzzeitigen *Was* (P) erreicht werden.

Woher kommt die (I)ntegrative Funktion? Sie war in der Kindheit und im Go-Go in geringem Maße latent vorhanden. Richtig? Ja und nein. (I) kommt aus der makrosozialen Kultur, innerhalb deren sich die Organisationskultur entwickelt. Sie erwächst aus den Werten der Personen, die die Organisation bilden und führen. Deshalb versorgt auch die japanische Kultur ihre Organisationen mit (I) – sie müssen es nicht erst entwickeln. Daher findet ein japanisches Unternehmen seinen Weg zur Blüte ohne Schwierigkeiten, wohingegen ein israelisches oder griechisches Unternehmen, das (I) in einer intensiven (E) unternehmerischen Umgebung mit geringer (I)ntegration entwickeln muß, es schwieriger hat. Aufgabe der Adizes-Methode® bei der Veränderung der Kultur ist es, eine Organisation von der Go-Go-Phase zur Jugend zu bringen (vom unternehmerischen zum professionellen Management); das heißt, das (A)dministrative System durch (I)ntegration zu entwickeln.

Warum stellt die Zunahme von (P) eine normale Entwicklung dar, während der gleichzeitige Verlust von (E) pathologisch ist? Verliert man (E), verliert man langfristig (P). Durch den Verlust der langfristigen Orientierung wird die Organisation schließlich auch den Preis für den Verlust der kurzfristigen Orientierung zahlen. Wenn eine Organisation bewußt die kurzfristige Orientierung opfert, ohne die langfristige Orientierung zu verlieren, handelt es sich nur um ein vorläufiges Opfer. Das Management sollte das Wachstum zeitweilig verlangsamen und seine Energie einem Zuwachs an Effizienz widmen. Die normale Jugend zeichnet sich durch (pAEi) aus; die pathologische durch (PAei).

Wenn es der Organisation erlaubt wird, sich in ihrer Eigendynamik weiterzuentwickeln, und wenn das Management nicht führt – seine Meinung vielmehr durch Selbstdisziplin verkündet –, wird der Rückgang von (E) eine normale Entwicklung sein. Der Grund dafür ist, daß das (A)dministrative Wachstum das (E) Unternehmertum bedroht. (A) und (E) sind entgegengesetzte Funktionen, und daher rührt der Konflikt. Dieser Konflikt kann folgende Formen annehmen: Der Gründer stellt einen Finanzchef oder einen Verwaltungschef ein, um sein Unternehmen in Ordnung zu bringen. Die neue Person erfüllt die administrative Rolle. Sie könnte mit der Zeit dem Gründer gegenüber, der die unternehmerische Funktion einnimmt, feindselig werden, da (E) fortfährt, die Richtung zu ändern und neue Möglichkeiten für das Unternehmen zu eröffnen. Für einen Unternehmer entpuppt sich jedes Problem als eine neue Möglichkeit. Für einen Verwaltungsmanager ist jede Möglichkeit ein Problem, da sich dieser darauf konzentriert, *wie* etwas zu machen ist und welche Auswirkungen es nach sich zieht. Daher ist eine Möglichkeit für (E) gewöhnlich ein Problem für (A).

Schließlich beginnt die administrative Person den Gründer als ein Problem für das Unternehmen zu sehen, da der Gründer die Stabilisierung des Systems behindert. An diesem Punkt könnte sich eine Allianz entwickeln aus Verwaltungschef und Vorstandsgremium, das gleichfalls eine (A)dministrative Stabilität wünscht. Diese Allianz geht zu Lasten des Gründers, der unkontrollierbar zu sein scheint. Wenn sich die Allianz innerhalb der Machtstruktur als fruchtbar erweist, könnte der Gründer aus seinem eigenen Unternehmen hinausgedrängt werden. Wenn er nicht entlassen wird, könnte die Atmosphäre für ihn so untragbar werden, weil die Unterstützung und die Begeisterung für seine Führungsstellung nicht mehr vorhanden sind, daß er sich dazu durchringt, mit einem neuen Unternehmen noch einmal von vorn zu beginnen. Im wesentlichen geschah das auch mit dem Gründer von Apple Computer, Steve Jobs. Ich bin der Meinung, daß dies vorhersehbar war, weil dessen Partner, der kreative Techniker Steve Wozniak, das Unternehmen schon vorher verlassen hatte. Das war ein frühes Zeichen für den Exodus der (E)s aus der Organisation.

Der Kampf zwischen der (E) unternehmerischen und der (A)dministrativen Funktion wird noch heftiger, wenn es sich bei der Organisation um eine Partnerschaft handelt. Das Unternehmen beginnt mit einer sich ergänzenden Partnerschaft, gewöhnlich handelt es sich um einen (PE)- und einen (AI)-Typ. Der (PE) trägt das Risiko und findet neue Möglichkeiten für das Unternehmen, dabei ist er gewöhnlich die treibende Kraft in den fortgeschrittenen Go-Go-Phasen. In der jugendlichen Phase dagegen werden die von (PE) angestrebten neuen Möglichkeiten zu kostenintensiv; so empfindet es (A). Dies könnte dahin führen, daß (A) sagt: »Noch eine neue Idee, und ich bekomme einen dicken Hals.« Dabei denkt (E): »Wieso habe ich mich mit einem passiven, selbstgefälligen und nicht einsatzfreudigen Partner eingelassen? Ich habe das Unternehmen ohne ihn aufgebaut, und jetzt wird er zu einem Hindernis für das künftige Wachstum.«

Im großen und ganzen gewinnt der (A)dministrative Typ den Kampf, und das aus mehreren Gründen. Erstens glaubt der Unternehmer, daß er auch woanders erfolgreich Wurzeln schlagen kann. Darüber hinaus schätzt (E) die Realitäten einer funktionierenden, hochkomplexen Organisation nicht. Er findet mehr Vergnügen am Aufbau einer Organisation als an dem ordnungsgemäßen Ablauf derselben. Er haßt Details und die sie begleitende Komplexität. (E) ist inkompatibel mit dem (A)dministrativen. (E) Unternehmer bevorzugen den weitgesteckten Ansatz, um Probleme zu lösen, aber weitgesteckte Ansätze sind nicht funktional, da die Nebeneffekte für die Organisation gefährlicher sein können als das Problem, auf das sich die Lösung bezog.

Der Gründer beginnt von den guten alten Tagen zu träumen, als das Unternehmen noch klein, flexibel und tragbar war. Nun erscheint es ihm zu sperrig, und er wird empfänglich für Gedanken, aus dem Unternehmen auszuscheiden und mit etwas Kleinem und Aufregendem wieder neu zu beginnen. Der (A)dministrative Typ hat keinen neuen Platz, und zudem schätzt er das Management eines Systems. Daher tendiert er dazu, den Unternehmer auszuzahlen. Das Direktorium oder jene mit Macht stehen auf der Seite des (A)dministrativen Typs. Sie wissen um den Wert von Beständigkeit und Ordnung, die ein nicht steuerbares (E) Unternehmertum nicht bieten kann. Am Ende wird (E) aus dem Unternehmen gedrückt.

Diese Spielart der Wirklichkeit kann nicht nur den Gründer einholen. Wenn Systeme und Kontrollen eingeführt werden und wenn ein »Nein« öfter zu hören ist als ein »Ja«, verlassen außer dem Gründer nach und nach auch andere unternehmerische Typen das Unternehmen. Ein Exodus von (E)s findet statt und ein Zustrom von (A)s. Ich bezeichne dieses Phänomen als ein vorzeitiges Altern. Das Unternehmen altert, bevor es die Blütezeit erreicht hat.

Um dieses pathologische Phänomen zu vermeiden, muß man die Funktion der (P) Zielerfüllung so reduzieren, daß das (E) Unternehmertum nicht vermindert wird. Das bedeutet, daß das Management sich entschließen muß, über einen bestimmten Zeitraum etwas gelassener zu reagieren und seine Aufmerksamkeit dem (A)dministrativen zu schenken. Zum Beispiel kann das Management ein Jahr damit verbringen, das Organisationsdiagramm zu definieren, seine Unternehmensbestimmung festzulegen (nicht nur entscheiden, was *noch* zu tun sein wird, sondern auch entscheiden, was *nicht* gemacht werden muß), seine Trainingsprogramme, sein Lohnabrechnungs- und sein Anreizsystem zu entwickeln. Wenn das rechtzeitig (also aktiv, nicht reaktiv) angegangen wird, kann die Reorganisation das Entstehen künftiger Probleme vermeiden, wie beispielsweise das Fehlen eines Lohnabrechnungssystems, die mangelhafte Transparenz in der Organisationsstruktur oder das morgige Einstellen von Personen, die gestern schon gebraucht wurden. Wenn bewußt die Entscheidung getroffen wird, (P) zu reduzieren, muß ein Unternehmen (E) nicht verlieren.

Die Wahl des richtigen Augenblicks für die Reduktion der (P) Zielerfüllung ist entscheidend. Die Schwierigkeit liegt darin, daß in der Kindheit und in der Go-Go-Phase die Organisation süchtig nach (P) wurde. Wenn jemand in der Kindheit nicht produziert, wird er entlassen. Das Unternehmen braucht die funktionale Orientierung, wenn es überleben will; daraus folgt: Wer produziert, wird gefördert. In der Go-Go-Phase orientiert man sich am Wachstum, und gemessen wird es am Umsatz und an Marktanteilen. Wieder richtet man sich nach der Quantität, und jene, die produzieren, werden emotional und finanziell belohnt.

In der Jugend, wenn sich die Organisation nach innen wendet und mehr Systeme und Ordnung braucht, muß es einen signifikanten Wandel darin geben, wer durch das Belohnungssystem Anerkennung und Schätzung erfährt. Die Umstellung von einer Verkaufsorientierung zu einer Gewinnorientierung ist nicht einfach. Es kommt zu einem Kampf zwischen jenen, die intern orientiert sind, und denen, die sich nach außen orientieren. Dieser Kampf kann beleidigend werden, da sich die Unternehmensangehörigen gegenseitig als *Bürokraten* oder *einsame Kämpfer* beschimpfen.

Ein rechtzeitiger Schritt in die Jugend kann getan werden, wenn das Management bestimmt, wann die Organisation gut läuft, und diesen Zeitraum wählt, um sich nach innen zu wenden und sich zu organisieren. Dann ist der Druck auf die (P) Zielerfüllung nicht so stark. Diese Art bewußter Selbstdisziplin ist selten anzutreffen. Jene, die diese Selbstdisziplin aufbringen, sind die Gewinner. Es ist schwierig, den richtigen Zeitpunkt auszusuchen, weil wenige Personen über aktives Verhalten nachdenken, wenn die Zeiten gut sind. Gewöhnlich schält sich die administrative Orientierung heraus, wenn das Unternehmen in Schwierigkeiten steckt, wenn es viel Geld in den fortgeschrittenen Stadien des Go-Go verliert. Dies ist eine Krise, die das Fortschreiten in die Jugend beschleunigt, und der Druck geht eher dahin, (P) zu vergrößern statt zu mindern.

Sehen wir uns eine Familie als Analogie zu einer Organisation an. Die Einführung strenger Regeln, um die Schwierigkeiten der Jugend zu vermeiden, wenn das Kind ein Teenager wird, ist kein Weg. Das wird es nur zur Rebellion veranlassen. Ein ernstzunehmendes Problem entsteht, wenn ein Teenager in der Kindheit mit Toleranz erzogen wurde und in der Jugend mit strengen Regeln konfrontiert wird, die als Reaktion auf die kindgemäße Zurschaustellung von Unabhängigkeit eingeführt wurden. Wenn das Kind noch klein ist und heranwächst, dann sollte in der frühen und späteren Kindheit ein Klima starker Familienidentität geschaffen werden. Je stärker die Familienidentität, die Affinität, die Rituale und der Zugehörigkeitssinn, (I), desto geringer das Bedürfnis, mechanistische Regeln, (A), zu etablieren, wenn das Kind in der jugendlichen Phase des Wachstums die ersten Anzeichen der Unabhängigkeit zeigt.

Jim Miscole, der geschäftsführende Vizepräsident der Bank of

Amerika, erzählte mir, daß seine Frau den Teenager-Söhnen, wenn sie zu einer Verabredung gingen, sagte: »Erinnert euch daran, wer ihr seid und wen ihr repräsentiert.« Mehr Regeln und Kontrollen sind für jene notwendig, die nicht auf ein solches Wertesystem zurückgreifen können, das sie unterstützt. Je höher die (I)ntegration ist, desto niedriger die benötigte (A)dministration. Aber je mehr (A)dministration wir benutzen, desto weniger (I)ntegration werden wir haben. Bedenken wir, daß (I) nicht auftauchen wird, wenn (A) nicht einmal ansatzweise existiert, und daß (A) wuchert, wenn es kein (I) gibt.

Ein stärkeres (I)ntegrationselement gestaltet den Übergang des Kindes von der Abhängigkeit der Familie zur Unabhängigkeit eines Individuums weniger heftig und schmerzhaft.

Bei der Jugend handelt es sich um ein schwieriges Stadium, weil die Kurven des *Besser* und *Mehr* einander überschneiden und der Kampf zwischen der Form und der Funktion bedeutend ist. Eine Geschichte aus meiner eigenen Zeit als Heranwachsender verdeutlicht diesen Punkt.

Als ich die High School abgeschlossen hatte, wurde ich mit einer israelischen High-School-Delegation nach Frankreich geschickt. Wir fuhren mit einem Nachtzug von Paris nach Biarritz. Wir waren 20 Personen und versuchten in einem Abteil, das bestenfalls acht Leute aufnehmen konnte, zu schlafen. Jeder von uns brauchte zwei Stunden, um einen Platz für Füße, Arme und Kopf zu finden, und einiges Entgegenkommen war nötig, um die geeignete Schlafposition zu finden. Einige von uns lagen auf dem Boden. Einige hatten auf dem Schoß der anderen Platz genommen. Ein Kopf befand sich hinter der Schulter von irgend jemandem. Das Schlafarrangement war um die Personen strukturiert.

Gerade als wir einschliefen, verkündete einer, er müsse zur Toilette gehen. Ein unglaublicher Tumult. Der einzig mögliche Weg hinaus bestand darin, die gesamte Gruppe durcheinanderzubringen. Einer mußte sein Bein bewegen, der andere seine Hand, dieser mußte seinen ganzen Körper bewegen, jener schrie: »Trete nicht auf meine Zehen.«

Wenn eine Organisation nicht um eine Aufgabe, sondern um Personen gruppiert ist, ist es wahrscheinlicher, daß sich einer in die Hose macht, als daß er etwas in der gesamten Organisation bewegt. Es gibt das Sprichwort, daß man Innovatoren in einer solchen Organisation daran erkennt, daß Pfeile in ihrem Rücken stecken. Um einen Wandel durchzusetzen, braucht es so viele Kehrtwendungen, Verbesserungen und Arrangements, daß der Innovator einfach aufgibt, bevor er angefangen hat. Schließlich ist nicht nur eine, sondern sind alle Personen naß geworden, und an dem Ort fängt es an zu stinken.

Die allgemeine Kultur einer Organisation ist nicht Sache eines Individuums, sondern ein Problem des gesamten Systems. In einem solchen System basieren die Aufgabenverteilung und die Administration der Organisation auf einer Ad-hoc-Entscheidung; die Nützlichkeit kommt vor den Aufgaben und den Bedürfnissen der Organisation. Die Funktion ist alles. Die Form wird ignoriert, bis die Dysfunktion regiert, und sie wird dysfunktional, wie in der oben erwähnten Analogie, weil es keine unterstützende Form gibt.

Vor der Jugend bedeutet die Funktion alles. Die Form ist nicht so wichtig. (I)ntegration und (A)dministration befinden sich auf einem niedrigen und (P) Zielerfüllung und (E) Unternehmertum auf einem hohen Stand. Die Organisation ist um Personen angeordnet; der Organisationsplan sieht aus wie ein Stück Papier, auf dem ein Kind gekritzelt hat. Die Organisation wird schließlich zu groß und zu schwierig, um sie zu managen. Die Interdependenz erweckt den Eindruck eines Gordischen Knoten, der um so fester und komplizierter wird, je mehr man zieht. Was das Unternehmen erfolgreich macht, ist die Veränderung, aber in zunehmendem Maße wird die Veränderung eher zu einem Problem als zu einer Gelegenheit.

In einer um Personen aufgebauten Struktur wird die Verantwortlichkeit für die Funktion immer verwirrender. Es wird zunehmend schwieriger, einen *kontrollierbaren* Wandel durchzuführen. Die Form muß sich zur Funktion entwickeln. Die antreibenden und die vorwärtsgetriebenen Kräfte vertauschen die Plätze. Bis zum Eintritt in die Jugend ist die Organisation um Menschen strukturiert, sind die Menschen die antreibende Kraft. In der Jugend ist die Organisation die *antreibende* Kraft, und die Menschen werden zu der *getriebenen* Kraft; nun müssen sie sich den Bedürfnissen der Organisation anpassen.

Eine kontrollierte Verminderung bei der (P) Zielerfüllung in der Jugend bedeutet, daß den Resultaten verhältnismäßig weniger Aufmerksamkeit geschenkt wird als dem Umsatz. Die Organisation richtet ihre Aufmerksamkeit nach innen. Die deterministischen und restriktiven Ziele vertauschen ihre Plätze. Deterministische Ziele sind solche, die wir zu erreichen beabsichtigen. Restriktive Ziele sind die Konditionen, die wir erhalten wollen. Diese Konditionen nicht zu verletzen, ist ein Ziel.

Das deterministische Ziel im Go-Go ist das Umsatzwachstum. Das restriktive Ziel ist der Gewinn, der ein Ergebnis der effizienten Durchführung ist. In der Jugend tauschen die Ziele die Plätze. Gewinn, das Produkt der Effizienz, wird zum deterministischen Ziel, während der Umsatzzuwachs zur restriktiven Zielvorgabe wird. Jetzt heißt es: »Wir wollen höchsten Gewinn und nicht mehr als x Prozent Umsatzwachstum im Jahr.« Früher hieß es: »Wir wollen mindestens x Prozent Umsatzwachstum pro Jahr mit nicht weniger als y Prozent Umsatzrendite.«

In der Go-Go-Phase sind die Gewinne eher dem Zufall als einem voraussehbaren Ereignis zu verdanken. Ein Go-Go kann eher erklären, warum es Gewinn ge*macht hat,* als die Frage zu beantworten, warum es gewinnträchtig *sein wird.* Sogar dann, wenn es darstellen kann, weshalb es gewinnbringend ist, kann es nicht gewährleisten, daß es die Rentabilität wiederholen kann, da keine ausreichende Kontrolle über das System vorhanden ist, um das Gewünschte auch tatsächlich eintreten zu lassen.

Wenn die Organisation die Jugend überlebt, was bedeutet, daß sie sich nicht pathologisch verhält, wird sie sich zur Blütezeit hin bewegen. In der Blütezeit taucht die Funktion wieder auf, die bewußt kontrolliert wurde – die (P) Zielerfüllung.

Blütezeit (PAEi)

Wenn das System installiert ist, was eine Aufgabe der (A)dministration ist, kann die Organisation sich wieder damit beschäftigen, ihre Kunden zu bedienen, eine Funktion der (P) Zielerfüllung. Sie kann ihr Verhalten so steuern, daß die Gewinne wie geplant anfallen.

In ihrer Blütezeit kann eine Organisation gleichzeitig Umsatzwachstum und Gewinne ansteuern. Ihre Ziele sind hohes Wachstum und hoher Ertrag, und sie kann sich das auch leisten. Sehen wir uns diese Veränderung noch einmal an.

In der Kindheit heißt das Ziel Cash, weil die kindliche Organisation funktionsorientiert ist, und dafür benötigt sie Geld – Liquidität. Die typische Klage einer kindlichen Organisation lautet: »Wir sind unterkapitalisiert«, weil ihr Wachstum größer ist als ihre Fähigkeit, die für das zukünftige Wachstum notwendige Liquidität aufzutreiben.

Im Go-Go-Stadium heißen die Ziele Umsatz und Marktanteil; dabei wird grundsätzlich angenommen, daß mehr Umsatz zugleich mehr Liquidität und mehr Gewinn bedeutet. Man geht davon aus, daß die Gewinnmarge stabil ist. Erst in der Krise erkennt die Organisation, daß die Gewinnmargen geschrumpft sind. Um höhere Umsätze zu erzielen, hat die Organisation mehr und mehr Gewinne geopfert, indem sie die Kosten steigerte, um die zusätzlichen Umsätze zu erzielen. An einem bestimmten Punkt ist *mehr* nicht besser. *Mehr* ist schlechter.

Ich habe die Erfahrung gemacht, daß man mit Hilfe der Kostenrechnung folgendes beweisen kann: Wenn eine Gesellschaft erst einmal Umsatzprovisionen und Kundenrabatte auf wachsende Umsätze und die Kosten für das notwendige Kapital zur Finanzierung dieses Umsatzwachstums bezahlt, bleiben keine Gewinne für die Gesellschaft mehr übrig. Im Gegenteil, die Gesellschaft macht Verlust. Deshalb gibt es bei fortgeschrittenen Go-Go-Organisationen das Phänomen, daß Einzelpersonen ein (umsatzbezogener) Leistungsbonus gezahlt wird, während die Gesellschaft Geld verliert und pleite geht. Dies geschieht, weil sich die Orientierung der Einzelpersonen und das Prämiensystem nicht mit den Notwendigkeiten der ganzen Organisation vertragen. Was hier passiert, nennt man *Suboptimierung*. Die Umsätze schaffen nicht notwendigerweise mehr Gewinn, und wenn dann alle Prämien sich am Umsatz orientieren, beeinträchtigt das womöglich den Gewinn. (Das geschieht auch in Entwicklungsländern. Hier heißt das Problem »reiche Leute, armes Land«. Es ist *nicht* wahr, daß es dem Land um so besser geht, je reicher die Leute werden. Das könnte in Ländern in der Blütezeit wie den Vereinigten Staaten passieren, wir dürfen aber *nicht* annehmen, daß das, was für dieses Land gut ist, auch für junge Dritte-Welt-Länder gut ist.)

Warum werden Einzelpersonen belohnt, während die Gesellschaft bankrott geht? In Go-Go-Organisationen geschieht es, weil die notwendigen Systeme zur Ermittlung der Kosten dessen, was die Organisation macht, noch nicht eingerichtet sind. Typischerweise ist hier noch keine gute Kostenrechnung und kein angemessenes Informationssystem etabliert. Vielmehr gibt es hier ein Flickwerk von organisatorischen Strukturen, Leistungsanreizen und Informationskanälen.

Eine Go-Go-Organisation wird von Gelegenheiten getrieben, statt selbst die Möglichkeiten voranzutreiben. Dies rührt von der Tatsache her, daß die Organisation im kindlichen Stadium so begierig war, nach jeder Gelegenheit zu schnappen, die ihr das weitere Überleben sicherte. Als dieses Gelegenheitsrinnsal im Go-Go-Stadium zu einem Sturzbach wurde, befürchtete die Organisation in der Erinnerung an das Kindheitsstadium, Gelegenheiten zu verpassen. Deshalb treiben die

Möglichkeiten die Organisation. Man braucht Reife, ein Gefühl von Sicherheit und Selbstbewußtsein, um Gelegenheiten ungenutzt zu lassen. Dafür braucht man Informationen, ein Budgetsystem und Kontrollsysteme. Diese werden während der Jugend entwickelt, und wenn sie erst einmal entwickelt sind, wird eine Organisation in ihrer Blütezeit zu einer Organisation, die eher Gelegenheiten schafft, statt von ihnen getrieben zu werden. Ohne solche Kontrollsysteme wird die Organisation umsatzsüchtig. Belohnt werden jene, die eine bestimmte Gelegenheit ausnutzen, obwohl sie damit womöglich das Ganze unterminieren.

In der Blütezeit weiß die Organisation, was sie zu tun oder zu lassen hat. Sie weiß, wann eine Gelegenheit beim Schopfe gepackt und warum eine andere ausgelassen werden sollte. Die Organisation besitzt sowohl Talent als auch Disziplin. Sie hat eine Vision und Selbstbeherrschung. Sie zielt auf Quantität und Qualität. Sowohl Form als auch Funktion sind gleichgewichtig und funktional. Die Organisation kann profitabel wachsen.

An diesen Punkt zu gelangen ist allerdings schwierig. In der Blütezeit zu bleiben ist noch schwieriger. Wenn eine blühende Organisation anfängt, ihr (E) Unternehmertum zu verlieren, beginnt sie zu welken. Warum ist der Verlust des (E) eine Ursache des Alterns?[18] (E) sorgt für Flexibilität; es ist eine aktive Kraft, die die Organisation verändert. Eine Organisation, die nicht auf ihr Umfeld reagieren kann, ist tot. Wenn sie ihr (E) Unternehmertum verliert, hört sie zunächst auf, aktiv zu handeln. Später wird sie aus diesem Grund nicht einmal mehr in der Lage sein zu reagieren, und verliert damit ihre (P) Zielorientierung, wenn sie die Kundenbedürfnisse nicht mehr erfüllt. Und wenn sie keine Subventionen erhält, verliert die Organisation ihre Funktion und stirbt.[19]

Die im vorhergehenden Kapitel beschriebene Veränderung des Verhaltens – wie sich eine Organisation nach der Blütezeit und nach dem stabilen Stadium verhält – ist einem Rückgang von (E) zuzuschreiben. Der Unterschied zwischen einem Administrator und einem Unternehmer ist der, daß für einen Unternehmer alles erlaubt ist, was nicht

---

[18] Siehe »Zusammenfassung«

[19] Solow gewann 1987 den Nobelpreis für Wirtschaftswissenschaften für eine Untersuchung aus dem Jahre 1956, in der festgehalten wurde, daß der Erfolg einer Nation von ihrer technologischen Entwicklung herrührt und nicht vom Umfang ihrer Arbeitskraft oder der Akkumulation von Rohstoffen. Technologische Entwicklungen sind eine Funktion von (E).

Abb. 39: Die Kultur der Blütezeit

ausdrücklich verboten ist, für einen Administrator dagegen ist alles verboten, was nicht ausdrücklich erlaubt ist.

Wenn Marktkräfte wirksam und Geschäftsleute zu Geschäftsleuten werden sollen, müssen sie sich unternehmerisch verhalten. Sie müssen sich im Wettbewerb behaupten. Geschäftsleute müssen innovativ sein, kreativ und bereit, Risiken einzugehen. Das heißt, sie müssen davon ausgehen, daß alles erlaubt ist, was nicht ausdrücklich verboten ist.

Meine früheren Studien zeigen die Schwierigkeiten dieses Stil- und Verhaltenswandels. Es ist leichter, ein Administrator als ein Unternehmer zu sein, weil es weniger risikoreich und weniger fordernd ist. Wenn Menschen nur aufgefordert waren, Regeln zu befolgen und nicht zu versuchen, sie zu ändern, und sie dann schließlich aufgefordert sind, kreativ zu sein und Risiken einzugehen, ist ihre Erfahrung mit dem Belohnungssystem in der Vergangenheit ein Bollwerk gegen diesen Wandel. Neue Leistungsanreizsysteme müssen eingeführt werden, und eine Veränderung im Stil und in der Kultur ist gefordert.

Meinem Eindruck nach ist das bürokratische Verhalten eine Falle. Man gerät leicht hinein, aber kommt nur sehr schwer wieder heraus. Die Entscheidungszentralisierung ist einfach. Die Dezentralisierung ist sehr schwierig.

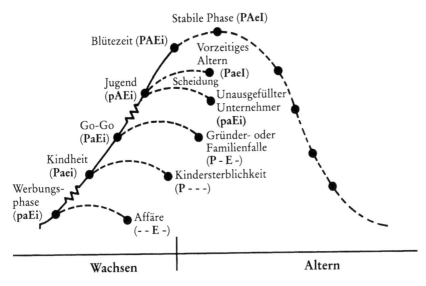

Abb. 40: Die Kultur in einer stabilen Organisation

An einer Lebenszyklus-Kurve sieht man, daß die Blütezeit nicht am höchsten Punkt der glockenförmigen Kurve liegt. Die Blüte liegt *am Anstieg* zur Spitze. Das ist deshalb so, weil in der Blütezeit noch **(E)** Unternehmertum und damit noch immer eine Quelle von Flexibilität vorhanden ist, die in der Organisation für Vitalität sorgt, wie das in **(PAEI)**-Begriffen ausgedrückt wird. Warum steigt die Organisation noch höher auf der Lebenszyklus-Kurve?

Die glockenförmige Kurve drückt die *Vitalität* der Organisation aus; Vitalität wird definiert als die Fähigkeit der Organisation, auf kurze und lange Sicht effektiv und effizient zu sein. Die Vitalität wächst noch, aber mit abnehmender Tendenz, weil die Organisation im Begriff ist, ihr **(E)** zu verlieren. Wenn etwas grün ist, wächst es. Wenn es reif ist, verrottet es. Somit handelt es sich bei der Blütezeit nicht um einen Zeitpunkt, sondern um einen *Prozeß*. Es ist besser, sich auf einen bestimmten Punkt zuzubewegen, als an einem Punkt zu verweilen. In Analogie zum menschlichen Leben zeigt sich, daß es bedeutungslos ist, was eine Person ist; wichtig ist, was eine Person *war* und was sie in Zukunft *sein wird*. Was eine Person ist, ist flüchtig. Wir sollten uns auf den Prozeß und nicht auf die Ergebnisse konzentrieren. Der Prozeß bestimmt die Ergebnisse.

Stabiles Stadium (PAeI)

Während des stabilen Stadiums verringert sich das (E) Unternehmertum. Da (E) schrumpft, nimmt die (I)ntegration zu.

Wie schon erörtert wurde, kann die (I)ntegrationsfunktion in den Wachstumsphasen des Lebenszyklus stark sein, aber das ist nicht sehr häufig und hängt mit der sozialen Kultur zusammen. Während der Stabilitätsphase reden wir von einer eigenen Organisationskultur, die innerhalb der Organisation geschaffen wurde. (I) steigt an, während (E) zurückgeht. Das langfristige *Was* geht zurück, wodurch dem langfristigen *Wie* ein Anstieg erlaubt wird.

Warum schrumpft (E) zuerst?

Warum ist das (E) Unternehmertum der erste Faktor, der nach der Blütezeit zurückgeht, wenn doch der Code für die Blütezeit (PAEi) ist? Warum ist es nicht die (A)dministration oder die (P) Zielerfüllung?

Damit die (P) Zielerfüllung zurückgeht, muß vorher das (E) Unternehmertum schrumpfen. (E) bestimmt das Verhalten von (P). (E) ist das langfristige (P). (P) entspricht dem *Was;* (E) entspricht dem *Wofür.* Also muß (E) dem (P) zuvorkommen.

Warum also (E) und nicht die (A)dministration? Der Grund dafür ist, daß die (A) Verwaltung die höchste Überlebensrate hat. Für (A) ist es sehr schwierig, in eine Organisation hineinzukommen, wenn sie es aber erst einmal geschafft hat, dann ist es sehr schwierig, sie wieder hinauszubekommen. Die (A)dministration wird nicht von selbst abnehmen. Sie stürzt, wenn (P) nicht mehr funktional ist. (A) wird durch einen Aufstand zerstört, durch ein neues (E) oder durch einen Branchenwechsel. Im Verlauf des Niedergangs der Organisation geht demnach das (E) Unternehmertum zuerst unter, dann verringert sich die (P) Zielerfüllung, dann die (I)ntegration und irgendwann auch die (A)dministration, wenn eine neue Werbungsphase beginnt oder der kulturelle Wandel der Organisation abgeschlossen ist.

Warum nimmt (I) zu?

Wir müssen den Übergang von der Blütezeit (PAEi) zur Stabilitätsphase (PAeI) richtig verstehen. Es liegt nicht an der wachsenden

(I)ntegration, die den Fall des (E) Unternehmertums vorantreibt. Im Gegenteil, erst der Niedergang des (E) erlaubt (I) zu wachsen. Warum aber drückt sich der Verfall des (E) in einem Anstieg von (I) aus? Warum schlägt es sich nicht in einem Anstieg von (P) oder (A) nieder?

Die Funktion der (I)ntegration ist noch nicht so richtig zu Bewußtsein gekommen. In der Terminologie der Nutzenlehre besitzt das Grenzwachstum des (A) einen geringeren Grenznutzen als der erste Zuwachs des (I), also muß (I) wachsen. Die Abnahme des (E) Unternehmertums, das eine langfristige Funktion ist, wird aufgewogen durch eine andere langfristige Funktion: einen Anstieg des (I).

Dieser Anstieg von (I) als Folge der Abnahme des (E) kann durch die Tatsache erklärt werden, daß der Überlebenskampf für eine erfolgreiche und in voller Vitalität stehende Organisation nicht akut ist. Sie kann sich den Luxus erlauben, nach innen zu blicken, und ihre Aufmerksamkeit den gegenseitigen Abhängigkeiten zwischen Personen und den vielfältigen Werten, die ihr Verhalten bestimmen, widmen. Das kann schon in den frühen Stadien des Lebenszyklus stattfinden, wie wir bereits festgestellt haben, aber dabei handelt es sich nicht um eine eigenständige kulturelle Entwicklung. Es wird eine kombinierte Entwicklung sein – angehängt an die vorhandene Sozialkultur, in der die Organisation operiert, oder sie wird genährt durch einen stark mitarbeiterorientierten Gründer. Davon gibt es aber nicht viele, weil sie gleich in drei Funktionen (PEI) hervorragend sein müssen. Auf keine der (P)- oder (E)-Funktionen kann verzichtet werden, wenn ein Gründer beim Aufbau einer Gesellschaft erfolgreich sein will.

Aristokratie (pAeI)

Wenn sich (E) lange genug auf einem Tiefstand befindet, muß schließlich ein Verfall von (P) stattfinden, wie wir von der vorangegangenen Erörterung der gegenseitigen Abhängigkeit von (P) Zielerfüllung und (E) Unternehmertum wissen. Auf diese Weise bewegen wir uns in die Aristokratie. Der Code für die Aristokratie lautet (pAeI), was bedeutet, daß die Organisation sich hauptsächlich an dem kurz- und langfristigen *Wie* orientiert, nicht an kurz- und langfristigem *Was* und *Warum*.

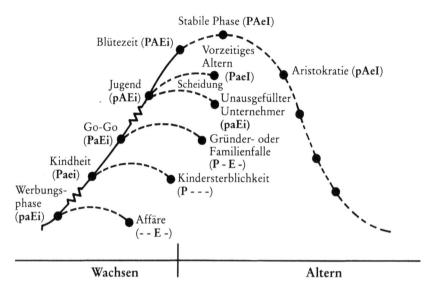

Abb. 41: Die Kultur der Aristokratie

Der Verfall der **(P)** Zielerfüllung bedeutet eine abnehmende Aufmerksamkeit für Funktion und eine steigende Beachtung der Form. In aristokratischen Organisationen sind deshalb Rituale von extremer Wichtigkeit. Wie man etwas macht ist wichtiger als was man macht. Wie sich die Leute kleiden, wie sie sprechen, in welcher Beziehung sie zueinander stehen, inwieweit sie die Rituale und unausgesprochenen Werte der Organisation beachten, ist wichtiger als die Ergebnisse, die sie hervorbringen. Das ist möglich, weil eine aristokratische Organisation es sich leisten kann, nicht funktional orientiert zu sein. Sie baut im Grunde auf ihre vergangenen Erfolge oder ruht sich auf ihren Lorbeeren aus. Die Bilanz zeigt, daß die finanziellen Verhältnisse in der Aristokratie besser sind als in der Blütezeit. Aristokratische Organisationen sind liquider; das rührt daher, daß eine aristokratische Organisation weniger riskiert, zahlenorientierter und sicherheitsbewußter ist als eine Blüteorganisation.

Ich habe mit vielen aristokratischen Organisationen zusammengearbeitet, die in hohem Maße liquide waren. Bei einer von diesen sagte der Finanzdirektor während einer Vorstandssitzung: »Wir besitzen 300 Millionen Dollar in bar. Hat jemand einen Vorschlag, was wir damit machen sollen?«

Es war keineswegs ungewöhnlich für die Gesellschaft, 300 Millionen Dollar Bargeld zu besitzen. Ungewöhnlich war nur, daß niemand Vorschläge machte, was damit geschehen sollte. Das geschah mehr als einmal, und in Gesprächen habe ich erfahren, daß es sich hierbei um kein außergewöhnliches Phänomen für Organisationen in dieser Phase des Lebenszyklus handelt. Das Spitzenmanagement wartet auf Anweisungen, statt Vorschläge zu unterbreiten – besonders wenn mit dem Handeln Risiken verbunden sind.

In einer aristokratischen Organisation herrscht Ruhe vor dem Sturm. Die Mitarbeiter stoßen einander nicht vor den Kopf und widersprechen einander nicht. In dieser Atmosphäre kann man Präsident werden, wenn man nur lange genug still dasitzt. Hier herrscht die Tendenz vor, jemand anderen zu ermutigen, die Kastanien aus dem Feuer zu holen.

Frühe Bürokratie (pA-i) und Bürokratie (-A--)

Die Passivität einer Organisation muß in einer sich verändernden Welt Folgen haben. Die Kunden kommen nicht wieder. Ihre Bedürfnisse werden woanders besser befriedigt. Außerdem hebt die aristokratische Organisation ständig ihre Preise an, so daß das Produkt im Wettbewerb nicht nur überflüssig wird, sondern auch noch zu teuer ist. Das Verschwinden der Kunden beeinträchtigt das Umsatzvolumen, was wiederum den Marktanteil verringert und schließlich den Cashflow beeinflußt.

Wenn die Zahlungsfähigkeit bedroht ist, gehen alle Alarmlichter der Organisation an: ein Notfall! Die Organisation versucht unverzüglich, (P) wiederzubeleben. Sie senkt die Preise, um den Verkauf anzuregen, aber ohne Kostensenkungen verkauft die Gesellschaft mit Verlusten. Übereilten Kostenschnitten könnte nicht nur Fett, sondern auch Fleisch zum Opfer fallen; so könnte die Organisation durch die Entlassung von Mitarbeitern und die Einstellung von Aktivitäten aus Kostengründen zugleich ihre Fähigkeit zur Zielerfüllung (P) verringern. Über der Organisation liegt ein Fluch, ganz egal, was sie *in der Eile* anstellt.

Wenn die Mitarbeiter einer Organisation in ihrem Umfeld keine Ergebnisse erzielen können, wenden sie sich nach innen und fallen übereinander her. Wenn das Niveau der (P) Zielerfüllung sinkt und nicht sogleich wieder angehoben werden kann, sinkt auch die (I)ntegration. Beherrschend und bedrohlich wie ein monströser Schatten steht jetzt die (A)dministration da.

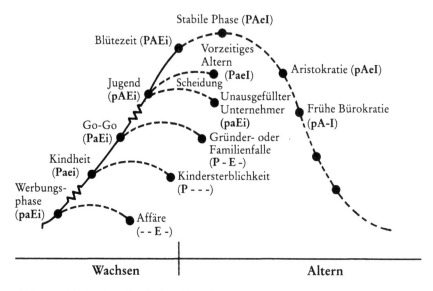

Abb. 42: Die Kultur der frühen Bürokratie

Die Situation ist miserabel, und die Mitarbeiter brauchen eine Erklärung, weshalb es so ist. Ihnen muß eine Lösung angeboten werden;
sie müssen sich an etwas festhalten können. Sie erklären die Situation
damit, daß eine neue tatkräftige Führung notwendig ist. Sie sehen sich
nach *einer Person* um, die der Organisation aus der Falle hilft.

Der Glaube, daß ein Wechsel in der Führung das Verhalten verändern würde, ist weit verbreitet und hat sich als eine heilsame Methode etabliert, und das zu Recht – in den Phasen des Wachstums. Es wird
das Argument vorgebracht: Da es damals funktionierte, warum soll
man die gleiche Methode nicht auch jetzt anwenden? Die Führung
auszutauschen ist leicht und zweckdienlich. Den Präsidenten entlassen und einen neuen einstellen ist leichter, als die organisatorischen
Pflichten, die Struktur, das Informations- und Entlohnungssystem zu
verändern. Also geht die Organisation den Weg des geringsten
Widerstandes, statt den steinigen und sich dahinziehenden Weg zu
betreten. Das Ergebnis ist eine Hexenjagd. Den zuerst Entlassenen
gibt die Organisation die Schuld an ihren Schwierigkeiten. Und da die
Schwierigkeiten daher rühren, daß man sich Veränderungen nicht an-
paßte (die Produkte sind veraltet), werden diejenigen auf dem Altar
der organisatorischen Ignoranz geopfert, die die Verantwortung hatten, das organisatorische Unternehmertum vorherzusehen und zu

planen. Dabei handelt es sich um die Leute vom Marketing, von strategischer Planung, Forschung und Entwicklung und der Technik. Die irrtümliche Schuldzuweisung anstelle der Notwendigkeit, das System zu ändern, kann den Tod einer Organisation beschleunigen.

Ich glaube, daß dieses Phänomen sich aus der Tatsache ableiten läßt, daß man ständig Ursache und Wirkung verwechselt. In den Phasen des Wachstums würde ein Austausch der Führung das Verhalten der Organisation verändern, aber diese Medizin wirkt nicht in den Phasen des Alterungsprozesses im Lebenszyklus. Eine Veränderung im System ist nötig. Das administrative System, funktional in der Jugend, setzt die Organisation nun schachmatt. Die Form ist stärker als die Funktion. Im Grenzfall erreicht die Form den Punkt, wo sie die Funktion erstickt. Wenn die Funktion von der Form befreit werden soll, muß sie verändert werden. Das heißt, daß sich das in der Struktur der Rechnungslegung, des Informationsflusses und der Leistungsanreize reflektierte Organisationssystem ändern muß.

Das Altern wird durch den Verfall des (E) Unternehmertums bewirkt. Im frühen Bürokratiestadium nimmt das (E) nicht nur ab, es wird ausgelöscht. Deshalb töten oder vertreiben die (A)s in der frühen Bürokratie die (E)s oder sperren sie ein. Das beschleunigt die Zerstörung der Organisation.

In der Geschichte wurden immer die Juden ins Land gebeten, wenn ein Land wirtschaftlich aufstieg. Geriet das Land in wirtschaftliche Schwierigkeiten, wurden die Juden dafür verantwortlich gemacht und entweder bei Pogromen wie in Rußland ermordet oder wie in Spanien aus dem Land gejagt.

Das ist nicht nur ein jüdisches Schicksal. Das geschah auch anderen unternehmerischen Völkern wie den Chinesen oder den Armeniern. In diesem Fall handelt es sich nicht nur um Antisemitismus, sondern Anti(E)ismus.

Wenn das (E) verschwindet, ist der Tod nahe. (E) haucht der Organisation Leben ein, und sein Verschwinden bedeutet den Tod der Organisation. Eine Organisation erblickt das Licht der Welt, wenn das Engagement getestet wird. Wenn sich niemand mehr an eine Organisation gebunden fühlt, ist sie gestorben.

Wenn nur noch (A) Verwaltung vorhanden ist, bleibt nur noch die Form übrig, und zwar um der Form willen, als ob die Form selbst die Funktion wäre (das Bestehen auf organisatorischen Ritualen ohne Verständnis für ihren Sinn und ihre Funktionalität). Es gibt Regentänze, obwohl jeder, einschließlich des Schamanen, weiß, daß sie

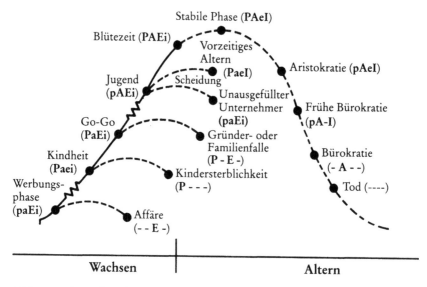

Abb. 43: Die Kultur der Bürokratie und des Todes

keinen Regen bringen. Mitarbeiter bleiben zur Sicherheit, denn ihre Leistung kann nicht mehr gemessen werden, und daher gibt es weder Leistungs- oder Wettbewerbsdruck noch einen Druck zur Übernahme von Risiken.

Das funktioniert nur, wenn es finanzielle Unterstützung von außen gibt, weil die Kunden nicht für Leistungen bezahlen, die sie nicht bekommen, es sei denn, sie werden dazu durch Gesetz gezwungen.

Tod

Mit begrenzter oder gar keiner Funktionalität stirbt die Organisation durch kurz- und langfristige Ineffektivität. Wenn es sich um eine geschäftliche Organisation handelt, geht sie in Konkurs, wenn nicht Notmaßnahmen ergriffen werden. Diese sind notwendig, um die Funktionalität der Organisation wiederzubeleben.

Manche Organisationen werden künstlich am Leben erhalten; das geschieht immer dann, wenn die Organisation politisch bedeutend genug ist, daß externe Kräfte die Verantwortung für ihr Überleben übernehmen. Ich spreche von Regierungen, die Organisationen verstaatlichen oder fortwährend subventionieren, obwohl diese die Kundenbe-

244

dürfnisse, um derentwillen sie existieren, nicht befriedigen. Die Ziele der Organisation verschieben sich von der ursprünglich beabsichtigten Befriedigung von Bedürfnissen externer Kunden zur Befriedigung politischer Bedürfnisse wie beispielsweise der Aufrechterhaltung von Beschäftigung um jeden Preis.

Die Organisation wird dann zum Krebsgeschwür. Sie usurpiert Energie. Mittel, die zur Unterstützung von kindlichen und Go-Go-Organisationen gebraucht würden, werden kanalisiert, um das Überleben nichtfunktionaler Organisationen, wie Bürokratien, sicherzustellen. Der Tod tritt ein, wenn diese externen Subventionen unterbleiben. Was zunächst wie eine allmächtige, schwierig zu handhabende Bürokratie erschien, ist nichts weiter als eine tote Schale. Dann wird offensichtlich, daß (A) reine Form ist, die keinerlei Funktionalität beinhaltet, und ein neues (E) – eine neue Werbungsphase – beginnt.

Bei entsprechender Ermutigung wird ein neues Ziel aus der Asche einer sterbenden Organisation geboren. Ansonsten wird das umfassendere System beeinträchtigt, und mit der gesamten Gesellschaft geht es langsam wirtschaftlich bergab.

Wir sollten stets das Umfeld jeden Systems, sei es ein Mikro- oder ein Makrosystem, analysieren und prüfen, auf welche Weise es (E) fördert, um zu sehen, ob es sterben wird.

9. Prognose der Machtverteilung

Im 8. Kapitel haben wir analysiert, wie sich **(PAEI)** im Laufe des Lebenszyklus verändert. In diesem Kapitel konzentrieren wir uns auf die Durchführung beziehungsweise darauf, wie sich *Autoritanz* verändert.

Wie die Erörterung im 5. Kapitel zeigte, stellt Autoritanz die gesamte Energie dar, die das Management braucht, um ein Verhalten hervorzurufen. Sie besteht aus einer Kombination dreier grundsätzlicher Elemente: *Autorität* (das legale Recht, Entscheidungen zu treffen), *Macht* (die Fähigkeit, zu bestrafen und/oder zu belohnen) und *Einfluß* (die Fähigkeit, selbstgesteuertes Handeln durch Überzeugung der Betreffenden anzuregen). Die Komponenten dieser Elemente schließen *autorisierte Macht* ein: das legale Recht, Entscheidungen zu treffen, die von Bestrafungen und/oder Belohnungen begleitet sein können; *indirekte Macht,* wobei es sich um gesteuerten Einfluß, aber spürbar wahrgenommene Macht handelt; *beeinflussende Autorität,* das heißt das legale Recht, Entscheidungen zu treffen, die auf der Akzeptanz dieser Entscheidungen durch Kooperation basieren. *CAPI,* das heißt die Zusammenfassung von *Autorität, Macht* und *Einfluß,* verschafft die Herrschaft über die Lage.

Dieses Kapitel wird uns bei der Analyse der Veränderungen der verschiedenen Komponenten im Laufe des Lebenszyklus helfen.

Autorität im Lebenszyklus

In der Werbungsphase wird die Frage nach Autorität nicht gestellt. Sie ist praktisch irrelevant. In dieser Zeit der *Verliebtheit* vor der Eheschließung tauchen keine Autoritätsprobleme auf, weil es hier noch keine echte Aufgabe gibt. Es handelt sich hier um eine Scheinwelt, in der jede Person darauf bedacht ist, den anderen nicht zu vergraulen. Es ist eine Zeit des Teilens. Entscheidungen werden gemeinsam getroffen, wobei sich jeder ausreichend Zeit nimmt, den anderen zu überzeugen.

Nach der Geburt der Organisation gibt es Aufgaben zu erfüllen, und *JETZT!* wird die Zeit knapp. Wir müssen *JETZT!* handeln. Entscheidungen müssen *JETZT!* getroffen werden.

Aufgrund des Zeitdrucks bedeutet dieses *Jetzt*-Erfordernis, daß

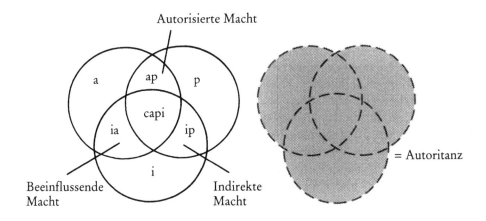

Autoritanz = a + p + i + ap + ip + ia + capi

Abb. 44: Die Komponenten der Autoritanz

einer die Autorität, Entscheidungen zu treffen, haben muß. In der Regel ist die Autorität beim Gründer konzentriert – in der Person, die am stärksten engagiert ist und die die größten Opfer für das Unternehmen gebracht hat. Wenn es sich um eine gleichberechtigte Partnerschaft handelt, werden die Partner viel Zeit mit der Frage, wie die Verantwortung aufgeteilt wird, verbringen müssen. Gewöhnlich endet das damit, daß ein Partner als der dominierende daraus hervorgeht.

Im Go-Go-Stadium wird die Autorität noch stärker monopolisiert. Eine Person vereinigt hier üblicherweise sämtliche Titel auf sich – Betriebschef, Finanzchef, Geschäftsführer, Gründer, Präsident, Vorstandschef. Die Organisation wird eine Ein-Mann-Show, selbst dann, wenn es sich um eine Partnerschaft oder eine Aktiengesellschaft handelt. »Ich habe hier ein Monster geschaffen«, sagte ein gleichberechtigter Partner über den anderen, der sich als der führende entpuppte. Der Gründer kommuniziert immer weniger mit seiner Gefolgschaft, und weil das Unternehmen rasch wächst, kommt mit dem Erfolg die Arroganz. Niemand fordert die monopolisierte Autorität heraus – noch nicht. Niemand traut sich. Es gibt kein Argument gegen den Erfolg.

In seiner Arroganz empfindet der Gründer das Wachstum und den Erfolg des Unternehmens als eigenes Verdienst. Er glaubt, es seien seine Führung (sein Talent), seine Urteilskraft, sein Timing und seine Kundenbeziehungen, die das Unternehmen zum Erfolg führen. »Er fängt an, seine eigenen Pressemeldungen für bare Münze zu nehmen«, bemerkt ein Manager. Die Arroganz verführt den Gründer dazu, immer mehr von seiner Autorität einzusetzen, wobei sein Einfluß schwindet. Dem wird nichts entgegengesetzt, weil das Unternehmen erfolgreich ist. Die Direktoren stellen dies nicht in Frage, weil sich das Direktorium in einer Go-Go-Organisation üblicherweise aus Internen, Freunden des Gründers oder Mitgliedern seiner Familie zusammensetzt. Der Erfolg ist da. Jeder verdient Geld. »Laßt ihn in Ruhe; wenn wir es besser könnten, wären wir an seiner Stelle« und »Wir brauchen ihn mehr als er uns« sind die typischen Kommentare in Go-Go-Organisationen. Die Geschäftsführer tun, was immer der Gründer anordnet. Ein Mitsprachesystem ist noch nicht in Kraft.

Dann geschehen Fehler. Das Unternehmen gerät allmählich aus den Fugen, und die Leute fangen an, die Autorität des Gründers in Frage zu stellen. Die erste, die zur Revolution gegen den Gründer, den Präsidenten oder den Vorsitzenden aufruft, ist die (A)dministration. Dabei handelt es sich um eine Person, die eingestellt oder ernannt wurde, um zu organisieren, oder um jemanden, der zufällig für den Finanzbereich zuständig ist.

Ein Kampf um Autorität zwischen den (E) unternehmerischen und den (A)dministrativen Leuten setzt ein, während die Direktoren vom Spielfeldrand aus zusehen. Wenn der (E) Unternehmer die endgültige Autorität an sich reißt, wird der (A)dministrator entlassen, und ein neuer Zyklus von Autoritätskämpfen entbrennt mit dem neuen (A). Wenn (E) nicht die endgültige Kontrolle gewinnt, entwickelt der Vorstand eine Achse mit (A), zieht die Autorität an sich und setzt (E) vor die Tür. In der Jugend, wenn (E) zunehmend kontrolliert wird, erwacht der geschäftsführende Ausschuß zum Leben, und der Vorstand übernimmt die volle Autorität.

In der Blütezeit haben der geschäftsführende Ausschuß und der Vorstand gemeinsam die Autorität, und jeder Leitende kennt das Ausmaß seiner Autorität. Die Autorität wird gemäß den Pflichten delegiert und dezentralisiert.

Der Unterschied zwischen der Vor- und der Nachjugendzeit besteht darin, daß die Autorität während der Kindheit und des Go-Go personalisiert wird, während sie in der Blütezeit und den folgenden Stadien des Lebenszyklus institutionalisiert und systematisiert wird. Nach der Blüte baut sich diese Institutionalisierung und Entpersonifizierung bis zu dem Punkt auf, an dem die Person schließlich nicht mehr spürt, daß sie tatsächlich Autorität besitzt.

Dieser Übergang bedarf einer weiteren Erklärung.

Die Management-Lehrbücher sagen, daß Autorität der Verantwortung entsprechen muß und vice versa. Auf den ersten Blick macht das Sinn. Wie kann jemand für Dinge verantwortlich sein, über die er keine Autorität hat? Warum sollte jemand Autorität ohne entsprechende Verantwortung haben? Das ergibt einen Sinn, nicht wahr? Falsch! Es kostete mich 15 Jahre, um mir das zu vergegenwärtigen und herauszufinden, weshalb die Lehrbücher unrecht haben.

Der Prozeß des Verstehens setzte ein, als ich Unternehmen analysierte. Die Leute klagten wiederholt, daß sie nicht die nötige Autorität besäßen, um in ihren Zuständigkeitsbereichen tätig zu sein. Nach ein paar Jahren und mehreren Dutzend Unternehmen begann ich mich zu fragen, warum ich niemals auf einen Manager gestoßen war, der sagte, daß die Autorität seiner Verantwortung entspräche. Ist es möglich, daß die Theorie in der Praxis nicht zu verwirklichen war? Also hielt ich Ausschau, aber ich konnte keine Person finden, die sagte: »Ja, ich habe all die Autorität, die ich für meinen Zuständigkeitsbereich brauche.« Ich bin der Meinung, daß dieser Zustand nur auf eine tote Organisation zutrifft. Und daher ist die in den Lehrbüchern beschriebene Situation höchst unerwünscht! *Warum?*

Wollen wir einmal sehen. Damit der Leser die nächsten Seiten versteht, muß er das 5. Kapitel wirklich verstanden haben; ein Rückblick auf dieses Kapitel wird nahegelegt.

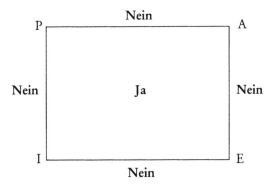

Abb. 45: Statische Definition von Verantwortung

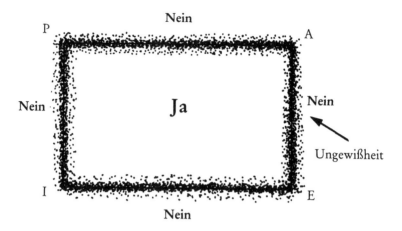

Abb. 46: Dynamische Definition von Verantwortung

Ist es möglich, mit einem Laserstrahlenstift ein sehr dünnes Rechteck zu zeichnen, so daß *absolut* keine Frage darüber aufkommt, was getan werden soll oder was nicht, wie wir etwas machen sollen oder nicht, wann wir etwas machen sollen oder nicht und wer etwas machen soll oder nicht? Da es immer eine Veränderung gibt, können wir es offensichtlich nicht. Man kann nicht vorher *alles* bestimmen und *alles* entscheiden. Daher gibt es bei der Verantwortlichkeit einen Punkt, an dem klar ist, daß eine Sache in der Verantwortung eines einzelnen liegt und daß er für den Rest nicht zuständig ist. Dazwischen herrscht die Ungewißheit.

Wie kann man mit dieser Ungewißheit umgehen? Sehen wir uns ein Tennisspiel als Analogie dazu an. Wenn ein Doppel gespielt wird, versuchen die Spieler den Ball im gegnerischen Feld immer zwischen die anderen Spieler zu setzen. Bei einem schlechten Team ist keiner für den Bereich der Ungewißheit zuständig, jeder Spieler wird von dem anderen erwarten, daß er das Spiel macht. Handelt es sich um ein gutes Team, gehört der ungewisse Spielfeldteil in den Verantwortlichkeitsbereich beider Spieler; beide können die Bewegung des Balles mitmachen, wobei einer schließlich retourniert. Es ist *nicht effizient,* wenn beide Spieler zum Ball laufen. Sollten sie eine Grenze durch die Mitte des Feldes ziehen, um das System effizienter zu gestalten, genau kennzeichnen, wer für welchen Teil des Feldes verantwortlich ist? Auf diese Weise können sie nicht spielen. Wenn sie es versuchten, müßten sie warten, bis der Ball den Boden berührt hat, und dann reagieren. Tatsächlich wäre es dann zu spät.

Auf welche Weise handhabt eine Bürokratie eine Veränderung und die nachfolgenden Unbestimmtheiten?

Kehren wir noch einmal zu dem Beispiel mit dem Tennisspiel zurück. Ist es erst einmal offensichtlich, daß es einen Bereich gibt, der von keinem gedeckt wird, und es nicht effizient ist, daß beide Spieler gleichzeitig auf dieses Bedürfnis reagieren, wird eine neue Person engagiert, um sich um den mittleren Bereich zu kümmern. Prima, aber was geschieht als nächstes? Es ist klar ersichtlich, daß es nun zwei Bereiche der Unbestimmtheit gibt, für die niemand verantwortlich ist. Während der nächsten Haushaltsperiode werden zwei zusätzliche Leute gefordert, die sich um die neuen Bereiche kümmern sollen. Das schafft sogar noch weitere Bereiche der Ungewißheit, so daß sich die Aufgaben, die nach mehr Personen verlangen, multiplizieren.

Schließlich ist das Spielfeld überfüllt. Keiner achtet mehr auf den Ball. Sie behalten sich alle gegenseitig im Auge oder treten sich gegenseitig auf die Füße. Es kommt zu Grenzkämpfen. Die Energie wird nicht für das Schlagen des Balles aufgewendet, sondern für den Schutz des eigenen Bereichs.

Die große Frage ist: »Wer ist wofür verantwortlich?« Einige Spieler ziehen sich auf ihr eindeutig begrenztes Gebiet zurück, so daß sie Abstand halten können von den Kämpfen. Andere versuchen die Ungewißheiten zu ignorieren, und in ihrem Streben enden sie in einem Bereich, der jemand anderem gehört. Dort werden sie beschuldigt, ein Imperium zu errichten. Sie werden geächtet, und manchmal sind sie gezwungen, sich zurückzuziehen. In der Zwischenzeit kommt der Ball über das Netz, aber keiner wagt es, angriffslustig den Schläger zu heben, aus Angst, jemanden dabei zu treffen. Also fliegt der Ball, und es erfolgt erst dann eine Reaktion, wenn der Ball genau in der Mitte eines Bürokratenrechtecks gelandet ist.

In dem Maße, wie der Kampf um das Gebiet fortschreitet, verfällt die empfundene Autorität; es folgen die empfundenen Verantwortlichkeiten – und verlieren an Größe. Einer, der über alledem steht, muß die Löcher stopfen und die Autorität an sich ziehen, um das Spiel zu lenken und die Punkte zu zählen. Autorität wird somit zunehmend zentralisiert. Die Leute wollen, daß man ihnen sagt, was zu tun ist. Sie würden lieber richtig falsch liegen als ungefähr richtig. Um dem Bürokraten Gerechtigkeit widerfahren zu lassen, könnte man annehmen, daß dieses Verhalten von der Natur staatlicher Ansprüche herrührt.

Bürokratien werden unablässig auf Verschwendung und unkritisches Urteilsvermögen überprüft. So wird es vernünftiger, die *falschen Dinge richtig* zu machen und die *richtigen Dinge falsch*.[20] Der Anspruch, die richtigen Dinge zu tun, zieht den administrativen Typus an, der risikoscheu ist und die Form der Substanz vorzieht. Ist man mit vielen (A)-Persönlichkeiten in der Organisation zusammen, verstärkt das auf jeden Fall das Verhalten einer Bürokratie.

Der Fehler liegt darin, daß die Bürokratie versucht, die Ungewißheiten zu minimieren, und dabei die Flexibilität verdrängt. Um die Ungewißheit auf ein Mindestmaß zu beschränken, bemühen sich die Leute, Verantwortung klar zu umreißen. Wenn eine Veränderung stattfindet und die Verantwortlichkeit genauer definiert wird, müssen die Verantwortlichkeiten und die Autorität im gleichen Umfang verringert werden. Da das System noch immer gemanagt werden muß, wird es in zunehmendem Maße zentralisiert, die Verantwortung und die Autorität steigen bis zum Äußersten. Geringe, praktisch irrelevante Probleme finden ihren Weg zum CEO. Wahre Probleme bleiben unbeachtet, da er von Verantwortlichkeiten und Entscheidungen überschüttet wird. Die Verantwortung wird nicht gestreut, was die Situation noch verschlimmert, den CEO noch stärker bedrängt, und das bedeutet, daß noch mehr Probleme unbeachtet bleiben. Hier handelt es sich um einen Prozeß des Sterbens.

Die Leute spüren in zunehmendem Maße, daß sie nicht verantwortlich sind und keine Autorität besitzen. Sobald sie merken, daß sie Autorität mit entsprechender Verantwortung haben, wird ihnen bewußt, daß sie keine Autorität und keine Verantwortung haben. Und das ist in der Phase der vollentwickelten Bürokratie der Fall, wenn kein weiterer Wandel stattfindet, wenn das Viereck der Verantwortung nicht mehr beweglich ist *und* so auch nicht der Kreis der Autorität. Der Fall tritt ein, wenn die Organisation nicht mehr auf die sich verändernde Umwelt reagiert. Die Organisation ist tot. Wir haben die Kontrolle, wenn wir tot sind. Zu leben bedeutet, Teile unseres Lebens nicht kontrollieren zu können. Ein erfahrener Manager versteht das – einige Dinge kann er kontrollieren, andere nicht; und von vielen Bereichen weiß er nicht, ob er sie kontrolliert oder nicht.

Es ist normal, mehr Verantwortung als Autorität oder mehr Auto-

---

[20] Die Alternative, *unablässig* die richtigen Dinge richtig zu machen, ist den Heiligen vorbehalten; die Alternative, ständig die falschen Dinge falsch zu machen, ist für Schlemihls reserviert, keiner der beiden ist eine Quelle für Managertalent.

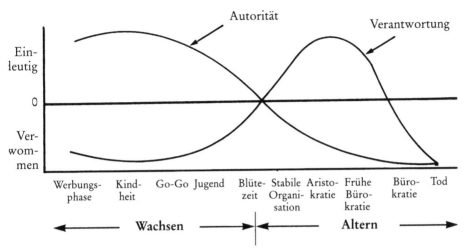

Abb. 47: Autorität und Verantwortung im Lebenszyklus

rität als Verantwortung zu haben. Sie können sich nicht die Waage halten, weil sich Verantwortung und Autorität ändern, wenn sich die Situation ändert. Vor der Jugend ist die Autorität an eine Person gebunden; während der Jugend wird sie entpersonalisiert und im System institutionalisiert. Während der Blütezeit ist die Autorität sowohl institutionalisiert als auch personalisiert. Nach diesem Punkt wird den Leuten mit Verantwortung zunehmend die Autorität genommen, und die Effektivität wird rückläufig. Die Leute spüren in der Bürokratiephase, daß ihre Autorität auf dem Nullpunkt ankommt. Das ist der Grund, weshalb wir so viele glückliche Mitarbeiter in der Bürokratie finden. Es gibt keine Ungewißheit, sie verhalten sich vorschriftsmäßig. Unglückliche Leute findet man im fortgeschrittenen Go-Go und in der Jugend, wo die Ungewißheit in der Organisation ihren höchsten Stand erreicht.

Das Machtverhalten im Lebenszyklus

Während der Werbungsphase ist Macht von Bedeutung, weil der Gründer sich bemüht, das Engagement zu untermauern. Also hat jeder, dessen Kooperation der Gründer braucht und der sich dieser Kooperation entziehen kann, per definitionem Macht. Der Gründer versucht diese Personen zur Unterstützung seiner Versuche heranzuziehen, indem er Versprechen macht, die er später einzulösen hat. Daher kommt es, daß vielen Leuten, die vielleicht nur von untergeordneter Bedeutung sind für das allgemeine Bemühen, am Ende ein Teil der Handlung zukommt.

In der Kindheit hält der Gründer die Zügel der Kontrolle fest in der Hand, weil er die Kontrolle nicht verlieren will. Er verhält sich wie eine Wölfin, die ihren Wurf nicht mehr annimmt, nachdem ein Mensch ihn berührt hat. Wenn der Gründer in diesem Stadium die Kontrolle verliert, wird sich sein Engagement in Luft auflösen, und in der Folge wird seine Organisation den Kindstod sterben.

Mit der Geburt eines Unternehmens wird die Macht von den für den Start notwendigen Personen auf die für den Fortgang des Unternehmens wichtigen Leute übertragen. Hier handelt es sich um einen interessanten Übergang. Die Loyalität ändert sich. Während der Werbungsphase standen die mächtigen Leute außerhalb des Unternehmens. Es handelte sich um Ehepartner, Familienmitglieder, Banker und Freunde. Hat das Unternehmen erst einmal das Licht der Welt erblickt, wird die Macht jenen gegeben, die Tag und Nacht arbeiten, um das Unternehmen aufzubauen. Der Assistent des Gründers wird besonders mächtig. Er übernimmt die (**AI**)-Funktion neben der (**PE**)-Funktion des Gründers. Ein guter Assistent, dessen Meinung der Gründer vertraut, ist sein Gewicht in Gold wert. Er ist derjenige, der den Gründer aus Schwierigkeiten heraushält, indem er die Durchführung schlechter Entscheidungen hinauszögert und darauf wartet, daß der Gründer seine Haltung überdenkt. Es ist der sogenannte Assistent, mit dem der Gründer Rücksprache darüber hält, mit wem was wann getan wird. Der Assistent ist eine wichtige Informationsquelle für den Gründer, der ihn auf dem laufenden hält und ihm zuträgt, was vor sich geht. Er ist der politische Maßstab, der den Gründer darüber unterrichtet, was politisch akzeptabel ist und was nicht.

Andere mächtige Gruppen sind die Vertriebsleiter und die Käufer (wenn es sich um eine Einzelhandelskette handelt). Der Buchführer ist schwach. Und es gibt keine nennenswerte Marketingabteilung. Die Schwäche rührt von der Tatsache her, daß das (**E**) Unternehmertum bei dem Gründer zentralisiert ist, der die gesamte finanzielle Verantwortung trägt und Marketingentscheidungen trifft. Es gibt auch keine nennenswerten technischen Bemühungen. Der Gründer verläßt sich noch auf die Technik der Anfangszeit, so daß ein Veränderungsdruck noch nicht vorhanden ist. Es gibt keine Personalentwicklung oder Personalabteilung, weil es sich um ein kleines Unternehmen handelt. Selbst wenn es ein großes Unternehmen wäre, wäre die Bedeutung des personellen Faktors gering im Vergleich zu der Bedeutung des Umsatzes, der für das Überleben des Unternehmens von entscheidender Bedeutung ist.

Der Gründer könnte versuchen, den Verkauf und den Einkauf zu delegieren, wenn es sich um eine Vertriebsorganisation handelt. Er kann aber nicht die finanziellen Verantwortlichkeiten delegieren. Er mag vielleicht die finanzielle Seite des Geschäfts nicht, aber in dieser Phase des Lebenszyklus hat derjenige Macht, der es schafft, einen ständigen Cashflow zu erhalten.

Von der Kindheit bis zur Jugend sind Macht und Autorität nicht miteinander verschmolzen. Die Autorität ist beim Gründer zentralisiert, während die Macht, durch die Bedürfnisse der Organisation vorgeschrieben, rundum geht. In der Jugend sind Macht und Autorität zerstreut. Wo die Macht liegt, ist schwierig zu entscheiden. Autorität und Macht sind vom Gründer auf die Finanzleute und von den extern Orientierten auf die intern Orientierten übergegangen. Der Gründer hat die Autorität, während die Leute der Finanzbereiche die Macht haben. Später beginnen sich Macht und Autorität aufeinander zuzubewegen. Die beiden müssen miteinander verbunden werden, bevor die Organisation in die Blütezeit kommt.

Bei einem gesunden Übergang teilen sich der Gründer und die professionellen Manager die Titel des Vorstandsvorsitzenden, des geschäftsführenden Direktors (CEO), des Präsidenten und des Hauptbetriebsleiters. Der Gründer ist vielleicht Vorstandsvorsitzender, CEO und Präsident in Personalunion, während einem professionellen angestellten Manager die Funktion des Hauptbetriebsleiters (COO) übertragen wurde. In anderen Fällen ist vielleicht der Gründer der Vorstandsvorsitzende, und ein angestellter Manager übernimmt die Funktionen von CEO, Präsident und COO. Manchmal wird die Funktion des CEO auf eine dritte Person übertragen. In jeder dieser Situationen sind Macht und Autorität miteinander verbunden. So schreitet die Organisation in die Blütezeit voran.

Nach der Blüte werden Macht und Autorität wieder getrennt; und sowie die Organisation in die Aristokratie hineinrutscht, bewegt sich die Macht in der Hierarchie nach unten und die Autorität nach oben, wenn die Organisation in zunehmendem Maße zentralisiert wird. Je systematischer die Organisation zentralisiert ist, desto stärker wird die vertikale Disparität zwischen Autorität und Macht sein. Die Leute werden sich zunehmend darüber beschweren, daß sie Autorität ohne Macht haben, und es wird Leute geben, die Macht ausüben, während sie dabei behaupten, keine Autorität zu besitzen.

Es kann genausogut zu einer Aufspaltung der autorisierten Macht kommen. Das könnte die Form einer antagonistischen Union annehmen, die autorisiert ist, für die Angestellten zu handeln, und gegen das Management mit der autorisierten Macht kämpft.

In der frühen Bürokratie gibt es die Schlammschlachten. Die Grenzen, die die autorisierte Macht markieren, sind verschwommen. Dieses Phänomen tritt auf, weil die Verantwortungsrechtecke schrumpfen und dabei die Autoritätskreise im Umfang angepaßt werden müssen. Da es einfacher ist, die Verantwortung maßstabsgerecht zu verkleinern, als die Autorität und die Macht maßstabsgetreu zu verkleinern, kommt es zu Unschärfen.

Ruhe und Frieden kehren wieder ein, wenn die Kreise der Autorität und der Macht getrennt werden. Dann gibt es Autorität ohne Macht und Macht ohne Autorität. Es herrschen Ruhe und Frieden, weil sich jeder wie gelähmt fühlt.

In Schweden stellte ich fest, daß das *CAPI* von 120 Personen benötigt würde – aus den oberen Rängen –, um das Gesetz über den Stellenwechsel innerhalb der Ministerien zu ändern. Hier handelt es sich um Lähmung. Da kann es nicht befremden, daß die Regierung immer mehr Angestellte braucht (da im Bedarfsfall neu eingestellt werden muß), ohne ein offensichtliches Wachstum an Effektivität aufzuweisen.

Das Verhalten des Einflusses im Lebenszyklus

In der Werbungsphase ist der Einfluß von Bedeutung. Es gibt keine nennenswerte Autorität, und die Macht entsteht aus der zurückhaltenden Kooperation. In der Kindheit gelangt die Autorität an die Spitze, die Macht wechselt zu den sich in der Organisation befindenden Personen, und der Einfluß verschwindet. Es gibt keine Zeit für Gespräche; es ist Zeit zu handeln. Der Einfluß braucht seine Zeit, und es kommt zu einer Kürzung dieses kostbaren Stoffes. Die Dinge werden daher in einer kindlichen Organisation mit autorisierter Macht durchgeführt – ohne Einfluß – in diktatorischer Manier.

Während der Go-Go-Phase kehrt der Einfluß zurück, er ist aber zugleich integriert in Autorität und Macht. Es gibt das *CAPI* des Gründers; der Erfolg bringt es mit sich, daß die Leute alles akzeptieren. Dann kommt es zu einem gravierenden Fehler, und der Einfluß wechselt bestenfalls zu den Technokraten oder verschwindet schlimmstenfalls vollständig.

In der Blütezeit, in der das Management im Besitz von autorisierter Macht und Einfluß ist, findet man *CAPI* beim geschäftsführenden Ausschuß. Auf systematische Art und Weise ist das Unternehmen erfolgreich. Von der stabilen Phase an nimmt der Einfluß auf Kosten der Autorität zu, die zentralisiert worden ist. Die Zentralisierung der Autorität bedeutet, daß die Autorität für die Leute am unteren Ende der Organisationshierarchie abfällt. Die wiederum entdecken schnell, daß der einzige Weg, etwas zu vollbringen, mit dem Einsatz von Einfluß zu erreichen ist. Dieser Einfluß ist mit Macht verknüpft, so daß indirekte Macht entsteht. Das ist der Fall, wenn sich die Leute nett benehmen, aber die im Brennpunkt stehende Person, auf die der Einfluß gerichtet wird, ängstlich reagiert. Sie reagiert, nicht weil sie überzeugt wurde, sondern weil sie die Auswirkungen fürchtet.

Wenn sich der nächste große Zusammenbruch einstellt – Verlust des Marktes und negativer Cashflow, der den Eintritt in eine frühe Bürokratie nach sich zieht –, ist die Autorität aufgebraucht, der Einfluß ist weg, und Macht stellt die einzige Energiequelle dar. Es ist Krieg; es ist keine Zeit für Gespräche oder Zeit, die Leute zu überzeugen. Die Zeit des Überlebens ist angebrochen, und jedes Mittel ist recht.

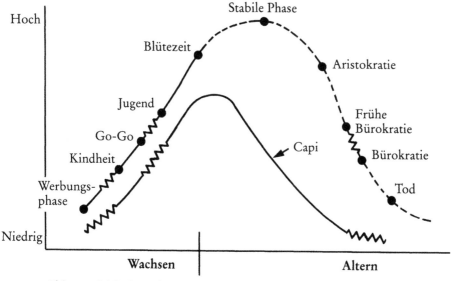

Abb. 48: CAPI im Lebenszyklus

CAPI im Lebenszyklus

CAPI mißt Kontrollierbarkeit, Stärke und Prognostizierbarkeit des Verhaltens einer Organisation.

Das Verhalten von *CAPI* verändert sich in Abhängigkeit vom Standort der Organisation im Lebenszyklus. In der Werbungsphase spielt es keine Rolle, wer *CAPI* hat; man ist verliebt. Der Umgang mit der Kontrolle ist verworren. Kontrolle wird an Personen vergeben, die sich von der Idee des Gründers begeistern lassen und bereit sind, die neue Organisation zu unterstützen. Der Tag der Abrechnung kommt, da dieses unterschiedslose »Weggeben« der Kontrolle das Überleben des Gründers als Manager des Unternehmens gefährdet. Dazu kommt es gewöhnlich in der Jugend.

Ist die Organisation erst einmal geboren, wird *CAPI* konsolidiert und liegt in der Regel in den Händen des Gründers. Wenn er Einfluß hat, der in dieser Phase des Lebenszyklus keine Rolle spielt, reicht die autorisierte Macht, um die Durchsetzung zu erreichen. Wenn der Gründer nicht im Besitz von *CAPI* ist, lediglich autorisierte Macht hat, kann sich dies als späterer Krisenherd entpuppen. Wenn die Organisation in die Go-Go-Phase eintritt, wird der Gründer um so arroganter und machthungriger, je erfolgreicher die Organisation ist. Je mehr Macht er benutzt, desto weniger hört er auf andere und desto losgelöster wird er. Je mehr er sich so verhält, um so schwerwiegender werden die Fehler sein, die er mit Einsetzen der Jugend machen wird.

Gravierende Fehler gefährden nicht nur seine Organisation, sondern auch seine eigene Macht innerhalb der Organisation.

In der Jugend ist *CAPI* unstet. Es kommt zu einem Machtkampf zwischen den professionellen Managern und dem Gründer, zwischen den Direktoren und der Familie, zwischen der Organisation und dem Gründer.

Wenn die Organisation die Jugend überlebt, wird *CAPI* im System und im Vorstand stabilisiert. Das führt zu einem bestimmten Modus vivendi bei den Direktoren, dem Vorstand, dem Gründer, den Anteilseignern und den professionellen Managern.

Nach der Aristokratie beginnt der Abstieg von *CAPI*, weil es zu einem Interessenkonflikt zwischen den Anteilseignern, dem Management, den Arbeitern und den Technokraten kommt. Im nächsten Kapitel werden wir erörtern, wie *CAPI* und die Kontrolle zusammenbrechen und warum.

CAPI ist fast gleich Null in der frühen Aristokratie und Bürokratie, was erklärt, warum die rechte Hand nicht weiß, was die linke tut. Sie versuchen einander in den Abgrund zu reißen, ein Bürgerkrieg innerhalb der eigenen Mauern bricht aus. Die Organisation kann als gehirntot betrachtet werden, wenn *CAPI* gänzlich verschwunden ist.

10. Alterungsgründe für eine Organisation

Was setzt einen Alterungsprozeß in Gang? Eine Verminderung von Flexibilität und eine Zunahme der Kontrollierbarkeit können bis zu einem Punkt als Ursachen angesehen werden. Die alte Organisation wird letztlich Probleme bekommen oder krank werden, weil sie die Kontrolle verliert; *CAPI* bricht zusammen. Jede Interessengruppe wird ihre eigene Richtung einschlagen, zum Nachteil der gesamten Organisation.

Flexibilität und Kontrolle gehören zu den Funktionen des (E) Unternehmertums und des *CAPI*. Ein starkes (E) und *CAPI* machen eine Organisation flexibel und einschätzbar; das Verhalten der Organisation ist unter Kontrolle.

Was beeinflußt das (E) Unternehmertum und *CAPI*?

Das Verhalten des (E) Unternehmertums im Lebenszyklus

Von den vier (**PAEI**)-Funktionen ist die kritischste bei einer Kulturveränderung das (E) Unternehmertum. Es geht der Funktion der (P) Zielerfüllung voraus und entscheidet sie, weil es sich um eine langfristige Komponente von (P) handelt. Die (A)dministration sollte von der Aufgabe hergeleitet werden, die von (P) erfüllt werden muß, und da (E) (P) steuert, wird (A) ebenfalls von (E) abgeleitet. Mit anderen Worten: *Wie* wir etwas machen, muß dem angepaßt sein, *was* wir machen wollen, das wiederum daraus entsteht, *warum* wir etwas machen. *Wer macht es mit wem* und wie – das organische *Wie*, die (I)ntegrative Funktion, sollte auf die gleiche Weise abgeleitet werden wie das mechanistische *Wie*, die (A)dministrative Funktion; von (P) und somit von (E). Die Werte und die Philosophie einer Organisation sollten von ihren Zielen abgeleitet werden, von den Kundenbedürfnissen und von der technologischen Anforderung zur Befriedigung dieser Bedürfnisse. Daher unterscheiden sich die Bedürfnisse der Mafia von denen der Kirche. Die Grundlinie dieses Diskurses ist, daß im gleichen Maße, wie (E) sich in einer Organisation ändert, sich auch die Organisationskultur verändert.

Versuchen wir noch einmal die Bedeutung des (E) Unternehmertums und dessen Einfluß auf die Kultur zu erklären. Inzwischen ist

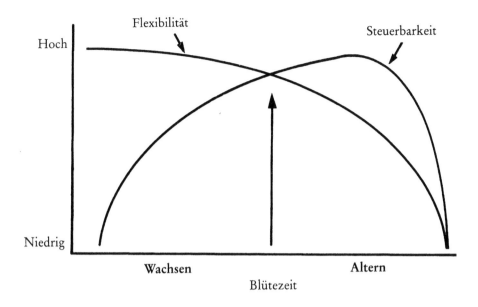

Abb. 49: Flexibilität und Kontrollierbarkeit im Lebenszyklus

leicht zu erkennen, daß (E) auf (P) Auswirkungen hat. (E) ist das langfristige (P), also treibt (E) (P) an.

Warum sollte (E) (A) beeinflussen? In den Wachstumsphasen verzögert (E) das Wachstum, das Verschwinden von (E) setzt das Hinscheiden von (P) in Gang und das unkontrollierte Wachstum von (A). Somit steuert (E) auch das Verhalten von (A).

Was gibt es zu (I) zu sagen? Hier gilt das gleiche wie für (A). Während der Wachstumsphase gibt es ein starkes (E) und daher auch ein starkes (P), das (I) hemmt. In den Alterungsphasen muß (I) gleichfalls abnehmen, da der individuelle Überlebenskampf einsetzt, wenn (E) verschwindet und (P) sinkt. Darüber hinaus ist (E) die treibende Kraft für die Organisation. Wenn das Engagement zurückgeht, stirbt die Organisation den Gehirntod, obwohl noch Teile der Organisation funktionieren.

Daher müssen wir uns auf die (E)-Funktion konzentrieren, um die Kurve des Lebenszyklus zu verstehen. Es ist ein wesentliches Signal und muß überwacht werden.

Wenn wir uns die folgende Graphik ansehen, können wir auf der Kurve das Verhalten von (E) erkennen.

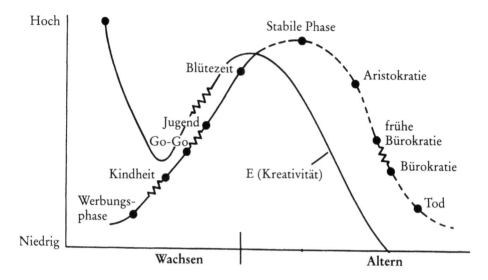

Abb. 50: E (Kreativität) im Lebenszyklus

Als erstes sollten wir darauf achten, daß während der Werbungsphase (E) sehr stark ist. Es gibt viel Lärm, Aufregung, Risikobereitschaft, Kreativität, Vorstellungskraft und Faszination ob der Möglichkeiten. Dieses Verhalten ist funktional, weil es die Organisation in die
Zukunft drängt. Wenn es keine Liebesaffäre gibt, gibt es keine Aufregung. Die erste Schwierigkeit, auf die man trifft, könnte das notwendige Engagement für das Entstehen einer Organisation verpuffen lassen, und die Idee müßte aufgegeben werden.

Was geschieht, wenn die Organisation das Licht der Welt erblickt
hat und das Risiko geschaffen wird? Die Aufregung ist groß, solange
es kein Risiko gibt. Wenn das Risiko entsteht, fällt (E) rapide ab, weil
keine Zeit zu denken und zu produzieren bleibt. Es ist an der Zeit, die
Dinge anzupacken. Dieser Übergang schafft eine Desillusionierung.
Die Leute beginnen sich zu fragen, was geschieht. »Seit wir die Organisation auf die Beine gestellt haben, haben wir keine Zeit mehr, uns
etwas auszudenken, uns aufzuregen, zusammenzukommen. Tagaus,
tagein nur schwere Arbeit.« Dieses Verhalten ist normal, da die Organisation das Risiko tragen muß. Sie muß bestimmte Bedürfnisse befriedigen, um vertraglichen Verpflichtungen nachzukommen, die auf
dem Markt festgelegt wurden und womit der Gründer sich auch selbst
festlegte.

Die Organisation könnte sterben, wenn (E) zu lange nicht beansprucht wird. Das Management muß eine Vision haben, um weiterhin interessiert zu sein, das Engagement zu erhalten und die Schwierigkeiten einer kindlichen Organisation zu meistern, was harte Arbeit bedeutet. Wenn das Management nicht zu seinem Traum zurückfindet, wenn es nicht definieren kann, was es zu erreichen sucht, dann entwickelt sich die Organisation nur zu einem Stück harter Arbeit, und das Management wird schließlich ausgebrannt sein.

Es ist obligatorisch, (E) gleichbleibend beizubehalten, wenigstens latent, so daß der Traum wieder an die Oberfläche des Organisationsbewußtseins kommen kann, wenn die Organisation endlich von dem Gelddruck, dem andauernden Bedürfnis, die unmittelbaren Anforderungen zu erfüllen, und von dem Druck der Kunden, Banker und Zulieferer befreit ist und die Leute ein wenig Zeit zum Denken haben. Wenn die Leute wieder mit dem Träumen beginnen, ist der Zeitpunkt gekommen, an dem sich die Organisation in die Kultur des Go-Go bewegt. In dieser Phase steigt (E) wieder an, und die Organisation findet die Zeit, neue Sachen zu erproben. Sie hat bewiesen, daß sie die Schwierigkeiten des Kindheitsstadiums meistern kann.

Was passiert als nächstes? Wenn die Organisation größer wird und größere Fehler macht, zeigt sich das Bedürfnis nach (A). Wenn die (A)-Funktion ansteigt – die Technokratie, die Bürokratisierung, die Systematisierung und die Institutionalisierung der Organisation –, hat die Struktur des »Wer macht was, wann und wie?« Einfluß auf den unternehmerischen Geist. An diesem Punkt wird der unternehmerische Geist durch (A) *kanalisiert*, statt selbst die *kanalisierende* Energie zu sein. Die Mitarbeiter sind der Meinung, daß sämtliche neuen Regeln, Prozesse und Formen, wer was mit wem und wie entscheidet, einengen.

Das ist der Grund, warum die (E)-Kurve zwischen dem Go-Go und der Jugend oder während der Jugend, bevor die Organisation die Blütezeit erreicht, ungleichmäßig ist – auf und ab geht. Der Gründer und die Organisation veranstalten ein Tauziehen. Der Gründer möchte die Entscheidungen treffen, aber er möchte auch dezentralisieren.[21] Das wird zum Prüfstein für die Organisation.

---

[21] Dezentralisierung ist der Transfer von (E) auf untere Ebenen. Delegieren ist der Transfer von (P) auf untere Ebenen. Der Gründer möchte delegieren, also (P) nach unten weitergeben, aber ohne bindendes (A) gleicht (P) bald dem (E). Daher führt das Ganze dazu, daß er schließlich dezentralisiert statt delegiert.

Der Gründer sagt: »Ich will dezentralisieren. Ich möchte die Führung in der Organisation institutionalisieren, so daß es nicht für jeden nötig ist, zu mir zu kommen.« Dann fügt er hinzu: »Wagen Sie es aber nicht, Entscheidungen zu treffen, bevor Sie mich gefragt haben.«

In der jugendlichen Organisation findet der Kampf zwischen (A) und (E) statt – ein Kampf zwischen einer Orientierung hin zu Systematisierung, Ordnung und Effizienz und einer Orientierung in Richtung Wachstum, anhaltenden Wandel und Marktdurchdringung. Es ist ein Kampf zwischen Qualität und Quantität, Flexibilität und Kalkulierbarkeit, Funktion und Form. (A) gibt die Form vor, die Kalkulierbarkeit und die Qualitätsorientierung, während (E) die Quantität, die Flexibilität und die funktionale Orientierung vorgibt. Dieser Kampf um Orientierung spielt sich offensichtlich in der Autoritätsstruktur der Organisation ab. Der Gründer würde die Restrukturierung der Organisation befürworten, um etwas Systematisierung und Ordnung zu haben. Zur selben Zeit würde er gern bei den entscheidenden Faktoren der politischen Entscheidungsfindung im Finanzbereich, beim Marketing und in der Produktentwicklung dominieren und kontrollieren.

Nimmt man dem Gründer diese unumschränkte Macht und gibt sie der Organisation und systematisiert sie mit professioneller betrieblicher Entscheidungsfindung anstatt mit unternehmerischer, verschärft das den Kampf zwischen (E) und (A) noch mehr. Der Gründer mag behaupten, er dezentralisiere und delegiere, aber in Wahrheit tut er es nicht. Und somit sind sich die Leute in der Organisation nicht darüber im klaren, ob er wirklich meint, was er sagt.

Wenn die (A)- und die (E)-Funktion durch zwei Partner repräsentiert werden, könnte es die Trennung der Partner bedeuten. In diesem Fall bleibt gewöhnlich der (A)-Partner, und der (E)-Partner verläßt das Unternehmen. Zu diesem Zeitpunkt ist der unternehmerische Geist der Organisation in höchster Gefahr.

Was geschieht in der Blütezeit? Zwischen der Jugend und der Blütezeit beginnt die Zunahme von (E), und zur Blütezeit hat es seinen Platz im System gefunden; es ist nicht länger das Monopol eines einzelnen Individuums.

Die Institutionalisierung von (E) bedeutet, daß unternehmerische Entscheidungen auf professionelle Weise getroffen werden. Informationen werden gesammelt, es wird diskutiert, wie sie mit Politik, Richtlinien und Strategien korrespondieren, und Entscheidungen werden unabhängig von jedem Individuum und seinen Empfindlichkeiten ausgeführt. Was geschieht nach der Blütezeit? (E) geht unter.

Nach dem Verlust von (E), in der frühen Bürokratie, sorgt jeder für sich selbst. Wenn es denn noch irgendwelchen unternehmerischen Geist gibt, dient er nicht dem Wohl der Organisation, sondern dem Wohl des einzelnen – bisweilen auf Kosten der Organisation. In der frühen Bürokratie wird (E) hinausgedrängt. (E)-Leute werden entlassen. Auf einer sozialen Ebene käme dies einer Ausbürgerung nahe oder dem Versuch, so schnell wie möglich eine Ausreisegenehmigung zu bekommen.

Faktoren, die die Existenz oder den Verlust des (E) Unternehmertums im Lebenszyklus betreffen

Was steckt hinter den Veränderungen zu (E) während des gesamten Lebenszyklus, und weshalb finden diese Veränderungen statt? Nach einer Zusammenarbeit von mehr als 20 Jahren mit großen und kleinen Organisationen und einer Analyse dieses Faktors glaube ich sagen zu können, daß es mehrere Primärfaktoren gibt, die einen dramatischen Einfluß auf (E) in den Organisationen haben. Wenn wir diese Faktoren verstehen, können wir Schritte unternehmen, um diese potentiellen Probleme zu lösen, bevor sie pathologisch und zu einer Gefahr für die Organisation werden.

Der (E)-Geist, sowohl bei einem Individuum als auch in einer Organisation, hat die Funktion einer Disparität zwischen dem erwünschten und dem erwarteten Bewußtsein.[22] Solange sich eine Person mehr oder Besseres wünscht als das, was sie erwartet, ist sie jung. In Schweden lernte ich den Unterschied von Glück und Erfolg kennen. »Erfolg bedeutet, zu bekommen, was man sich wünscht; Glück bedeutet, zu wünschen, was man bekam.« Wenn man nach mehr verlangt oder sich mehr wünscht, als man erwartet, ist man jung und vertraut auf Erfolg, statt nur auf Glück. Man harrt nicht der Dinge, die da kommen.

Eines Tages sagte ich einem Bekannten, er hätte Glück, daß er nicht übergewichtig sei. Er sah mich an und sagte: »Ich habe daran gearbeitet.« Mir wurde klar, daß ich das Schlanksein auf Glück statt auf Erfolg zurückgeführt hatte.

---

[22] $E = F \dfrac{(\text{erwünscht} - 1)}{\text{erwartet}}$

Der Tag, an dem jemand auf seine Zukunft sieht und sagt: »Ich mag, was ich erwarte«, der Tag, an dem er das Erwartete als gewünscht akzeptiert, ist der Tag, an dem er zu altern beginnt.

Es gibt vier Faktoren, die sich auf die Disparität von Erwünschtem und Erwartetem auswirken und die das Bewußtsein einer Organisation verändern können, indem sie direkt das Unternehmertum beeinflussen:

1. Geistiges Alter der Führung
2. Funktionialität des Führungsstils } menschlicher Faktor

3. Wahrgenommener relativer Marktanteil } organisatorischer
4. Funktionalität der Organisationsstruktur } Faktor

Diese vier Faktoren unterliegen der direkten Kontrolle durch das Unternehmen. Es gibt natürlich auch externe Faktoren, wie das Umfeld, die Technologie, den Markt und politische Veränderungen, die einen starken Einfluß auf den Alterungsprozeß haben können. Diese externen Faktoren können – im Falle einer Marktliberalisierung – die Beschleunigung des Alterungsprozesses oder das Überspringen von Stadien veranlassen. Der Umgang mit diesen Faktoren verlangt im allgemeinen die gleichen Maßnahmen vom Management, zu denen es auch greifen würde, wenn es sich um interne Faktoren handeln würde. Nur die Zeit und die Abfolge der Schritte sind anders.

Geistiges Alter der Führung

Der erste Faktor ist das geistige Alter jener, die die Entscheidungen in der Organisation treffen, die die Organisation kontrollieren und zusammen *CAPI* bilden. Das können die Eigentümer sein, müssen aber nicht. Häufig kontrollieren Manager die Organisation und nicht die Eigentümer, die vereinzelt vorkommen und im Vorstand unterrepräsentiert sind.

Mit dem »geistigen Alter« der Entscheider beziehe ich mich auf die Ungleichheit zwischen den von ihnen erwünschten und den von ihnen erwarteten Ergebnissen, welche wiederum Auswirkungen auf das kollektive Bewußtsein der Organisation haben. Das geistige Alter deckt sich nicht notwendigerweise mit dem biologischen Alter. Es gibt Menschen, die mit 50 Jahren jung sind, und solche, die mit 25 Jahren alt sind. Die Frage, die sich dabei stellt, ist: Akzeptieren sie das Gewünschte als das Erwartete, oder wollen sie, daß sich das Erwünschte vom Erwarteten unterscheidet? Sie müssen *mehr* verlangen, ob mehr Qualität oder mehr Quantität, das spielt keine Rolle. Wenn sie weder nach mehr Quantität noch nach mehr Qualität streben, werden sie alt. Sie akzeptieren die Dinge, wie sie sind, oder, schlimmer, wie sie sein werden.

Wenn das geistige Alter der Leute mit Kontrollfunktion in der Organisation solcherart ist, daß sie das Erwartete als das Gewünschte akzeptieren, dann beginnt der Alterungsprozeß der Organisation. Sie altert, weil es weder Drang noch Antrieb für Veränderungen innerhalb der Organisation gibt.

Wahrgenommener relativer Marktanteil

Der nächste Faktor, der (E) beeinflußt, ist der wahrgenommene relative Marktanteil. Der *Marktanteil* stellt den Prozentanteil der gesamten Kunden dar, die ein besonderes Bedürfnis haben, dessen Befriedigung das Unternehmen übernimmt. Drückt man es in der Geschäftssprache aus, handelt es sich um den Unternehmensanteil am Gesamtumsatz ähnlicher Produkte, die das gleiche Bedürfnis befriedigen. Was bedeutet *wahrgenommen* in diesem Zusammenhang?

Ein Unternehmen kann über Nacht ohne Änderung der Einkünfte einen Marktanteil von 100 Prozent oder 0,0001 Prozent erreichen. Der Marktanteil hängt davon ab, was als Divisor eingebracht wird, auf welche Marktbasis sich der Anteil beziehen soll. Ein Unternehmen kann 100 Prozent an Marktanteilen besitzen, indem es seinen Markt so definiert, daß er *nur* aus jenen besteht, die bei ihm kaufen. Es ist, wie wenn man jemanden in einer politischen Bürokratie einstellt. Die Leute, die die Einstellung vornehmen, wissen, wen sie einstellen wollen, aber das Gesetz schreibt vor, daß sie nach Bewerbern Ausschau halten müssen. Also beschreiben sie die Aufgabe mit Charakteristika, die nur ihr Kandidat hat.

Das gleiche geschieht mit den Marktanteilen. Ein Unternehmen kann jeden gewünschten Marktanteil haben, es kommt nur darauf an, wie man ihn definiert. Es kann mit Leichtigkeit das Größte, Beste auf der ganzen Welt sein – seine Führer müssen nur herausfinden, was es ist, womit ihr Unternehmen allein Erfolg haben kann. Einem meiner Klienten gehört zum Beispiel das größte private, computerisierte und multimediale Alarm-Unternehmen in der Welt. Der Punkt ist, daß, was immer Unternehmen mit Marktanteilen zu besitzen glauben, nur ein *wahrgenommener* Marktanteil ist.

Der *relative* Marktanteil bezieht sich auf den Marktanteil eines Unternehmens in Kontraposition zum Anteil des größten Konkurrenten. Nun nehmen wir einmal an, daß ein Unternehmen einen wahrgenommenen relativen Marktanteil von 2 hat. Das bedeutet zum Beispiel, daß es 35 Prozent des Marktes beherrscht und der nächstgrößere Wettbewerber über 17 Prozent. Wird dies das Unternehmen konkurrenzfreudig oder selbstgefällig machen?

Mit irgend etwas der Größte und Beste zu sein ist, wie ein Champion im Sport zu sein. Ein herausfordernder Konkurrent ist notwendig, um in Form zu bleiben. Wenn die Führung eines Unternehmens glaubt, daß es nicht länger am Wettbewerb um die Befriedigung der wahrgenommenen Kundenbedürfnisse teilnehmen muß, wenn sie glaubt, das Unternehmen hätte eine sichere Kundschaft, die zu ihm kommen wird, wenn sie glaubt, daß das Unternehmen im Besitz der Majorität der Marktanteile ist, daß es den Markt beherrscht und der wahrgenommene Marktanteil den höchsten Stand erreicht hat, dann verletzt die Führung den unternehmerischen Geist, das Verlangen und die Neigung, sich einem sich verändernden Umfeld anzupassen. Das Unternehmen erwartet von den Kunden, daß sie sich dem Unternehmen anpassen, statt sich auf die wechselnden Bedürfnisse der Kunden einzustellen. Die Führung beginnt zu glauben, daß sich kein zusätzliches Wachstum auf dem Markt mehr einstellt, weil die aufgewendeten Kosten für ein zusätzliches Prozent höher wären als der dafür erhältliche Wert.

Die Entscheidungsträger der Organisation denken: »Das ist es! Wir haben es geschafft! Wir sind da!« Diese Haltung kann der Unternehmenskreativität einen irreparablen Schaden zufügen. Man hat vergessen, daß es nur einen Weg gibt, wenn man oben angekommen ist: den nach unten.

Ist ein Unternehmen ein Champion, kann es selbstgefällig werden. Um die Kondition zu halten, um an der Spitze zu bleiben, braucht es immer eine starke Herausforderung. Die Beherrschung des Marktes ist ein Ziel, das nicht länger als eine durchfeierte Nacht ausgekostet werden sollte. Nach neuen Visionen muß Ausschau gehalten werden. Der Markt muß neu definiert werden, wodurch neue Konkurrenten auf der Bildfläche auftauchen. Der Horizont muß sich bewegen, so wie sich die Organisation bewegt, oder die Führungsspitzen werden ihre Augen immer weiter senken, bis sie nur noch die Spitzen ihrer Zehen sehen können. Und aufhören, sich überhaupt zu bewegen.

Funktionalität des Führungsstils

Der dritte Faktor, der das (E) Unternehmertum beeinflußt, ist die Funktionalität des Führungsstiles. Was heißt das? So wie sich eine Organisation im Lebenszyklus verändert, werden verschiedene Führungsstile benötigt. Es kommt zu einer Wechselwirkung zwischen den Führern und den Anhängern. Das kennen wir aus der Geschichte und von der politischen Wissenschaft – die Menschen bekommen den Führer, den sie verdienen. Sag mir, welche Art von System du hast, und ich sage dir, nach welcher Art von Führung das verlangt.

Welche Art von Führung ist in den verschiedenen Stadien des Lebenszyklus wünschenswert? Wenn die Organisation ein bestimmtes Bewußtsein braucht, wie hat dann die funktionale Führung zu sein, die für dieses Bewußtsein sorgt? Führung bedeutet, daß der Führer einen dynamischen Prozeß in Gang setzt, der die Organisation von einer Ebene des Bewußtseins zur nächsten bringt, von einem Platz auf der Lebenskurve zum nächsten. Mit anderen Worten, es handelt sich um jemanden, der in der Lage ist, ein Unternehmen von einem Problembereich zum nächsten zu bringen. Er kann die Probleme von gestern lösen, während die Organisation auf die Probleme von morgen vorbereitet wird.

Moses führte das jüdische Volk von den Problemen in Ägypten zu den

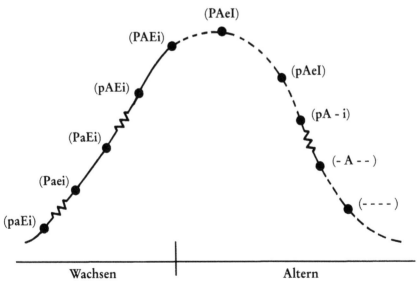

Abb. 51: Tatsächliche Organisationsstile im Lebenszyklus

Problemen in Kanaan. Zu führen bedeutet nicht, ein System von einer Stufe mit Problemen zu einer nächsten Stufe ohne Probleme zu bringen. Es bedeutet den Transfer eines Systems auf eine nächste Problemebene, zu einer nächsten Generation von Problemen. Eine gesunde Führung bedeutet, daß die nächste Generation von Problemen komplizierter und anspruchsvoller als die gegenwärtige sein wird. Daher wächst die Organisation. Man ist so groß wie die Probleme, mit denen man ringt.

Während der Werbungsphase träumen die Gründer davon, was sie machen werden. Ein Führer taucht auf, der die Organisation in die Kindheit führen wird. Was bedeutet »die Organisation in die Kindheit führen«? Wer wird das Risiko auf sich nehmen? Welche Art von Führungsstil ist in dieser Phase funktional? Wäre es nicht dysfunktional, wenn der Führungsstil die (A)dministration hervorheben würde? Natürlich wäre es das. Weil (A) ständig »Nein, nein, nein« sagen würde. Nichts würde das Licht der Welt erblicken; die Organisation würde niemals bis zu den Kinderschuhen kommen. Welche Führungsart würde das Entstehen der Organisation ermöglichen, den Funken zünden, den Sprung wagen, das Risiko auf sich nehmen und es wirklich werden lassen? (P) Zielerfüllung, (A)dministration, (E) Unternehmertum oder (I)ntegration?

(P) wird es sein. Es ist in der Regel eine (P)-Person, die sagt: »Ich bringe die ersten 5.000 Dollar ein, und ich bin bereit, das erste Risiko auf mich zu nehmen.« Das ist die Person, die sagt: »In Ordnung, fangen wir an, machen wir es, *ich* bin bereit.« Das ist ein Macher, denn die Organisation kann auf wahres Engagement nicht verzichten, will sie das Licht der Welt erblicken. Einer, der *handelt*, wird gebraucht; einer, der den Ton angibt, wenn etwas *gemacht wird*, und der ein Verhaltensmodell für eine *handlungsorientierte* Organisation liefern kann.

Handeln, nicht reden, garantiert das Überleben der Organisation in der Kindheit. Wünschenswert wäre ein Führer, der sowohl träumen als auch handeln kann, weil seine Vision es dem Unternehmen ermöglicht, die Kindheit erheblich schneller hinter sich zu lassen.

Der Führungsstil spiegelt den nächsten Organisationsstil im Lebenszyklus wider. Mit seinem Stil formt der Leiter den zukünftigen Weg der Organisation. Deshalb ist er ein Führer und nicht ein Gefolgsmann. Aus dem gleichen Grund schreitet der Führer rascher voran als diejenigen, die er anführt.

Die Formung der *nächsten* Phase des Lebenszyklus sorgt aber nur in den *Wachstums*phasen für eine funktionale Führung. In den Stadien des *Alterungs*prozesses muß der Führer die *früheren* Phasen gestalten, oder seine Führung beschleunigt den Niedergang der Organi-

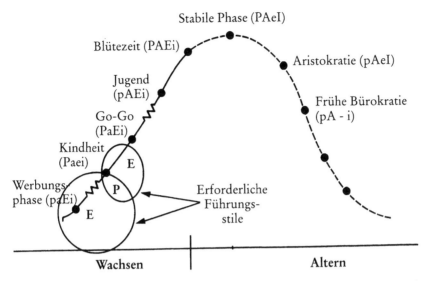

Abb. 52: Tatsächliche und erforderliche Führungsstile für Werbungszeit und Kindheit

sation. Das erschwert die Führung erheblich, da man gegen den Strom schwimmen muß, während man in den Wachstumsphasen lediglich schneller als die restliche Organisation sein muß.

Das ist die Erklärung, weshalb Führer wachsender Organisationen sich nicht in funktionale Führer alternder Organisationen einfühlen können. Sie verstehen nicht, weshalb es so lange dauert, warum solche Vorsicht herrscht. Sie verstehen nicht, daß das Schwimmen gegen den Strom aus politischer Sicht gefährlicher ist als das schnellere Schwimmen mit dem Strom. In einer alternden Organisation muß die Führung qualvolle Entscheidungen treffen und diesen zum Trotz politisch überleben. Dagegen werden in den Wachstumsphasen weniger schmerzvolle Entscheidungen getroffen, und der Führer ist politisch weniger verwundbar (außer in der Jugend).

Welcher Führungsstil wird in einem Go-Go-Unternehmen gebraucht, das nicht mit Geldknappheit zu kämpfen hat und dessen Träume wieder erwachen? Sehen wir noch einmal die Graphik des Lebenszyklus an. Was jetzt benötigt wird, ist (E), weil ein Schritt zurück zur Kreativität und zur Träumerei erwünscht ist. Im klassischen Fall wird die (E)-Funktion durch den Gründer präsentiert. Daher findet man oft einen Gründer mit einem (PE)-Stil; er ist der handelnde Träumer oder der träumende Macher. Er kann eine Handgranate in den

271

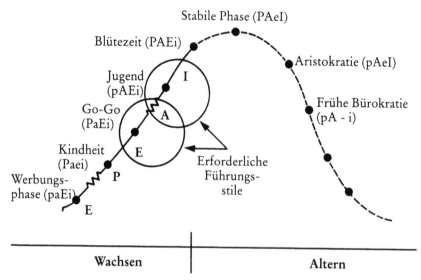

Abb. 53: Tatsächliche und erforderliche Führungsstile für das Go-Go und die Jugend

Betrieb werfen, um ein Feuer zu entfachen, und dann, wenn das Feuer anfängt zu lodern, hinrennen, um es zu löschen. Sobald das Feuer erstickt ist, wirft er die nächste Handgranate. Er zwingt das Unternehmen zu einem sprunghaften Wachstum, indem er Schwierigkeiten schafft und sie dann managt. Diese Gründer sind schwer arbeitende Träumer. Sie sind Brandstifter und Feuerwehrmänner in einem. Das ist eher Krise durch das Management als Management in der Krise.

In der jugendlichen Phase muß die Organisation organisiert, systematisiert und stabilisiert werden. Zu diesem Zeitpunkt wird die Qualität wichtiger als die Quantität. Wie soll die erstrebenswerte Führung aussehen? Eine Neigung zu (A)dministration ist wichtig. In dieser Phase kommt es gewöhnlich zu Schwierigkeiten im Führungsübergang. Der Übergang vom Go-Go zur Jugend erfordert einen Wechsel vom **(PE)**- zum **(AE)**-Führungsstil. Das bedeutet Ärger. Erstens ist **(A)** ein ganz anderes Wesen als **(PE)**. **(A)** ist langsam, gründlich, analytisch und geht nicht gern ein Risiko ein. Bei diesem Stil achtet man auf Details. **(PE)** ist schnell, hält sich nicht mit Details auf und ist risikobereit. Die beiden Führungsstile sind nicht miteinander vereinbar. **(E)** will, daß seine Untergebenen vor ihm mit der Arbeit beginnen und nach ihm aufhören. Und weil niemand weiß, wann er mit der Arbeit anfangen oder aufhören wird, ist das Verhalten der Untergebenen im besten Fall unstet. Der (E)-Typus erwartet von seinen Untergebenen, daß sie jederzeit auf Abruf bereit sind.

(A) hat einen gänzlich anderen Stil. Er kommt und geht rechtzeitig. Deshalb fühlt sich (E) betrogen; er unterstellt (A) eine nicht ausreichende Loyalität gegenüber dem Unternehmen, er glaubt, daß (A) sich nicht wirklich bemühe. (E) schießt aus der Hüfte; (A) mag Dinge gern überdenken. (E) entscheidet zuerst und denkt dann nach. (A) glaubt, er müsse mit einem Kehrbesen in der Hand hinter (E) herlaufen, um das Durcheinander gründlich aufzuräumen. (E) dagegen meint, (A) würde ihn von seinem Spiel im Sandkasten abhalten und ihn daran hindern, so zu spielen, wie er will. Hier kommt es offensichtlich zu einer Kollision.

Dieser Zusammenstoß kann etwas abgeschwächt werden, wenn die Führungskraft den richtigen Stil hat. (pAEi) wird gebraucht, nicht nur (-A--). (A) allein wird bei einem Brandstifter (--E-) wahrscheinlich zu Reisig, und selbst wenn er überleben könnte, wäre es auf Kosten des Unternehmens, da er als Reisig (----) keine von der Organisation benötigte Funktion ausüben kann.

Um (A) und (E) miteinander zu verbinden, braucht man einen neuen Führungsstil vom Typ (AE). (A) und (E) sind nervtötend. Sie sind ausgezeichnete Berater, aber wenn sie ihren Stil nicht ändern, sind sie keine guten, lebensnahen Manager.

Ob Leute ihren Stil ändern können oder nicht, muß in der Praxis geprüft werden.

Es gibt zwei Optionen:
1. sehen, ob der (PE)-Gründer seinen Stil so ändert, daß er einen (AE)-Stil entwickelt; oder
2. ersetzen Sie (PE) durch (AE); befördern Sie den (PE)-Gründer zum Aufsichtsratsvorsitzenden und den (AE) zum Geschäftsführer.

Die Schwierigkeit, eine Organisation während ihres Übergangs von der Kindheit zur Jugend zu managen, liegt darin, daß die Führung entweder ihren Stil ändern oder ausgetauscht werden muß. Die Leitung eines Unternehmens ist kein Marathonlauf; es ist ein Staffellauf. Eine Organisation muß die Führung von einer Person auf die nächste übertragen, wenn sich die einzelne Führungskraft den veränderten Konditionen nicht anpassen kann.

Ein Faktor, der das Altern einer Organisation verursacht, tritt in Erscheinung, wenn die Führung nicht zum richtigen Zeitpunkt im Lebenszyklus funktionsgerecht übergeben wird. In der Kindheit muß ein starkes (PE) vorhanden sein, ein aggressiver träumender Macher, jemand, der *schnell und in der Regel selbständig visionäre Entscheidungen fällen kann.* Während der Go-Go-Phase braucht die Organisation jemanden, der organisiert und systematisch arbeitet und Richtungen klar formulieren kann, so daß *die Organisation kompetente Entscheidungen fällen* kann. Es handelt sich jetzt nicht mehr um eine Ein-Mann-Show. Deshalb wird ein Systematisierer, ein **(AE)**, benötigt. Die Gefahr liegt dabei darin, daß ein erfolgreicher Manager sich an seine Position klammert, selbst wenn er längst nicht mehr die Bedürfnisse der Organisation erfüllt. **(PE)** macht den Weg nicht frei für **(AE)**, und wenn **(AE)** erst einmal fest im Sattel sitzt, wird er für den nächsten benötigten Stil das Feld nicht räumen.

Beim Wechsel von **(PE)** zu **(pAei)** wird das Problem noch dringlicher, weil **(A)** sich hinter seiner Position verschanzt und es kein Druckmittel gibt, um ihn davon wegzulocken. Im Rückblick auf die Beschreibung des organisatorischen Lebenszyklus erkennen wir, daß es kein Druckmittel gibt, um die Führung in der Blütezeit, in der stabilen Phase oder in der Aristokratie auszuwechseln. In der Blütezeit ist alles prächtig. In der stabilen Phase sind die Probleme nur latent vorhanden. In der Aristokratie ist das Unternehmen liquide und weist gute Bilanzen auf, und das Finzi-Contini-Syndrom erlaubt es den Leuten nicht, ihre Unzufriedenheit mit der Selbstgefälligkeit auszudrücken. Es herrscht die Ruhe vor dem Sturm, es gibt kein Druckmittel für einen Führungsaustausch.

Die **(A)**-Führung verliert ihre Funktionalität, weil sie nicht mehr das bietet, was die Organisation braucht. Der Führungsstil sollte **(I)** betonen, wenn die Organisation die Blütezeit erreicht. Warum **(I)**?

In den Organisationskulturen der Blütezeit gibt es **(P)**, **(A)** und **(E)**. Die Struktur stimmt, und die richtigen Leute sitzen am richtigen Ort. Hier ist es die Aufgabe der Führung, die richtigen Leute einzustellen, die erwünschten Konflikte, die in einer korrekt strukturierten Organisation auftauchen, zu integrieren und ihnen die Richtung vorzugeben. Die Organisation braucht einen Führer, der die **(I)**-Funktion betont.

Die Organisation braucht in den verschiedenen Phasen des Lebenszyklus immer diejenigen Führungsstile, die sie aus der gegenwärtigen Phase in die nächste führen. Während der Werbungsphase verlangt die Organisationskultur nach einer Führung, die träumt und dann die Organisation ins Leben ruft. Sie muß **(PaEi)** sein, damit sie Leben hervorbringen und handlungsorientiert sein kann, ohne die Vision zu verlieren. Während der Go-Go-Phase wird **(E)** benötigt, um sich für die Go-Go-Tendenzen zu begeistern, und **(A)**, um sie ab-

274

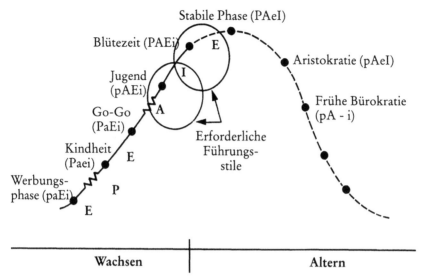

Abb. 54: Tatsächliche und erforderliche Führungsstile in der Jugend und in der blühenden Organisation

zukühlen, damit sich die Organisation nicht übernimmt. Der Funktionsstil ist (pAEi). In der Jugend ist (A) erforderlich, weil die Gesellschaft mit Konflikten geladen ist, mit denen man fertig werden muß; (I) wird dagegen benötigt, um zur Blütephase zu gelangen. Deshalb lautet der Funktionsstil der Jugend (pAeI).

Der Schritt in die Blütezeit erfordert eine Verstärkung des (I), und wenn in der Organisationskultur (E) abzunehmen beginnt, muß die Führung für Ersatz sorgen. Um in der Blütephase zu bleiben, ist als Führungsstil daher (paEI) erforderlich.

Erforderliche Führungsstile

Werbungsphase	PaEi
Kindheit	PaEi
Go-Go	pAEi
Jugend	pAeI
Blütezeit	paEI
Stabile Phase	PaEi
Aristokratie	PaeI
Frühe Bürokratie	Paei
Bürokratie	?
Tod	?

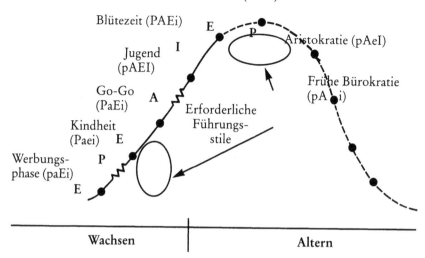

Abb. 55: Tatsächliche und erforderliche Führung in der Blütezeit und in der stabilen Phase

Der Leser sollte daran denken, daß der erforderliche Führungsstil von der Organisationskultur diktiert wird und daß in den Wachstumsphasen diejenige Kultur, auf die sich die Organisation zubewegt, den notwendigen funktionellen Stil diktiert. Nach der Blütezeit ist es gerade umgekehrt: Der Führungsstil sollte die Entwicklung der Organisationskultur verzögern. Da die Organisation ab der Blütezeit an (E) verliert, braucht sie jetzt eine (E)-Führung, um diese Entwicklung zu verzögern und dem Defizit vorzubauen.

Ein Manager in der Blütezeit sollte eine Person mit (paEI) sein – ein Staatsmann, einer, der die große Vision hat und die Leute integrieren kann, die die (P)- und die (A)-Funktion erfüllen, um dieser Vision zu folgen.[23]

Beim Verlassen der Blütezeit verliert die Organisation an Flexibilität, an (E). Um diese Entwicklung aufzuhalten, ist eine Führung erforderlich, die (E) ersetzt. Weil in der Aristokratie (P) verlorengeht, ist der erforderliche funktionale Stil, um die Verschlechterung in der stabilen Phase zu verzögern, (PaEi). Dieser (PaEi)-Stil unterscheidet sich von dem (PaEi)-Stil einer kindlichen Organisation. In dieser Phase

[23] Siehe Adizes, I.: Wie man Mißmanagement überwindet, zur Beschreibung und Diskussion von Managementstilen.

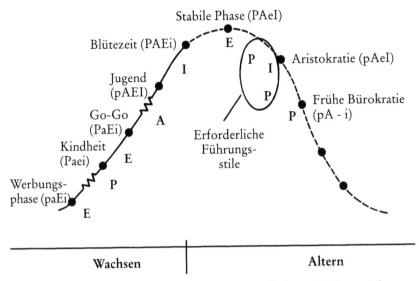

Abb. 56: Vergleich zwischen Führung in der Kindheit und in der stabilen Phase

braucht man einen professionellen Manager mit dem Stil eines Unternehmers. Er muß Berufssoldat sein, *kein* Guerillaführer. Er muß Entscheidungen treffen und die Vision für eine große Organisation haben. Das ist der entscheidende Unterschied, da eine Organisation, die ihre Flexibilität verliert, oftmals das Go-Go-Stadium erreicht oder sich liiert mit dem expliziten Ziel, eine Go-Go-Führung zu bekommen. Die Organisation entdeckt bald, daß die Go-Go-Führung nicht die politische Reife hat, um ein Unternehmen in der stabilen Phase zu managen, in der sie mit internen politischen Realitäten konfrontiert wird. Es ist offensichtlich, wenn man sich noch einmal die geforderten Führungsstile ansieht, daß wir in der Kindheit, wenn wir den Stil in vier Dimensionen und gemäß der Priorität, die einer Organisationskultur zukommt, präsentieren, **(PaEi)** erhalten. **(P)** steht an erster Stelle für den Schritt in die Kindheit, **(E)** kommt als zweites, um für den Schritt in das Go-Go-Stadium zu sorgen, **(A)** ist an dritter Stelle und steht für den langen Weg in die Jugend. **(I)** steht an letzter Stelle, es sei denn, das Unternehmen plante sehr langfristig.

In der stabilen Phase wird **(P)** zur wichtigsten Funktion, um die Verschlechterung in der Aristokratie, das heißt den Verlust von **(P)**, zu verzögern. Die nächstwichtige Funktion ist **(E)**, deren Verlust den Niedergang der Organisation in die stabile Phase bewirkte. **(I)** steht an

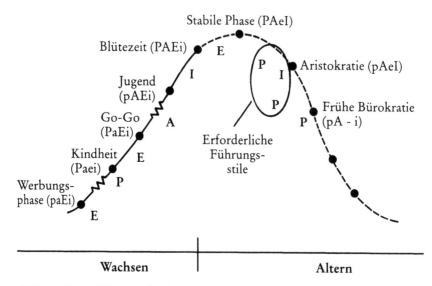

Abb. 57: Tatsächliche und erforderliche Führungsstile in der Aristokratie und der frühen Bürokratie

dritter Stelle und hält die Organisation davon ab, in die Phase der frühen Bürokratie einzutreten. Der erforderliche Stil ist daher etwas anders als der Stil in der Kindheit: Die Führung in der stabilen Phase muß erkennbar politisch orientiert sein; der Erfolg in einer Phase des Lebenszyklus garantiert nicht den Erfolg in einer anderen.

In der Aristokratie gerät das Unternehmen in Schwierigkeiten. Es ist nicht länger nur auf (E) angewiesen. (P) ist gefordert. Es muß zu seinen Grundlagen zurück, und zwar sofort. Zurück zu harten Entscheidungen. Zurück zu Blockieren und Lavieren. Die Organisation muß sich wieder klarmachen, welches Geschäft sie eigentlich betreibt und welchen Wert sie für die Kunden hat. Sie muß sich ihren Kunden wieder annähern und mehr auf das *Warum* und das *Was* als auf das *Wie* achten. Das *Wie* muß sich aus dem *Warum* und dem *Was* ergeben, statt daß das *Wie* das *Warum* und das *Was* diktiert. Im nächsten Stadium wird auch (I) abnehmen. Die Leute werden vielleicht rechts und links vom Schiff springen. Jetzt wird einer gebraucht, der integrieren kann, ein Coach, der die Stimmung während des schmerzhaften Wandels heben kann. Das ist der (PaeI)-Stil.

In der frühen Bürokratie gibt es einen typischen Fehler, den alle gescheiterten verstaatlichten oder Regierungsorganisationen begingen. Die Regierung ernennt keinen (P), um die Organisation aus den Schwierig-

278

keiten herauszuführen. Statt dessen wählt sie gewöhnlich einen (A)dministrator oder einen (I)ntegrator aus, da das Unternehmen nicht verstaatlicht wurde, um die Arbeitslosigkeit zu mehren, sondern um Arbeitsplätze zu sichern. Die der Führung auferlegte Aufgabe ist die Sicherung der Arbeitsplätze, nicht die des Unternehmens. Was geschieht? Anstelle einer Verjüngung der Organisation schaffen (A) und (I) nun eine größere Bürokratie, die den Niedergang der Gesellschaft und, wenn die Organisation groß genug ist, den des Landes beschleunigt.

Eine Führung, die den Bedürfnissen der Organisation – gemäß ihrem Stadium im Lebenszyklus – nicht funktional entspricht, kann ein Altern der Organisation – ein pathologisches anstelle eines normalen Verhaltens – verursachen. In der stabilen Phase, in der Aristokratie und in späteren Phasen stützt sich die Organisation auf (A)s, obwohl sie (P)s und (E)s bräuchte. Die einzelnen Bereiche bekommen (A)s, weil die Kultur im abfallenden Teil des Lebenszyklus denjenigen Führungsstil forciert, der die vorherrschende Kultur verstärkt. Und somit bekommen sie die falsche Führung zur falschen Zeit. Intern können sie das nicht ändern oder kontrollieren, und wenn es versucht wird, ist es zu spät. Das Unternehmen steckt in solchen Schwierigkeiten, daß eine Veränderung der Führung jetzt zu spät käme und zu wenig bewirkte.

Funktionalität der Organisationsstruktur

Der nächste Faktor, der die Kreativität in Organisationen beeinflußt, ist die Funktionalität seiner Struktur. Organisationen sind oft so beschaffen, daß ihr Verhalten den unternehmerischen Geist hemmt. Nehmen wir das Beispiel einer Organisation, die aus folgenden Abteilungen besteht:

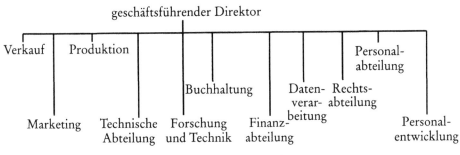

Abb. 58: Typische funktionale Organisationsstruktur

279

Man beachte, daß die Abteilungen auf verschiedenen Niveaus angesiedelt sind. Diese Unterschiede spiegeln die grundsätzlich verschiedenen Orientierungen der einzelnen Abteilungen wider. Die Abteilungen auf dem höchsten Niveau haben eine kurzfristige Orientierung; die tiefer stehenden haben eine langfristige Orientierung.

Zur Beschreibung der grundsätzlichen Orientierung der Abteilungen können wir auf die vier (PAEI)-Funktionen des Managements zurückgreifen. Wie sollte beispielsweise nach (PAEI)-Begriffen die Orientierung einer typischen Verkaufsabteilung aussehen? Der Verkauf orientiert sich eng an der Befriedigung der Kundenbedürfnisse, das heißt, er braucht die (P) Zielerfüllung. Und die effiziente Erfüllung dieser Bedürfnisse ist eine Funktion der (A)dministration. Deshalb sollte eine Verkaufsabteilung im (PAei)-Stil geführt werden. Und welches sollte der Stil einer Marketingabteilung sein? Das Marketing orientiert sich ebenfalls an den Kundenbedürfnissen, (P) Zielerfüllung, aber im Zusammenhang mit der Entwicklung kreativer Lösungen zur Befriedigung der Bedürfnisse von morgen: (E) Unternehmertum; also sollte eine (PaEi)-Orientierung vorliegen.

Die Buchhaltung ist eine Sache für sich. Offensichtlich ist (A) ihre wichtigste Aufgabe, aber (E) wird ebenfalls benötigt. Warum (E)? (A) ist nicht für (P) da, das heißt, es geht nicht darum, einen besseren Service für die Kundenbedürfnisse zu organisieren. Das ist die Aufgabe des Verkaufs, (PA). Nicht (AI), mithin ein Buchhaltungssystem, spiegelt die Kultur wider. Was übrigbleibt, ist (AE), aber warum? Der folgende Witz bringt die Sache auf den Punkt.

Ein kleines Unternehmen suchte einen Buchhalter. Drei Kandidaten bewarben sich und wurden gefragt: »Wieviel ist zwei und zwei?« Der erste Kandidat, der gerade das Wirtschaftsprüferexamen bestanden hatte, sagte wie die meisten unerfahrenen Techniker: »Vier! Keine Frage, kein Zweifel! Vier!«

Der zweite Kandidat arbeitete seit vielen Jahren bei einer großen, bekannten Wirtschaftsprüfergesellschaft. Seine Antwort lautete: »Ich muß erst im Hauptbüro anrufen.«

Der dritte Kandidat war ein Absolvent der Universität von Hardnocks; er kannte sich mit der Börse aus. Er antwortete mit verschlagenem Blick: »Woran denken Sie? Wollen Sie kaufen oder verkaufen?«

Er wurde eingestellt, und zwar zu Recht. Da die Buchhaltung eher ein Informationssystem als eine Ansammlung von Daten darstellt, muß die Buchhaltung wissen, was das Management will. (A) sollte für (E) dasein, das heißt, es sollte als Kontrollinstrument für die Richtung der Gesellschaft fungieren. »Erobern wir den New Yorker Markt, oder verlassen wir ihn?« Diese zwei Fragen erfordern völlig unterschiedliche Informationen. In vielen Unternehmen werden in der Buchhaltung nur die Bücher geführt. Man arbeitet dort de facto für das Finanzamt, nicht für das Management. Das Management bekommt Daten, aber keine Informationen, weil die Buchhaltung nicht als Teil des Managementteams angesehen wird. Sie ist weder die treibende noch die angetriebene Kraft. Sie erstellt nur Berichte, und das erinnert mich an eine andere Anekdote.

Zwei Leute fahren in einem Ballon über die Landschaft. Wolken tauchen auf, und nach einiger Zeit haben sie sich verirrt. Während sie herumfahren, entdecken sie schließlich eine Öffnung zwischen den Wolken. Sie beginnen zu sinken, und am Boden sehen sie jemanden. Sie rufen ihm zu.

»Hallo, wo sind wir?«

Und er schreit zurück: »In einem Ballon?«

Frustriert sagt einer zum anderen: »Der Typ da unten muß ein Buchhalter sein.«

»Woher willst du das wissen?« fragt ihn sein Partner.

»Weil er uns peinlich genaue Informationen gab – überhaupt nicht zu gebrauchen!«

Dieselbe wünschenswerte (pAEi)-Orientierung sollte für die Rechts- und die Datenverarbeitungsabteilung in einer Organisation gelten. Um ihre Funktion angemessen zu erfüllen, müssen beide erst einmal fragen: »Worauf wollen Sie hinaus?« Diese Frage ist ein geeigneter Test, um zu überprüfen, ob die Organisation einen Anwalt oder nur einen hochbezahlten Rechtsreferenten hat.

So kann es einem gehen. Geben Sie einem Anwalt einen neuen Vertrag mit der Bitte, Ihnen zu sagen, ob man ihn unterschreiben soll oder nicht. Wenn er sagt: »Gut, ich rufe Sie morgen früh an« – werfen Sie ihn hinaus. Jeder juristisch Vorgebildete kann prüfen, ob ein Vertrag rechtens ist oder nicht. Dazu bedarf es nur der Erinnerung an die Regeln, Präzedenzfälle und Gesetze. Sie wollen aber nicht einen Rechtsanwalt, der Ihnen sagt »Warum nicht«, sondern einen, der Ihnen sagt, *wie* Sie das erreichen, was Sie wollen.

Dazu müßte der Anwalt den Vertrag erst einmal beiseite schieben und fragen: »Bevor ich das lese, sagen Sie mir zunächst einmal, was Sie vorhaben. Was möchten Sie erreichen?« Dieser Anwalt wird nicht nur die Rechtmäßigkeit des Vertrags prüfen, sondern auch, ob und wie Sie damit Ihre Ziele erreichen.

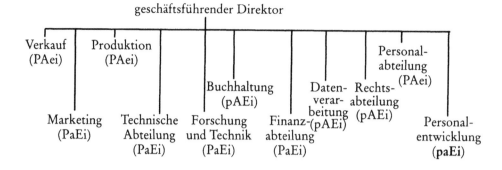

Abb. 59: PAEI-Orientierung der üblichen Abteilungen

Die gleiche Regel gilt für Computer-Leute. Wenn sie den Auftrag annehmen, festzustellen, welcher Computer oder welches System angeschafft werden sollte, ohne vorher zu klären, wozu und wie die Organisation zukünftig den Computer benutzen wird, dann sind sie nur Verkäufer von computerisierten Schreibmaschinen und Rechnern und nicht die Art von Leuten, die das Unternehmen wirklich computerisieren.

Ähnliche Analysen der anderen Abteilungen wird die **(PAEI)**-Orientierung nach dem Muster der Abbildung 59 hervorbringen. Wie kommen die Abteilungen bei normalem Lauf der Dinge miteinander aus? Welche Abteilungen werden und sollten typischerweise viele Meinungsverschiedenheiten und Konflikte austragen?
- Verkauf contra Marketing
- Produktion contra Forschung/Entwicklung und technische Abteilung
- Buchhaltung, Recht und Datenverarbeitung contra jedermann
- Personalverwaltung contra Personalentwicklung

Warum haben diese Abteilungen Probleme, miteinander auszukommen? Worin besteht das Wesen ihrer Konflikte? Der erste übliche Fehler in der Analyse besteht darin, den Konflikt den darin verwickelten Leuten zuzuschreiben. Der Verkauf beschuldigt das Marketing, man würde dort die Realitäten des Marktes nicht richtig verstehen. Die Verkaufsabteilung arbeitet hart daran, eine Preis-Produkt-Strategie umzusetzen, und sobald das funktioniert, kommen die Fettwänste aus der Hauptverwaltung und schmeißen alles um. Das

Marketing beschuldigt andererseits den Verkauf, sich gegen jede Veränderung zu widersetzen und nur so dahinzuschlurfen. »Verkäufer, wissen Sie, sind ja nicht sehr schlau. Wären sie wohl sonst den ganzen Tag unterwegs?«

Produktion und Technische Abteilung sind sich ebenfalls nicht grün. Die Techniker möchten ständig die Technologie ändern, auf den neuesten Stand bringen. Doch was sagt die Produktion? »Kommt nächstes Jahr wieder. Bringt unseren Produktionsplan nicht durcheinander. Wir werden nach unserer Produktivität und unseren Fertigungskosten beurteilt; eure Veränderungen mögen zwar langfristig funktionieren, stiften aber mit Sicherheit ein Durcheinander und verhindern kurzfristig, daß wir unsere Ziele erreichen.«

Das bringt die Technische Abteilung auf. »Es gibt Widerstand gegen Veränderungen von diesen kleinhirnigen Produktionstechnikern. Sie können über ihren eigenen Bauch nicht hinausblicken. Vergiß es; wenn wir die nicht antreiben würden, säßen die immer noch hinter ihrem Spinnrad.«

Deshalb versucht die Organisation, »Personalprobleme« statt der tatsächlichen strukturellen Probleme zu lösen. Eine häufig angewandte Lösung besteht darin, jemanden vom Verkauf zum Chef der Marketingabteilung zu machen oder jemanden von der Produktion zum Cheftechniker, damit »die Kerle da oben die Realitäten, mit denen wir zu tun haben, kennenlernen, bevor sie ihre Entscheidungen treffen«.

Natürlich funktioniert das auch nicht, denn wenn der neue Marketingchef seine Verkaufs-(**PA**)-Orientierung beibehält, verliert die Gesellschaft (**E**). Dasselbe gilt für die Produktionsleute in der Technischen Abteilung. Wenn der Betreffende andererseits seine alte (**PA**)-Orientierung durch (**PE**) ersetzt, wird er von der Einheit, aus der er kommt, des Verrats beschuldigt, als Wendehals verschrien.

Eine andere falsche Zuschreibung der Probleme ist, den Konflikt dem Stil statt der Struktur anzulasten, anzunehmen, daß ein oder mehrere Mitarbeiter keine »Teamplayer« wären. Also schreit man: »Wir brauchen einen ›Teamplayer‹.« Ein Spieler geht, und ein anderer kommt. Was geschieht als nächstes? Wenn der neue Marketingmitarbeiter den Marschbefehl für seinen Vorgänger vernimmt: »Sei ein ›Teamplayer‹!«, und versucht, sich einzufügen, kann er nicht den Druck für einen Wandel ausüben, wie er sollte. Wer gibt nun den Ton an? Verkaufszahlen. Das gleiche geschieht in der Technischen Abteilung. Die Produktionsabteilung ist die treibende Kraft. Diese Lösung funktioniert langfristig nicht, die Organisation hat zwar »Teamplayer«, aber in dem Maße, in dem die (PA)-Orientierung dominiert, geht die (E)-Orientierung verloren.

Die am häufigsten angewandte Lösung zur Vermeidung dieser Konflikte ist die Zusammenführung der in die Konflikte verstrickten Abteilungen. Das bringt eine rationalisierte Organisation hervor.

Was ist an der Struktur falsch? Der Verkauf ist (P)-orientiert, auf kurze Sicht und ergebnisorientiert. Marketing sollte (E)-orientiert sein, auf lange Sicht, unternehmerisch, es sollte beurteilen und analysieren. Welche Orientierung wird als Sieger hervorgehen, wenn der Verkauf und das Marketing zusammengelegt werden? Wird es (P) oder (E) sein? Die kurz- oder die langfristige Orientierung? Die Antwort ist offensichtlich: Die kurzfristige, die Verkaufsorientierung wird gewinnen. Wenn Marketing und Verkauf zusammengelegt werden, beschäftigt sich das Marketing mit der statistischen Analyse des Umsatzes der Verkäufer oder bereitet Verkaufsbroschüren oder Begleitmaterial für den Verkauf vor. Und das bezeichnet man dann als Marketing. Die Bezeichnung Marketing ist da fehl am Platz. Es handelt sich nicht um Marketing, da die Prämien, die Orientierung und der Druck dem Verkaufen dienen und nicht dem Marketing.

Das gleiche geschieht, wenn Produktion und Technische Abteilung zusammengelegt werden. Die Technische wird sich nun mit der Wartung beschäftigen. Sie ölt und repariert die Maschinen, die in der Produktion gebraucht werden. (E) wird von (P) dominiert; das Kurzfristige steuert das Langfristige anstatt vice versa. Das heißt, daß kaum etwas von (E) übrigbleibt.

Wenn die Personalentwicklung der Personalabteilung untergeordnet wird, ereignet sich ein ähnliches Phänomen. Die Personalabteilung ist im großen und ganzen im (A)-Geschäft, obwohl sie in (I) geschult ist und danach trachtet, (I) für das Unternehmen zu erhalten.

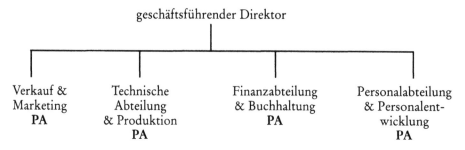

Abb. 60: Die stromlinienförmige Organisation

284

Häufig erledigt sie die schmutzige Wäsche für das Management. Sie entläßt, ersetzt, führt die Lohnbuchhaltung, die Personalbeurteilung, die Einsatzplanung und die Lohn- und Tarifverhandlungen. Sie ist die (A)dministration der (P) Zielerfüllung, wenn (P) mit Produktivität gleichzusetzen ist. Kein Wunder, wenn diese Arbeit im großen und ganzen nicht als Personalentwicklung, sondern als der lange Arm des Managements wahrgenommen wird. Wenn dann Leute von der Personalabteilung mit Vorschlägen für eine Arbeitsplatzvergrößerung, Arbeitsplatzaufwertung oder einen mitarbeiterfreundlichen Führungsstil auftauchen, sagen die Gewerkschaften: »Aha! Das ist ein neuer Trick, damit wir für weniger Geld mehr arbeiten. Nein, danke.«

Die Personalabteilung ist frustriert. Sie *will* den Leuten zur Seite stehen. Sie will menschenfreundlich und motiviert sein. Aber man beschuldigt sie der Manipulation. Sie ist verdächtig. »Diese Bastarde lächeln viel, aber sie sind wie eingeseifte Fische – man kann sie nicht packen. Sie schlüpfen immer aus der Hand. Man darf ihnen aber nicht den Rücken zukehren. Sie fallen einen an, bevor man es merkt.«

Wird die Personalentwicklung, (EI), der Personalabteilung untergeordnet, zerstört das die (EI)-Funktion. Sie wird der (PA)-Funktion der Personalabteilung unterstellt sein. Die Leute von der Personalentwicklung werden sich am unteren Ende des Totempfahls wiederfinden und sicherstellen, daß der Kaffee warm ist und daß die Erfrischungen für die Schulungsseminare eingetroffen sind.

Ein anderer Fehler besteht darin, das Finanzwesen und die Buchhaltung zusammenzulegen. Die Aufgaben des Finanzwesens sind die Investmentanalyse, die Vermögensverwaltung, die Verwaltung der finanziellen Ressourcen und die Verwendung des Kapitals. Die Buchhaltung wird als Kontrollfunktion verstanden: Debitoren- und Kreditorenverwaltung und die allgemeine Buchführung. Faßt man diese beiden Abteilungen zusammen, entsteht eine sehr gefährliche Situation. Das Unternehmen schafft ein verzögertes Reaktionssyndrom. Es macht einen Sprung wie bei einer Herzrhythmusstörung. Ich möchte das erklären.

Die Buchhaltung verursacht Schmerzen. Sie sollte – und ist es auch oftmals – exakt falsch statt ungefähr richtig sein. Sie schickt eine Anfrage zurück, weil sich die Unterschrift an einer falschen Stelle befindet, und *so sollte es auch sein*. Sie ist der Hüter von Gesetz und Ordnung, und ein Unternehmen ist auf sie angewiesen, andernfalls verliert es die systembezogene Kontrolle. Aber das vergrößert nicht gerade die Beliebtheit der Buchhalter, nicht wahr? Ihre Bürokratie, ihre Unempfänglichkeit und ihre Verschlossenheit werden ihnen vorgeworfen.

Schauen wir nun auf ein anderes Szenarium: Eine bestimmte Produktlinie entwickelt sich kläglich. Wird in einer Vorstandssitzung, in der das Problem analysiert wird, die Marketingabteilung den Vorschlag machen, diese Produktlinie einzustellen? Höchstwahrscheinlich nicht, weil sie es ja war, die sie vorgeschlagen hatte. Statt dessen wird sie um ein höheres Werbebudget bitten und versuchen, das Marketingbudget insgesamt auf die eine oder andere Weise zu vergrößern. Die Leute vom Marketing werden irgend etwas versprechen und das Produkt noch ein wenig länger am Leben halten.

Wird der Verkauf das Produkt vielleicht vom Tisch wischen? Noch nicht, weil seine Leistungssysteme auf Verkaufsquoten basieren. Also wird er vorschlagen, den Preis zu senken. Er wird das Problem dem fehlenden Begleitmaterial, den zu hohen Preisen und unzureichenden Anreizen zuschreiben.

Wie steht es mit der Produktion? Auch hier gibt es noch keinen vernehmbaren Einspruch, weil ihre Produktionsplananreize diese Produktlinie einschließen. Wahrscheinlich wird sie um eine neue Maschine bitten – »Wenn wir nur diese Anlage hätten, könnten wir die Qualität des Produkts verbessern, und dann würde es sich verkaufen.«

Die Personalabteilung ist genausowenig bereit, das Produkt zu stoppen. Das könnte zu einer Reduzierung der Arbeitsplätze führen, und das hieße, am Horizont zeichnet sich für sie Ärger ab. Man sollte bedenken, daß jede Abteilung das gemeinsame Problem durch die Brille der eigenen Interessen betrachtet. Ihre Lösungen entstehen durch ihre Abteilungsorientierung.

Wer, außer dem CEO, ist nicht gerade an Marktanteilen, Umsatz oder Produktion interessiert, *außer wenn sie Gewinn erzielen?* Das sollte der Vizepräsident der Finanzabteilung sein. Er sollte auf den Kapitalertrag schauen ... Punkt. Wenn die internen Kapitalkosten, die in dieses Produkt investiert wurden, höher sind als die Kapitalrendite, sollte er sagen: »Machen wir etwas anderes.«

Wenn die Buchhaltung und das Finanzwesen in einem Ressort sind, könnten die Versuche der Finanzabteilung, ein schwaches Produkt einzustellen, mit folgenden Bemerkungen zurückgewiesen werden: »Er ist der Chef der Buchhaltung, er sagt immer ›nein‹. Was gibt's sonst Neues? Wenn wir diesen Erbsenzählern die Leitung des Unternehmens überlassen hätten, wären wir schon lange tot.«

Einige Monate oder Jahre werden vergehen, bis die Produktlinie nicht mehr das Interesse des Marketings, der Produktion oder der Technischen Abteilung hat. Dann entwickelt sich eine Achse, und der CEO handelt. Bedenken Sie bitte, daß, meiner Erfahrung nach, kein CEO gänzlich allein ohne seine höchsten Untergebenen handelt. Was diese ihm sagen, wird durch ihre Interessen beeinflußt, und ihre Interessen entstammen der Organisationsstruktur.

Wenn das Marketing und der Verkauf, die Produktion und die Technische Abteilung, die Personalabteilung und die Personalentwicklung, das Finanzwesen und die Buchhaltung vereint werden, wo ist dann der einzige Platz im Organisationsplan, an dem die unverfälschte (E)-Orientierung noch überleben kann? Nur an der Spitze! Und sogar dann nur vielleicht, weil es davon abhängt, wo sich das Unternehmen im Lebenszyklus befindet und ob die Führung funktional ist. An der Spitze könnte ein (P), ein (A) oder ein (I) sein. In diesem Fall wird ein Vorwurf lauten, daß die Organisation schachmatt gesetzt werde, zu langsam auf die Kräfte des Marktes reagiere und es keine richtige strategische Planung gebe. Also stellt die Organisation einen strategischen Planer ein.

Das sieht dann so aus:

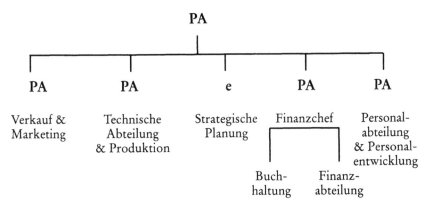

Abb. 61: Der Druck auf »E« in einer stromlinienförmigen Struktur

Kein Unterseeboot fliegt, nur weil ein sehr qualifizierter Pilot ernannt wird, um durch das Periskop zu schauen.

Wenn eine Organisation manchmal jemanden einstellt, um die Richtung des Unternehmens zu ändern, und dieser es nicht schafft, weil das Unternehmen falsch strukturiert ist, schickt es ihn nach Harvard, um etwas mehr zu lernen. Das ist auch keine Hilfe, es sei denn, das Ziel wäre, ihn noch stärker zu frustrieren, als es ohnehin schon der Fall ist. Es würde auch nicht funktionieren, unseren Piloten auf eine Schule für fortgeschrittene Piloten zu schicken, damit er das Navigieren besser erlernt. Er wurde gebeten, ein Unterseeboot zu fliegen!

Bitte beachten Sie: *Die Struktur legt die Strategie fest und nicht umgekehrt.*[24] Es hat keinen Sinn, eine Strategie für ein Unterseeboot zu entwerfen, damit es fliegt. Man muß das Unterseeboot in ein Flugzeug verwandeln und dann planen, was es machen soll. Die Struktur bedingt das Verhalten, die Struktur bedingt die Strategie und nicht vice versa. Wenn jemand das Verhalten verändern möchte, muß er zuerst die Struktur ändern. Es kann keine neue Strategie verfolgt werden, bevor nicht eine neue Struktur vorhanden ist.

Wie sollte die neue Struktur aussehen? Wir brauchen doch eine neue Strategie, oder? Ich habe das Henne-und-Ei-Problem gelöst (s. 12. Kapitel). Es ist sinnlos, eine (**PA**)-*Struktur* mit (**E**)-*Leuten* und ratgebenden Berichten zu bombardieren. Das hat nur wenig, wenn überhaupt Einfluß und ist reine Geldverschwendung.

Warum machen es die Leute dann? Es ist *leichter*, jemanden in Harvard zu schulen, einen strategischen Planer einzustellen, der herumsitzt, Pfeife raucht, Berichte schreibt und ein Magengeschwür bekommt, es ist einfacher, eine Million Dollar an ein Beratungsunternehmen für sehr kompetente Empfehlungen zu zahlen, als die Schwierigkeiten einer strukturellen Organisationsveränderung durchzustehen. Nicht das Geld beschäftigt das Management. Es sind die Zeit, die politischen Kämpfe und die Angst vor den politischen Auswirkungen des Wandels, die Schmerzen verursachen. »Hat man erst einmal den Dschinn aus seiner Flasche befreit, wer weiß, wer überleben wird.«

Die Struktur beeinflußt die Strategie, weil die Struktur die jeweiligen Eigeninteressen widerspiegelt und diese Interessensstruktur sich auf die Strategie auswirkt. Die Struktur verursacht das Verhalten, und wenn die Struktur (**E**) zurückweist, wird sie zum vierten Faktor, der zum Verlust von (**E**) beiträgt.

Wenn wir die strukturellen Ursachen des Verhaltens diskutieren, kann ich nicht widerstehen, noch etwas am Rande hinzuzufügen. Wenn ich Zeitungen und Magazine lese, gräme ich mich immer mehr.

---

[24] Das steht nicht in Übereinstimmung mit den berühmten Abhandlungen von Alfred Chandler. Aus meiner Sicht *sollte* die Strategie die Struktur bestimmen. Siehe: Alfred B. Chandler, Strategy and Structure. Chapters in the History of the Industrial Enterprise, Cambridge 1962

Seit Jahren beobachte ich den Kampf zwischen dem Nationalen Sicherheitsrat und dem Außenministerium der Vereinigten Staaten. Seit dem Tage der Einrichtung des Nationalen Sicherheitsrats gab es Berichte über interne Kämpfe zwischen diesen beiden staatlichen Stellen. Kluge Leute wie Dr. Henry Kissinger standen beiden vor, so daß es an der Oberfläche zu keinen Auseinandersetzungen kam: Kissinger wurde sehr mächtig, weil er die Einheiten kontrollierte, die die Außenpolitik entwickelten *und* durchführten. Als die beiden Stellen aufgeteilt wurden, brach ein Wettbewerb zwischen den beiden Chefs darüber aus, wer die Außenpolitik bestimmt. Es ist ein kontinuierlicher Kampf, und er wird anhalten, wenn nicht die Struktur geändert wird.[25]

Die empfohlene Praxis ist, Unternehmen so zu strukturieren, daß die Funktion, die die Organisation am meisten braucht, unterstützt und erhalten wird. In wachsenden Organisationen sollten daher (A)-Funktionen strukturiert sein, und sie sollten eine von einem Vizepräsidenten geleitete Verwaltung haben, die verantwortlich ist für Buchhaltung, Personalverwaltung, Rechtsabteilung und Datenverarbeitung. In alternden Organisationen sollte (A) aufgesplittet und (E) vereint werden, und es sollte eine Verwaltung geben, die von einem Vizepräsidenten geleitet wird und verantwortlich ist für Marketing und Verkauf, Technische Abteilung und Personalentwicklung. Aber nie, nie, nie sollten Marketing und Verkauf, Produktion und Technische Abteilung, Finanzwesen und Buchhaltung, Personalentwicklung und Personalverwaltung strukturell vereinigt werden.

Das Problem des Organisationskolonialismus

Bis jetzt haben wir die Struktur einer einfachen Profit-Center-Organisation analysiert. Ein Unternehmen mit mehreren Sparten ist mit einer zusätzlichen Herausforderung konfrontiert, die ich als Organisationskolonialismus bezeichne. Eine Organisation kann in ihrer Gesamtheit mit einer einzigen Lebenszyklus-Kurve beschrieben werden. Diese Kurve zeigt jedoch nur an, wo das Unternehmen im Schnitt steht, das heißt, daß sie die tatsächliche Situation nicht akkurat widerspiegelt.

Unternehmen bestehen aus Einheiten, Abteilungen oder Sparten, von denen jede sich auf einem anderen Punkt der Lebenszyklus-Kur-

---

[25] Zu diesem Konflikt schrieb ich einen Artikel für das »Wall Street Journal«, »The Internal Conflict Over Foreign Policy« 22.12.1981.

ve befindet. Bei Mehrspartenunternehmen ist es nicht ungewöhnlich, daß sich ein Profit Center im Stadium der Kindheit, ein anderes in dem des Go-Go, ein drittes in der Blütezeit und ein viertes in der Aristokratie befindet. In der Regel kommt es zu folgender Hierarchie:

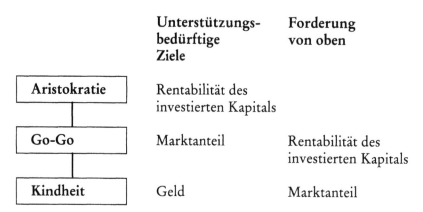

	Unterstützungs-bedürftige Ziele	Forderung von oben
Aristokratie	Rentabilität des investierten Kapitals	
Go-Go	Marktanteil	Rentabilität des investierten Kapitals
Kindheit	Geld	Marktanteil

Abb. 62: Das Problem des Organisationskolonialismus

Der Grund, weshalb man dem so oft begegnet, ist, daß Aristokraten gerne Go-Go-Unternehmen übernehmen. Das verschafft ihnen Wachstum, das sie auf andere Weise nicht erreichen können. Den Go-Go-Unternehmen unterstehen kindliche Unternehmen, weil die Go-Go-Unternehmen nicht wählerisch sind; sie steigen schnell in ein Geschäft ein. Derartige Strukturen sind jedoch empfänglich für Probleme.

Das Phänomen, daß kindliche Organisationen Go-Gos und Go-Gos Aristokratien untergeordnet sind, bezeichne ich als *Organisationskolonialismus.* Das Problem des Organisationskolonialismus wird durch die Analyse der Beziehungen zwischen den Einheiten ersichtlich, und zwar in Form von Bedürfnissen und angemessenen Leistungsmaßstäben.

Was ist das Ziel einer kindlichen Organisation? Schwarze Zahlen, genug Cash zu erwirtschaften, um zu überleben. Es ist ein Kampf um Geld. Die Organisation braucht ständig Geld und verlangt immer: »Wir brauchen mehr Kapital.« Das Go-Go-Unternehmen ist darüber gewöhnlich verärgert und sagt: »Wie bitte, mehr Geld? Ihr habt schon vor vier Monaten etwas bekommen. Wann hört ihr endlich auf, immer mehr zu verlangen? Ihr habt ja nicht einmal ein so großes Wachstum wie wir. Unser Wachstum beträgt 35 Prozent, und ihr habt diese Quote nicht erreicht. Warum also sollten wir euch mehr Geld geben?«

Was will ein Go-Go-Unternehmen? Umsatz und Umsatzwachstum heißen die Ziele, die es auch den nachgeordneten Einheiten abverlangt. Außerdem brauchen Go-Go-Organisationen Kapital für ihr eigenes Wachstum, so daß sie wenig geneigt sind zu teilen. Was wollen Aristokratien? Dividende. Rendite auf das eingesetzte Kapital. Anstatt zu geben, nehmen sie. Sie wollen nicht nur die Kuh, sondern auch das Kalb melken. Aristokratien melken die Go-Gos, und diese bringen die kindliche Organisation durch Nahrungsverweigerung um. Ich bezeichne das als Kolonialismus, weil die jeweils übergeordnete Organisation den beherrschten Einheiten ihre *eigenen Ziele* aufzwingt und *ihr* Stadium im Lebenszyklus überstülpt. Dabei werden die Ziele der dominierten Einheiten gemäß ihrer Position im Lebenszyklus ignoriert.

Was dabei passieren kann, ist höchst interessant. Die gesamte Organisation geht unter. Alle Komponenten, die eine Verjüngung und ein Wachstum ermöglichen, sind vorhanden, aber die Organisation ist so strukturiert, daß die verschiedenen Einheiten sich gegenseitig mit nichtfunktionalen Anforderungen bedrängen, und darunter leiden alle. Die Ziele, die einer Organisation von der jeweiligen Muttergesellschaft aufgezwungen werden, entsprechen nicht dem Entwicklungsstadium der Tochterorganisation im Lebenszyklus. Die Forderungen sind nur für die Muttergesellschaft funktional, und die setzt ihre Macht ein, um die Erfüllung dieser Wünsche zu erzwingen.

Das geistige Alter der Führung einer Organisation, die Funktionalität ihres Führungsstils, der wahrgenommene relative Marktanteil und die Funktionalität der Organisationsstruktur sind die vier Faktoren, die (E) beeinflussen.

Um eine Organisation zu erkennen, sollte man ihr Verhalten studieren. Das sollte einen Hinweis auf die Position im Lebenszyklus geben. Dann gilt es zu analysieren. Ist (E) in der Führungskraft personalisiert, oder ist es systematisch vorhanden? Wenn (E) an eine Person gebunden ist, handelt es sich um eine frühjugendliche Organisation. Wenn es systematisch vorhanden ist, handelt es sich um eine spätjugendliche Organisation.

Ist (E), gemessen am Tempo des Wandels, zur Genüge vorhanden und erforderlich, um aktiv auf die Veränderungen des Umfelds einzugehen? Wenn (E) abnimmt, muß man die oben genannten vier Faktoren daraufhin überprüfen, welcher von ihnen zur Existenz oder zum Verschwinden von (E) beiträgt. Die Hypothese über die Position der

Organisation im Lebenszyklus und die Ursachen dafür sollten durch das Ergebnis bestätigt werden.

Nach der Diskussion darüber, wie die Position eines beherrschten Unternehmens auf der Lebenszykluskurve verändert werden kann, werden wir im nächsten Teil des Buches erörtern, wie man mit einem Rückgang von (E) umgeht und wie man es auffrischt.

Faktoren, die die »Machtpolitik« (CAPI) im Lebenszyklus beeinträchtigen

Es gibt interne und externe Kräfte, die erklären, weshalb sich CAPI während des Lebenszyklus so und nicht anders verhält.

CAPI kann aus internen Gründen zusammenbrechen: weil die Familie auseinanderfällt, wenn es sich um ein Familienunternehmen handelt, oder weil andere Interessensdivergenzen auftreten. Die externen Kräfte können politischer Natur sein: Die Regierung hat Zugriff auf das Unternehmen und entwirft neue Regeln oder Richtlinien, die die Kontrolle der Organisation beeinflussen – wie zum Beispiel eine Machtübertragung auf die Arbeiter. Das geschieht in vielen Ländern. Die Arbeiter werden zu Entscheidungsträgern gemacht, weil die Politiker die Auswirkungen auf das Management nicht erkennen. Das Management muß dann mit Untergebenen über Sachverhalte verhandeln, die zuvor ausschließlich im Machtbereich des Managements lagen. Entscheidungen versanden, Unternehmer verlassen das Land, entziehen ihm aber zuerst ihr Geld. (Das geschah zum Beispiel in Peru in den 70er Jahren mit den kommunistischen Industrieexperimenten.) Wenn CAPI erledigt ist, altert eine Organisation, weil sie die Kontrolle verliert und die Fähigkeit, einen Wandel effizient durchzuführen.

CAPI im Lebenszyklus

Wir haben bereits festgestellt, daß CAPI vor der Jugend beim Gründer liegt. Er ist gewöhnlich ein Diktator. Aber wenn er alles unter Kontrolle hat, warum ist es dann so schwierig, eine Prognose für das Unternehmen zu treffen? Gerade weil CAPI mit dem Gründer verbunden ist, der in der Regel ein großes (E) repräsentiert: Er sorgt für einen ständigen, unbehinderten Wandel. Man kann die Prognose wagen, daß das Verhalten der Organisation nicht berechenbar ist.

Da der Gründer das Sagen hat und die Organisation seiner Kon-

292

trolle untersteht, ist er arrogant, diktatorisch und autoritativ. Bei Entscheidungsprozessen schließt er die anderen aus; er fällt Entscheidungen intuitiv. Es gibt keine artikulierten Strategien; selten versteht man seine Entscheidung. Die Situation in der Organisation ist daher nicht unter Kontrolle, obgleich der Gründer die Kontrolle hat.

Der Mangel an Kontrolle in der Organisation ist die Folge des Mangels an **(A)**, an Systemen, Regeln und Grundsätzen, die es dem Unternehmen erlauben würden, eine Prognose zu erstellen, und zudem den Gründer kontrollieren. In der Jugend werden die Voraussetzungen dafür geschaffen, und die Organisation schreitet in die Blütezeit, wo sie flexibel *und* steuerbar ist.

Wenn *CAPI* zusammenbricht und die Interessengruppen in verschiedene Richtungen auseinanderdriften, dann kann die Organisation als verbraucht betrachtet werden. Keine Gruppe kann, auf sich selbst gestellt, eine Veränderung in der Organisation dirigieren, und da jede Gruppe eigene Interessen verfolgt, ist es schwierig, eine Einigung zu erzielen und auf eine Veränderung hinzuwirken. Und schließlich, wenn die Form nichts mehr hergibt und nicht die gewünschte Funktion liefert, kommt es zum Zusammenbruch. Das System wird sterben, und ein neues wird sich aus der Asche erheben.

Welche internen Faktoren können den Zusammenbruch von *CAPI* verursachen? Hier sind ein paar denkbare Möglichkeiten. Vor der Ju-

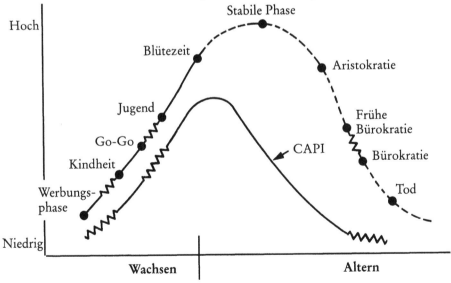

Abb. 63: CAPI im Lebenszyklus

gend muß man schauen, wer die Kontrolle über das Unternehmen hat und welches die individuellen Ziele sind. In einem gesunden, wachsenden Unternehmen hat der Gründer die Kontrolle, und seine Interessen sichern das Überleben des Unternehmens in der Kindheit. Im Go-Go-Stadium besteht das Ziel dessen oder derer, die Macht besitzen, gewöhnlich darin, Spaß zu haben, einen eigenen Sandkasten zu haben, um darin zu spielen. Sämtliche anderen Interessen sind unter Kontrolle, sei es die Familie, die Forderungen geltend macht, oder seien es die Arbeitnehmer, die in der Regel noch nicht organisiert sind.

In der Jugend kommt es zu einer Interessenaufteilung. (A) ist dem Risiko abgeneigt, (E) möchte Wachstum. Wenn (A) gewinnt, werden Interessen, die risikolos sind, dominieren, und die Organisation treibt dem vorzeitigen Altern entgegen. Wenn (E) dominiert, bewegt sich die Organisation zurück in das Go-Go-Stadium. Wenn (A) und (E) gemeinsam marschieren, schreitet die Organisation in die Blütezeit. (Um zu erfahren, was sie zu einer Zusammenarbeit bewegt, siehe Teil IV.)

In der Gründerfalle überwiegen die Eigeninteressen des Gründers zu Lasten der Unternehmensinteressen. Sein Wunsch nach Kontrolle und Befriedigung seines Egos verbietet der Organisation die Entwicklung von Selbstkontrolle. Es darf kein anderer im Sandkasten spielen.

Die Mitglieder des Exekutivkomitees und der Vizepräsident einer solchen Organisation legen ein frühreifes, jugendliches Verhalten an den Tag, obwohl sie die 40 überschritten haben. Sie lachen viel, kichern, kämpfen, beklagen sich einer über den anderen und laufen zum »Papa«, sobald es um Urteile und Entscheidungen geht. Sie übernehmen keinerlei Verantwortung für die Dinge, über die sie sich beschweren. Sie erwarten von »Papa«, daß er ihre Klagen anhört und das Problem für sie löst. Ihre häufigste Klage und auch oftmals ihre Feindschaft richtet sich gegen »Papa«. In diesem Fall muß »Papa« nicht notwendigerweise der Gründer sein. Er ist die Person, die im Go-Go-Stadium das Wachstum zustande brachte. Zwischen ihm und seinen Untergebenen herrscht eine Haßliebe. Sie wünschen, er wäre nicht da, und gleichzeitig können sie ohne ihn nichts machen. An diesem Punkt ist die Organisation schachmatt gesetzt, und es gibt, wenn überhaupt, nur einen geringfügigen Wandel, der von innen kommt, bis der Gründer stirbt oder das Unternehmen verkauft wird.

In der Familienfalle ist die Situation sogar noch ernster. Die Interessenaufteilung kann viele Formen annehmen. Ein Leitender aus Brasilien erzählte mir von seinem Kampf gegen seinen Bruder um die Kontrolle des Unternehmens: »Das alles fing damit an, daß ich ihm vor 30 Jahren, als wir in der Badewanne spielten, seine Ente wegnahm.«

Geschwisterliche Rivalität ist ein Grund für den Verlust von *CAPI* in der Familienfalle. In der Regel erhält der älteste Sohn die Herrschaft über das Management. Der jüngere Bruder, womöglich der aggressivere, widersetzt sich der brüderlichen Kontrolle. (Es gibt eine Regel, die besagt, daß der Stil eines Kindes von der Geburtsfolge und dem Stil seiner Eltern abhängt. Im großen und ganzen sind die erstgeborenen Kinder keine (E)s, wenn der Vater ein (E) war. Der Vater verhindert das Aufkeimen von (E) bei seinen Kindern. Meiner Erfahrung nach haben die Erstgeborenen (A)-Tendenzen. Das zweite Kind ist gewöhnlich (E); das dritte Kind schließlich kann es sich leisten, herauszuragen und ein (E) zu sein. Augenscheinlich handelt es sich dabei um keine eiserne Regel.) Die Hierarchie der Führung analog der Geburtenfolge wird von den zweit- oder drittgeborenen Kindern nicht notwendigerweise akzeptiert. »Hier geht es nicht um eine königliche Erbfolge«, so beschweren sie sich. »Wieso er und nicht ich?«

Ein anderer Anlaß für einen Zusammenbruch von *CAPI* ist die Dominanz des Familienstolzes über das rationale Führungsdenken. Um die Kontrolle zu behalten, wird den Familienmitglieder ein Verkauf ihrer Aktien untersagt. Die Stimmberechtigtenaktien sind zum Beispiel in einer Holding gepoolt, die der Patriarch oder die Matriarchin kontrolliert. Also schneiden die Erben Coupons und haben im übrigen keine Möglichkeit, Einfluß zu nehmen. Außer der Tatsache, daß Kinder heranwachsen und Patriarchen sterben. Dann beginnen die Kämpfe der ungeschulten Erben mit den professionellen Managern um das Geld. Es gibt keinen »Papa«, um sie zu kontrollieren, und daraus entsteht ein Chaos, da die professionellen Manager unter diesen Bedingungen nicht professionell handeln können. Einige von ihnen gehen, und die Familie zankt darum, wer übernehmen wird. Egotrips und persönliche Interessen herrschen auf Kosten der Organisationsbedürfnisse vor. (Diese Analyse bezieht sich hauptsächlich auf die westliche Welt. Im Osten, so habe ich gelernt, akzeptiert man das Geburtsrecht; das stabilisiert, um mit *CAPI*-Begriffen zu sprechen, die Nachfolge.)

In der Blütezeit werden die Interessen vereint. Das Management managt gemeinsame Interessen – die Interessen der Aktieninhaber an einer Kapitalrendite, die eigenen Interessen des Managements am

Wachstum und die Interessen der Gewerkschaft an Sicherheit. Das Unternehmen unterliegt nicht der Kontrolle eines einzelnen, sondern einem Plan, einer Strategie, die vereint und die unterschiedlichen Interessengruppen widerspiegelt.

Nach der Blüte kommt es wieder zu einer Interessendivergenz. Die Anteilseigner setzen sich vom Management ab, in der Jugend ein begrüßenswertes Verhalten. Es hat die Blütezeit zustandegebracht. Aber eine solche Separation hat im weiteren Verlauf zunehmend negative Auswirkungen. Das Management vertritt seine eigenen Interessen stärker als die der Eigentümer. Ein solches Eigeninteresse schädigt nicht nur Anteilseigner, sondern auch in zunehmendem Maße die Gewerkschaft.

In der Aristokratie kann es sich die Organisation leisten, die Interessen aufzuteilen, weil jeder das Unternehmen melkt, und da es fett ist, gibt es jede Menge Milch. Dann fängt man an, sich gegenseitig zu zerstückeln, statt die Organisation aufzuteilen.

Die ersten, die dabei verlieren, sind die Anteilseigner, die ihre Investitionen schwinden sehen; danach setzt die Entlassungswelle ein, und die Gewerkschaft ist der Verlierer. Schließlich wird das Management entlassen; die Manager sind in der Regel die letzten, die dabei Schaden nehmen.

Um verifizieren zu können, wo sich eine Organisation im Lebenszyklus befindet, sollte man fragen, wer die Kontrolle hat. (Ich spreche hier nicht von Eigentümerschaft, sondern beziehe mich auf die Kontrolle und das Verhalten der Führung.) Handelt es sich um einen einzelnen oder um ein System? Die Organisation hat die Jugend noch nicht erreicht, wenn es sich um einen einzelnen handelt. Wenn ein System die Kontrolle hat, dann befindet sich die Organisation jenseits der Jugend. Gibt es eine Gemeinsamkeit der Interessen in der Gruppe, die *CAPI* bilden? Wenn ja, dann ist die Organisation im Blütestadium oder in der stabilen Phase. Wenn es keine Gemeinsamkeit der Interessen gibt, die *CAPI* bilden, hat die Organisation die Blütezeit hinter sich gelassen. Haben die Kämpfe begonnen? Wenn nicht, hält sich die Organisation noch in der stabilen Phase oder in der Aristokratie auf. Wenn ja, befindet sie sich in der frühen Bürokratie.

Der Zusammenbruch der Kontrolle kann auch auf externe Ursachen zurückgeführt werden. Die Regierung kann durch neue Gesetze entscheiden, was und wie Dinge getan werden, und dadurch die Spielregeln ändern. In Skandinavien und Deutschland müssen Vertreter der Gewerkschaft im Aufsichtsrat vertreten sein. Das kann die Organisation über den Berg der Jugend zur Blütezeit führen, und wenn das Management nicht weiß, wie es die verschiedenen Interessen handhaben soll, ist es der direkte Weg in die Aristokratie.

Japan ist in der Blütezeit, weil das Management eher durch sein Verhalten als durch Recht und Gesetz versucht, die Interessen der Gewerkschaft, der Besitzer und des Managements zu optimieren. An anderen Orten im Fernen Osten – wie beispielsweise in Malaysia, Hongkong und Singapur – wird gegen das jugendliche Stadium gekämpft, und des öfteren endet da in der Familienfalle, wobei es in diesem Fall nicht so gefährlich ist wie im Westen. Im Fernen Osten akzeptieren die Mitglieder einer Familie die Hierarchie durch die Geburt, so daß *CAPI* noch nicht zusammenbricht. Im Westen sind Familienfehden stärker verbreitet. Wenn Menschen aus dem Osten verwestlicht werden, leiden sie unter der gleichen Führungskrankheit wie der Westen, es sei denn, sie entwickeln formale Systeme, um **(I)** zu erhalten.

Teil IV

Wie man Organisationskulturen verändert

Einleitung zu Teil IV

In Teil I wurde beschrieben, was auf jeder Stufe des Lebenszyklus eines Unternehmens geschieht. In Teil II und III wurden die Mittel vorgestellt, mit deren Hilfe man das Verhalten einer Organisation während ihres Lebenszyklus, die Gründe für Wachstum und Altern vorhersagen und erklären kann. Mit diesem Wissen kann man eine Diagnose erstellen. Wir können zwischen normalen und nicht normalen Problemen eine bessere Unterscheidung treffen, wenn wir die Ursachen für Wachstum und Altern untersuchen und dann therapeutische Maßnahmen ergreifen, die die Organisation in ihrem Lebenszyklus in die Blütezeit vorantreiben.

Wie ich bereits in der Einleitung zu diesem Buch warnend erwähnte, werden das Wachstum und der Alterungsprozeß nicht durch die Größe oder das chronologische Alter bestimmt. Es gibt »alte« junge Unternehmen und »junge« alte Unternehmen – junge Unternehmen, die seit 100 Jahren existieren, und alte Unternehmen, die erst seit fünf Jahren existieren. Es gibt junge Unternehmen mit zehn Milliarden und alte mit fünf Millionen Dollar Umsatz. Ob eine Organisation alt oder jung ist, hängt davon ab, wie flexibel und steuerbar sie ist.

Für ein besseres Verständnis der Diagnose von Unternehmenslebenszyklen müssen wir begreifen, was die Flexibilitäts- und die Kontrollkurve beeinflußt.

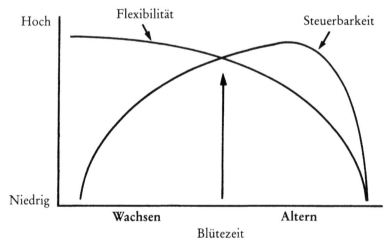

Abb. 64: Flexibilität und Kontrolle im Lebenszyklus

Flexibilität ist die Funktion der (E) unternehmerischen Rolle. Je mehr (E) eine Organisation hat, desto größer ist ihre Flexibilität.

Kontrolle ist eine Funktion von *CAPI*, das wiederum eine Funktion der verschiedenen Interessen ist. Die Organisation ist wie gelähmt und verliert die Kontrolle, wenn große Interessenunterschiede vorhanden sind.

Im 10. Kapitel untersuchten wir die Einflüsse auf (E) und *CAPI*. Im therapeutischen Teil dieses Buches wird für uns allmählich verständlich, wie diese Faktoren beeinflußt werden können und wie der Organisation der Schritt in die Blütezeit erleichtert werden kann. Das 11. Kapitel beschreibt den theoretischen Unterbau für das therapeutische Modell. Das 12. Kapitel bietet einen Überblick über den Therapieverlauf, während das 13. Kapitel einen Überblick über die Möglichkeiten der Therapie gibt – wie die Behandlung variieren sollte in Abhängigkeit von der jeweiligen Position im Lebenszyklus.

11. Der theoretische Unterbau

Die Entwicklung des Therapieverlaufs

1967 trat ich zu meinem ersten Beratungsjob an. Wenn ich zurückschaue, würde ich am liebsten meinen Kopf irgendwo hineinstecken und darauf warten, daß sich meine Erinnerung verflüchtigt. Mein Kunde war eine Filiale einer internationalen Firma, die Schwierigkeiten hatte, den lokalen Markt zu erobern. Also fragte man mich, einen frischen Doktor der Wirtschaftswissenschaften von der Columbia University in New York, was zu tun sei. Ich sah mir den Markt des Unternehmens an und das Produkt und gab den Rat: Beschneiden Sie hier Ihren Preis. Betreiben Sie dort Marktforschung. Verändern Sie Ihre Marketingtendenz. Es handelte sich um grundlegende Marketingmaßnahmen, aber ich kam mir wegen meines Ratschlages sehr anmaßend vor. Man hörte zu, pflichtete mir bei, bezahlte die Rechnung, und dann geschah nichts; oder, um genauer zu sein, nur sehr wenig geschah. Ich war sehr aufgebracht. Was für eine Inkompetenz! Die können keine gute Idee annehmen, wenn ihnen eine begegnet, dachte ich.

Ich machte mich zu meiner nächsten Beratungsaufgabe auf, und um zu garantieren, daß ich keine vergleichbare Erfahrung machen würde – um sicherzugehen, daß meine großartigen Ideen akzeptiert und durchgeführt würden –, verlangte ich, für den CEO zu arbeiten. Die Organisation war einverstanden. Also nahm ich mich der Probleme an und sprach meine Empfehlungen aus, in diesem Fall eine Strukturveränderung. Und diesmal blieb ich vor Ort, um dafür zu sorgen, daß meine Ratschläge auch umgesetzt würden. Das war der Augenblick, in dem mir klar wurde, warum gute Ideen gute Ideen bleiben und warum es Widerstand gegen Veränderung gibt. Die Leute sehen die Vorteile einer Veränderung für sich persönlich nicht, obwohl ich als Berater sah, daß sie für das Unternehmen gut war. Also zog sich die Sache hin. Ich verlangte, geschäftsführender Vizepräsident zu werden, drohte zu gehen, wenn ich nicht ernannt würde. Ich wollte mich *vergewissern*, daß meine Vorschläge auch durchgeführt werden würden. Man war einverstanden.

Von da an geriet ich wirklich in Schwierigkeiten. Ich entdeckte die Unternehmenspolitik. Wenn ich jemanden anstieß, stieß er zurück, und die Frage war, wer was zu verlieren hatte und wie schnell. Ich rührte in dem Sumpf, und tatsächlich befand ich mich mittendrin. Ich kämpfte und erreichte mehr als bei dem ersten Mal, aber auf Kosten meiner Lebensqualität.

Dann kam die nächste Gelegenheit, um mein Wissen zu vergrößern. Ich begann mit einem Programm für das Management von Kunstorganisationen – Museen, Theater, Symphonieorchester, Ballett und Oper. Dazu erhielt ich Unterstützung von der Ford Foundation, um Feldforschung zu betreiben. Zu diesem Zeitpunkt, 1969, gab es in diesem Bereich noch kein Schulungsprogramm, und nichts war darüber geschrieben oder verbreitet worden. Ich war der erste, der es in Angriff nahm, und es gab eine Menge zu lernen. Mir wurde bewußt, daß die Managementtheorie auf Wirtschaftserfahrung beruht, die meistens aus dem Herstellungsbereich stammte, und daß Künstler nicht in der gleichen Weise wie Arbeiter gemanagt werden können.

In der Welt der Künste ist *Management* ein schmutziges Wort. Es ist ein Synonym für Ausbeutung. Man muß eher *für* den Künstler managen als *ihn selbst.* Aber wie fängt man das an? Ich fand heraus, daß die verwandtesten Felder das Bildungs- oder das Krankenhausmanagement sind. Der Dekan oder Leiter einer Fakultät in einer Universität oder in einem Krankenhaus sollte nicht *die Fakultät* bzw. *Abteilung,* sondern *für* die Fakultät führen. Ich entdeckte, daß das Management eine ergänzende Aufgabe ist. Man braucht einen Verwalter und einen künstlerischen Leiter, die durch ihre Zusammenarbeit großes Theater auf die Beine zu stellen.

Gehen wir weiter zu 1973. Ich wurde eingeladen, Mitglied auf Zeit des »Center of Democratic Institutions« in Santa Barbara zu sein. Das war der Höhepunkt meines intellektuellen Lebens. Im Center trafen sich in der Regel täglich sieben ständige und drei zu Besuch weilende Mitglieder, um von elf Uhr bis zwölf Uhr dreißig einen Vortrag eines führenden Kopfes zu hören und zu diskutieren. Der Präsidentschaftskandidat Eugene McCarthy hielt ebenso einen Vortrag wie führende Philosophen diesseits und jenseits des Eisernen Vorhangs. Wenn es jemals eine intellektuelle Denkfabrik gegeben hat, dann hier. Ein anderes Gastmitglied zu jener Zeit war Edward Goldstucker, der geistige Vater des tschechoslowakischen Aufstandes von 1968, der theoretische Führer von Alexander Dubček.

Aber das Center war in Schwierigkeiten. Es lag im Sterben. Der Präsident des Centers, Robert Hutchins, der führende Kopf, war schwer erkrankt. Es gab ernsthafte Bedenken, ob das Center überleben würde, wenn er nicht mehr da wäre. Also bot ich meine Dienste an, und man akzeptierte. Ich dachte lange und intensiv nach, was zu tun sei. Ich schrieb einen Bericht. Alles was ich niederschrieb, erwies sich mit der Zeit als wahr. Nichtsdestoweniger wurde keiner meiner Ratschläge durchgeführt. Diesmal konnte ich jedoch nicht sagen, daß das Management inkompetent gewesen wäre.

Robert Hutchins war ein Phänomen. Im Alter von 23 Jahren, als er an der Yale Law School seinen Abschluß gemacht hatte, beriefen ihn die Professoren zu ihrem Dekan. Seine Semestervorträge beeinflußten das Denken des Obersten Gerichtshofes. Mit 26 Jahren wurde er zum Präsidenten der University of Chicago ernannt. Bedeutende Führer kamen zu ihm, um mit ihm im Center Rücksprache zu halten, und ich war Zeuge. Er konnte nicht inkompetent sein. Nichtsdestoweniger bewahrheiteten sich meine Voraussagen, und meine sämtlichen Empfehlungen waren angebracht. Trotz seines Intellekts und seiner Fähigkeiten hinterließ er kein Vermächtnis, das nach seinem Ableben das Center getragen hätte.

Ich war betroffen. Etwas war falsch, aber was? Im Gespräch mit anderen professionellen Beratern wurde mir bewußt, daß das, was mir da begegnete, ein in der Industrie weitverbreitetes Problem war und nicht nur *meines*. Sämtliche Berater klagten darüber, daß ihre Vorschläge weggepackt wurden, auch dann, wenn sie dem CEO oder dem Direktorium unterbreitet worden waren. Dann erkannte ich, daß dieses Problem der Durchführung auch in anderen Bereichen existierte. In der Medizin spricht man von Folgsamkeit. Der Patient befolgt nicht notwendigerweise die gegebenen Verordnungen. Bezieht man es auf Schlankheitsprogramme, nennt man es Durchhalten. Der gemeinsame Nenner ist, daß mehr vonnöten ist als eine Verordnung, der Bericht eines Beraters oder eine Empfehlung, was alles ein und dasselbe ist, um eine Verhaltensveränderung hervorzurufen.

Also befaßte ich mich näher mit der Psychotherapie und arbeitete mit David Shapiro. Dabei erfuhr ich dann, wie Shapiro eine Veränderung bewirkte. In erster Linie ließ er *den Kunden* die Arbeit machen. Mein Fehler in der Vergangenheit war, daß *ich* die Verantwortung für die Veränderung *von* meinen Kunden übernommen hatte, so wie das Berater machen. Ich hätte mich nicht dafür verantwortlich fühlen müssen, *die Veränderung zuwege zu bringen*, sondern dafür sorgen müssen, daß *sie* für die Veränderung verantwortlich sind. Wie geht das?

In David Shapiros Buch »Neurotische Stile«[26] entdeckte ich, daß Menschen ein sich wiederholendes Muster für ihre psychologischen Probleme haben. Jeder Mensch ist ein Individuum mit seinen unverwechselbaren persönlichen Eigenarten; und trotzdem passen die Menschen in ein Schema. Ich dachte über meine Erfahrung als Berater nach und entdeckte auch hier ein Schema. Stile des Mißmanagements wurden zu meinem diagnostischen Werkzeug. Ich entdeckte, warum und wie die Leute Mißmanagement betreiben und daß Organisationen vorhersagbare Muster haben. Ich fing an, diese Muster zu verstehen, und entwickelte eine Methode in Theorie und Praxis, mit deren Hilfe man diese Muster effektiv verwerten kann.[27]

Zunächst wurde mir bewußt, daß ich den Kunden so weit bringen muß, daß er die Verantwortung für die Veränderung selbst trägt. Diesen ersten Schritt nannte ich *Syndag* – synergetische Diagnose. Warum synergetisch? Weil die Kunden als Gruppe ihre eigene Diagnose erstellen von dem, was vor sich geht und was getan werden muß. Die *CAPI*-Gruppe von der Kundenorganisation gehört dazu. Dort sind diejenigen versammelt, die die Autorität haben, die für die Durchführung gebraucht werden und die das Gebiet kennen.

Ist erst das Klima für eine Veränderung geschaffen, kann die Organisation darangehen, die Probleme zu lösen. Es beginnt der Prozeß der Veränderung. Aber wie geht es weiter?

Kommen wir zum Jahr 1975. Meine »Model T«-Praxis wurde bei einem Unternehmen namens CBI in Atlanta ausprobiert. Ich arbeitete dort drei Jahre. Meine Theorien brachten mehr als durchschnittliche Ergebnisse hervor. Heute arbeitet das Unternehmen noch immer nach meinen Theorien und nach meinem Verfahren. Nach meiner Erfahrung mit CBI wurde ich von dem Mutterunternehmen Equifax Services eingeladen.

Ich wiederholte den Syndag-Prozeß und die Restrukturierung der Organisation, aber die Auswirkungen waren nur begrenzt effektiv. Die Energiestärke für den Wandel war verpufft. Ich erfuhr dabei, daß es nicht ausreicht, die Startenergie für den Wandel zu erzeugen; man muß kontinuierlich die Energiequelle »füttern«, oder sie verschwindet. Also unterteilte ich meine Behandlung in Maßeinheiten, jede mit einer energieschaffenden Komponente. Wenn die alte Energie erschöpft war, mußte eine neue Maßeinheit mit einer energieerzeugenden Phase aktiviert werden.

Zwischen 1978 und 1980 probierte ich meine neue Theorie bei Do-

[26] Shapiro, David: Neurotische Stile, mit einem Vorwort von Michael B. Buchholz. Aus dem Amerik. von Sabine Behrens, Göttingen 1991.
[27] Adizes, Wie man Mißmanagement überwindet, a.a.O., ist ein Ergebnis dieser Überlegungen.

mino's Pizza aus. Die Firma hatte einen überwältigenden Erfolg, als sie meinen Prozeß anwendete, und schickt noch immer 30 bis 40 Leute im Jahr in das Adizes Institute zur Schulung. Der Umsatz des Unternehmens stieg in zehn Jahren von 150 Millionen auf 1,5 Milliarden Dollar.

Ich entwickelte elf Schritte, *Phasen* genannt, die einen Organisationswandel verursachen (s. 12. Kapitel), und lernte nach und nach, welche Abfolge die beste war und wie man von einer Phase zur nächsten wechselte. Bei CBI konnte ich die Energie für den Wandel mit den Phasen I, IV und V erhalten, aber dann folgte ein Stillstand. Ich versuchte den Teamaufbau als Phase VII durchzuführen, aber es klappte nicht. Das war die falsche Reihenfolge. Also wechselte ich zu einer anderen und setzte die Synerteams als Phase II ein. Bei Equifax machte ich die Erfahrung, daß Phase III in Schwierigkeiten war. Die richtige Abfolge ist I, II, III und IV.

Mein nächster Kunde war Northrop Aviation. Ich führte die Phasen I, II und III durch. Es funktionierte, aber nicht lange. Die Energie stoppte, und ich mußte von neuem beginnen. Domino's Pizza war der nächste Kunde. Die Phasen I, II, III, IV, V, VI. Ja, es klappte, aber dann hatte Phase VI Probleme. Der nächste Kunde war Louisiana Coca-Cola Bottling Company. Mit der Unterstützung des Präsidenten Richard Freeman Jr. gingen wir durch sämtliche Phasen – Phase I bis Phase XI. Das klingt einfach, aber es brauchte 20 Jahre des Lernens und der Erfahrung.

Es gab viele Versuche, die mir halfen, die richtige Reihenfolge festzulegen. Mit Louisiana Coca-Cola Bottling in New Orleans bewies ich, daß ein allumfassender Wandel einer Kultur bewerkstelligt werden kann; daß ein Unternehmen den Weg von einer schon fast vollzogenen Scheidung in der pathologischen Adoleszenz zu einer Blüte schaffen kann.[28]

Es gibt keine Möglichkeit, den gesamten Prozeß in einem Buch darzustellen. Die Schulung in dieser Methodik dauert in Teilzeit fünf bis sieben Jahre und umfaßt Berufserfahrung und innerbetriebliche Seminare. Dann erkennt der Graduierte, wieviel er tatsächlich nicht weiß. Ich, so spüre ich, weiß mehr *und* weniger als 1967, als ich anfing; heute ist mir bewußt, wieviel ich nicht weiß.

---

[28] Das Unternehmen wurde verkauft, und ich habe keine weiteren Informationen darüber.

Ich werde oft gefragt, wie lange die Veränderung anhalten wird und wie hoch die Erfolgsrate meiner Methodik ist. Denke ich an meine Kunden, so möchte ich sagen, daß die Erfolgsrate 100 oder null Prozent beträgt, je nachdem, wie man es betrachtet. Ein Wandel kann mit dem Gärtnern verglichen werden. Wenn man das Unkraut entfernt, dann werden die Blumen blühen. Wenn man den Garten *nicht pflegt,* wird das Unkraut die anderen Pflanzen überwuchern. Die Unternehmen, die die Veränderung ihrer neuen Kulturen nicht fortsetzten, die sagten, »Danke schön, nun gehen wir wieder zurück an die Arbeit«, waren wie ungepflegte Gärten, in denen das Unkraut wieder gedieh.

Es ist schwierig, Organisationen zu verändern. Es verhält sich wie mit dem Gärtnern. Wenn man sich zurücklehnt, hält das Unkraut wieder Einzug in der Kultur. Aber warum diese rückläufige Entwicklung? Weshalb wachsen die Blumen nicht auf natürliche Art und Weise? Warum aber das Unkraut? Und wer sagt denn, daß das Unkraut Unkraut ist und nicht die Blumen? Vielleicht sind die Blumen das Unkraut? Mit anderen Worten, wer ernannte mich zum Richter über die Frage nach der »richtigen Kultur«, und was ist die falsche Organisationskultur? Und wieder hatte ich einige schlaflose Nächte.

Dann wurde mir bewußt, daß ich die Mittel in der Hand hielt, um Gesundheit und Pathologie zu definieren. Gibt es einen Grund, daß ein Unternehmen (PAEI)-Entscheidungen treffen und durchführen sollte, für die *CAPI* notwendig ist? Gesundes Management = F (**PAEI**; *CAPI*).

Solange eine der (PAEI)-Funktionen fehlt, kommt es immer wieder zu Mißmanagement in der Führung. Und wenn eine Funktion in der Organisationskultur fehlt, werden typische Probleme immer wieder auftreten (s. Teil I in diesem Buch). Wenn das Unternehmen es mit der Zeit schafft, die fehlende Funktion aufzubauen, ist das eine normale Entwicklung, und wenn nicht, ist es eine pathologische.

Ich hatte eine deterministische Theorie, die zwischen Unkraut und Blumen einen Unterschied machen konnte – zwischen Gesundheit und Pathologie. Das Management hat die Aufgabe, die Organisation in ihrer gesamten Lebensspanne zu kontrollieren. Wenn das Management dies nicht leisten kann, wird ein externer Therapeut herbeigerufen.

Hielt die Veränderung an? Setzten die Leute in der Organisation die Adizes-Methode fort? Waren die Unternehmen auf lange Sicht erfolgreich, oder ähnelten sie den Modellunternehmen in dem Buch »In Search of Excellence«[29], die zum Zeitpunkt der Nachauflage des Buches alles andere als vortrefflich waren?[30] Organisationen lernen die Ungewißheit über den Ausgang eines Versuchs kennen. (Siehe den nächsten Teil dieses Kapitels.) Wenn sie nicht geführt werden, erkranken sie, das Unkraut verdrängt die Blumen.

Es ist interessant zu sehen, daß das Verhältnis von Aufbau und Zerstörung zu Lasten des Aufbaus geht. Was mich drei Jahre in Anspruch nahm, konnte in drei Monaten zerstört werden – ein neuer Präsident kommt, der die Methodik nicht versteht, und die neue Kultur des gegenseitigen Respekts und Vertrauens, die so sorgfältig gehegt worden war, schleicht sich zur Hintertür hinaus.

Wenn sich der Markt verändert und ein Überlebensdruck entsteht, sinkt die (EI)- und steigt die (PA)-Orientierung an. Ich hielt eine jährliche internationale Tagung ab, um die »Batterien« meiner Kunden und der Fachleute aufzuladen und zu hegen, da der (P)-Druck drohte, ihre (EI)-Zuneigung allmählich abzutöten. Wenn das Unternehmen letztendlich doch vor die Hunde ging, warum die Anstrengung? Ich beschäftigte mich mit dieser Frage, doch ein Freund, der Arzt ist, half mir, meine überzogenen Erwartungen zu schmälern.

»Ichak«, sagte er, »am Ende versagen wir alle (das heißt, wir sterben), es ist nichts falsch daran, in der Zwischenzeit das Beste zu geben.«

Und die Methodik zeigt in der Zwischenzeit Erfolge. Nach einem Jahr sind in der Regel 40 Prozent der durch Syndag identifizierten Probleme in einem Unternehmen verschwunden oder gelöst, jedenfalls nach dem Urteil der Teilnehmer an Syndag, die jene Probleme überhaupt erst eingebracht hatten. 40 Prozent haben sich verbessert. Lediglich 20 Prozent der Probleme blieben gleich. Schlimmer sieht es selten aus. Die Unternehmen weisen phantastische Wachstumsraten und Rentabilität auf. Die Fluktuation des Personals ist stabilisiert worden. Die Innovationsrate steigt an. Ebenso die Moral. Insgesamt lassen sich entscheidende Verbesserungen feststellen. Internationale Unternehmen, die mit der Adizes-Methode arbeiten, werden zu den am besten geführten Unternehmen in diesen Ländern gezählt.

[29] Peters, Thomas J. und Waterman, Robert H.: In Search of Excellence, New York 1982.
[30] »Who's Excellent Now« in »Business Week«, Heft 5, 1984, S. 76.

Wer ist der Kunde?

Was mache ich, wenn mich Manager für ihren »Garten« um Hilfe bitten, aber das, worum ich gebeten werde, der Organisation nicht notwendigerweise zum Vorteil gereicht? »Was soll ich tun?« frage ich mich. »Für wen arbeite ich? Wer ist der Kunde?« Die Antwort lautet, daß ich das Volk repräsentiere und nicht das Management.

In einem Gerichtshof erleben wir, daß das Volk gegen XY klagt oder ein Kläger das »ungeborene Kind« vertritt. Wer sind diese Menschen?

Eine Organisation hat das Recht zu existieren. Ihre Rechte unterscheiden sich eindeutig von denen der Eigentümer, des Managements, der Arbeiterschaft, der Kunden oder von jedem anderen, der die Organisation konstituiert oder darüber verfügt. Ich habe zahlreiche Fälle erlebt, in denen die eben Genannten die Organisation zerstörten. Das Management zum Beispiel suchte vor allem nach einer Erhöhung des Egos, statt besonnene geschäftliche Entscheidungen zu treffen. Die Eigentümer beuteten die Organisation häufig aus, melkten sie oder setzten ihr ein Ende. Die Arbeiterschaft widersetzte sich dem Wandel und schützte ihre eigenen Interessen; Abnehmer kümmerten sich nicht um die Bedürfnisse der Organisation, sie sorgten sich um ihre eigenen.

Wer ist diese Organisation, für die ich arbeite? Wenn es nicht das Management ist – falls es das Management ist, das die Veränderung braucht –, ist es dann der Aufsichtsrat, für den ich arbeite? Nein. Der Aufsichtsrat ist häufig der Spiegel des Managements, der ebensowenig eine Veränderung braucht. Es sind auch nicht die Anteilseigner, die börsennotierte Unternehmen als eine Investitionsanlage betrachten; deren Engagement für das Unternehmen beschränkt sich ausschließlich auf den Erfolg der Kapitalrendite.

Es war mein Fehler, daß ich versuchte, den Kunden als eine Person anzusehen. Ich suchte nach einer Person, wie viele andere Menschen nach Gott suchen, nach jemandem, der einen langen Bart und weißes Haar hat, irgendwo mit einem Zoomfernglas sitzt und uns beobachtet.

Für mich ist eine Organisation heute mit dem Gott im jüdischen Gebetbuch vergleichbar, es gibt keinen Körper und kein Bild. Sie ist ein System. In der Welt des Gesetzes ist eine Organisation eine juristische Person (Inc. oder LTD, GmbH oder AG, abhängig vom jeweiligen Land), die unabhängig von den konstituierenden Geschäftspartnern ist. Die Rechte einer solchen im Handelsregister eingetragenen Organisation werden durch das Gesetz geschützt, und eine Verletzung dieser Rechte, selbst durch die Leute, die sie gegründet haben, ist ungesetzlich. Ich bin davon überzeugt, daß eine Eintragung ins Handelsregister nicht erforderlich ist, damit ein Existenzgrund vorhanden ist. Die Organisation existiert, weil sie *existiert*, oder – um den Philosophen René Descartes zu zitieren, der sagte: »Ich denke, also bin ich« – eine Organisation *ist*, weil sie *ist*.

Wen also repräsentiere ich, wenn ich für die Organisation arbeite? Ich arbeite für die Fähigkeit der Organisation, die in Zukunft die Bedürfnisse der Kunden befriedigen will. Sie ist für jene Kunden da, die noch nicht geboren wurden. Die Organisation hat nicht nur heute das Recht zu existieren, sondern auch in der Zukunft. Das Kind hat das Recht heranzuwachsen und die Blütezeit zu erreichen, und jeder, der das normale, gesunde Wachstum einschränkt, stört oder beeinträchtigt, wird entsprechend behandelt.

Diesen Punkt stellte ich viele Male heraus, wenn ich die Organisationstherapie vortrug. Hörte ich den *CAPI*-Leuten zu, stellte ich fest, daß jeder die Bedürfnisse der Organisation mit den Begrifflichkeiten seiner eigenen Bedürfnisse beschrieb. Sie versuchen alle (Management, Arbeiterschaft, Techniker, Aufsichtsrat, Eigentümer), die Organisation für ihre eigenen Zwecke auszunutzen. Der Fehler, den ich früher machte, war, mich auf die Seite der Organisation zu stellen und zu argumentieren, um dann im Zuge meiner Bemühungen angegriffen zu werden.

Das war der Zeitpunkt, an dem ich lernte, die Bratpfanne zu benutzen, ohne selbst darin zu braten. Und somit fügte ich dem Kreis der Gruppe einen weiteren Stuhl hinzu (es gibt keine freien Stühle in meinem Verfahren), und vor den Stuhl plazierte ich den Namen des Unternehmens (alle anderen hatten ein Namenskärtchen vor sich). Nun deutete ich auf den leeren Stuhl und fragte: »Wer ist das?« War den Teilnehmern erst einmal klargeworden, daß ich tatsächlich von ihnen verlangte, anzunehmen, daß das Unternehmen dort säße, fragte ich sie, was es wohl wollen würde. Wenn es sprechen könnte, was würde es sagen? Seltsamerweise verstehen die Leute das und begreifen, daß auch die Organisation Bedürfnisse hat. Die Organisation ist ein Säugling, der nicht sprechen kann, der aber, sobald er nicht richtig behandelt wird, früher oder später Probleme verursachen wird.

310

Wie hat sich die Praxis weiterentwickelt?

Bis 1980 hatte ich die elf Phasen ausgearbeitet: die Maßnahmen für den kulturellen Wandel. Sechs dieser Phasen wurden in detaillierten Handbüchern niedergeschrieben (und in verschiedene Sprachen übersetzt), und ich schulte andere Leute darin. Für ein Zertifikat in der Adizes-Methodik mußten die Leute Prüfungen und Praktika absolvieren. Ich lege das vertraglich fest, damit die Leute die Schulung und das Examen ernst nehmen. Die übrigen fünf Phasen wurden in allgemeinen Richtlinien festgehalten, und ich fing an, die Leute auch für diese Phasen zu schulen. In den nächsten Jahren wird das gesamte Verfahren dokumentiert werden. Inzwischen gibt es neben der Louisiana Coca-Cola Bottling Company andere Organisationen, die diese elf Phasen durchlaufen haben. Villares, ein brasilianisches Unternehmen mit 1,5 Milliarden US-Dollar Umsatz, das sich in der pathologischen Phase der Jugend befand, ist jetzt in Phase XI und nähert sich der Blütezeit.

Im Jahre 1983 gab es mehrere Dutzend hauptberufliche, geprüfte Adizes-Berater, die die Methode in zehn Ländern praktizierten. Wir sammelten Erfahrungen darin, wie die gesellschaftliche Kultur den Prozeß des Wandels beeinflußt. Ich sah auch, wie andere Leute lernten und mit der Methode arbeiteten. Im Gegenzug wurde mir vermittelt, was ich nicht für selbstverständlich halten durfte; was ich als offensichtlich angesehen hatte, war so nicht richtig. (Im Serbokroatischen bedeutet das Wort »lehren« wortwörtlich übersetzt »wieder lernen«. Indem ich lehrte und schulte, erlernte ich meine eigene Theorie und Praxis neu.) Dabei wurde mir klar, daß die gesellschaftliche Kultur und das politische Umfeld die Theorie nicht verändern. (PAEI) und *CAPI* sind theoretische Fundamente, die überall anwendbar sind. Lediglich die Interpretationen unterscheiden sich. In Malaysia, wo die Familienbande fest sind und die Gründer herrschen, ist die *CAPI*-Gruppe eine andere als in Israel, wo jeder glaubt, geboren zu sein, um Präsident zu werden.

Der wesentliche Unterschied im Prozeß des Wandels liegt nicht im Land, in der Sprache, in der Größe der Organisation, in der Kultur oder etwa in den persönlichen Merkmalen und dem Managementstil der Führung, sondern in der spezifischen Position der Organisation im Lebenszyklus. Die Abfolge und das Tempo, um eine Phase abzuschließen, muß der Organisation auf den Leib geschneidert sein; die Geschwindigkeit und die Reihenfolge der einzelnen Schritte müssen den Besonderheiten des Kunden angepaßt werden.

Ferner stellte ich fest, daß die Therapie des kulturellen Wandels in Organisationen, die sich im fortgeschrittenen Go-Go, in der Jugend, in der einfachen pathologischen Jugend, in der Blütezeit oder in der frühen Aristokratie befanden, gut anschlug und wiederholt erfolgreich war. Als schwach erwies sich die Methode bei großen Aristokratien, frühen Bürokratien und Organisationen im frühen Go-Go-Stadium. Bei Organisationen mit 300 bis 500 Mitarbeitern war die Methode einwandfrei. Wir konnten den Wandel erfolgreich durchführen. Bei kleineren Organisationen war das *CAPI* meist in hohem Maße im Gründer personalisiert, und sein Stil beherrschte das Verhalten der Organisation. Die Veränderung der Organisation würde daher eine Veränderung seiner Persönlichkeit bedingen, das heißt, die persönliche Therapie muß vor der Therapie der Organisation stattfinden.

In größeren Organisationen oder Organisationen in späteren Stadien des Lebenszyklus gibt es so etwas wie eine Organisationsdynamik. Indem wir die Organisationskultur änderten, konnten wir auch das Verhalten des Gründers ändern. Bei kleinen Unternehmen war das nicht so einfach. Die treibenden und die getriebenen Kräfte tauschten ihre Plätze. Vor der Jugend gilt die Führung als die treibende Kraft von Kultur und Verhalten der Organisation. Nach der Blütezeit steuert die Kultur das Verhalten der Führung.

Lebenszyklus	Treibende Kraft		Getriebene Kraft
Kindheit und frühes Go-Go	Führungsstil	→	Organisationskultur
Von der Jugend zur Aristokratie	Organisationskultur	→	Führungsstil

Für diejenigen Fälle, in denen der Stil einer Person die Organisationskultur beherrscht, holte ich mit Dr. Ivan Gabor einen Psychoanalytiker in das Institutsteam. Seine Aufgabe war es, den individuellen Stil zu verändern, ohne Jahre für Analyse und Therapie zu benötigen. Er fand einen Weg, mit den Personen umzugehen – das heißt nicht, deren Persönlichkeit so zu verändern, daß sie in jeder Situation optimal handeln, sondern nur so weit, wie es notwendig ist, um den Wandel der Organisationskultur zu ermöglichen, wobei die treibende und die getriebene Kraft den Platz tauschen können oder schließlich Seite an Seite gemeinsam arbeiten.

Ich entwickelte eine Theorie und eine Verfahrensweise, wie man große Organisationen verändern kann, während ich als Berater für die Bank of America tätig war, der größten Organisation, bei der ich jemals einen Wandel versuchte. Das erforderte mein volles Engagement, und um das geben zu können, mußte ich sogar meine Professur an der University of California aufgeben.

Die Bank of America war eine Organisation mit 89.000 Mitarbeitern, 120 Milliarden Dollar Betriebsvermögen, und ihre Position im Lebenszyklus war reinste Aristokratie mit vorzeitigen Alterungserscheinungen. Die Bank hatte faule Kredite in der Landwirtschaft, in Immobilien, in der Ölindustrie und in Dritte-Welt-Ländern. Es spielte keine Rolle, wie gut die Organisation arbeitete, es sah in jedem Fall schlecht aus. Die Betriebsgewinne wuchsen in jedem Jahr, doch durch die schlechten Kredite wurden sie auf einen Schlag aufgezehrt. »Während wir uns um Peanuts bemühen, machen uns die Elefanten platt«, sagte Al Osborne, der für die Kredite zuständige Hauptabteilungsleiter. Es war eine wahre Herausforderung, in dieser gefährlichen Situation die Positionen zu vertauschen. Es dauerte drei Jahre. Die Bank of America schaffte es bis zur Phase V, veränderte ihre Struktur, positionierte sich neu als Finanzdienstleistungsorganisation und nicht mehr nur als Bank; aber es fehlte an Zeit. (Eine Fallstudie würde ein ganzes Buch füllen.)

Die nächste bürokratische Organisation, die wir unter die Lupe nahmen, war das Jugendamt von Los Angeles County mit 3.500 Mitarbeitern. Es dauerte zwei Jahre, um die Phasen I, IV und V abzuschließen. Wir arbeiten noch immer daran, das Tempo des Wandels in Bürokratien zu erhöhen.

Insgesamt gibt es inzwischen rund 450 Unternehmen weltweit, die die Methodik in unterschiedlicher Intensität anwenden. Es gibt über 75 geprüfte, praktizierende Adizes-Berater, die ständig ihre Erfahrungen austauschen.

Das ist die Entstehungsgeschichte. Gehen wir nun über zu den theoretischen Teilen, der Beschreibung und den Zielen der elf Phasen, und dann zu den Details dessen, was mit einer Organisation in jeder Phase des Lebenszyklus zu tun ist.

Der theoretische Unterbau

Wenn wir von einer *Organisation* sprechen, deren *Kultur* eines *Wandels* bedarf, worüber sprechen wir dann tatsächlich? Da gibt es drei Komponenten: Organisation, Kultur und Wandel.

Bis jetzt habe ich Organisationskulturen beschrieben. Mein Ziel im nächsten Teil ist, zu präsentieren, wie der Wandel erreicht werden kann. Aber vorher müssen wir über die »Organisation« sprechen, die ihre Kultur verändern muß. Was ist eine Organisation?

Eine Organisation ist ein System gegenseitiger Abhängigkeiten zur Befriedigung von Bedürfnissen. Die Interdependenzen bestehen zwischen oder *in* Personen, physikalischen Komponenten, ökonomischen Variablen, rechtlichen, politischen und sozialen Kräften, technologischen Faktoren und anderen Variablen, die wir häufig weder verstehen noch identifizieren können. Alles beeinflußt irgendwie alles andere, was wiederum die Organisation auf irgendeine Weise und in unterschiedlichem Maße beeinflußt. Diese gegenseitigen Abhängigkeiten haben einen Dreh- und Angelpunkt: die Befriedigung bestimmter Bedürfnisse, was nur aufgrund bestimmter Interdependenzen gelingen kann. Diese Bedürfnisse ändern sich mit der Zeit und ebenso die durch diese Interdependenzen bedienten Kunden. Wenn es kein Bedürfnis gibt, gibt es auch keine Kunden. Dann gibt es auch keine gegenseitigen Abhängigkeiten, und die Organisation stirbt. Geboren wird die Organisation, wenn ein Bedürfnis mächtig genug ist, so daß jemand die Interdependenzen zur Befriedigung dieses Bedürfnisses »managen« möchte.

Der Umgang mit diesen Interdependenzen wird *Management* genannt.

Eine Kultur besteht aus einem Netzwerk von Bedeutungen, die im Organisationsverhalten ausgedrückt werden. Diese Bedeutungen des Organisationsverhaltens verändern sich notwendigerweise, zum Teil aufgrund von Veränderungen der Lebenszyklus-Position. Ein Teil des Verhaltens ist normal, während andere Teile des Verhaltens in ihrer Entwicklung behindert werden; das wird als anormal bezeichnet. Das Problem dabei ist, daß es unendlich viele gegenseitige Abhängigkeiten innerhalb eines Systems gibt. Dabei ergibt sich die Frage, wie man herausfindet, woran man eigentlich arbeiten soll.

Ich entdeckte, daß eine Organisation aus drei *Haupt*-Subsystemen besteht: dem Autoritanz-, dem teleologischen und dem Belohnungssystem. Und je nachdem, wie wir diese drei Subsysteme miteinander ausbalancieren, können wir die Kultur verändern.

Die Autorität setzt sich aus sieben weiteren Subsystemen zusammen: aus Autoritäts-, Macht- und Einflußstruktur und der Kombination aus autorisierter und indirekter Macht, beeinflussender Autorität und schließlich *CAPI*. Autoritanz ist die Gesamtheit der Möglichkei-

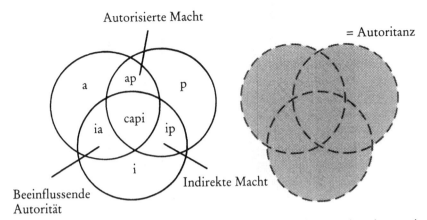

Autoritanz = a + p + i + ap + ip + ia + capi

Abb. 65: Autoritanz

ten einer Person – aufgrund von Organisation oder Führung –, jemanden dazu zu bewegen, etwas zu tun.

Das teleologische Subsystem beschäftigt sich mit der Zielsetzung: *Warum* wir tun, *was* wir tun. Im Griechischen bedeutet *Telos* Ziel. Hier konzentrieren wir uns auf die Bestimmung der Organisation, auf deren Kunden, das sich verändernde Umfeld, auf Ziele, abgeleitete Ziele und Aufgaben. Das teleologische Subsystem besteht wiederum aus vier Untersystemen: Kundenschnittstelle (**E**), Umsetzung (**P**), Finanzen (**A**) und Personal (**I**).

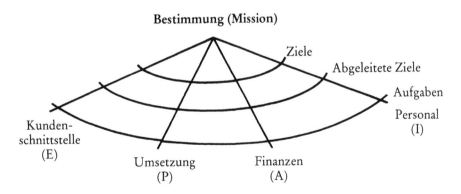

Abb. 66: Die teleologischen Subsysteme

315

Das Belohnungssystem beschäftigt sich mit den Variablen, die die Leute motivieren, eine Aufgabe auszuführen. Es besteht aus zwei weiteren Untersystemen, die sich aus zwei Variablen zusammensetzen, welche selbst auch Systeme sein können. Das eine sind äußere Belohnungen – Belohnungen, die die Leute erwarten, deren Wert aber von externen Kräften bestimmt wird. Diese sind nicht an die Aufgabe und die Verantwortung gebunden, die eine Person wahrzunehmen hat. Es gibt zwei Arten von äußerer Belohnung (extrinsic reward = Re): Re_s und Re_{np}. Re_s sind Lohn und Gehalt, freiwillige Sozialleistungen, Boni, Gewinnbeteiligung und anderes wirtschaftliches Entgelt. Re_{np} sind nichtpekuniäre Belohnungen wie Statussymbole, Titel, Ehrenzeichen, Größe und Lage des Büros und ein Schlüssel zur Vorstandstoilette.

Das andere Belohnungssystem ist ein inneres. Diese Belohnungen bedürfen keiner Anerkennung von außen. Sie leiten sich von der Erfüllung der Aufgabe ab. Mit der Aufgabe verschwindet auch das Gefühl, belohnt zu werden. Es gibt drei Arten von inneren Belohnungen (intrinsic reward = Ri): $Ri_{(Aufgabe)}$, $Ri_{(Stärke)}$, $Ri_{(Bestimmung/Berufung)}$.

Sehen wir uns die Belohnungen genauer an:

Re_s = Eine Person muß keine Aufgabe erfüllen, um sich belohnt zu fühlen, solange sie Lohn oder Gehalt oder einen Bonus bezieht. Aber wieviel dieses Geld wert ist, hängt davon ab, was nach Einschätzung des Betroffenen andere für eine vergleichbare Aufgabe erhalten und was man damit kaufen kann.

Die Höhe des Lohns/Gehalts und dessen Wert richten sich danach, wie die Aufgabe und die entlohnte Person durch einen externen Verifikationsmechanismus beurteilt werden.

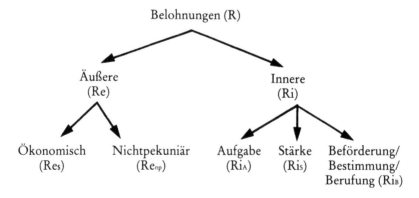

Abb. 67: Das Belohnungssubsystem

Re$_{np}$ = der Wert nichtpekuniärer Belohnungen bedarf ebenfalls einer äußeren Wahrnehmung. Ein glasgedeckter Schreibtisch hat in den Vereinigten Staaten keinerlei Bedeutung, aber in der Türkei bedeutet er, daß die Person dahinter eine leitende Position samt Status innehat. Dicke Teppichböden bedeuten in der Türkei gar nichts, in den USA dagegen haben sie einen eindeutigen Wert. Der Wert hängt von der symbolischen Bedeutung ab, die die Leute den Belohnungen beimessen, und davon, was der Geber der Symbole mit ihnen ausdrücken will. Re$_{np}$ braucht keine Aufgabe oder Verantwortung, nur Menschen, die sie erkennen.

Wenn einer Person der Titel eines Vizepräsidenten verliehen und ein eigener Parkplatz zugewiesen wird, ohne daß irgend jemand sonst davon weiß, entwertet das Geheimnis die Belohnung, weil äußere, nichtpekuniäre Belohnungen (Re$_{np}$) eine Hierarchie schaffen, die mitgeteilt werden muß.

Innere Belohnungen stellen dagegen selbst dann eine Belohnung dar, wenn niemand sonst von ihnen weiß. Sie existieren so lange wie die auszuführende Aufgabe. Ri$_A$ ist von der Durchführung einer Aufgabe abgeleitet. »Ich mag, was ich mache. Ich arbeite hier, weil ich meine Arbeit mag.« Sie ist eine Funktion dessen, wie gut die Aufgabe und die Verantwortung zu der Persönlichkeitsstruktur der Person passen.

Ri$_S$ ist die innere Belohnung, die von einem Gefühl der Stärke abgeleitet wird, von dem Glauben einer Person, daß sie eine Aufgabe erfüllen kann, selbst wenn sie es nicht gerne tut. Allein die Tatsache, daß sie es kann, hat eine belohnende Wirkung.[31]

Ri$_B$ ist die Belohnung, die von der Sensation abgeleitet wird, daß eine Person zu einer Aufgabe mit höherwertigem Ziel mit längerem Zeithorizont berufen wird.

Es ist interessant, auf welche Weise ich diese Ri$_B$ entdeckte. Im Jahre 1970 erhielt ich eine Einladung zu einem Vortrag und einer Beratung in Peru. Das Land versuchte damals, ein Arbeiterbeteiligungssystem (Betriebsgemeinschaften) einzurichten – eine Abwandlung des jugoslawischen Selbstverwaltungssystems. Als ich der Präsidialkommission das Modell der Betriebsgemeinschaften präsentierte, sagte ein Teilnehmer: »Ihr Modell ist zu kapitalistisch.« Das warf mich zurück, denn ich hatte geglaubt, meine Theorie sei apolitisch. Um die Einschätzung des Kritikers zu erklären, sollten wir uns meinen Vortrag

---

[31] Ri$_s$ = F (CAPI/Autoritanz/Aufgabe)

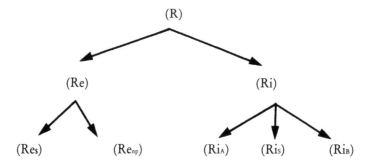

Abb. 68: Die fünf Belohnungsquellen

einmal vor Augen führen und darauf achten, welches Wort am häufigsten wiederholt wird.

Ich hatte gesagt: »Die verschiedenen Belohnungen sind:
1. Bekomme ich mein Geld (Res),
2. Bekomme ich die Anerkennung, die ich zu verdienen glaube (Renp),
3. Mag ich, was ich tue (RiA), und
4. finde ich Gefallen an der Tatsache, daß ich zum Teil selbst entscheiden kann, was ich mache Ris)?«

Ich übertreibe hier offensichtlich die simulierte Vorlesung, um den Punkt klarzustellen. Der kritische Teilnehmer hatte ihn begriffen. Das am häufigsten wiederholte Wort war »ich«.
»Kämpfen die Vietnamesen, weil sie gut bezahlt werden (Res) oder weil sie eine Anerkennung in Form einer unentgeltlichen Belohnung erhalten, wenn sie ihre Wunden zeigen (Renp), oder handelt es sich um innere, aus der Aufgabe abgeleitete Belohnungen (RiA) – sie kämpfen gerne –, oder ist es die innere Belohnung der Stärke (Ris) – sie erfüllt Befriedigung über den Sieg über den Gegner im Feld?« fragte der Teilnehmer.
Die naheliegende Antwort war, daß nichts von alledem zutraf. Sie kämpften, weil sie an ihre Mission glaubten. Menschen ziehen in den Krieg, töten und sterben für das, woran sie glauben. Der kapitalistische Ansatz, wie der peruanische General ihn interpretierte, ist zu stark auf das *Ich* konzentriert und zuwenig auf die Gesellschaft.

Deshalb schloß ich Ri$_B$ (innere Belohnung, die sich aus der Bestimmung ableitet) in mein Modell ein.[32]

Wie unterscheiden sich die Belohnungen? Äußere Belohnungen entfalten ihre Wirkung nur durch ihre Steigerungsraten. Als Konstante haben sie nur eine sehr begrenzte, sagen wir mal zwei Wochen anhaltende motivierende Wirkung. Eine Gehaltserhöhung ist großartig – aber nur für zwei Wochen, dann will der Mitarbeiter mehr. Das gleiche gilt für Titel oder andere nichtpekuniäre Anerkennungen. Sie besitzen nur begrenzte Lebensdauer. Um die Motivation einer Person auf Dauer zu erhalten, muß man ständig mehr geben. Ich erinnere mich noch gut an meine Erfahrungen als jugendlicher Leiter in einem Kinder-Camp. Um das lauteste Kind zur Zusammenarbeit anzuhalten, mußte ich ihm einen Titel verleihen und es zu meinem Assistenten (zum Teil des Establishments) machen. Aber das reichte nur für ein paar Tage. Dann mußte ich neue Titel und neue Anerkennungen erfinden und das kleine Monster mit Beachtung füttern, um es bei Laune zu halten. Innere Belohnungen dagegen werden jedesmal aufgefrischt, wenn eine Aufgabe erfüllt wurde.

Zum näheren Verständnis der fünf Quellen des Belohnungssystems wollen wir uns anschauen, was passiert, wenn nur eine Belohnung unter Ausschluß der restlichen vier gewährt wird.

$$\text{R}e_\$ \quad \text{R}e_{\text{rp}} \quad \text{R}i_\star \quad \text{R}i_{\text{b}} \quad \boxed{\text{Ri}_B}$$

Welche Art von Berufung oder Profession haben wohl Menschen, deren einzige Motivationsquelle Ri$_{(Bestimmung)}$ ist? Bezahlung und Anerkennung sind niedrig oder stabil und scheiden daher aus. Die Aufgabe an sich belohnt sie nicht, ebensowenig ein Gefühl der Stärke, denn sie werden oft ermordet. Die richtige Antwort muß lauten: Missionsgeist. Was sie antreibt, ist ihre Mission. Ihre Bestimmung, die Un-

[32] Mehr zu diesem Thema ist dem 5. Kapitel über Autoritanz und ihre Komponenten sowie Handbüchern, Video- und Audiokassetten unseres Instituts zu entnehmen. Das teleologische Subsystem bedarf für die Ziele dieses Kapitels kaum näherer Erläuterung. Eine dreistündige Videoaufzeichnung, die von der Young President's Organization in New York und dem Adizes Institute in Kalifornien produziert und vertrieben wird, beschäftigt sich eingehend mit diesem Subsystem und seiner korrekten Entwicklung. Außerdem gibt es beim Adizes Institute ein 80seitiges Handbuch über das Belohnungssubsystem für Studenten.

gläubigen zu bekehren und Seelen zu retten, veranlaßt sie, ihr Leben aufs Spiel zu setzen.

Re̶s̶   Re̶m̶p̶   R̶i̶A̶   (Ri s)   R̶i̶s̶

Wie steht es mit Ri(Stärke) als ausschließliche Quelle der Motivation? Wer wird von Ris motiviert? Meiner Meinung nach ist es der Bürokrat. Schauen Sie sich einen kleinen Apparatschik hinter seinem Schreibtisch an. Die Bezahlung ist bedeutungslos. Er bekommt vielleicht eine Lohnerhöhung gemäß der Inflation oder Ähnlichem. Das ist nur motivierend, wenn die Festlegung der Lohnerhöhung angekündigt wurde. Ab dann ist es immer das schrecklich gleiche. Anerkennung? Er bekommt keine zu spüren. Er wird nur als ein kleiner Büroangestellter betrachtet. Die Aufgabe verlangt Unterwürfigkeit, ist langweilig, bedeutungslos und wiederholt sich ständig. Mission? Was für eine Mission?

Wenn also dieses menschliche Wesen irgendein Vergnügen an seiner Arbeit hat, irgendeine Befriedigung erfährt, dann wahrscheinlich dadurch, daß es die Leute in einer Reihe warten läßt, ein Formular verweigert, weil der Kunde nicht genau dort unterschrieben hat, wo die Signatur sein sollte, oder daß es die Leute zehnmal hin und her schickt, bevor es etwas anerkennt. Die einzige Quelle der Zufriedenheit ist das Empfinden seiner Wichtigkeit, die es durch die Stärke erfährt, die ihm seine Arbeit bietet. (Ich unterscheide zwischen dem, was die Arbeit ist, und dem, wie die Arbeit erledigt wird: die Ausfertigung von Lizenzen zum Beispiel, die RiA sein kann, und die Art und Weise der Ausfertigung von Lizenzen, was Ris ist.)

Sehen wir uns Zollinspektoren am Flughafen an. Versuchen Sie deren Autorität nur ein wenig in Frage zu stellen, und beobachten Sie, was passiert. Wenn es ein Vergnügen gibt, das dieser Arbeit entspringt, dann ist es der Besitz von Autorität, die Möglichkeit, alles zu überprüfen, wie es ihnen beliebt. (Sie können letztlich auf etwas Ri(Bestimmung) zurückgreifen in ihrem Bemühen, den Drogenhandel zu stoppen.)

Re̶s̶   Re̶m̶p̶   (RiA)   R̶i̶s̶   R̶i̶s̶

Wie steht es mit der $Ri_{(Aufgabe)}$ als ausschließliche Quelle der Belohnung? Das finden wir bei einem einsamen, unbestimmbaren Künstler, der seine Kunst nie ausstellt oder sein Werk nicht veröffentlicht. Er genießt das Schreiben oder Malen, und das wäre es dann auch.

$$\text{Re}_\$ \quad \boxed{(\text{Re}_{np})} \quad \cancel{\text{Ri}} \quad \cancel{\text{Ri}} \quad \cancel{\text{Ri}}$$

Als nächstes kommt Re_{np} (äußere, nichtpekuniäre Belohnung). Da kann man einen einfachen Politiker nehmen. Das Einkommen ist festgelegt oder gering. Die Aufgabe kann vielleicht eine Schinderei sein. Als einfacher Politiker hat er keine Bestimmung, außer dem Bedürfnis, wieder gewählt zu werden; ein höheres Ziel gibt es nicht. Er ist kein Staatsmann. Staatsmänner sorgen sich um die nächste Generation; Politiker sorgen sich um die nächste Wahl. Viele der gewählten Politiker haben keinen Sinn für ihre Stärke oder Macht, einen Wandel herbeizuführen. Daher sieht es so aus: $Re_\$ = 0$, $Ri_{(Aufgabe)} = 0$, $Ri_{(Stärke)} = 0$, $Ri_{(Bestimmung)} = 0$. Was bleibt übrig? Der Titel, die Anerkennung, der Name, der Beifall, mit anderen Worten – der Egotrip (Re_{np}).

$$\boxed{(\text{Re}_\$)} \quad \cancel{\text{Re}_{np}} \quad \cancel{\text{Ri}} \quad \cancel{\text{Ri}} \quad \cancel{\text{Ri}}$$

Wer hat keine unternehmerische Bestimmung als motivierende Kraft, wer hat eine unterwürfige, sich wiederholende, langweilige Aufgabe und keine Führungsstärke; das heißt: Wer wird gefeuert, wenn er seine Muskeln spielen läßt? Wer bekommt keine Anerkennung, wird als Verlierer betrachtet und befindet sich am unteren Ende der Leiter? Das einzige, was er bekommt, ist der Gehaltsscheck. Die Mehrheit unserer Gesellschaft: Es handelt sich um den Durchschnittsarbeiter am Fließband.

Wieso ist es da verwunderlich, wenn sich die Arbeiter vereinen oder zu unangekündigten Streiks aufrufen? Das vermittelt ihnen ein Gefühl von $Ri_{(Stärke)}$. Wieso verwundert es, daß sie Lohnerhöhungen verlangen? Das ist die einzige Quelle des Wachstums, die ihnen gestattet ist. Ist das Verlangen nach Wachstum nicht menschlich?

Warum arbeitet der japanische Arbeiter so hart und ist so emsig? Liegt es daran, daß er in Japan geboren wurde, oder liegt es daran, daß alle fünf Quellen der Belohnung ausgeschöpft werden? Er erhält eine Gewinnbeteiligung, was bedeutet, daß Re$_s$ variabel ist und daher auch motivierend wirkt.

Dann gibt es noch (Re$_{np}$). Es handelt sich um eine Familienkultur, in der die Menschen gemäß ihrem Anteil bestraft oder anerkannt werden.

Die Aufgabe kann die gleiche sein wie überall sonst, aber die Ri$_{(Stärke)}$ unterscheidet sich. Die Japaner haben ein Management mit Mitbestimmung. Ein Angestellter hat Einfluß auf das, was getan wird. Er wird nach seiner Meinung gefragt. Wächst das Unternehmen, hat er auch Vorteile; da er sein ganzes Leben dort verbringt und sich das Unternehmen ihm gegenüber loyal verhält und das gleiche von ihm erwartet, gibt ihm das ein Gefühl von Ri$_B$.

Der japanische Arbeiter ist wie ein auf fünf Zylindern laufender Wagen, wohingegen der Arbeiter der westlichen Welt nur auf einem Zylinder, dem schlechtesten, läuft. Der westliche Arbeiter bedarf der ständigen Festlegung, weil die Motivationsspanne seines Belohnungssystems nur sehr gering ist.

Angemessene Verantwortlichkeiten

Warum Autoritanz, Aufgabe und Belohnung?

Wir versuchen Verhalten vorherzusagen, richtig? Wir versuchen das Verhalten zu ändern, richtig? Verhalten wird durch Inputs und Outputs bestimmt. Der Input ist das Verhalten einer Person. Der Datendurchlauf ist das, was innerhalb der Organisation geschieht. Der Output – wie die Leute und die Struktur interagieren – ist das organisatorische Verhalten. Wie sich die Struktur verhält (Autoritanz, Aufgabe und Belohnung), bezeichne ich als Verantwortlichkeit. Eine Person ist dann verantwortlich, wenn sie ihre Aufgabe *kennt*, die *Autoritanz* besitzt, um sie auszuführen, und die erwartete Belohnung erhält. Wenn alle Personen verantwortlich sind, entwickelt sich die Organisation besser, als wenn dem nicht so wäre.

Fassen wir nun die drei Untersysteme, das Autoritanz-, das teleologische und das Belohnungssystem zusammen. Stellen wir uns Verantwortung als ein Rechteck vor. Nehmen wir an, die vertikalen Linien können als Einheiten gemessen werden. Was sind das für Einheiten, und wie mißt man sie? Es verhält sich genauso wie mit dem Grenznutzenkonzept in der Volkswirtschaft. Es ist in hohem Maße subjektiv. Das einzig Wichtige ist, daß zwei das Doppelte von eins ist und daher zwei Verantwortungseinheiten zweimal soviel wie eine sind.

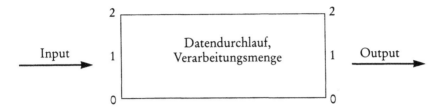

Abb. 69: Die Black Box

Die Box ist nun die berühmte Black Box aus der Systemtheorie. Auf der linken Seite haben wir den Input und auf der rechten Seite den Output. Dazwischen, in der Box, befindet sich die Verarbeitungsmenge.

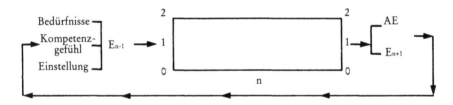

Abb. 70: Input und Output – Engagement (E) und Aufgabeneffektivität (AE)

Der Input besteht aus dem Pflichtgefühl. Eine Person entwickelt Engagement für eine Arbeit, dafür, eine Aufgabe durchzuführen; diese Person hat, sagen wir einmal, ein Verantwortungsgefühl auf Ebene 1. Woher stammt dieses Engagement? Zunächst kommt es von ihrer geistigen Haltung, die sich aufgrund vergangener Erfahrungen in dieser oder jeder anderen Organisation, einschließlich der Familie, zusammensetzt.

Die Person fragt sich selbst: »Habe ich eine Arbeit erhalten, die ich bewältigen kann? Kann ich der Organisation vertrauen? Wenn ich das Erwartete liefern kann, werde ich dann belohnt?«

Einige Menschen haben eine negative Einstellung. Die von ihnen erwartete Aufgabe findet sich auf Ebene 1 wieder, aber ihr Engagement ist geringer, da die individuelle Einstellung wie folgt sein könn-

323

te: »Sie geben mir immer Sachen, mit denen ich nicht zurechtkomme, und sogar dann, wenn ich etwas schaffe, erhalte ich nicht die entsprechende Belohnung. Warum soll ich mich bemühen?«

Ein anderer Faktor, der Einfluß auf das Engagement hat, ist der Sinn für Kompetenz. Nimmt eine Person wahr, daß sie die Kompetenz hat, um die Aufgabe zu erledigen?

Der letzte Faktor ist das Bedürfnis. Nimmt die Person wahr, daß die Aufgabe ein grundlegendes Bedürfnis befriedigt? Dieses Bedürfnis könnte für die Leistung notwendig sein, die **(P)**-Leute motiviert, oder für die Kontrolle, die **(A)**-Leute motiviert, oder für das Erschaffen und den Aufbau von etwas Neuem, was **(E)**-Leute motiviert, oder für die Eingliederung, die **(I)**-Leute motiviert.

Das Engagement als Input ist die Funktion des Bedürfnisses, des Kompetenzgefühls und der Einstellung. Wie sie miteinander in Verbindung stehen, beeinflußt das Engagement einer Person hinsichtlich einer Aufgabe.

Auf der Output-Seite gibt es (E_{n+1}), das Engagement n + 1, das die Einstellung einer Person beeinflußt, nachdem sie etwas Erfahrung gewonnen hat und sich bemüht hat, die Aufgabe auszuführen. Das neue Gefühl der Stärke und der Bedürfnisbefriedigung hängen davon ab, ob diese Bedürfnisse in dem Prozeß verstärkt oder zurückgenommen wurden.

Sehen wir uns nun die Verarbeitungsmenge an. Was geschieht in der Blackbox, in der Organisation, das Einfluß auf die Erfahrung einer Person haben wird?

Auf Ebene 1 gibt es drei Punkte (s. Abb. 71): der mittlere Punkt kennzeichnet die erwartete Verantwortungsebene; das wird als Auf – die Aufgabe identifiziert. Der linke Punkt, Aut, beschreibt die Autoritanz, die eine Person besitzt und von sich wahrnimmt. Auf der rechten Seite ist das Belohnungssubsystem B, sind die wahrgenommenen Belohnungen, die ein Individuum bekommt.

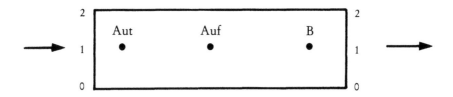

Abb. 71: Aut/Auf/B Verarbeitungsmenge

Nehmen wir nun Aut, Auf und B – und die Position eines jeden Punktes deutet auf das jeweilige zu analysierende Subsystem.

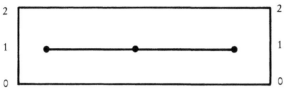

Abb. 72: Autoritanz = Aufgabe = Belohnung

Diese Graphik gibt darüber Auskunft, daß jemandem Verantwortung für eine Aufgabe auf Ebene 1 übertragen wurde, dieser jemand hatte entsprechende *Autoritanz*, um die Aufgabe zu erfüllen, und erkannte, daß ihm demgemäß Belohnungen zuteil wurden. Wird er verantwortlich handeln? Wird er die Aufgabe ausführen? Was wird nach dieser Erfahrung mit seinem Pflichtgefühl geschehen?

Wenn die drei Subsysteme Aufgabe, Belohnung und *Autoritanz* den gleichen Umfang haben, auf derselben Ebene, dann, so denke ich, stimmt die Verantwortlichkeit. Mit anderen Worten, die Person kann für verantwortlich gehalten werden. Sie ist aber noch nicht verantwortungsvoll. Um verantwortungsvoll zu sein, muß die Person sich der Verantwortlichkeit verpflichtet fühlen. Eine Person ist verantwortungsvoll auf Ebene 1, wenn sie für Ebene 1 verantwortlich gehalten werden kann und sich entsprechend Ebene 1 verpflichtet fühlt.

Wofür eine Person verantwortlich gehalten werden kann, hängt von der Übereinstimmung zwischen den Subsystemen ab. Was wird geschehen, wenn die Subsysteme nicht zueinander passen, wenn die Person eine Aufgabe von 1 und eine wahrgenommene Belohnung von 1 erhält und eine Autoritanz von 0,5 hat? Da ist es nicht schwierig, festzustellen, daß die Person voraussichtlich so viel machen wird, wie sie kann. Und das liegt bei 0,5.

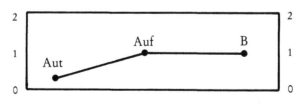

Abb. 73: Autoritanz < Aufgabe = Belohnung

325

Wenden wir uns anderen Fällen zu.

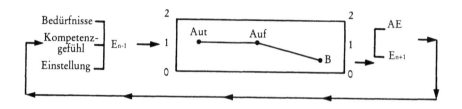

Abb. 74: 1. Fall E_{n-1} = Aut = Auf, Belohnungen = 0,2

Wie wird die Effektivität einer Person aussehen, die Erfahrungen gemacht hat, wie sie in Abb. 74 zu sehen sind, und wie wird das zukünftige Engagement sein?

Ich behaupte, daß die Person, die sich verpflichtet fühlt – sagen wir, sie kam erst vor kurzem zu dem Unternehmen –, versuchen wird, die Aufgabe zu vollenden. Auf kurze Sicht wird die Verantwortlichkeit bei 1 liegen und die Aufgabeneffektivität auch; aber was wird mit der Zeit mit dem Engagement geschehen? Es muß zurückgehen, da sich die Person nicht adäquat belohnt fühlt. In der Zeit nach dieser Erfahrung wird das Engagement sich deshalb verschlechtern. Auf welche Ebene wird es sinken? Auf die Ebene, auf der sich die Person be- bzw. entlohnt sieht: 0,2.

Wie sieht es mit der nächsten Person aus?

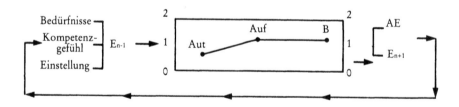

Abb. 75: 2. Fall: E_{n-1} = Auf = B, Autoritanz = 0,2

Das Engagement wird schließlich abnehmen. Die Person kann nur so viel erreichen, wie an Autoritanz vorhanden ist, obwohl sie 1 erfüllen kann und entsprechende Belohnung bekommt. Sie wird auf kurze Sicht kämpfen, um mehr Autorität und Einfluß zu erlangen, und vielleicht auch Macht einsetzen. Auf lange Sicht wird die Person nur so viel tun, wie sie tun kann.

Wie sieht es damit aus:

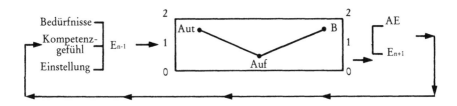

Abb. 76: 3. Fall: Das Verwöhnte-Kind-Syndrom

Ich bezeichne diesen Fall als das Verwöhnte-Kind-Syndrom des Chefs. Der Eigentümer oder Chef bringt sein Kind mit, damit es für seinen Papa arbeitet. Da es sich um den kommenden CEO handelt, sind die wahrgenommene Macht und der Einfluß sehr stark. Darüber hinaus erhält das Kind viele Belohnungen, weil es der Sprößling des Eigentümers ist; jedoch wird nicht viel von ihm erwartet. Der Papa will die Show allein durchziehen. Das Kind in unserem Beispiel ist dazu verpflichtet, mehr zu tun, als von ihm erwartet wird, und es wird auch versuchen, mehr zu tun, aber es wird davon abgehalten. Wenn das Kind nicht letztendlich geht, wird es nur so viel tun, wie von ihm erwartet wird.

Was geschieht, wenn:

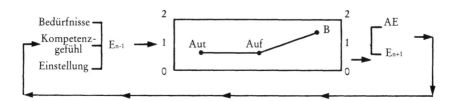

Abb. 77: Übung Nr. 1
Angemessene Verantwortlichkeit AV = – 0,25
$E_{n=1} = 1$
AE = ?
$E_{n+1} = ?$

Hier wird jemand verpflichtet, eine Aufgabe auf Ebene 1 zu vollbringen, wobei sich eines der Subsysteme bei 0,25 befindet. Auf kurze Sicht wird er versuchen, 1 zu machen (AE = 1), aber sein Engagement wird unweigerlich nachlassen.

Welche Faktoren verursachen den Rückgang des Engagements? Zunächst wird sich die Einstellung der Person ändern. Wenn das nicht ihr Engagement genügend verringert, wird ihr Gefühl für Stärke abnehmen. Ich habe erlebt, daß graduierte Leute – erstklassige Studenten in ihren Semestern, mit großer Auffassungsgabe – anfingen, an ihrem Wert zu zweifeln, nachdem sie verheerende Erfahrungen bei ihrer Arbeit in einem verpfuschten Unternehmen gemacht hatten. Die Verantwortlichkeiten waren so überwältigend unpassend geregelt, daß die Leute das Vertrauen zu sich selbst verloren.

Wenn die Abnahme des Gefühls der Stärke nicht ausreicht, um das Gefühl der Kompetenz zu reduzieren, dann wird die Abnahme der Bedürfnisse die Verpflichtung vermindern. Die Person wird sich »zur Ruhe setzen«, obgleich sie noch arbeitet. »Ich brauche nichts zu erreichen oder zu kontrollieren und muß mich nicht an etwas anschließen«, wird sie sagen, wenn sie die Welt so akzeptiert, wie sie ist, und nur Schritt halten will. Die drei Faktoren sinken nicht linear. Sie nehmen gleichzeitig ab, unterschiedlich stark. Das gleiche geschieht, wenn das Engagement wächst. Die Komponenten, die es beeinflussen (Einstellung, Kompetenz und Bedürfnisse), nehmen nicht im gleichen Maße zu, obwohl sie gleichzeitig anwachsen. Zunächst ändert sich erkennbar die Einstellung, dann das Gefühl der Stärke und zum Schluß die grundlegenden Bedürfnisse.

Wann immer sich Aut, Auf und B nicht im Gleichgewicht befinden, tritt ein negatives Verhältnis der Verantwortlichkeiten auf, und die Zahl vor dem Minuszeichen gehört in das unterste Subsystem. Für unsere Zwecke der Verhaltensprognose ist das das Subsystem, dem sich die Person anpaßt.

Machen wir eine Übung.

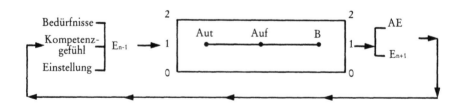

Abb. 78: 2. Übung: $E_{n-1} = 1$ und AV = + 1
$E_{n+1} = ?$ AE = ?

328

Die Person mit der in Abb. 78 dargestellten Erfahrung wird ihre Arbeit erledigen, und AE wird 1 sein; E_{n+1} wird auf jeden Fall mehr als 1 sein. Die Person wird nach immer mehr Verantwortlichkeit verlangen, nach mehr Autorität und nach mehr Belohnungen. Die von ihr gemachte Erfahrung war positiv. Daher besteht der Wunsch nach Wachstum und das Bedürfnis nach größerer Verantwortlichkeit.

Das dynamische Modell

Die Sache hat einen Haken. AV = 1 ist eine theoretische Situation. Die *Autoritanz* entspricht nicht immer *exakt* der Aufgabe und nicht *exakt* der Belohnung. Diese drei Subsysteme schwanken, das heißt, wenn jemand *die ganze Zeit über* glücklich und zufrieden ist, dann stimmt etwas nicht. Leben bedeutet, daß ein Mensch an einem Tag glaubt, die Welt liege ihm zu Füßen – er kennt seine Aufgabe, er ist ihr gewachsen, und die Belohnung ist zufriedenstellend. Dann verändert sich das. Am nächsten Tag taucht eine Komponente in seiner Arbeit auf, für die er keine *Autoritanz* hat, oder er hat sie doch, aber sie setzt sich nicht aus *CAPI* zusammen, sondern aus Einfluß. Ferner empfängt jemand eine Tür weiter einen größeren Bonus, und jetzt raten Sie mal, was geschieht. AV nimmt ab, und der Mensch beginnt sich über sein Engagement zu wundern.

Organisationen machen die Erfahrung der Ungewißheit. Sie sind sehr empfindliche Mechanismen und geraten leicht aus dem Takt. Die Aufgabe wandelt sich infolge der Forderungen aus dem äußeren Umfeld. Nicht alles kann bei einer Aufgabendefinition vorhergesagt und ausgesprochen werden. Eine Stellenbeschreibung ist wie eine Richtlinie, es sollte kein rechtliches Dokument sein.

Autoritanz ändert sich, selbst wenn sich die Autorität nicht ändert (was sie aber tut). Die Macht verändert sich, weil es wahrgenommene Macht ist. Wenn ein Angestellter mehr oder weniger benötigt wird, hat das Einfluß auf sein Machtgefühl. Auch der Einfluß macht einen Wandel durch. Kommt es zu Änderungen in einer Situation, nutzen die Leute ihren Einfluß, um etwas zu ändern.

Die Wahrnehmung äußerer Belohnungen weicht auch ab. Re wandelt sich, weil das äußere Umfeld genutzt wird, um Wertveränderungen zu messen. Wenn der Preis von einem Produkt steigt, könnte sich jemand selbst als unterbezahlt ansehen. Wenn der Nachbar eine Erhöhung bekommt, fühlt man selbst sich unterbezahlt.

Der wahrgenommene Wert nichtpekuniärer äußerer Belohnungen (Re_{np}) entwickelt sich mit dem Umfeld.

Die innere Belohnung, die aus der Erfüllung einer Aufgabe entsteht (Ri_A), hat lohnende und unerwünschte Komponenten. Nicht jede Aufgabe entspricht genau der Persönlichkeit, der Kompetenz und den Bedürfnissen eines jeden Menschen ($Ri_A = F (n/_a)$).

Innere Belohnungen leiten sich von der Ausführung einer Mission ab. $Ri_{Bestimmung}$ motiviert nicht immer, da sie auf lange Sicht angelegt ist. Zuweilen ist das langfristige Ziel sichtbar und manchmal schwer bestimmbar.

Die Belohnungen für Stärke reichen nicht immer ganz für die Motivation, da sie eine Funktion dessen sind, wieviel *CAPI* eine Person für eine Aufgabe hat ($Ri_S = F (CAPI/Aufgabe)$). Wenn sich die Aufgabe wandelt, verändert sich *CAPI*. Dann erlebt die Person Tage, an denen sie glaubt, die ganze Welt zu kontrollieren, und dann gibt es jene Tage, da die ganze Welt sie beherrscht.

Ungewißheit über den Ausgang einer Sache gehört zum Leben. Das Management hat die Aufgabe, dieser Ungewißheit vorzubeugen – dafür zu sorgen, daß AV ins Gleichgewicht kommt, wohl wissend, daß es dennoch wieder aus demselben gerät.

Was verpflichtet die Leute auf lange Sicht, ungeachtet der Tatsache, daß sich AV auf kurze Sicht immer als Mißerfolg darstellt? Hoffnung. Die Hoffnung, daß am nächsten Tag eine Diskussion stattfindet, um die Mißstände zu bereinigen, daß den Mißständen Aufmerksamkeit zukommt und daß in Zukunft alles besser wird. In welcher Reihenfolge sollte die Übereinstimmung angegangen werden? Sollen die Leute mit einer negativen Einstellung, die sich nicht an ihre Bestimmung gebunden fühlen, entlassen werden? Ja, wenn AV + 1 beträgt. Nein, wenn AV negativ ist. Werden neue Leute für die Organisation eingestellt, macht dies auf kurze Sicht keinen Unterschied, wenn nicht die »Verarbeitungsmenge«, der Throughput, verändert wird.

Das Engagement wird langsam steigen, wenn AV verändert wird. Um einen schnelleren Anstieg zu ermöglichen, kann man neue Leute einstellen und gleichzeitig AV verändern, was auch einer meiner Kunden durchführte. Das ist der Grund, weshalb in acht Jahren erfolgreicher Akquisition sein Umsatz von zwölf Millionen US-Dollar auf 700 Millionen stieg, ohne den Verlust einer einzigen Stammaktie.

In welcher Abfolge soll man den Durchgang in Angriff nehmen? Offensichtlich sollte die Aufgabe als erstes stabilisiert werden, weil sie die treibende Kraft für Autoritanz und Belohnung ist. Der Grad der benötigten Autoritanz ist von der Aufgabe abhängig, und die inneren Belohnungen entstehen durch die Aufgabe.

Autoritanz sollte das nächste Untersystem sein. Belohnung ist das letzte Subsystem, weil es sich selbständig ändert, wenn die teleologischen Subsysteme und die Autoritanzuntersysteme sich wandeln. Die inneren Belohnungen rühren von der Aufgabe her, die schon stabilisiert wurde. Die Bestimmung und die aufgabeninternen Belohnungen steigen an dank des Einklangs zwischen Verantwortlichkeit und Aufgabe sowie zwischen Mitarbeitern und Aufgabe. Die nichtpekuniären Belohnungen und die Belohnungen für Stärke (Re_{np} und Ri_s) wachsen, wenn die Autoritanzstruktur partizipativ angelegt wird.

Und erst zum Schluß wenden wir uns der Re_s zu. Wenn daher ein Kunde zu mir kommt und sich über die schlechte Stimmung beklagt und darüber, daß es eine hohe Personalfluktuation gibt, und von mir ein Leistungsentlohnungssystem erstellt bekommen möchte und dabei an Geld denkt, was soll ich da machen? Ich rate ihm zu warten. Eine Überarbeitung des Belohnungssystems steht an letzter, nicht an erster Stelle. (Siehe 12. Kapitel, um zu erfahren, wie die elf Maßnahmen AV verändern.)

Ziele der Methodik

Die Adizes-Methodik® für kulturellen Wandel hat vier Ziele, die ich gleichzeitig zu erreichen versuche. Das erste Ziel ist die Lösung anormaler Probleme – jener Probleme, die das Management bereits vergeblich zu lösen versuchte. Dabei handelt es sich um Probleme, die die Organisation in ihrer Position im Lebenszyklus eigentlich gar nicht haben sollte; diese Probleme verschwinden nicht von allein.

Das zweite Ziel betrifft die Gruppenbildung, die nicht selbst ein Ziel ist, sondern ein Mittel zur Durchsetzung des ersten: Je besser die Gruppenarbeit, um so stärker ist *CAPI;* je stärker *CAPI,* um so größere Probleme können gelöst werden. Das Ziel Nummer zwei verwandelt Qualität in Quantität.

Ziel Nummer drei ist die Bereicherung des individuellen Führungsstils, was wiederum ein Mittel ist, um das zweite Ziel zu erreichen. Um ein besseres Team aufzubauen, müssen dessen Mitglieder sich auch als Individuen ändern. Es gibt relativ viele Menschen, die keine ausgesprochenen Team-Player sind. Sie besitzen weder die Selbstdisziplin, noch mögen sie sich der notwendigen Gruppendisziplin unterwerfen.

Die Adizes-Methodik® versucht den Führungsstil dieser Personen zu erweitern. Ich gebe nicht vor, die Menschen zu verändern, aber ich kann ihre Ecken und Kanten abschleifen, so daß sie besser mit anderen zusammenarbeiten können. Das bedeutet, die Grenzen der (PAEI)-Funktionen in ihrem Stil zu erweitern. Wenn da nichts ist, kann ich auch nichts machen. In diesen Fällen ist eine individuelle Therapie notwendig, ganz gleich ob sie von einem Therapeuten oder in einer Gruppentherapie durchgeführt wird. Die Adizes-Methode ist keine Gruppentherapie für Individuen, sondern eine Therapie für die Organisation. Wenn der persönliche Stil mithin (PAei) ist, während (pAeI) für die Aufgabe oder die Position der Organisation im Lebenszyklus gefragt ist, dann kann die Adizes-Methodik die persönliche Veränderung unterstützen. Je reichhaltiger der Stil ist, je flexibler die Person also in ihrem Stil ist, um so besser sind die Komponenten, die das Team ausmachen, und um so einfacher wird es sein, das Ziel der Gruppenbildung zu erreichen. Infolgedessen wird es zugleich einfacher sein, das endgültige Ziel Nummer eins zu erreichen, bei dem es um die Therapie der Organisation geht: kultureller Wandel und die Lösung anormaler Probleme.

Ziel Nummer vier ist das kognitive Führungstraining. Es reicht

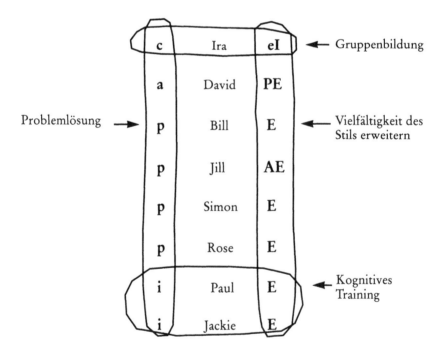

nicht aus, den Stil zu verändern. Wohlwollende, aber inkompetente Menschen können Katastrophen auslösen. Wir brauchen daher qualifizierte Leute, um qualifizierte Entscheidungen zu treffen.

Das vierte Ziel hilft bei der Verwirklichung des dritten Ziels, welches das zweite Ziel unterstützt. Alle zusammen dienen der Durchsetzung des ersten Ziels.

Wie bewerkstelligt man das gleichzeitig?

Der Ausgangspunkt ist die Formel Management = F (**PAEI; CAPI**). Alle elf Maßnahmen haben einen gemeinsamen Nenner; in jedem der Fälle versuche ich, diese Formel anzustreben. In jeder Phase ist ein Team am Werk, das *CAPI* für die Aufgabe der Phase besitzt. Sodann werden den Mitgliedern der Gruppe Aufgaben *übertragen*, die den **(PAEI)**-Funktionen entsprechen. Dazu ein Beispiel:

David besaß hinsichtlich des Objekts der Diskussion Autorität. Ihm wurde die **(P)**-Funktion übertragen, das heißt, er trug die Verantwortung dafür, daß die Entscheidung des Teams innerhalb der vorgegebenen Frist in die Tat umgesetzt wurde. Ihm wurde eine Anleitung an die Hand gegeben, und er wurde darüber informiert, was von ihm erwartet wurde, um sicherzustellen, daß die Entscheidung nicht nur getroffen, sondern auch durchgeführt wurde. David suchte die Gruppenmitglieder aus, die Macht hatten und deren Kooperation gebraucht wurde, um die Entscheidung korrekt durchzuführen. Er wählte Bill, Jill, Simon und Rose. Dann suchte er diejenigen aus, die die benötigten Fachkenntnisse mitbrachten, um das Problem sachgerecht zu lösen. Es waren Paul und Jackie.

In dieser Gruppe besaß Jill die geringsten **(A)**-Tendenzen in ihrem Stil. Also wurde ihr die **(A)**-Rolle übertragen, das heißt, sie sollte die ganzen Details der Gruppenarbeit überwachen, einschließlich der Information abwesender Gruppenmitglieder. Die übrigen Team-Mitglieder sollten die Ideen beisteuern, wie das Problem zu lösen sei. Sie fungierten als **(E)**s.

Wichtig hierbei ist, daß negative Energie in positive umgewandelt wird. Wer die Durchführung der Entscheidung sabotieren konnte, waren Bill, Jill, Simon und Rose – die Macht besaßen –, sie wurden gefragt, was getan werden sollte. Es gab zahlreiche Fälle, in denen Gruppenmitglieder selbst gegen ihre eigenen Interessen und zum Wohl des Unternehmens entschieden.

David wählte sodann Ira, um das Team zusammenzuführen. Die Wahl fiel auf Ira wegen und nicht trotz der Tatsache, daß er weder Autorität noch Macht oder Einfluß besaß. Er wurde gewählt, weil er keine vorgefaßte Meinung hatte. Ira durchlief ein fünftägiges Integrationstraining, und dann ging die Gruppe an die Arbeit.

Die vier Ziele werden in der Gruppe erreicht. Das Team kann die Probleme lösen, weil es über *CAPI* verfügt. Ira baut die Gruppe auf und hält sie zusammen. Paul und Jackie sind einflußreich, weil sie etwas von der Sache verstehen und dem Team ihre Kenntnisse mitteilen. Auf diese Weise werden alle vier Ziele erreicht.

Ira entwickelte die (I)ntegration, David die (P) Zielerfüllung, Jill die (A) Verwaltung, und der Rest der Gruppe das (E) Unternehmertum. Die gleichen Personen waren aber auch Mitglieder anderer Gruppen. In einem anderen Team war David für (I) zuständig, Ira für (E), Jill für (P) Zielerfüllung und Rose vielleicht für (A). Auf diese Weise entwickelten wir die Vielfältigkeit des persönlichen Führungsstils.

	Kurzfristig	Langfristig
Ziele der Organisation	1. Problemlösung	2. Gruppenbildung
Individuelle Ziele	3. Training & Entwicklung	4. Bereicherung des persönlichen Stils

Abb. 79: Simultane Ziele der Adizes-Methodik

Was läßt sich über andere Methoden sagen?

Nehmen wir das Beispiel der Schulungsprogramme zur Problemlösung. Da es dabei meist um Fallösungen und Notfallübungen geht, müssen die Kursteilnehmer es selbst schaffen, die in den Übungen erworbenen Kenntnisse in der Realität anzuwenden. Da sie normalerweise kein *CAPI* zur Problemlösung besitzen, können sie das nicht leisten. Die Personen, deren Kooperation gebraucht würde, nehmen in der Regel nicht an demselben Kurs teil. Daher kann die erworbene Kenntnis meist nicht angewendet werden.

Schulungskurse zur Gruppenbildung setzen voraus, daß besser geschulte Personen auch bessere Team-Player sind. Ich bezweifle das, weil die Leute eher nach Problemlösungen suchen als nach Wegen zur Gruppenbildung. Wenn die Probleme aber nicht gelöst werden, leidet der Gruppenbildungsprozeß darunter. Einige meiner niederschmetterndsten Berufserfahrungen machte ich in der Zusammenarbeit mit aristokratischen Organisationen, die eine große Anzahl von Entwicklungsprogrammen hinter sich hatten. Begriffe wie »gegenseitiger Respekt«, »gegenseitiges Vertrauen« und »Teamarbeit« riefen zynische Bemerkungen oder völlige Apathie hervor.

Die Förderung des persönlichen Stils ist eine wunderbare Sache, wenn damit aber kaum Probleme gelöst werden, droht ihr dasselbe Schicksal wie der Gruppenbildung.

Schließlich sind auch noch die Management-Trainingsprogramme der Kritik zu unterziehen. Diese Programme haben nur sehr geringen Einfluß auf Organisationen, weil hier nur Einzelpersonen geschult werden. Es ist jedoch *CAPI*, das den Schlüssel für Veränderungen darstellt. Die Schulung von Einzelpersonen zu besseren Führungskräften hat nur einen sehr begrenzten Nutzen. Wenn es darum geht, qualifizierteres Personal heranzubilden, dann geht das noch an; ein besserer Manager wird aber kaum die Organisation verändern, es sei denn, sie befände sich im Go-Go oder in der Kindheit. Im allgemeinen schicken Go-Gos oder kindliche Organisationen ihre Manager aber nicht zu Führungsseminaren, weil die Zeit dafür fehlt. Es sind die Mitarbeiter aristokratischer Organisationen, die solche Programme besuchen, obwohl sie allein keine Veränderungen herbeiführen können, ganz gleich, wie qualifiziert sie sind. Das Beste, was von ihnen erwartet werden kann, ist, daß sie sich trefflich darüber auslassen können, was nicht geschieht und warum das so ist.

Nun sehen wir uns eine Kurzfassung der elf Phasen der Veränderungsmaßnahmen an und in welchem Verhältnis sie zu der oben erläuterten theoretischen Untermauerung stehen.

12. Elf Phasen, die die Organisation verändern

Der Verlauf der Organisationstherapie

Es gibt eine Abfolge von Aktivitäten oder Maßnahmen, die in einer Organisation stattfinden müssen, wenn sich diese von einem Stadium des Lebenszyklus zum nächsten bewegen soll. Zusätzliche Schritte können nötig sein, wenn das Unternehmen besondere Probleme hat.

Die Art dieser Schritte hängt von der Position der Organisation im Lebenszyklus ab. Die Therapie besteht aus einer Reihe von Aufgaben (Phasen), die die Organisation bearbeiten soll. Wer die Aufträge dafür bekommt, wird ebenso durch den theoretischen Rahmen bestimmt wie die Abfolge der Aufträge und der erlaubte Zeitrahmen. Manchmal werden die klassischen Operationsverfahren für den Wandel von Organisationen benutzt: Ein neues Management wird nach der Erfordernissen in die bestehende Struktur eingefügt. Eine solche Aktion ist aber eher die Ausnahme als die Regel.

Es gibt elf grundlegende Schritte oder Phasen innerhalb der Adizes-Methodik®, die ausdrücklich dafür geschaffen wurden, um den Wandel in Organisationen herbeizuführen. Diese therapeutischen Verfahren müssen nach einer bestimmten Reihenfolge und mit der erforderlichen Intensität ablaufen, um die gewünschten Resultate zu erzeugen. Die Behandlung entspricht der eines Humanmediziners. Die Arzneien müssen sowohl in der richtigen Dosierung als auch zum rechten Zeitpunkt verschrieben werden. Heilmittel können Schäden verursachen, wenn sie unsachgemäß angewandt werden.

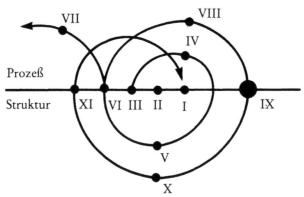

Abb. 80: Die elf Phasen des Organisationswandels

336

Zuerst schauen wir uns die elf Phasen an; wir erörtern, wie sie in jedem Stadium im Lebenszyklus entsprechend angewandt werden.

Wichtig dabei ist, daß es einen großen Unterschied zwischen dem oberen und dem unteren Teil der Phasenfolge gibt. Die obere Hälfte der Graphik verdeutlicht diejenigen Phasen, die das Verfahren des Unternehmens beeinflussen. Mit diesen Phasen wird das Verhalten der Organisation verändert respektive das Verhalten des Managements und der Entscheidungsprozeß. Die Phasen in der unteren Hälfte der Graphik beeinflussen die Struktur oder die eingefahrene Art und Weise, wie hier Dinge erreicht werden. Es ist wie bei einem Fluß. Die Flußufer stellen die Struktur dar. Das Wasser verändert die Ufer, und die Ufer beeinflussen den Verlauf des Wassers. Das heißt, auf lange Sicht bedingt der Prozeß die Struktur und auf kurze Sicht die Struktur den Prozeß. Ein vollständiges Maßnahmenprogramm von elf Phasen soll periodisch und wiederholt Prozesse und Strukturen beeinflussen, bis sich die gewünschten Veränderungen eingestellt haben.

Das Programm ist in Module unterteilt. Wenn die Energie in dem einen Modul zu schwinden beginnt, verliert die Organisation das Interesse daran, den Wandel weiter zu verfolgen. Dann wird eine neue Phase eingeleitet, so daß zu einem bestimmten Zeitpunkt Energieschübe im Unternehmen erzeugt werden, um die Organisation durch die nächste schwierige Stufe des Wandels zu treiben. Die Module sind I, II, III; dann IV, V, VI, VII und X und zum Schluß VIII, IX und XI.

Diese Methode stellt einen praktischen, disziplinierten und leichtverständlichen Ansatz dar, Unternehmen bei der Lösung ihrer Probleme zu helfen, indem man ihre Managementmethoden und die Rolle des mitbestimmten Managements in den Organisationen stärkt. Sie basiert auf dem dargestellten Prinzip, daß Menschen, die in sich ergänzenden Gruppen zusammenarbeiten, schwierigere und komplexere Probleme lösen können und sinnvollere Veränderungen herbeiführen können als auf sich selbst gestellte Führungskräfte.

Die synergetische Adizes-Methode® unterscheidet sich von den traditionellen Management-Beratungsmethoden, weil hier niemand als Berater in eine Organisation geht, um sie zu verändern. Der Adizes-Partner ist kein Außenseiter mit Spezialkenntnissen. Er unterweist und führt die Mitglieder einer Organisation durch eine Reihe von Abläufen, um ihnen zu helfen, eigene Antworten zu finden und ihre eigenen Lösungen umzusetzen. Obwohl die Methode einem vorgeschriebenen Verlauf folgt, sind die Abfolge, das Timing und der Aufwand des Unternehmens bei jedem Schritt sorgfältig auf dessen besondere Bedürfnisse zugeschnitten. Jeder Schritt zielt auf die besonderen Anforderungen der Organisation oder des Managements, wobei das gesamte Verfahren zu einem Programm entwickelt wird, das ein größtmögliches Maß an Produktivität und Profitabilität im Unternehmen hervorbringt. Diese Methodik steht für tiefgreifende und potentiell anhaltende Ergebnisse, da sich der kulturelle Wandel wie eine Kaskade über die gesamte Organisation ergießt.

Die elf Phasen des Wandels

0	Konzeptuelle Basis	Einführung in das Adizes-Konzept
I	Syndag*	Diagnose der Organisation – eine systemische Revision der Organisation und ihrer Führungsmethoden
II	Synerteams*	Teambildung zur funktionalen Problemlösung
III	POC*-Struktur	Bildung, Beobachtung und Start eines strukturellen Kommunikationsstroms von unten nach oben
IV	Synerscope*	Definition des Auftrags
V	SyOrDes*	Abteilungsbildung – organisatorische Struktur
VI	SynRAS*	Sensibel und schnell reagierende Systeme der Verantwortlichkeit
VII	Kaskade	Kaskade I bis VI zu niedrigeren Organisationsebenen
VIII	Spitzenleistung	Identifikation von Möglichkeiten der Leistungssteigerung
IX	Ressourcenzuteilung	Kontingentierung knapper Ressourcen finanzieller, personeller oder physikalischer Art
X	Parallelstruktur	Überprüfung der Struktur von oben nach unten und von unten nach oben
XI	Verstärkungssystem	Gestaltung eines Erfolgsbeteiligungssystems für die Beteiligten

0 betrachte ich nicht als einzelnen Schritt, da 0 an sich keinen Wandel hervorbringen kann; 0 ist einleitender Natur.

* Copyright by Adizes Institute

338

I. Syndag

Die erste Phase ist eine detaillierte Diagnose, genannt *Syndag*, ein Akronym für synergetische Organisationsdiagnose, das zeigt, daß die Diagnose als Gruppenablauf durchgeführt wird und die aktive Teilnahme der Mitarbeiter verlangt, die in einem Unternehmen *CAPI* bilden. Die Erfahrung hat gezeigt, daß der Einfluß dieser Gruppendiagnose auf das Verhalten des Unternehmens wesentlich größer ist als das, was durch individuelle Interviews mit den gleichen Personen erreicht werden kann.

In dieser Phase üben wir sowohl auf den Ablauf als auch auf die Struktur Einfluß aus. Wir untersuchen, was im Entscheidungsprozeß und in der Struktur verbessert werden kann, und erstellen eine komplette Revision des Unternehmens und seiner Führungsqualitäten, so daß sich seine Energien auf die Lösung der Ursachen der Probleme richten können. Indem wir dies machen, nutzen wir die Einbindung und Verpflichtung der *CAPI*-Gruppe.

Eine umfassende Diagnose ist für den langzeitigen Erfolg eines jeden Programms zur Verbesserung einer Organisationsentwicklung ausschlaggebend. Die während der Diagnose gesammelten Daten liefern ein umfassendes Bedürfnisprofil des Unternehmens, das dann genutzt werden kann, um ein entsprechendes, ganz auf die einzigartigen Forderungen der Organisation zugeschnittenes Programm zu erstellen. Die besonderen Zielsetzungen einer Syndag beinhalten:

- Eine *ins Detail gehende* Identifikation und Analyse der hauptsächlichen Bereiche innerhalb des gesamten Unternehmens, die einer Verbesserung bedürfen, um eine Analyse der Hauptursachen für jene Probleme einzuschließen.
- Eine *detaillierte* Strategie für die Erfassung, Befreiung oder Entlastung von diesen Problemen, einschließlich der Analyse, welche Probleme von einzelnen oder von Gruppen gelöst werden können, wie die Gruppen zusammengesetzt werden sollen und wann die Probleme gelöst werden.
- Die Legitimierung der Notwendigkeit eines Wandels in der Organisation und Schaffung einer energiegeladenen Atmosphäre der gegenseitigen Zusammenarbeit und des Teamworks, um die Aufgabe zu meistern. Syndag liefert ein Beispiel für die Adizes-Methodik, das beweist, daß Probleme auf der Basis von gegenseitigem Respekt und Vertrauen diskutiert und gelöst werden können.

- Eine neue Sicht auf die Aufgabe des Managements, einschließlich der Unausweichlichkeit von Konflikten, warum eine gesunde Organisation nicht darauf verzichten und wie man sie nutzen kann.
- Ein Plan für künftige Handlungen, der durch die Macht und die Verpflichtung der Manager in Schlüsselpositionen getragen wird.

Eine Summierung all dieser potentiell verbesserungswürdigen Punkte (PVP) innerhalb des Unternehmens setzt die Zeichen. Das Management bekommt ein klares Bild von der Realität. Wir wollen den früheren impliziten Wunsch nach Verbesserung klar hervortreten lassen. Während wir illustrieren, daß Dinge nicht schlecht sein müssen, um sie zu verbessern, wecken wir das Bewußtsein des Unternehmens, so daß es sich aus dem gegenwärtigen Gleichgewichtszustand lösen kann, um zu einem neuen zu finden, der für einen Wandel besser geeignet ist. Anhand dieser Diagnose legitimieren wir das Bedürfnis nach Wandel und schaffen die nötige Energie, um die Lage in der gesamten Organisation zu ändern.

Das erreichen wir, indem wir feststellen, an welcher Position im Lebenszyklus sich die Organisation befindet, wie sie dorthin gelangte und was man tun muß, um den Schritt zur nächsten ersehnten Stufe zu machen. Syndag kann *nur* dann zur Diagnose eines Unternehmens herangezogen werden, wenn sich das Unternehmen verpflichtet, einen langzeitigen Wandlungsprozeß auf sich zu nehmen. Diese Restriktion besteht, weil die durch Syndag hervorgerufene Aufregung und Energie, gepaart mit der Aufregung der Mitwirkenden durch den grundlegenden Organisationswandel, für das Unternehmen dysfunktional werden kann, falls sich die leitenden Manager entschließen, den Prozeß nicht weiterzuführen.

Ich habe auch eine Kurzfassung von Syndag entwickelt. Sie dient jenen Unternehmen, die keine langfristige Verpflichtung eingehen wollen, aber Wert auf eine Diagnose legen. Dabei handelt es sich jedoch um Variationen des Therapieprozesses, und sie werden in diesem Buch nicht zur Sprache gebracht.

II. Synerteams

Die nächste Phase besteht aus der Rekrutierung und Schulung der notwendigen Gruppen, um die diagnostizierten Probleme mit höchster Priorität zu lösen. Dieses gruppenbildende Training ist wichtig, da die meisten durch die Diagnose ermittelten Probleme nicht ohne

Anstrengung von einzelnen Personen bewältigt werden können. Die schwierigsten Probleme in der Organisation verlangen eine Zusammenarbeit verschiedener Personen, und die erforderliche Gruppenarbeit kommt nicht immer so ohne weiteres zustande. *CAPI* muß vereint werden. Gruppen, die sich zur Lösung von Problemen zusammensetzen und deren Mitglieder Individuen mit gegensätzlichen Meinungen, Perspektiven und Interessen sind, lassen sich ungewöhnlich schwer leiten. Die Fähigkeiten für eine entsprechende, auf eine solche Gruppe abgestimmte Führung müssen einer Organisation vermittelt werden, weil es sich dabei gewöhnlich nicht um Fähigkeiten handelt, die bei Managern gut entwickelt sind. Die Synerteam-Phase ist erdacht worden, um den Managern, die mit problembetrauten Gruppen arbeiten, besondere Fähigkeiten und praktische Erfahrung zu vermitteln. Es handelt sich dabei um eine besonders aufgabenorientierte Phase, da die Gruppen lernen, während sie die dringlichsten diagnostizierten Probleme angehen. Fähigkeiten und Erkenntnisse, die in diesem Schritt entwickelt werden, sind:

- Wie man eine gute Entscheidung fällt.
- Wie man eine *Prognose* erstellt, ob eine Entscheidung durchgeführt werden wird.
- Wann und wie man eine Gruppe zusammenstellt, um das Problem zu lösen.
- Wann man *keine* Gruppe benutzt, um das Problem zu lösen.
- Weshalb es in Gruppen zu Konflikten kommt, und wie man diese konstruktiv nutzt.
- Die Unterscheidung zwischen Beschlußfassung, Durchsetzung und Akzeptanz des Beschlusses.
- Wie der *Adizes*-Prozeß der Problemlösung einen Manager befähigt, schwierige Fragen *effektiv* und *beteiligend* zu lösen.
- POC als ständiges Synerteam oder als ständige organisatorische Führung zu verstehen.

III. POC – *Bildung, Beobachtung und Start einer von oben nach unten verlaufenden Struktur*

In Phase I hat man Probleme erkannt und sich darüber verständigt, somit weitere Mutmaßungen ausgeschlossen. In Phase II werden die Mitglieder geschult und die Gruppen zusammengesetzt, um die funktionalen Probleme mit Priorität zu lösen. Die nächste Aufgabe ist der

Aufbau einer neuen Struktur, die parallel zu der bestehenden Organisationsstruktur verläuft. Dieser neue Teil ist eine (EI)-Struktur und wurde erdacht, um Probleme zu erkennen und zu lösen, für die einzelne kein *CAPI* haben. In dieser Phase wird es zu einigen Veränderungen kommen.

1. Synerteams, in denen sich das *CAPI* erschöpft, haben eine Quelle, aus der sie es wiedergewinnen können, so daß sie ihre Aufgabe beenden können. Das hemmt das unerwünschte Nebenprodukt des partnerschaftlichen Managements, auch Management im Komitee genannt – Gruppen von Leuten mit Auftrag, aber ohne *CAPI*.
2. Der Wandlungsprozeß erzeugt Besorgnis. Wird es funktionieren? Will der Vorstandsvorsitzende diese Veränderung wirklich? Kommen die Leute mit ihren Aufträgen zurecht? Jeder trägt an seinen Sorgen, die durch die Veränderung des Status quo hervorgerufen wurden. Jene Besorgnis muß einen Empfänger finden, oder die Leute kommen in aller Eile zu dem Schluß, daß die Veränderung nicht funktionieren wird, und sagen: »Wir hören lieber jetzt auf, jetzt da wir vorne liegen und es nicht schlechter wird.«

In der Psychotherapie ist das die Phase, in der der Patient die Verantwortung für seine Behandlung übernehmen muß. Beim Joggen handelt es sich um die berühmte »Mauer«, an der sich der Läufer fragt, ob er mit dem Rennen aufhören sollte. Bei einer Diät ist das der Punkt, an dem der Hungernde Theorien darüber entwickelt, weshalb die Diät schädlich sein könnte, warum er die Diät einstellen und sich zu einem späteren Zeitpunkt nach einer anderen umsehen sollte. Das ist der Punkt, an dem der Widerstand überwunden wird, an dem der Wandel institutionalisiert wird. In Phase III werden sowohl die Struktur als auch der Prozeß beeinflußt.

Die Phasen I, II und III sind Aufwärmphasen, in deren Verlauf die Leute lernen, sich gegenseitig zu vertrauen und zu respektieren. Sie lernen, Probleme gemeinsam zu erkennen und zu lösen. Nun ist die Gruppe so weit, schwierigere Probleme in Angriff zu nehmen.

In Phase I lernt die Organisation, Probleme gemeinsam zu diagnostizieren. Ist das erst einmal ausgeführt, können die Leute tiefer in den kulturellen Wandel vordringen, der in Phase I einsetzte. Tiefer bedeutet in diesem Fall mehr Hitze und weitere Konflikte, mit denen sie sich beschäftigen, da es anstrengender ist, ein Problem zu lösen, als es zu analysieren. In Phase II erfahren die Leute, daß funktionale Probleme im Marketing, in der Produktion, in der Qualitätskontrolle und beim Umsatz etc. *gelöst werden können*.

Phase III geht weiter im Umgang mit einem Konflikt. Die Leute machen Bekanntschaft mit dem schwierigen Manöver einer nach oben gerichteten Führung: die in der Organisationshierarchie höheren Ränge zu aktivieren, um die nötige Autorität zur Lösung von Problemen zu bekommen, die im Verantwortlichkeitsbereich eines bestimmten Managers liegen. In Phase II üben die Manager, die Unterstützung von Untergebenen und Gleichgestellten zu bewirken und zu sichern. Es ist sehr viel schwieriger, aber auch genauso notwendig, zu lernen, wie man den eigenen Chef, seinen Vorgesetzten, für eine Sache gewinnt oder den obersten Chef aller Chefs oder das Topmanagement, zu dem man in der Regel keinen Zugang hat. Das ist Phase III.

Wenn man die drei Phasen durchlaufen hat, existiert ein wirkliches Gespür für Kontrolle. An diesem Punkt kann die Organisation ihr Augenmerk auf ihre Ziele und ihre Struktur richten. Würde die Organisation sich vor diesem Punkt darin versuchen, käme dies einer Planung zur Besteigung des Mount Everest durch Leute gleich, die glauben, daß sie nicht einmal aus dem Bett kommen.

Die Phasen I, II und III schaffen ein Klima, das ein »Ja, wir können es« ausdrückt. Als diese Phasen abgeschlossen waren, dachten sich die Angestellten von Equifax in Atlanta, Georgia, ein Motto aus: »Für einen Wandel können wir uns ändern.« Die Mitarbeiter von der Bank of America reagierten ähnlich. Die Filialen formulierten ihre eigenen Motti. »Ja, wir schaffen es.« In diesem Abschnitt lernt die Organisation, funktionale Probleme ohne eine Hexenjagd zu erkennen, zu analysieren und zu lösen, ganz ohne persönliche Schuldzuschreibungen. Wir konzentrieren uns auf das, was falsch ist und sofort berichtigt werden muß, und darauf, wie man das bewerkstelligt, und reagieren nicht darauf, wer es getan hat, wann etwas falsch gemacht wurde und warum jemand etwas falsch gemacht hat.

Was, nicht *wer*.
Jetzt, nicht *wann*.
Wir, nicht *sie*.
Wie, nicht *warum*.

IV. Synerscope

Phase IV, die dazu dient, die Bestimmung der Organisation als Gruppenprozeß zu definieren, beginnt mit der Definition der Hürden. Die Phasen I, II und III dienten dem Erlernen der Zusammenarbeit auf der Basis gegenseitigen Vertrauens und Respekts. Nun nutzen wir diese Fähigkeiten, um die Organisation zu verändern. Welchen Weg wird das Unternehmen einschlagen? Wichtig ist dabei, daß es ein »Wir« als Gruppe gibt, daß nicht so sehr Abteilungen im Rampenlicht stehen, die losgelöst von den anderen arbeiten und das Endprodukt in die gemeinsame Bestimmung integrieren. Das ist ein Prozeß des Sichtbarmachens, indem *wir* gemeinsam entdecken, *was wir* als Unternehmen machen wollen, so daß *wir* es schließlich unterstützen und wissen, daß es vollendet werden kann. Eine klare Definition der Unternehmensbestimmung und der Bandbreite der Handlungen – als Gruppenprozeß – ist das Ziel dieser Phase. Eingeschlossen sind Analysen

1. der Bedürfnisse, die durch das Unternehmen befriedigt werden, welche befriedigt werden können und sollten;
2. der wirtschaftlichen Möglichkeiten in Relation zu den konkurrierenden Unternehmen;
3. des zukünftigen Umfelds und seiner wahrscheinlichen Auswirkungen auf das Geschäft;
4. der Werte des Unternehmens als behindernde oder erleichternde Faktoren für die Anpassung an den Wandel;
5. der zukünftigen Gelegenheiten und Gefahren, denen sich das Unternehmen gegenübersieht.

Diese fünf Punkte scheinen in einem typischen Beratungsbericht zu stehen, aber es scheint nur so. Der Inhalt mag der gleiche sein, aber der Verlauf ist ein anderer. Es handelt sich nicht um eine Bestimmung *für*, sondern *durch* das Management. Das Endergebnis dieser Phase ist eine Zusammenfassung, die nie mehr als eine Seite umfassen sollte. Sie liest sich in etwa folgendermaßen:

»Wir sind in der _____-Branche tätig. Da _____ und infolge _____ wollen wir _____, so daß _____.«

Eine eindeutige, präzise Behauptung, die von der *CAPI*-Gruppe verstanden und getragen wird. In vielen Unternehmen haben die Spitzenmanager eine Kopie dieses Blattes in ihrer Brieftasche. Es ist ein sie einendes Papier, das ihr Denken fokussiert und eine bessere Kommunikation erlaubt.

Syndag schafft Energie durch die Erkenntnis, was verbessert werden kann, sollte und wird. Wenn Phase III vollendet ist, sind die früheren Verbesserungsbereiche altbekannt, und neue Energie für einen Wandel wird gebraucht. Phase IV liefert die Energie während des Prozesses der Visualisierung – was wenn, was kann und was sollte?

344

Wenn Syndag eine Entfernung vom Status quo bedeutet, dann ist Phase IV, Synerscope, eine Annäherung an den neuen Status quo. Die Therapie ist dazu gedacht, ein Prozeß der Entfernung und der Annäherung zu sein, der die Organisation in Bewegung hält.

V. Definition von Verantwortlichkeiten – von oben nach unten verlaufende Struktur (SynOrDes)

In Anbetracht der Bestimmung konzentrieren wir uns in Phase V auf die Struktur. Nur wenn die Leute wissen, wohin die Organisation steuert, können sie sich selbst strukturieren, um auch dorthin zu gelangen. Die Struktur muß der Bestimmung folgen. Diese Phase ist so aufgebaut, daß die Organisationsstruktur in einer Weise umgestaltet werden kann, daß gegenwärtige und zukünftige Anforderungen seitens der Bestimmung leichter ausgeführt werden können. Die organisatorische Funktion und die individuellen Verantwortlichkeiten werden quer durch die Organisation analysiert, um zu entscheiden, ob sie den neuen Bedürfnissen des Unternehmens entsprechen. Die Struktur wurde entwickelt, um die Abgabe von Verantwortlichkeiten und eine Klärung der Verantwortung zu erleichtern. Die kreativen, planenden Funktionen – (EI)-Funktionen – werden identifiziert und von den ausführenden, den (PA)-Funktionen getrennt. In dieser Phase wird der Organisationskolonialismus überwunden, die Machtzentralen wechseln, die Linienkräfte übernehmen die Kontrolle, und die Mitarbeiter erkennen ihre legitimierte Rolle. In dieser Phase ist der Gründer oder seine Familie endgültig befreit von der Gründer- oder Familienfalle.

Diese Phase ist eine der kompliziertesten in der Methodik. Strukturen führen zu Verhaltensweisen, und als Strukturalist widme ich dieser Phase meine besondere Aufmerksamkeit. Wer in der fünften Phase eine Auszeichnung erhalten will, muß zuerst die gesamten anderen zehn Phasen nachgewiesenermaßen hinter sich gebracht haben. Diese umfangreiche Phase verlangt nach einem eigenen Buch.

VI. Sensibel und schnell reagierende Verantwortlichkeitssysteme (SynRAS)

Nun, da das Unternehmen seine Vision und Struktur neu definiert hat, gibt es ein entscheidendes Erfordernis in Phase VI, das folgende Punkte umfaßt:

- Überprüfung der neuen Struktur im Windkanal. Definition und Klärung der Verantwortlichkeit innerhalb und zwischen den Einheiten.
- Anpassung der neuen Verantwortungen mit entsprechenden Autoritätsebenen.
- Vergrößerung der Informationssysteme, so daß sie die individuelle Verantwortlichkeit für jeden Dollar innerhalb und außerhalb der Organisation dokumentieren, und das in einer Weise, daß die neuen Verantwortungen in der neuen Struktur widergespiegelt werden. Das gleiche gilt für andere bedeutende Indikatoren.

Wenn diese Punkte nicht schnell und umfassend angesprochen werden, werden neue Bestimmung und Struktur nicht verwirklicht und die Manager können sich häufig nicht für ihre neuen Aufgaben verantwortlich fühlen – und wollen es auch nicht. In dieser Phase strukturieren wir die Informationssysteme um, so daß sie mit der neuen Struktur übereinstimmen und das Management zur Identifikation verleiten, gleichgültig ob es die neue Bestimmung erfüllt oder nicht. Dies ist ein kritischer Prozeß, da zu Offenheit, Teilen und Zusammenarbeit ermutigt wird, statt die Information als eine Machtquelle zu benutzen. Es handelt sich dabei eher um ein betriebliches Informationssystem als um ein exklusives Buchhaltungsinformationssystem.

VII. Kaskade

Wir haben nun Einfluß auf die obere Leitungsebene des Unternehmens nehmen können. In Phase VII wird sich die Methodik kaskadenartig bis in die unteren Organisationsebenen verbreiten, so daß jeder seinen Teil von der neuen Sprache und der neuen Philosophie abbekommt; sie werden zu Bestandteilen der Kultur. Diese Phase trägt entscheidend dazu bei, die Verfremdung und die Grenze zwischen dem unteren und dem oberen Management größtenteils zu entfernen. Es ist auch die Phase, in der die Adizes-Technologie transferiert wird; wir schulen Unternehmensangehörige und zeichnen sie aus, damit sie als Förderer des Wandels agieren und den Adizes-Prozeß in die unteren Ebenen der Organisation tragen. Der Kunde lernt, den Lebenszyklus selbst zu handhaben. Wie eine Kaskade ergießen sich jene Phasen, die vor diesem Zeitpunkt vollendet wurden – die Phasen I, II, III, IV, V und VI –, über das Unternehmen.

Wie unterscheidet sich diese Phase von anderen Experimenten mit partizipativen Systemen? Partizipative Systeme werden in der Regel für die unteren Hierarchiebereiche der Organisation eingeführt. Das oberste Management befürwortet das Experiment, verändert seinen Stil generell aber nicht, da es für eine erneute Schulung keine Zeit hat. Das Ergebnis ist ein Zusammenstoß der Kulturen. Die Oberen schätzen nicht unbedingt die neue, weiter unten eingeführte Kultur.

Das Management befindet sich nicht nur an der Spitze einer Organisationspyramide, es bildet zugleich den Boden für eine andere Pyramide. Über ihm türmen sich der Wettbewerb, die Gewerkschaften, die Kunden und andere äußeren Druck ausübende Faktoren, die nicht gesteuert werden können. Das partizipative Management übt einen Belastungsdruck von unten auf das oberste Management aus, zusätzlich zu dem Druck von oben. Da ist es dann nicht verwunderlich, daß die Chancen, daß sich das Management widersetzt, um so größer sind, je erfolgreicher ein Partizipationsexperiment ist. Daher bedeutet Erfolg Versagen und Versagen Erfolg.

In den Adizes-Phasen von I bis VI bilden wir Managementgruppen an der Spitze und mitbestimmtes Management auf der Führungsebene, bevor wir das gleiche auf den unteren Ebenen wiederholen. Das bedeutet, daß wir die Anzahl der Personen, die sich für Belastungen von außen verantwortlich fühlen, vergrößern. Wir haben die Pyramide abgeflacht. So, wie die Spitzenmanager miteinander umgehen und wie sie sich von ihren Vorgesetzten behandelt fühlen, sind sie geneigt, mit ihren Untergebenen umzugehen und mit ihnen zu fühlen.

VIII. Steigerung der Spitzenleistung

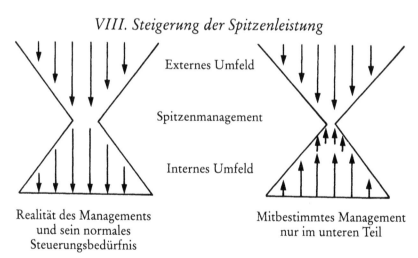

Realität des Managements
und sein normales
Steuerungsbedürfnis

Mitbestimmtes Management
nur im unteren Teil

Abb. 81: Der Management-Druckkessel

Durch eine klare Bestimmung, eindeutige Verantwortung und Autorität sowie ein Gefühl für Teamarbeit werden Respekt und Vertrauen gefördert. In der Gruppenarbeit werden alle Vorgaben der Abteilungen vorgestellt und dann bis zu einem optimalen Leistungsniveau gesteigert. Daran wird die gesamte Gruppe beteiligt. Die Mitglieder helfen sich gegenseitig mit Ideen, wie man mehr und Besseres leisten kann. Eine Analogie soll das erläutern. Um die Reichweite der Hand zu maximieren, wird erst der Arm ausgestreckt, dann der Oberkörper gebeugt, dann folgen der Oberschenkel, die Wade und zuletzt die Zehen. Am weitesten reicht die Hand mit Unterstützung und aktiver Teilnahme des gesamten Körpers. Das gleiche gilt für die Organisation. Das gesamte Unternehmen muß seine Grenzen hinausschieben, um von jedem einzelnen das Beste zu erreichen.

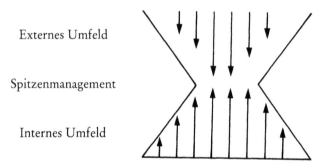

Externes Umfeld

Spitzenmanagement

Internes Umfeld

Abb. 82: Der Adizes-Ansatz

Ein Szenario soll uns diese Phase veranschaulichen. Die gesamte *CAPI*-Gruppe wird sich steigern.

Sehen wir uns einen typischen Umsatzplan an. Der erste Posten ist das Produkt A mit einem veranschlagten Umsatz von einer Million Dollar. Frage: »Wie können wir (nicht: Wie können Sie) daraus 1,1 Millionen Dollar machen?« Wir stellen diese Frage nicht dem Verkaufsleiter, weil er bereits sein Bestes gegeben und die Zahl von einer Million Dollar vorgeschlagen hat. Jetzt schlägt die »Wir«-Stunde, nicht die »Sie«-oder »Er«-Stunde. Der Verkaufsleiter sagt vielleicht: »Wenn mir das Produkt eher zur Verfügung stünde, könnten wir für 1,1 Millionen Dollar verkaufen.« Nun wird der Produktionsleiter befragt: »Was muß passieren, damit wir das Produkt schneller bekommen … Sagen wir, zum Ersten des Monats?« Die Antwort könnte lauten: »Der Verkauf müßte uns genauere Zeitvorgaben liefern.« Nun wird der Verkaufsleiter gebeten, seinen Kommentar dazu abzugeben, und so geht es weiter, bis keine weiteren Verbesserungen und keine weitere Ausdehnung der Leistungsfähigkeit mehr möglich ist.

Ein guter Umsatzplan besteht aus Seiten mit Zahlen und aus noch mehr Seiten mit gegenseitigen Verpflichtungen. Die Mitarbeiter verpflichten sich, das Produkt rechtzeitig auszuliefern, pünktlich Entwürfe vorzulegen und gründlich zu sein. Hierbei handelt es sich um keinen richtigen Planungsprozeß, sondern um einen Prozeß der Ressourcenzuteilung. Wir dehnen das gesamte System so weit, bis wir die schwache Verbindungsstelle gefunden haben, so daß wir das System zu einer optimalen Leistung hinführen können.

In dieser Phase, nachdem die Ausdehnung beendet wurde, folgen die Beteiligung und die Zuweisung. Lassen Sie mich diesen Teil genauer erklären.

Am Ende der Phase V – Organisationsstruktur – haben wir eine Organisation, die sich farbig darstellen läßt. Grüne Einheiten sind Profit Center, deren Einnahmen von den Kunden stammen – von externen Kunden. Blaue Einheiten sind Profit Center, die ihre Dienste oder Produkte meist an interne Kunden zu gesondert zu vereinbarenden Verrechnungspreisen verkaufen. Gelbe Einheiten sind Service-Zentren, die ihre Produkte oder Dienstleistungen zu Vollkosten bereitstellen (Gewinne sind nicht vorgesehen). Rote Einheiten sind Kostenzentren, die ihre Dienstleistungen nicht in Rechnung stellen, deren Kosten aber unter den Nutzern dieser Kostenzentren aufgeteilt (nicht nur zugewiesen) werden.

Ich habe eine Theorie entwickelt, wie die Farben der Einheiten bestimmt werden können und wie und warum eine Farbe zu Lasten anderer maximiert werden kann. Bedauerlicherweise ist diese Theorie viel zu kompliziert, um sie hier darzustellen. Ich will damit nur sagen, daß das nicht so einfach ist, wie es hier um der Klarheit willen dargestellt wurde.

In Phase VI (SynRAS) wird ein Informationssystem entworfen, mit dessen Hilfe sichergestellt werden kann, daß jede Einheit Spitzenleistungen erbringt und das Ziel ihrer Farbe entsprechend und im Rahmen ihrer Mittel verfolgt.

In Phase VIII bewegen wir uns auf die Spitzenleistung zu – jeder einzelne und jede Einheit. An diesem Punkt werden die Verrechnungspreise ausgehandelt, und es wird entschieden, wer die Kosten der roten Einheiten übernimmt. In den meisten Unternehmen wird das von der Buchhaltungsabteilung entschieden. Da ist dann von Gemeinkosten und Zuweisung die Rede. Aus früheren Kapiteln wissen wir, daß es ein Zeichen des Alterns ist, wenn die Stäbe Linienfunktionen übernehmen. In dieser Phase fordern wir daher die Befreiung von der Vorherrschaft der Buchhalter. Die Grünen, die Blauen und die Gelben rücken mit Hilfe der Buchhalter, die ihre Meinung und ihre Informationen beisteuern (nur, wenn sie gefragt werden), enger zusammen. Die Grünen, die Blauen und die Gelben entscheiden gemeinsam und unter sich darüber, was ein fairer Anteil am Aufwand der Kostenzentren ist.

Es kommt zu unglaublichen Diskussionen. Es gibt Dienstleistungen von Kostenzentren, die niemand will oder braucht. Die Buchhaltung zum Beispiel erstellt Berichte, die niemand nutzt. Wenn die Linienorganisation bezahlen muß und selbst darüber entscheiden kann, wofür sie bezahlen will, dann denken die Roten zweimal nach, bevor sie ihr Budget aufblähen, weil sie dies gegenüber ihren (internen) Kunden, nicht nur gegenüber dem Vorstandschef, rechtfertigen müssen.

Das übliche Verfahren, das wir in dieser Phase zu ändern versuchen, läuft so ab: Die Einheiten einschließlich der Kostenzentren stellen Budgets auf, die von der Buchhaltung oder der Planungsabteilung mit Hilfe statistischer und Verhältniskennzahlen analysiert und dann vom Topmanagement genehmigt werden. Dann entscheidet eine Stabsabteilung über Umlagen und Gemeinkosten, wodurch die Abteilung profitabel wird, ganz gleich ob die betrieblichen Leistungen in Anspruch genommen werden oder nicht.

Wie oft wurden schon unprofitable Einheiten verkauft, die über Nacht gewinnträchtig wurden, nachdem die betrieblichen Umlagen verschwunden waren?

In Phase VIII habe ich erfolgreich Kostenzentren dazu bewegt, sich wie Profit Center zu verhalten. Sie werden äußerst effizient, wenn sie einem betriebsinternen Kunden gegenüberstehen, ihre Leistungen rechtfertigen und sich anhören müssen, auf welche Weise ihre Dienstleistungen bezahlt werden. In diesem Stadium der Therapie wurden schon Millionen von Dollar eingespart.

Vorsicht! Sollte der Leser versuchen, Phase VIII allein durchzuführen und sein Team zu einem solchen Gespräch zusammenzurufen, könnte das danebengehen und einen Konflikt verursachen, der der bereits bestehenden Gruppenarbeit schadet. Phase VIII *muß* auf Phase VII folgen, in der *vor* einer solchen Diskussion die Vorbereitungen des Gruppenaufbaus und der Konfliktbewältigung abgeschlossen wurden.

Die Erprobung der Phasen ist wie das Training zum Gewichtheben. Jede neue Phase heizt den Eifer stärker an als die vorangegangenen. Die vorzeitige Bewältigung von Konflikten ist nicht empfehlenswert.

Die Veränderung des Verhaltens von Stabseinheiten hat mich so ermutigt, daß ich glaube, Regierungsbürokratien könnten dazu gebracht werden, sich wie Wirtschaftsorganisationen zu verhalten. Obwohl das Gewinnmotiv fehlt. Mit der Überprüfung der Gültigkeit dieser Überzeugung müssen wir warten, bis die Theorie an einer echten, ausgewachsenen Bürokratie erprobt wird.

Wenn die Aufteilung des Kostenaufwands der roten Einheiten abgeschlossen ist, schaut sich das Management die Ergebnisse an. Ist es zufrieden? Wenn nicht, wird es Zeit für die strategische Planung. Es prüft, welche strategischen Veränderungen der Ressourcenzuteilung notwendig sind, damit sich die gewünschten Resultate einstellen. Wenn es diese auch durch bessere oder härtere Arbeit nicht erreichen kann – weil es sich schon zu Spitzenleistungen gesteigert hat –, wird ein Richtungswechsel erforderlich. Das ist die Phase IX.

IX. SynREAL (*Synergetic Resource Allocation* = *synergetische Ressourcenzuteilung*)

Erst jetzt kann die strategische Planung in Angriff genommen werden, weil sie als Grundlage die richtigen Leute mit den richtigen Informationen – wie von der Struktur bestimmt – braucht und weil sie darauf abzielt, die Aufgabenerfüllung zu beurteilen. Eine strategische Planung, deren Informationsgrundlage durch die Machtverteilung der alten Organisationsstruktur beeinflußt wird, ist sinnlos. Es ist schwierig, über die Grenzen der Organisation hinauszublicken, wenn man ständig über die eigene Schulter schauen muß, um zu vermeiden, daß man ein Messer in den Rücken bekommt.

Diese Phase eignet sich dafür, einen langfristigen Plan zu entwickeln und ein strategisches Planungssystem zur Ausweitung der Produktlinie, des Marktanteils und der Rentabilität zu schaffen. Das Ziel ist eine gemeinsame Vision der Unternehmenszukunft, die die volle Unterstützung, Beteiligung und das volle Engagement der Schlüsselkräfte im Management besitzt. In diesem Stadium wird das Kapitalbudget vorbereitet. Das Betriebsbudget wurde in Phase VIII erstellt. In Phase IX liegen uns mithin Bestimmung, Struktur, Strategie und Budgets vor.

X. Struktur von oben und unten (Parallelstruktur)

Während die Topmanagement-Gruppe die Phasen VIII und IX durchläuft, ergießt sich der Fortgang der Phasen I bis VI in Phase VII kaskadenartig über das Unternehmen. Gegen Ende der Phase IX können wir mit der Planung beginnen, wie die gesamte Organisation sämtliche elf Phasen in der Praxis umsetzen wird – wer was machen wird und wo die Schulung und die Auszeichnung der unternehmensinternen Personen erfolgen wird. In dieser Phase werden Pläne geschmiedet, wie der Adizes-Prozeß ohne äußere Intervention fortgesetzt wird.

Die Veränderung einer Kultur ist wie die Veränderung einer Religion; alle Religionen sind im Besitz von Methoden zur eigenen Untermauerung. Muslime beten mehrmals am Tag und besuchen freitags die Moschee. Juden gehen samstags in die Synagoge und Christen sonntags zur Kirche. Die Orte sind jeweils andere, aber gleich ist, daß sie alle hingehen und einer Predigt zuhören, die sie in ihrer Religion bestärkt. Es reicht nicht aus, zu konvertieren und dann die Ausübung der Religion einzustellen. Das gilt auch für Organisationen. In Phase X wird ein Plan aufgestellt, mit dem bestimmt wird, zu welchem Zeitpunkt die einzelnen Phasen in den einzelnen Einheiten der Organisation begonnen werden. Auf diese Weise erfolgt eine Prozeßintegration, die das Verfahren des kontinuierlichen Wandels stärkt. Wenn es acht Ebenen in der Organisation gibt, so müssen alle Einheiten dieser Ebenen eine Diagnose (Syndag) beispielsweise innerhalb der acht Wochen der Monate Januar und Februar durchlaufen. Das beginnt unten wie eine Welle. In der ersten Woche schließt die Ebene acht ihre Syndags ab und reicht die Probleme, für die sie kein *CAPI* besitzt, die Stufenleiter hoch zu POC (Point of Change). In der zweiten Woche wiederholt sich das Verfahren auf Ebene sieben, die **PVP** (potentiell verbesserungswürdige Punkte) nach oben oder unten weiterreicht, je nachdem, wo die Autorität für jeden **PVP** angesiedelt ist. In der dritten Woche ist Ebene sechs an der Reihe, und so weiter, bis in der achten Woche das Topmanagement zusammentritt. Bei ihm liegen nun alle Probleme der unteren Ebenen auf dem Tisch, für deren Lösung nur auf dieser Ebene die Autorität vorhanden ist.

Im Verlauf der Syndag wird ein Plan angefertigt, welche Probleme von Einzelpersonen und welche von Gruppen gelöst werden und wann die Lösung vorliegen soll.

In der anschließenden Phase II im März werden die Teams gebildet und die funktionalen Probleme gelöst. Wir haben ein Computerprogramm entwickelt, in das alle Probleme eingespeist werden. Autorisierte Personen können sich hier darüber informieren, welche Einheiten welche Probleme haben, wer sie löst und wann die Lösung vorliegt. Sobald es eine Lösung gibt, kann die Datenbank darüber Auskunft geben, wie die Lösung aussieht und wie sie zustande kam.

Dieses Verfahren wirkt wie ein Abflußreiniger auf die organisatorischen Kommunikationsröhren. Kein Problem, das von der Organisation gelöst werden kann und muß, das nicht angegangen würde.

Im April wird die Bestimmung der Organisation definiert – das beginnt an der Spitze und läuft kaskadenartig und integrierend nach unten. Anschließend wird im Mai die Struktur der Organisation überprüft. Bemerkenswert ist, daß es sich hier um einen aktiven Prozeß, nicht um einen reaktiven handelt. Mit der Umstrukturierung des Unternehmens wartet man nicht, bis sich Probleme in der Struktur zeigen. Also wird im Mai jeden Jahres die Struktur überprüft. Diese Überprüfung kann auch früher als im Mai stattfinden, wenn es erforderlich ist, aber auf keinen Fall später.

Im Juni wird das Informationssystem überprüft. Im Juli nimmt man sich das System der Leistungssteigerung und der Kostenaufteilung vor. Im August ist die Ressourcenzuteilung an der Reihe, und im September wird die Phase X – wie die Adizes-Methodik funktioniert und funktionieren sollte – überprüft und verbessert. Anschließend wird Phase XI überprüft und verbessert. Inzwischen ist es wieder Januar, und der Zyklus beginnt von vorn.

XI. Verstärkungssysteme

In der letzten Phase der Adizes-Methodik werden Anreizsysteme etabliert. Das ist absichtlich der letzten Phase vorbehalten, weil es oft der schmerzhafteste Teil ist. Es geht dabei um Geld, individuelle Belohnung und Anerkennung. Das Belohnungssystem (R_{IS}, R_{Enp}, R_{IB}, R_{IA}) hat sich im Verlauf der anderen zehn Phasen bereits verändert. Nur mit R_{ES} muß man sich noch auseinandersetzen. Das Ziel dieses Schrittes ist die *gemeinsame* Entwicklung von Anreizsystemen, die die Zusammenarbeit und die Gruppenleistung widerspiegeln und die Leute dazu motivieren, in einer Weise tätig zu werden, die der neuen Bestimmung, den Zielen und Verantwortlichkeiten entspricht. Die Organisation kennt ihre Rchtung und verfügt über die Struktur und die Mittel, um zum Ziel zu gelangen. Das ist das Stadium, in dem jeder von der Leistung der Organisation profitieren wird. Die Beteiligten stehen fest, und es wird ein kohärentes System zur Belohnung von Leistungen einzelner Mitarbeiter, Gruppen, Abteilungen und Betriebe geschaffen.

Was geschieht, wenn alle elf Phasen abgeschlossen sind? Wir kehren zu Phase I zurück, weil inzwischen ein Jahr vergangen ist; es sind neue Probleme aufgetreten, um die sich eine neue Gruppe kümmern muß, und eine neue Struktur und eine neue Bestimmung sind erforderlich.

Das Ziel ist die Errichtung eines Verfahrens zur kontinuierlichen Anpassung in der Organisation. Wir behandeln die Organisation wie ein Auto. Warum fahren wir wohl das Auto alle 15.000 Kilometer zur Inspektion? Zur vorsorglichen Wartung. Dasselbe sollte für eine Organisation gelten.

Wir warten nicht, bis sich die Probleme zu einer Krise auswachsen, um sie erst dann zu lösen. Jedes Jahr im Mai muß in diesem System eine Reorganisation in Angriff genommen werden, oder besser noch: Wenn wir uns mit der Reorganisation beschäftigen, muß es Mai sein. Wir warten nicht, bis die Organisation am Boden liegt. In jedem Mai wird die Struktur der Organisation neu eingestellt. Im Juni wird immer das Informationssystem abgestimmt. Das ist ein kontinuierlicher Prozeß, bei dem es darum geht, darauf zu achten, welche Richtung die Organisation einschlägt, wie ihre Struktur funktioniert und auf welche Weise die Mitarbeiter zu motivieren sind. Das Ganze läuft bewußt und in sich wiederholenden Sequenzen ab.

Die Adizes-Methode mit ihren elf Phasen unterscheidet sich signifikant von denen traditioneller Managementberater oder Verhaltensforschern. Managementberater sind typischerweise sachorientiert und legen besonderen Wert auf den Inhalt der Entscheidung, nicht aber darauf, wie die Entscheidung zustande kam. Auch ihre Durchführung wird weniger beachtet. Die klassischen Maßnahmen der Verhaltensforschung legen mehr Wert darauf, wie eine Entscheidung getroffen wird, als auf ihren Inhalt. Bei der Adizes-Methode ist die Durchführung von Entscheidungen von größter Bedeutung, und dem *Was* und dem *Wie* einer Entscheidung gilt die gleiche Aufmerksamkeit.

In der traditionellen Beratung werden erst Bestimmung und Strategien definiert, und dann wird die Struktur entworfen. Bei der Adizes-Methode werden zunächst einmal die internen Probleme identifiziert (Syndag), im Bewußtsein der Organisation wird das Gefühl der Stärke – daß Veränderungen effektiv herbeigeführt werden können – gesteigert, und anschließend wird die Bestimmung festgelegt. Definiert man die Bestimmung, ohne gleichzeitig das Gefühl der Stärke zu erwecken, so kommt das einer Tagträumerei gleich. Dann ist es unmöglich, Strategien zu entwerfen. Wahrscheinlich stimmt die Struktur nicht mehr, und deshalb wird die Strategie womöglich die Machtkonstellation der gegenwärtigen Struktur reflektieren.

Nachdem die Bestimmung der Organisation formuliert wurde, sollte die Struktur entsprechend angepaßt werden. Durch die neue und bessere Machtzuweisung kann eine neue Strategie entwickelt werden.

Die elf Phasen und die Anpassung der Verantwortlichkeiten

Die Phasen I, II und III – Diagnose, Gruppenbildung und funktionale Problemlösung (das erste Modul des Wandels) – befassen sich mit keinem der drei Subsysteme. Sie verändern die Einstellungen und fördern das Gefühl von Kompetenz. Die Mitarbeiter stellen fest, daß sie über Probleme reden können, ohne belangt zu werden. Sie erleben, daß Probleme gelöst werden können. Hoffnung macht sich breit. Die Leute reden in aller Offenheit darüber, daß es ein Mißverhältnis bei den Verantwortlichkeiten gibt, und in ihnen setzt sich der Glaube fest, daß es zu einem Wandel kommen kann. Ihr Pflichtgefühl wächst. E_{n-1} steigt. In Phase I wird die Energie für den Wandel erzeugt; in den Phasen II und III wird erprobt und bewiesen, daß die Energie so kanalisiert werden kann, daß sie zu Ergebnissen führt. Damit schließt der erste Teil der Therapie.

Und der zweite folgt sogleich. Nachdem das Pflichtgefühl verändert wurde, kann man sich der Verarbeitungsleistung zuwenden, und die Verantwortlichkeiten können neu geregelt werden.

Das erste Subsystem, das bearbeitet und stabilisiert werden kann, ist das teleologische Subsystem. An dieser Stelle kommt Phase IV ins Spiel: die Definition der Bestimmung.

In Phase V wird die Organisationsstruktur bestimmt. Das ermöglicht den Übergang vom teleologischen zum Autoritanz-Subsystem, da in dieser Phase die Verantwortung einer jeden Organisationseinheit formuliert wird (mit Farben), wie zum Beispiel, wer wem unterstellt ist. In Phase VI wird die Autorität festgelegt und wer sie besitzt. Es wird ein System von Verantwortlichkeiten entwickelt, in dem festgelegt wird, wer wofür verantwortlich ist, welche Autorität die Person zur Wahrnehmung ihrer Verantwortung besitzt und wie sie gemessen wird.

Während der Phase VII werden die Phasen I bis VI im Kaskaden-verfahren wiederholt. Der Stabilisierungsprozeß der Autoritanz wird fortgesetzt, da jetzt an Macht und Einfluß gearbeitet wird. In Phase VIII werden die gegenseitigen Abhängigkeiten durch Leistungssteige-rungen und Kostenbeteiligungen gestärkt, und damit ist die Stabilisie-rung der Autoritanz abgeschlossen. Jetzt müssen die Autoritanz und das teleologische Subsystem ausbalanciert werden.

Das geschieht in Phase IX, in der die neue Struktur über die Rich-tung des Wandels entscheiden muß, ihr Telos ändern, ihre Eignung testen und sich anpassen muß. In Phase X wird das Verfahren des kon-tinuierlichen Ausbalancierens verstärkt.

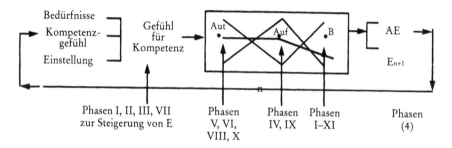

Abb. 83: Wie die elf Phasen das teleologische Subsystem beeinflussen

Während all dieser Phasen bleibt das Belohnungssubsystem nicht unverändert. Es wandelt sich und wächst aus sich selbst heraus, weil Teile des Systems – Ri_B, Ri_S, Ri_a und Re_{np} – durch die Verände-rungen im Autoritanz- und im teleologischen Subsystem gesteuert werden.

In Phase IV, in der die Vision formuliert wird, wird $Ri_{(Bestimmung)}$ ver-größert. In den Phasen V, VI, VII und X wird $Ri_{(Stärke)}$ vergrößert. In Phase V und bei der personellen Besetzung wird $Ri_{(Aufgabe)}$ vergrößert, weil die Aufgaben gemäß den **PAEI**-Funktionen definiert und ent-sprechend mit Personal besetzt werden. In den Phasen I, II und III wird Gruppenarbeit geleistet, um Probleme zu erfassen und zu lösen, und damit wird $Ri_{(Stärke)}$ vergrößert. Funktionszuweisungen innerhalb der Gruppe, die den Stil anreichern sollen, vergrößern $Re_{(nichtpekuniär)}$. Die Arbeiter können sowohl Gruppenverwalter als auch -integratoren sein. Die Leute sind nicht für viele Jahre auf eine Rolle festgelegt. Sie übernehmen verschiedene Funktionen, vielleicht haben sie Führungs-aufgaben in der Gruppe, obwohl sie außerhalb der Gruppe als Arbeiter und nicht als Manager tätig sind. Ihre Teilnahme wird begrüßt, und das wird ihnen auch so vermittelt.

Die gesamte Belohnungskurve ist nach oben gegangen, bis auf Re_s. Nun, in Phase XI, ist es an der Zeit, sich darum zu kümmern. Wenn wir es schon früher versucht hätten, hätte sich die ganze Frustration über die Unangemessenheit von Ri_A, Ri_B, Ri_S und Re_{np} ausschließlich in wachsenden Forderungen nach Re_s ausgedrückt. Das wäre nicht nur teuer geworden, sondern auch nutzlos gewesen, weil Re_s als motivierende Kraft nur eine kurze Lebensdauer hat.

Die elf Phasen brachten AV, die angemessene Verantwortlichkeit, ins Gleichgewicht. Phase X hinterläßt eine Technologie und geprüfte, unternehmensinterne Adizes-Fachleute, die den Prozeß des Ausbalancierens fortsetzen sollen. Die Organisation hat sich zu einer blühenden Organisation gemausert, und sie weiß, wie sie sich in diesem Stadium halten kann. Warum befindet sie sich in der Blütezeit, und warum ist AV im Gleichgewicht?

Weil die Organisation ihre teleologischen Subsysteme kennt. Sie weiß, welchen Weg sie einschlagen möchte, ist entsprechend strukturiert (Autoritanz), und es gibt externe und interne Belohnungen für das Erreichen des gewünschten Ziels. Ferner gibt es ein Verfahren, um neue Ziele, neue Strukturen und ein neues Belohnungssystem zu entdecken. Die Veränderungen der Organisation waren berechenbar, und der Wandel wird kontrolliert fortgesetzt. Das ist die Blütezeit.

Die elf Phasen beeinflussen auch die vier Ursachen des Alterns. Einmal im Jahr wird in Phase IV die Bestimmung neu definiert, wodurch zuerst Ursache Nummer drei (erzielter Marktanteil) behandelt und dann verhindert wird, daß diese Ursache sich entfalten kann.

In den Phasen V und VI wird Ursache Nummer vier des Alterns ausgeschaltet (die strukturellen Ursachen).

Was jetzt noch einen Alterungsprozeß verursachen kann, sind die individuellen Ursachen wie Führungsstil und intellektuelles Alter, die man weniger unter Kontrolle hat. Meine Erfahrung zeigt jedoch, daß die Adizes-Therapie eine zentrifugale Kraft entwickelt: In dem Maße, wie die Organisation wächst oder sich verjüngt, wie sich die Situation verändert, verändern sich auch die Forderungen an die Führung. Dieser Faktor wird also ebenfalls berücksichtigt.

Es ist das Ziel dieser Methodik, eine Organisation zur Blüte zu bringen und ein System zu schaffen, das dafür sorgt, daß die Organisation in diesem Stadium bleibt. Das zu erreichen erfordert ein bis drei Jahre.

13. Behandlung von Organisationen – Eine Annäherung

Behandlung der Kindheit

Was geschieht und sollte während der Kindheit geschehen? Ergebnisse werden hervorgehoben, und Kreativität wird weniger betont. Darüber hinaus besteht die Gefahr, daß der Gründer seine Begeisterung verliert. Vielleicht spürt er, daß er außer seinem Besitzerstolz nur wenig anderes hat. In diesem Stadium hat der Gründer wenigstens das Gefühl, alles unter Kontrolle zu haben.

Für kindliche Organisationen empfehle ich eher ein internes als ein externes Vorstandsgremium. In dieser Phase ist es wichtig, daß der Gründer emotionale Unterstützung erhält. Auf jeden Fall braucht die Organisation eine rechtliche und finanzielle Beratung, die von außerhalb erfolgen kann. Notwendig ist auch emotionale Hilfe, aber sie kann nicht von außen, sondern muß von innen kommen. Wenn Anwälte und Buchhalter dem Vorstand angehören, könnten sie zuviel Gewicht auf die Realitätsüberprüfung legen und das mit ihrer Stimme geltend machen. Sie können den Enthusiasmus bis zu dem Punkt bremsen, an dem innovative Projekte abgelehnt werden und der Gründer meint, er habe die Kontrolle verloren. Solche Personen sollten nur als wirtschaftliche Berater auf Honorarbasis tätig werden.

Die kindliche Organisation bedarf der ständigen strengen Aufsicht, um sie aus Schwierigkeiten herauszuhalten. Sie braucht Aufmerksamkeit, Pflege, Unterstützung und Schutz vor Gefährdungen.

Da kindliche Organisationen noch kein System entwickelt haben, geraten sie ständig in Schwierigkeiten. Ihren sämtlichen Bedürfnissen muß man fast gleichzeitig nachkommen. Der Therapeut muß wenigstens zwei Funktionen für die kindliche Organisation erfüllen. Zunächst muß er ihr ein Gefühl für die Realität vermitteln; und dann muß er ihr helfen, die notwendigen Mittel zu bekommen, damit diese Realität wahr wird. Der Therapeut muß realitätsorientierte Prognosen für den Cashflow erstellen und den Gründer davor schützen, mittelmäßige Leute einzustellen und vorzeitig Aktien zu verteilen. Einer kindlichen Organisation sollte bewußtgemacht werden, wie sie wachsen und realistische Erwartungen aufbauen kann. Im Stadium der Kindheit fehlt es den Organisationen an Erfahrung, und oft lassen sie sich auf unrealistische Verpflichtungen ein. Da ihre Mittel begrenzt sind, sind sie häufig mit Arbeit überladen. Folglich verlieren sie den Blick für das Wesentliche, und ihre Einschätzungen von ihrer Handlungsfähigkeit sind durch die begrenzte Welt, der sie ausgesetzt sind, definiert. Da Organisationen in der Regel übermäßig mit Unbedeutendem und Unbrauchbarem beschäftigt sind, verschwenden sie ihre Mittel für Trivialitäten. Sie existieren von der Hand in den Mund, da die Mittel kindlicher Organisationen recht eingeschränkt sind. Und oft wird das Eigenkapital knapp. Der Therapeut solcher Organisationen muß Händchen halten, helfen, jede Krise zu überwinden und – ebenso wichtig – zu erkennen, was sie *nicht* machen sollten.

Kindlichen Organisationen werden Aufgaben zugewiesen, die sie veranlassen, das Umfeld zu analysieren, zukünftige Cashflow-Bedürfnisse zu planen und den Umsatz, die Produktion und die Personalbedürfnisse zu prognostizieren, aber das sollte in Maßen geschehen. Versuche, eine kindliche Organisation in eine durchstrukturierte und spezialisierte Organisation umzuformen, können nur schaden. Da die Führungskräfte oft die gesamte Arbeit selbst erledigen, würde der Zeitaufwand für standardisierte Arbeitsabläufe die Flexibilität und Produktivität der kindlichen Organisation hemmen und ihre Fähigkeit, in einer sehr stark am Wettbewerb ausgerichteten Umgebung zu überleben, in Gefahr bringen.

Einige der noch in den Kinderschuhen steckenden Organisationen verbringen übermäßig viel Zeit mit Systemen oder kaufen computergesteuerte Systeme, bevor für diese ein tatsächlicher Bedarf besteht. Andere richten kostspielige Hauptgeschäftsstellen ein, bevor sie es sich leisten können. Sie sollten sich diesen Luxus für die Zukunft aufheben. Ein Gründer einer solchen Organisation kaufte ausgefallene Systeme, siedelte sie an einem vorzüglichen Standort an und etablierte eine Organisationsroutine, die jeder Improvisation strenge Grenzen setzte. Die Organisation konnte die Kosten nicht tragen und verlor ihre ehemalige Kraft und damit ihre Flexibilität und Anpassungsfähigkeit.

Der Therapeut stellt der kindlichen Organisation Aufgaben, die sie veranlaßt, zu prognostizieren, zu analysieren und zu planen. Einzelne Personen übernehmen diese Aufgaben, da die Organisation noch nicht groß genug ist, um sich Gruppenarbeit zu leisten. Die Schlußtermine sind flexibel, weil die Organisation überlastet ist, und solange sie sich in die richtige Richtung bewegt, gibt es kein echtes Bedürfnis, stärkeren Druck auszuüben.

Die kindliche Organisation könnte daran scheitern, ihre Kapazität für (E) zu entwickeln, weil der Gründer seinen Schwung verliert. In diesem Fall läuft die Organisation in die Falle des einsamen Kämpfers. Ein Eigentümer arbeitet übermäßig, verdient aber nur wenig. Der Großteil des Gewinns geht für Schuldzinsen drauf. Zum Schluß arbeitet der Eigentümer für die Bank und seine Zulieferer. Oft ist er so beschäftigt, daß er sich über den Wettbewerb keine Gedanken machen kann. Seine Preise sind womöglich viel zu niedrig, und die Verkaufserfolge gehen zu Lasten des Gewinns. Wenn die Organisation bankrott geht, wird die Falle des einsamen Kämpfers zum Friedhof. Oder die Organisation stirbt, wenn der Eigentümer das Zeitliche segnet, oder sie erhebt sich wie Phönix aus der Asche unter einem neuen Management. Solange die Organisation lebt, arbeitet der Eigentümer jedenfalls härter und für weniger Lohn, als wenn er in irgendeinem Betrieb angestellt wäre. Die einzig denkbaren Vorteile für den Eigentümer einer solchen Organisation sind die Unabhängigkeit und der Stolz des Eigentümers.

Damit die Organisation in das Go-Go fortschreiten kann, sollte ihr Führungsstil (PaEi) sein.

Der Eigentümer sollte darauf achten, sein Eigentumsrecht nicht wegzugeben und die Kontrolle nicht zu verlieren. Er sollte die Verbindung mit anderen Unternehmen oder rechtlichen Strukturen in Erwägung ziehen, in denen er die oberste Ebene einer Hierarchie kontrollieren kann. Das erlaubt vielen Leuten, in die Hierarchie einzutreten und auf verschiedenen Ebenen Eigentümer zu werden, ohne daß der Eigentümer die Kontrolle verliert.

Da kindliche Organisationen knapp bei Kasse sind, schlage ich vor, daß sie einen sich alle 16 Wochen ändernden Cashflow-Plan entwerfen, der wöchentlich geprüft werden sollte. Gewinn- und Verlustrechnungen sind unzureichende Kontrollinstrumente, weil sie in der Regel auf bestehenden (aber noch nicht fälligen) Forderungen und Verbindlichkeiten basieren und den Liquiditätsverlust aus Forderungen und Lagerhaltung ignorieren. Daher muß die kindliche Organisation auch den Lagerumschlag und die Entwicklung der Forderungen überwachen.

Bei der Behandlung kindlicher Organisationen hat die Adizes-Methodik keinen therapeutischen Vorteil. Tatsächlich empfiehlt sich die Organisationstherapie nicht für die Kindheit, da die Methodik in ihrer Anwendung zeitraubend ist. Und Zeit ist etwas, was kindliche Organisationen nicht haben. Meiner Erfahrung nach hat die Methodik nur als präventive Maßnahme ihren Wert.

Behandlung des Go-Go

Was sollte während des Go-Go-Stadiums gemacht werden? (E) ist stark. *CAPI* ist hoch, das Unternehmen entwickelt sich prächtig, und die Go-Go-Organisation fühlt sich, als ob sie mit allem zu jeder Zeit fertig werden könnte. Genau deshalb gerät sie in Schwierigkeiten. Go-Go-Unternehmen fällen Entscheidungen, die sie nicht fällen sollten, lassen sich auf Verpflichtungen ein, die sie vermeiden sollten; sie werden in Aktivitäten hineingezogen, von denen sie nichts wissen oder nur wenig verstehen.

Manager einer Go-Go-Organisation müssen immer vor Augen haben, daß sie am Rande ernsthafter Schwierigkeiten stehen. Sie sollten Vorbereitungen treffen für den anstehenden Schritt in die Jugend. Sie müssen bereit sein, (E) und *CAPI* zu institutionalisieren.

Eine wünschenswerte Sache im Go-Go ist die Entwicklung von Gruppenarbeit. Die Organisation muß (I)ntegration entwickeln, um sich ein Umfeld zu schaffen, das nicht so viele Regeln erfordert, wenn sie sich später besser organisiert. Wenn sie (I) aufbaut, kann der Bedarf an administrativen Systemen reduziert werden, da die integrativen Kräfte – die Gruppenarbeit – die technokratischen, bürokratischen und administrativen Lösungen bei der Institutionalisierung des Entscheidungsprozesses in der Jugend ersetzen.

Die angemessene Therapie für Go-Go-Organisationen hilft dabei, zu erkennen, was *nicht* zu tun ist. Darauf kann man nicht verzichten, da Go-Go-Organisationen dazu neigen, sich in zu vielen Aktivitäten zu verzetteln. Die erste Aufgabe, die der Therapeut der Organisation stellen sollte, ist die Anfertigung einer Liste aller in der Durchführung befindlichen Projekte: der schon in Angriff genommenen, der gerade erst begonnenen und derjenigen, über die man gerade nachdenkt. Dann sollte von der Organisation verlangt werden, die erforderlichen Mittel und die benötigte Zeit abzuschätzen, um jedes Projekt zu Ende zu führen. In der Regel erleidet die Organisation dabei einen Schock, wenn sie erkennt, daß sie in einem Jahr Aktivitäten in einem Umfang plant, die für ein ganzes Leben ausreichen würden. Je früher die Organisation lernt, daß sie Prioritäten setzen muß, desto schneller kann sie sich darauf konzentrieren und effizienter werden. Die Organisation muß die Tatsache begreifen, erfahren und akzeptieren, daß ihre Mittel begrenzt sind und daß bei begrenzten Mitteln das Gesetz der Opportunitätskosten maßgeblich ist. Macht man eine Sache, kann man sich um keine andere kümmern; und der Preis des einen Projektes ist, daß man das andere unterlassen muß.

Dieses einfache Gesetz der Wirtschaft, bekannt als das Gesetz »Butter oder Waffen«, wurde von Paul Samuelson formuliert.[33] Gewöhnlich handelt es sich für Go-Go-Organisationen um eine unangenehme Offenbarung, da sie sowohl die Butter als auch die Waffen haben wollen.

Nachdem die Go-Go-Organisation Prioritäten gesetzt hat, bekommt sie die Festlegung detaillierter Ziele und Richtlinien als Aufgabe gestellt. Der nächste Schritt besteht in enger Zusammenarbeit, um die Durchsetzung des Organisationsplans zu erleichtern. Man muß immer wieder darauf achten, wie neue Aufgaben hinzukommen, und die Organisation darauf aufmerksam machen, wenn sie ihre eigenen Prioritäten verletzt. Gewöhnlich ist eine Go-Go-Organisation rastlos und sprunghaft.

Der Umgang mit einer Go-Go-Organisation ist nicht einfach, und der Therapeut steht immer kurz davor, fallengelassen zu werden, weil die Mitarbeiter einer Go-Go-Organisation nicht gerne Zeit abseits der Front verbringen, um irgend etwas zu überdenken. Die Organisation muß reifen. Ihre Mitarbeiter sind so begeistert von ihren Ergebnissen und Ideen, daß sie keine düsteren Prophezeiungen hören wollen über den Preis, der morgen für das Durcheinander von heute gezahlt werden muß.

Die Mitglieder einer Go-Go-Organisation sind einfach zu beschäftigt, um etwas Zeit dafür aufzubringen, sich besser zu organisieren, und daher erkennen sie auch nicht die *kurzfristigen* Vorteile einer solchen Investition von Zeit. In der Regel belohnen Go-Go-Organisationen Leistung. Sie verachten daher verwalterische Tendenzen und zeigen, wenn überhaupt, nur ein geringes Bedürfnis nach einem externen Förderer, der Veränderungen einführt. Man muß bei einer solchen Organisation darauf warten, daß sie ihren eigenen Weg findet. Wenn sie sich jedoch nicht von selbst organisieren kann und keine Hilfe von außen will, kann die Organisation in die Gründerfalle stürzen.

Die Gruppen, denen in einer Go-Go-Organisation Aufgaben gestellt werden, sind klein: Sie bestehen aus höchstens zwei oder drei Personen. Die Aufgaben müssen kurz und mit wenig Zeitaufwand zu erledigen sein (viele kleine Aufgaben müssen somit nacheinander erteilt werden). Das ist notwendig, da die die Mitglieder einer Go-Go-Organisation keine Geduld für aufgeschobene Gratifikationen aufbringen. Wenn sie nicht sofort die Relevanz und den Nutzen erkennen, verlieren sie das Interesse und unterbrechen in der Regel die Behandlung.

[33] Samuelson, Paul A: Economics, 12. Auflage, New York 1985

Der Weg aus der Gründer- oder Familienfalle – (E) und CAPI werden institutionalisiert

Der Unterschied zwischen einer Go-Go-Organisation und einer Organisation in der Blütezeit ist der, daß in einer Organisation im Go-Go (E) und *CAPI* an eine Person gebunden sind, während sie in der Blütezeit in der Struktur und im Führungsprozeß institutionalisiert sind. Mit anderen Worten, sie sind systematisiert. Wenn diese Systematisierung korrekt vollzogen wurde, kann die Organisation die Schwierigkeiten der Jugend vermeiden.

Jede Organisation hat vier Subsysteme: Kundenbeziehungen (E), Transformation (P), Personal (I) und Finanzen (A). Jedes Subsystem hat eine Entwicklungs- (e) und eine Erhaltungskomponente (p).

Das Subsystem, welches das Verhältnis zum Kunden verändert, ist das Marketing (eE); (p) von (E) ist der Verkauf, die Technische Abteilung ist (eP), während die Produktion (Herstellung oder Handel) (pP) ist, die Personalentwicklung ist (eI), das Personal ist (pI), das Finanzwesen ist (eA) und die Buchhaltung (pA).

Die (E)-Funktion spiegelt sich im Marketing, in der Verfahrenstechnik, in der Personalentwicklung und im Finanzwesen wider.

Das Problem, das bei Go-Go-Organisationen zu einer Gründerfalle werden kann, ist die Tatsache, daß (E) monopolisiert ist. Der Leiter monopolisiert die gesamte Verantwortung für Entscheidungen im Marketing, in der Technik, im Finanz- und im Personalwesen. Der Gründer mag ein Genie in einem oder mehreren Bereichen sein, aber er ist es gewöhnlich nicht in allen vier Subsystemen.

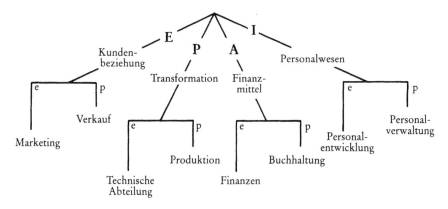

Abb. 84: Die vier Subsysteme jeder Organisation

Wenn er ein Marketing-Genie ist, wird er niemand anderen die Finanz- oder Personalentscheidungen im Spitzenmanagement oder Entscheidungen über technologische Veränderungen treffen lassen, weil sie mit dem Marketing zusammenhängen.

In der Kindheit ist die Monopolisierung und Vereinheitlichung ohne Frage sinnvoll. Das Marketing, die technologie, das Finanz- und Personalwesen sind eng miteinander verwoben; in diesem Stadium sind sie nahezu identisch. Trifft man in einem dieser Bereiche eine Entscheidung, so hat das unmittelbare Wirkung auf die anderen Bereiche. In der Kindheit experimentiert der Gründer und versucht Erfolg zu identifizieren, zu artikulieren und auf eine Formel zu bringen. Die Monopolisierung dieser vier Bereiche ist daher normal, zu erwarten und sogar erwünscht. Um (E) zu institutionalisieren, müssen die vier Bereiche getrennt und von einer Person auf die Struktur übertragen werden – ins Marketing, in die Technik, in das Finanzwesen und die Personalentwicklung –, auch wenn der Gründer sich der Delegierung von Autorität aus Angst vor Kontrollverlust widersetzen wird. Der Prozeß des Transfers sieht folgendermaßen aus: Phase I, IV, V, VI, XI; dann II, III, VII, VIII, IX und X.

Während der Syndag werden die Probleme identifiziert, diagnostiziert, und ein Handlungsplan wird erstellt. Die Gruppe stimmt darin überein, wo im Lebenszyklus man sich befindet und daß man (E) und *CAPI* institutionalisieren muß.

In der nächsten therapeutischen Sitzung, in Phase IV, wird die Bestimmung definiert und die Form festgelegt. Die Gruppe legt gemeinsam die Prioritäten fest, und man einigt sich darauf, in welchem Bereich die Organisation tätig bzw. nicht tätig ist. Während dieses Prozesses wird die Kommunikation entschieden verbessert, und das gegenseitige Vertrauen und der Respekt wachsen. Das ist der Beginn der Restrukturierung der Organisation.

Als erstes werden die (P) Zielerfüllungsfunktionen – Verkauf und Produktion – so strukturiert, daß sie zu der Geographie und den Produktlinien passen. Die Bereiche von (E) werden so lange nicht berührt, bis (P) gänzlich stabilisiert wurde. Dann werden die vier (E)-Funktionen legitimiert. Alle (P)- und (E)-Abteilungen werden dem Gründer unterstellt. Aber schon bald wird deutlich, daß das für ihn zuviel Arbeit ist. Er hat die Wahl, (P) oder (E) zu delegieren. Höchstwahrscheinlich wird er (P) abgeben. Wenn nicht, muß er dazu ermutigt werden. Wenn er es dann immer noch nicht tut, sollte der Therapeut nicht weitermachen. Dann sollte er den Gründer (P) führen lassen, bis er genug Vertrauen in seine Untergebenen entwickelt hat. Wenn der Gründer bereit ist, (P) zu delegieren, wird ein Betriebsleiter ernannt, der die (P)-Funktionen übernimmt, während die (E)-Funktionen weiterhin der (E)-Person unterstellt sind.

Bevor (E) delegiert wird, müssen die (A)-Verwaltungsfunktionen institutionalisiert werden. Buchhaltung, Qualitätskontrolle, Rechtsabteilung und Datenverarbeitung werden unabhängig von (P) und (E) eingerichtet. Sie dienen dem Präsidenten zur Kontrolle von (P).

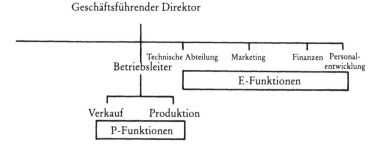

Abb. 85: Behandlung von Go-Go-Organisationen, Ernennung eines Betriebsleiters

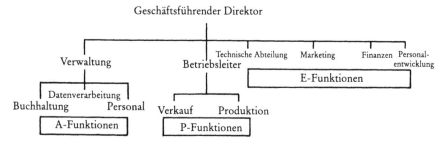

Abb. 86: Ausgleich zwischen P, A und E

Der Gründer benötigt ein integriertes (A) als Gegengewicht zu (E), das ihn antreibt. (Im Go-Go vereinige ich (A) und separiere (E). In fortgeschritteneren Stadien separiere ich (A) und vereinige (E).)

Der Gründer leitet immer noch alle (E)s. Erst wenn er Vertrauen in (P) und (A) entwickelt hat – was in Phase VI erreicht wird, in der ein Buchhaltungskontrollsystem eingerichtet wird –, ist es uns möglich, zum Kern des Problems vorzustoßen: der Dezentralisierung von (E).

Die erste Abteilung, die eingerichtet wird, ist diejenige, die den Gründer am *wenigsten* interessiert. Gewöhnlich handelt es sich dabei um die Finanzen, wenn er Marketing, Technik oder Produktentwicklung vorzieht. Als nächstes wird die Abteilung eingerichtet und dezentralisiert, die den Gründer am zweitwenigsten interessiert, usw.; aber alle Abteilungen unterstehen ihm nach wie vor.

Der nächste Schritt ist die Einrichtung und Institutionalisierung eines Führungsgremiums im Unternehmen, in dem der Betriebschef, der Verwaltungschef und die Leiter der vier (E)-Abteilungen vertreten sind. Der Präsident hat den Vorsitz, wir erstellen ihm jedoch einen Terminkalender für das ganze Jahr, um sicherzugehen, daß die Sitzungen auch tatsächlich stattfinden. Eine Tagesordnung wird eingerichtet, und es gilt die Regel, daß eine Entscheidung so lange nicht als Entscheidung angesehen wird, bis sie schriftlich niedergelegt wurde. Von jeder Sitzung werden Protokolle erstellt, und es werden Aufträge erteilt. Warum, Was, Wann, Wer und Wie eines jeden Projekts werden bestimmt.

Die Mitglieder des Führungsgremiums werden unterrichtet, wie man nach der Adizes-Methode Entscheidungen fällt, und sie lernen, Entscheidungen im Team zu treffen. Auf diese Weise wird institutionalisiertes *CAPI* entwickelt und die relative Unabhängigkeit der (E)-Abteilungen etabliert. Kontroversen und Konflikte werden legitimiert und ihrer Funktion entsprechend kanalisiert. Als nächstes werden in den Phasen VI, VIII und IX Budgets, Kontrollsysteme und strategische Pläne in Teamarbeit entwickelt, wodurch die Organisation von der ausschließlichen Abhängigkeit des Gründers befreit wird. In Phase XI werden Anreize formuliert, systematisiert und als System etabliert. Wenn die Struktur steht und die Leute als Gruppe mit Plänen, Kontrollen und Anreizen arbeiten, werden (E) und *CAPI* institutionalisiert. Dann befindet sich die Organisation in der Blütezeit, der Gründer ist der Falle entgangen, ohne sein Unternehmen zu verlieren.

Das Problem vorzeitiger Delegierung in Go-Go-Organisationen

Immer wieder hört man, das Hauptproblem von Gründern sei, daß sie nicht delegieren. Wenn ein Gründer in einer Go-Go-Organisation nicht delegiert, fällt er in die Gründerfalle; die Behandlung dieses Problems ist jedoch nicht einfach. Denn noch in der Kindheit (in der der Gründer noch härter als im Go-Go-Stadium arbeitet) ist die Delegierung nicht nur für den Gründer untragbar, sie kann auch für die Organisation selbst gefährlich sein.

In der Kindheit ist die Aufgabendelegierung nicht einmal wünschenswert, weil gerade der unbegrenzte Einsatz für sein Werk den Gründer antreibt. Forderte man den Gründer in diesem Stadium des Lebenszyklus auf, Verantwortung zu delegieren, so könnte der Gründer dies womöglich als Bedrohung empfinden; es könnte ihm sein Unternehmen entfremden und sein Engagement für die Organisation verringern. Überdies ist es schwierig, nichtprogrammierte Entscheidungen zu delegieren – in diesem Stadium werden Entscheidungen getroffen, die als Präzedenzfall dienen. Eine Delegierung solcher Entscheidungen kommt einer Dezentralisierung gleich, was in einem kindlichen Unternehmen die Weitergabe der Kontrollfunktion des Gründers an eine andere Person bedeutet. Das ist fast unmöglich, weil es der Organisation an Führungstiefe mangelt. Die typische irritierte Frage eines Gründers an den Berater, der ihm Delegierung von Verantwortung empfiehlt, lautet: »Delegieren? Gern! Aber an wen?«

Die Delegierung der Gründerfunktionen sollte im fortgeschrittenen Go-Go-Stadium einer Organisation einsetzen, wenn die Mitarbeiter mit Aufgaben überhäuft werden. Der Gründer sollte nicht das Gefühl haben, durch Delegieren den ganzen Spaß (die Kontrolle) zu verlieren. Später, wenn man sich dem jugendlichen Stadium nähert, werden Verwaltungssysteme geplant und Programme entworfen. Die gesunde Go-Go-Organisation benötgt einen Kurs – der vorgibt, was nicht zu tun ist –, der auf eine Entscheidungsprogrammierung hinausläuft. Je stärker Entscheidungen programmiert sind, um so einfacher ist es, sie zu delegieren, ohne die Kontrolle zu verlieren.

Entsprechend sollte die Empfehlung zu delegieren, die häufig kleinen, geschäftigen Managern erteilt wird, im Lichte der Position einer Organisation im Lebenszyklus beurteilt werden. Das Timing ist entscheidend, wenn die Behandlung erfolgreich sein soll.

Behandlung der Jugend

Wie gehen wir mit der Jugend um? Sehen wir uns an, was in der Jugend geschieht. Es gibt ein vertracktes Problem: (E) Unternehmertum und *CAPI* befinden sich im Übergang. Form und Funktion befinden sich im Wettstreit miteinander, und die Form gewinnt. Die Gefahr besteht darin, daß der Gründer eine Trennung von der Organisation anstreben könnte. Die unerwünschte Folge für die Organisation wäre, daß (E) verlorengeht und die Organisation vorzeitig altert.

Was muß in der Jugend geschehen? Die Reihenfolge der Phasen ist essentiell. Wenn die Reihenfolge nicht eingehalten wird, funktioniert das Ganze nicht. Nach der Syndag (Phase I) müssen wir offensichtlich als erstes mit der Gruppenbildung beginnen (Phase II), um das Unternehmen der Umklammerung des Gründers zu entreißen. Es gibt ein enormes Abhängigkeitssyndrom, von dem sich die Organisation selbst befreien muß. Wir wollen, daß der Gründer und die Mitarbeiter fühlen, daß »wir zusammenarbeiten und zusammen Entscheidungen treffen *können* und nicht ausschließlich vom Gründer abhängig sind«.

Wenn die Leute sich in der Gemeinschaft erst einmal wohler fühlen und dezentralisiert Entscheidungen treffen, muß als nächstes die Bestimmung definiert werden (Phase IV). Wohin entwickelt sich die Organisation? Meistens weiß das nur der Gründer, und es steht irgendwo auf der Rückseite eines Briefumschlags geschrieben, oder er hat es im Kopf. Wir müssen an der Vision teilhaben. Was ist das für ein Traum, den die übrigen Mitglieder der Organisation verstehen und teilen können? Manchmal kennt der Gründer die Bestimmung selbst nicht, oder er kann sie nicht artikulieren. Er handelt intuitiv und kann seine Intuition nicht verbalisieren. Ferner streben Go-Go-Organisationen in ihrem Denken gewöhnlich auseinander. Sie bewegen sich gleichzeitig in verschiedene Richtungen. Die Zentralisierung von Entscheidungsprozessen wird dadurch gefördert. Die Folge davon ist, daß jeder vom Gründer abhängig ist, weil nur dieser die richtige Richtung zu jedem Zeitpunkt kennt.

Nach der Bildung eines Teams und der Schaffung eines Klimas des Vertrauens und des Respekts muß demnach die Bestimmung ausdrücklich formuliert werden. Wenn das Team erst einmal weiß, wohin die Organisation strebt, kann es sie auch restrukturieren. Da (A) die gefährdete Funktion ist, muß eine starke (A)-Struktur geschaffen werden. Das Ziel heißt: Ernennung eines Verwaltungschefs und die Gestaltung der Rolle des Geschäftsführers bzw. des CEO. Dann muß (E) institutionalisiert werden. Bislang war (E) immer an die Person des Gründers gebunden. Wahrscheinlich hat er Marketing-, Technologie-, Finanz- und Personalentscheidungen monopolisiert, obwohl der Gründer im großen und ganzen wahrscheinlich nicht in allen diesen Punkten kompetent oder auch nur an ihnen interessiert ist. Er will einfach nur die strategischen Entscheidungen in eigenem Ermessen treffen und kontrollieren.

Die Institutionalisierung von (E) geschieht strukturell durch die

Etablierung von Organisationseinheiten in den obigen vier Bereichen, beginnend mit dem Bereich, an dem der Gründer das geringste Interesse hat. Wenn er ein Marketing-Genie ist und sich am wenigsten für Finanzen interessiert, sollte eine Finanzabteilung eingerichtet und ein Finanzchef eingestellt werden. Der Bereich, der für den Gründer am attraktivsten ist, bleibt ihm unterstellt.

Nun hat das Team seine Gruppenarbeit, eine Bestimmung und eine Struktur, die (E) schützt, so daß das Team (E) vom Gründer nach unten transferieren kann. Nun ist der Punkt erreicht, an dem der Gründer dazu bewegt werden kann, den Posten des Vorstandsvorsitzenden oder des CEO zu übernehmen. Jetzt kann eine neue Führungskraft mit dem Titel des Betriebsleiters ins Spiel gebracht werden.

Während der Jugend muß die Führung der Organisation von (PE) auf (PA) übertragen werden, also müssen das Timing und die Reihenfolge stimmen. Wenn (A) eingeführt wird, bevor das Unternehmen eine Struktur und eine Mission hat, stört der neue Leiter wie ein Stein im Schuh. Jedesmal wenn die Organisation voranschreitet, sagt (A) »nein«. Aber keiner versteht, warum.

Die Organisation beschwert sich bei ihrem Gründer mit den Worten: »Er bringt alles durcheinander, er kennt uns nicht.«

»Das wußte ich«, sagt der Gründer, »niemand kann mir das Wasser reichen«, und er feuert (A).

Als nächstes sollte die Organisation ihr Informationssystem verändern. Warum? Das Informationssystem eines Go-Go wird gewöhnlich zunächst aus dem Ärmel geschüttelt, mit der Zeit aufgebaut, den Leuten und den Situationen angepaßt; in der Regel spiegelt es nicht den Weg, den die Organisation gehen wird, statt dessen zeigt es an, wo sich die Organisation einmal befunden hat. Genausowenig reflektiert es die Informationsbedürfnisse der neuen Funktionen in dem neuen Organisationsplan. Wenn die Organisation das Informationssystem zu diesem Zeitpunkt nicht ändert, dann wird die Umstrukturierung allmählich untergraben, weil die Struktur, die aus Autorität, Macht und Einfluß besteht, sich gemäß dem Informationssystem verhalten wird. Wenn den Leuten keine Informationen zur Verfügung stehen, besitzt die Organisation nicht die Macht oder die Autorität zu entscheiden. Die vormals geschaffene Informationsstruktur wird zuerst unterminiert und dann zerstört werden. Der Adizes-Therapeut wird daher die Umgestaltung des Unternehmens ablehnen, wenn er nicht an drei Dingen arbeiten kann: 1. Wer wem berichtet, 2. worüber und 3. wozu, damit werden die Anreizsysteme angesprochen. Die Organisation muß an allen drei Subsystemen arbeiten, wenn sie die Veränderung einer Struktur anstrebt. Der Therapeut könnte die Bestimmung verändern (Phase IV), die Verantwortungsstruktur (Phase VI), das Informationssystem (VI) und die Anreize (Phase XI). Autoritanz, Aufgabe und Belohnung müssen ausbalanciert sein, wenn die neue »Struktur« richtig funktionieren soll. Die Behandlung ist vergleichbar mit der im fortgeschrittenen Go-Go, aber sie ist nicht identisch.

Die jugendliche Organisation verhält sich auf ihre Weise schizophren. Sie möchte Stabilität, und sie will vor der verzwickten Entwicklung davonlaufen, vor der Oberflächlichkeit der Projekte und vor der Verzweiflung über die Verstrickung in nutzlose, teure Investitionen. Sie versucht daher Politik, Routine, Standards und Systeme zu etablieren. Aber gleichzeitig will sie sich die Freiheit der Verantwortungslosigkeit erhalten, will ungeprüfte Methoden testen. Sie möchte so viele Rekorde wie möglich aufstellen.

In einer solchen Organisation steckt der Therapeut in einer Zwickmühle. Wenn er die Stabilisierung und Systematisierung vorantreibt, verübeln ihm dies die einen Mitarbeiter, wenn nicht, verübeln es ihm die anderen. Kaum etwas von dem, was der Außenseiter unternimmt, wird gnädig von der gesamten Organisation akzeptiert. Die jugendliche Organisation ist wie ein Kopfschmerz. Der Therapeut muß eine enorme Geduld aufbringen, um mit ihr auszukommen. Er muß ein sehr empfindliches Gleichgewicht zwischen der Flexibilität und der Systematisierung bewahren. Er muß die Richtung und die Aufgaben schnell und mit dem richtigen Timing ändern.

Ein Beispiel: Möglicherweise läßt er der Aufgabe, eine Zukunftsplanung zu entwickeln, die Aufgabe folgen, das dafür notwendige System zu errichten. Während die optimale Spannung zwischen Struktur und Prozeß erhalten wird, sollte der Therapeut der Organisation helfen, sich auf die gewünschten Resultate und auf den Weg, der dorthin führt, zu konzentrieren. Die Schizophrenie einer jugendlichen Organisation wird damit in gewisser Weise beseitigt, indem der Prozeß und die gewünschten Ergebnisse gleichzeitig behandelt werden.

Wenn die jugendliche Organisation das Engagement eindeutig identifiziert und erreicht, entwickelt sie sich zu einer Organisation in der Blüte. Wenn sie unfähig ist, sich solcherart zu konzentrieren, gerät sie in Brand oder erstarrt. Sie gerät in Brand, wenn sie das gesamte Interesse an der Systematisierung verliert. Sie wird in zu viele Projekte verwickelt und verzettelt sich. Wenn sie (E) verliert, erstarrt sie und verschwindet, da sie sich nicht mehr anpassen kann oder keine Ergebnisse mehr zeitigt.

Die Aufgaben für eine jugendliche Organisation werden in der Regel an eine multidisziplinäre Gruppe (aus der Produktion, dem Marketing und dem Verkauf) vergeben, so daß eine adäquate Balance zwischen (A) und (E) existiert. Die Therapie führt zum Engagement für (P).

Strenge Vorgaben sind notwendig. Nachsicht gestattet der organisatorischen Schizophrenie, eine größere Rolle zu spielen, als es der Fall sein dürfte. Der Therapeut wird zwischen (A) und (E) aufgerieben, wird zum Opfer mangelnder Übereinstimmung.

Behandlung der Blütezeit

Was machen wir in der Blütezeit? Gewöhnlich bittet die Organisation in der Blütezeit nicht um externe Behandlung. Übereinstimmend verspüren die Manager keine Notwendigkeit einer Therapie. Sie spüren, das alles gut läuft. Tatsächlich könnte das aber der Anfang vom Ende sein. Das Unternehmen befindet sich auf dem Weg nach unten, aber keiner sieht es. In der Blütezeit sind die Manager genauso arrogant wie im Go-Go, mit Ausnahme der Tatsache, daß sie in diesem Fall auch allen Grund haben, überzeugt zu sein. Alles ist bestens. Sie machen ihre Sache gut. Die Rentabilität ist gut. Über die Marktdurchdringung kann man nicht klagen. Sie sind die Besten, und warum sollte sich das ändern? Aber: Die Blütezeit ist das Stadium, in dem der Abstieg beginnt. Hier müssen aktive Vorsichtsmaßnahmen ergriffen werden, oder man wird gezwungen, reaktive Maßnahmen zu ergreifen; ersteres ist kostensparender.

Was sollte gemacht werden? Die große Sorge gilt dem Verlust von (E). Der Form sollte nicht der Vortritt vor der Funktion gelassen werden. Form und Funktion sollten von gleichrangiger Bedeutung sein. Die blühende Organisation kann (E) durch Dezentralisierung hegen, »Satelliten« aus der Organisation ausgliedern und eine neue Lebenszykluskurve beginnen.

Wiederholt man diese Ausgliederungen, indem ständig mit der Wiedergeburt experimentiert wird, so verhindern sie das Fortschreiten der Organisation in die stabile Phase.

Was bewirkt eine Dezentralisierung in einer Organisation? Sehen wir uns folgende Graphik an.

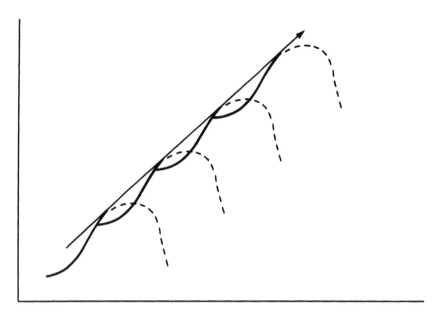

Abb. 87: Ausgliederungen während der Blütezeit

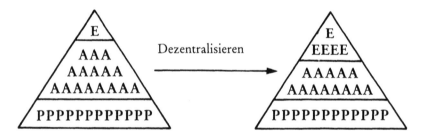

Abb. 88: Die Einflüsse der Dezentralisierung

Die moderne Organisation kann als ein Dreieck mit mehreren Ebenen dargestellt werden. Unten befinden sich die (P)s; das sind die Personen, die die Ergebnisse produzieren, um derentwillen die Organisation existiert. Der administrative Prozeß (A) ist in der Mitte angesiedelt. Dort spielen jene eine Rolle, die sicherstellen und überwachen, daß die gewünschten Resultate zustande kommen. Diese Funktion steht für die Systematisierung und für die Beobachtung von Mängeln. An der Spitze befinden sich die (E)s, die die Richtung angeben. Jene

372

an der Spitze haben den größten Ermessensspielraum in der Organisation. Durch eine Dezentralisierung wird die Linie, die (A) von (E) trennt, nach unten verschoben. Das bedeutet, daß die Verwalter von gestern die Unternehmer von morgen werden müssen. Aus (A)s müssen (E)s werden.

Eine Dezentralisierung ist mehr als eine simple Delegierung; es ist der Transfer von Ermessensspielraum. Je stärker die Dezentralisierung ist, um so mehr wird der unternehmerische Geist der Organisation stimuliert.

Die Blütezeit ist der richtige Zeitpunkt, um zu dezentralisieren. Im Go-Go kann sich die Dezentralisierung als ein gefährliches Unterfangen herausstellen, weil es an guten Kontrollsystemen und an einer klar formulierten Bestimmung mangelt, und ein unkontrollierbares Desaster verursachen. Während der Blüte kann die Dezentralisierung beginnen, weil die Leute dann wissen, was sie tun, dieses Tun einigermaßen steuern können und genügend Struktur besitzen, um sicherzustellen, daß es richtig vonstatten geht. Dezentralisierung ist ein aktives Instrument für die Verzögerung des Alterns durch die Stimulation von (E).

Aufgabe des Therapeuten ist es, die Grenzen der Dezentralisierung zu erkennen. Das beinhaltet die Simulation der neuen Organisationsstruktur (so daß die einzelnen sich in dem neuen System zurechtfinden können) und die Schulung von Managern (so daß sie die neuen Aufgaben erfüllen können). Die Gruppen, denen diese Aufgaben zugewiesen werden, bestehen aus Personen, von denen erwartet werden kann, daß sie die neuen Profit Center führen. Die Fristen für die Durchführung der Aufträge werden weder streng noch nachsichtig gehandhabt.

In der Blütezeit verläuft die Führungsverlagerung in der Regel problemlos. Da der Kuchen ständig wächst, begrüßen die Mitarbeiter neue Kollegen. Die blühende Organisation ist daher prädestiniert für den Zukauf anderer Unternehmen oder für die Übernahme durch ein anderes Unternehmen.

Wenn die Blüteorganisation nicht dezentralisiert wird, wird sie in die stabile Phase rutschen. Das kann geschehen, wenn das Management altert, der Marktanteil größer wird und die Struktur komplexer. Die Blüteorganisation wird einfach zu gewichtig.

Dezentralisierung und Vermeidung von Kolonialismus inner- halb der Organisation

Wie schon im Analyseteil erörtert wurde, enden die Bemühungen um Dezentralisierung und Zukauf häufig mit einem Problem, das als Organisationskolonialismus bezeichnet wird. Kindliche Unternehmen und Organisationen im Go-Go-Stadium sind am Ende einem blühendem oder einem aristokratischen Unternehmen in folgender Art und Weise unterstellt.

Die Forderungen der Muttergesellschaften entsprechen funktional nicht den Fähigkeiten der Töchter. Die Aristokratie verlangt vom Go-Go Kapitalrendite, während das Go-Go-Unternehmen lieber investieren möchte, um einen höheren Marktanteil zu erreichen. Das kindliche Unternehmen will Geld, das vom Go-Go kontrolliert wird, da das kindliche Unternehmen nicht soviel Marktanteil hat wie das Go-Go. Durch diese dysfunktionalen Anforderungen zerstört das aristokratische Unternehmen das Wachstumspotential, das ihm Go-Go- und kindliche Organisationen bieten.

Eine Organisationsstruktur sollte wie eine weitverzweigte Familie beschaffen sein. Wenn wir ein Bild dieser Struktur machen würden, wären die Großväter in der Mitte, die Kinder im Hintergrund und die Enkel im Vordergrund. Überträgt man dies analog, so befände sich die blühende oder aristokratische Organisation in der Mitte und die kindliche oder Go-Go-Organisation nicht darunter, sondern daneben. Auf diese Weise wird die Individualität jeder Organisation geschützt, da die Forderungen der einen Einheit nicht einer anderen übergestülpt werden. Die Ziele für jede Einheit sind verschieden. Die Blütezeit schafft neue kindliche Organisationen. Die Aristokratie finanziert die Kinder, und die Go-Gos finanzieren sich selbst. Nun haben wir eine Familie.

Was bedeutet der Begriff Familie? Jeder verfolgt seine eigenen Ziele, und es gibt eine gegenseitige Abhängigkeit. Die Blütezeit bringt neue Unternehmen hervor; die Aristokratie finanziert solche Unternehmen, und die Go-Go-Organisation wächst aus eigener Kraft. Schließlich wird die kindliche Organisation eine Go-Go-, die Go-Go- eine Blüteorganisation, und die blühende Organisation wird zur aristokratischen. Während jede Einheit altern könnte, betrifft das nicht die Gesamtheit der Familie.

Es existiert ein Portfolio von Einheiten, so wie es ein Portfolio von Produkten oder Wertpapieren gibt. Es sollte sich um ein Portfolio

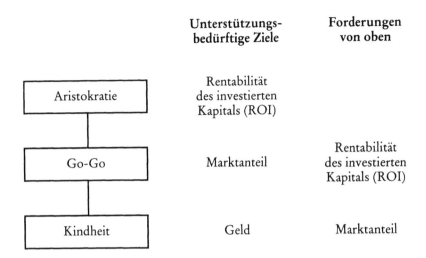

	Unterstützungs- bedürftige Ziele	Forderungen von oben
Aristokratie	Rentabilität des investierten Kapitals (ROI)	
Go-Go	Marktanteil	Rentabilität des investierten Kapitals (ROI)
Kindheit	Geld	Marktanteil

Abb. 89: Das Problem des Organisationskolonialismus

wirtschaftlicher Einheiten handeln, jedes in einer anderen Phase des Lebenszyklus. Während die einen altern, werden andere geboren, und eine gegenseitige Abhängigkeit bewahrt die Funktionalität der Familie.

Die Organisationsfamilie

Welchen Führungsstil braucht eine Organisationsfamilie? Führungsstil und Standort der Organisation im Lebenszyklus sollten zueinander passen. Eine kindliche Organisation braucht starke (P)s und (E)s als Manager. Wenn die Organisation von der Kindheit in das Go-Go fortschreitet, muß die Führung nicht geändert werden. Es wird jemand gebraucht, der die Organisation von der Kindheit über das Go-Go in die Jugend führen kann.

Die Aristokratie ist eine andere Sache. Nun braucht man einen (PA)-Typ, um die Organisation zu melken und Geld für das Wachstum der anderen Organisationen zu bekommen. Das setzt voraus, daß man es mit einer Aristokratie zu tun hat, die bereits dysfunktional oder am Markt unerwünscht ist. Ein (PE) ist hingegen notwendig, will man die Aristokratie verjüngen.

An der Spitze einer Blüteorganisation wird ein starker (E)- und ein starker (I)-Manager gebraucht.

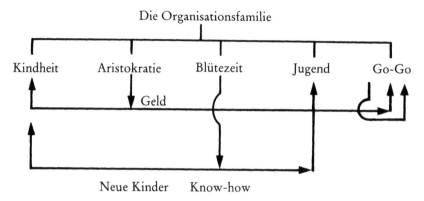

Abb. 90: Die Organisationsfamilie

Nun besitzt die Organisation ein Portfolio von Unternehmen und ein Portfolio von Managern, einen Stall voller Pferde für verschiedene Rennen. Einer führt die Organisation von der Kindheit in das Go-Go, und wenn die Jugend erreicht wird, wird er entweder seinen Stil ändern oder die Organisation einem anderen Manager mit einem anderen Stil übertragen und sich selbst einer neuen kindlichen Organisation zuwenden. Ein anderer wird die Organisation von der Jugend zur Blüte bringen, und ist sie dort erst einmal angekommen, wird er sie entweder einem anderen übertragen oder seinen Stil ändern.

Eine große Organisation braucht verschiedene Führer für verschiedene Einheiten. Das ist der Grund, weshalb große, gutstrukturierte und gut mit Personal versorgte Unternehmen mit vielen verschiedenen Führungsstilen bessergestellt sind als kleine, verletzliche Unternehmen, weil diese nur *einen* Stil und nur *ein* Profit Center haben.

Eine Familienstruktur sollte nicht nur verschiedene Unternehmen in verschiedenen Phasen des Lebenszyklus, also ein Portfolio haben. Die Einheiten sollten auch verschiedene Ziele haben. Eine kindliche Organisation sollte den Durchbruch versuchen, ein Go-Go sollte die Marktdurchdringung anstreben, eine Aristokratie sollte eine hohe Kapitalrendite und eine Blüteorganisation die Ausgliederung neuer kindlicher Organisationen zum Ziel haben.

Verschiedene Aktivitäten sollten zudem verschieden belohnt werden; jeder Führungsstil ist anders motiviert. Das bezeichnet man als *Organisationspluralismus.* Gute Organisationen sind pluralistisch. Sie erlauben neben dem Überleben von (E) auch das Aufblühen.

Bei der Entscheidung, wer der Kopf der Familie sein soll, werden

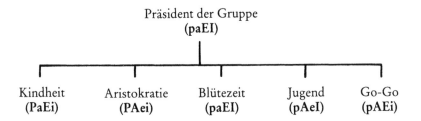

Abb. 91: Führung in der Organisationsfamilie

immer die gleichen Fehler gemacht. Oft wird es, obwohl es nicht wünschenswert ist, der Manager der Aristokratie, der am stärksten etablierten Einheit. Dann kommt es zu einem Identitätsproblem. Wir haben dann keinen strukturellen, sondern einen funktionalen Kolonialismus – infolge des Führungsstils. Obgleich wir zu einer Familienstruktur übergegangen sind, funktioniert sie hinsichtlich des Verhaltens und der Erwartungen nicht so, wie es gedacht war. Die Aristokratie könnte noch immer durch das Verhalten ihrer Führung dominieren. Gebraucht wird an der Spitze eine Person mit einem starken (EI), stärker als in der Blüteorganisation. Warum? Weil sie diese pluralistische Struktur integrieren und führen muß.

Wenn ein struktureller Pluralisms (jede Einheit hat verschiedene Ziele und Führungsstile) erwünscht wird, wird eine aristokratische Kultur dysfunktional sein. Im großen und ganzen erwarten Aristokratien, daß sich alle gleich verhalten. Um das zu erreichen, kleiden sie Kleinkinder, als ob sie Erwachsene wären, die zu einer Beerdigung gehen. Ein Säugling sollte sich wie ein Säugling verhalten. Von Erwachsenen sollte nicht erwartet werden, daß sie sich wie Säuglinge verhalten, und von Säuglingen sollte man kein Verhalten wie von Erwachsenen erwarten. Die Führung muß die Unterschiede im Verhalten hinsichtlich der Vorhersagbarkeit der Ergebnisse und der Funktionalität der Regeln erkennen und legitimieren. Und sie muß festlegen, wie genau die Organisation diese Regeln befolgen soll.

Zusätzlich muß die Organisation die Art der Führung in dieser Struktur differenzieren. Jedes Individuum und jeder Stil wird für verschiedene Dinge belohnt. Von jeder Einheit wird erwartet, daß sie sich anders entwickelt und anderes erreicht. Daher sollte das Belohnungssystem unterschiedlich sein. Beim Kolonialismus besteht die Gefahr, daß es nur eine Regel, einen Stil, ein Verhalten und ein Belohnungssystem gibt. Einheitlichkeit bringt Bürokratisierung hervor.

Behandlung der stabilen Phase

Was sollte in der stabilen Phase unternommen werden? In der Blütezeit wurde die Organisation dezentralisiert. In der stabilen Phase sollte die Organisation die gleiche Therapie wie in der Jugend anwenden,
allerdings mit weniger Zeitdruck. Die stabile Phase ist der Anfang
vom Ende, aber die Probleme sind nicht so dringlich wie in der Jugend. Der Therapeut verspürt nicht so einen enormen Druck, Maßnahmen schnell durchzuführen. In der stabilen Phase müssen wir darauf achten, daß die Form stärker als die Funktion wächst. Das *Wie*
wird bedeutender als das *Was*. Wie die Leute auftreten, wie sie sich
kleiden und wie sie sprechen, ist hervorzuheben. *Wie* sie Sachen erledigen, ist wichtiger als das, *was* sie machen. Zu bemerken ist, daß der
unternehmerische Geist schwindet und *CAPI* gefragt ist, aber das
spielt sich alles noch an der Oberfläche ab. Es ist noch nicht besonders
ausgeprägt. Was also sollte getan werden?

Für die stabile Organisation ist die Bewußtseinsentwicklung die
entscheidende Aufgabe. Ihre Mitglieder müssen sich darüber im klaren sein, daß (E) fällt und (I) ansteigt. Die Mitglieder in einer stabilen
Organisation sind mit allem einverstanden, und das kann die unternehmerische, auf Veränderung ausgerichtete Orientierung ersticken.

Die Aufgabe besteht darin, in die Zukunft zu blicken, das Umfeld
zu analysieren, die Gefahren *und* Möglichkeiten zu erfassen und auszudehnen, wenn die Ziele gesteckt werden. Wenn die Mitglieder einer
stabilen Organisation erst einmal den »Panoramablick« auf die Zukunft zurückgewonnen haben, besteht der nächste Schritt in der
schnellen Dezentralisierung des Unternehmens, um (E) zu stimulieren und zu stabilisieren. Wenn (E) wachsen kann, ohne (I) zu stören
oder (A) zu beeinflussen, dann kann wieder eine (PAEI)-Organisation
angestrebt werden.

In der stabilen Organisation werden die Aufträge an große Perso-
nengruppen vergeben. Die Gruppe muß sich aus vielen Personen mit
verschiedenen Fähigkeiten zusammensetzen, um das höchstmögliche
(E) zu erlangen. Strenge Termine werden durchgesetzt, damit sich jeder der Gefahr des herannahenden Alters bewußt wird.

In einer stabilen Organisation und in Organisationen in späteren
Phasen des Lebenszyklus werden Veränderungen des Managements
zu einem Problem. Die stabile Organisation ist eingefahren; ein neuer
Managementstil könnte zu mühsam sein. Je älter eine Organisation
wird, um so stärker wird sie sich den verschiedenen individuellen Sti-

len widersetzen. Die stabile Organisation braucht eine (E)-Kapazität. Wenn ein **(paEi)**-Manager von außen in die Organisation kommt, wird er sehr wahrscheinlich Schwierigkeiten haben, weil er anders ist. Die Schwierigkeiten sind jedoch nicht so überwältigend, daß eine Integration verhindert würde.

Auf dem Weg in das stabile Stadium können folgende Faktoren für das Sinken von (E) verantwortlich sein: das geistige Alter, der wahrgenommene relative Marktanteil, der Führungsstil und die Struktur.

Wenn der Grund für das Altern – und für den Verlust von (E) – das geistige Alter ist, empfehlen wir die Neubesetzung der obersten Managementpositionen mit geistig jüngeren Personen.

Ist der Grund der wahrgenommene relative Marktanteil, liegt die Lösung in einer Neudefinition der Bestimmung (Phase IV). Wenn eine Organisation 35 Prozent eines bestimmten Marktes hält, braucht man nur die Produktchancen neu zu definieren. Wird bei einer Neudefinition des Marktes jedoch der Horizont erweitert, hat man plötzlich vielleicht nur noch drei Prozent Marktanteil. Ein Beispiel: Eine Organisation, die im Farbengeschäft tätig ist, beherrscht 35 Prozent des Farbenmarktes. Wenn sie sich selbst neu definiert als Teil des Wanddekorationsmarktes, hat sie auf einmal nur noch drei Prozent des Marktes, weil nun auch Tapeten und Wandstoffe dazuzählen.

Die Gestalt einer Branche muß immer wieder neu definiert werden, so daß die Grenze des Wachstums nie erreicht wird.

Wenn die Funktionalität der Organisationsstruktur das Problem ist, muß das Unternehmen umstrukturiert werden, um (E) zu stärken. Das wird durch die Dezentralisierung in neue Profit Center und die richtige Strukturierung der Stabsstellen erreicht. Wenn (E) aufgrund eines Führungsstils sinkt, muß dieser geändert werden. Diese beiden Punkte werden ausführlich im nachfolgenden Abschnitt erörtert.

Behandlung der aristokratischen Organisation

Einer aristokratischen Organisation zu helfen ist besonders schwierig. Die aristokratische Organisation muß von ihrem »Finzi-Contini-Syndrom« befreit werden. Der erste Schritt ist eine gruppendiagnostische Sitzung, eine Methode der synergetischen partizipierenden Diagnose, Syndag genannt. Im Mittelpunkt dieser Diagnose steht eine tiefgreifende Bewußtseinsentwicklung, bei der sämtliche Teilnehmer Informationen über die Probleme austauschen, mit denen das Unternehmen konfrontiert ist. Auf diese Weise betrachtet, sind die Probleme wahrlich überwältigend. Das Erfordernis eines Wandels wird offensichtlich. Eine Diagnose des Unternehmens ist auf vielen Ebenen notwendig, um die Leute an den gegenwärtigen Stand der Organisation zu erinnern, als Gegensatz zu dem erwünschten. Der Therapeut muß unablässig die Aufmerksamkeit auf die Anzeichen des Finzi-Contini-Syndroms lenken.

Bei dem Versuch, aristokratische Organisationen zu behandeln, sagen viele Berater: »Zunächst definieren wir Ihre Ziele.« Wenn sie die Ziele definieren, ohne daß die Organisation glaubt, sie erreichen zu können, ist es vergebliche Liebesmüh. Zuallererst müssen deren Mitglieder das Gefühl haben, einen Wandel vollziehen zu können; sie müssen spüren, daß sie zusammenarbeiten können; sie müssen sagen: »Ja, wir sind mächtig.« Erst dann können sie ein Ziel erarbeiten.

Bei einem Go-Go-Unternehmen muß Syndag nicht der erste Schritt sein. Go-Go-Organisationen haben schon so viel Energie, daß eine Diagnose kontraproduktiv wäre; aber in einer Aristokratie ist jeder sanft, verhältnismäßig passiv und selbstzufrieden. Bringt man alle Probleme zur Sprache, wird die Notwendigkeit eines Wandels legitimiert und Energie erzeugt.

Ist erst einmal ein starkes Engagement für den Wandel etabliert, kann sich das Unternehmen sofort der Lösung anormaler Probleme zuwenden.

Die Definition der Bestimmung (Phase IV) ist für Aristokratien essentiell, da auf diese Weise neue Horizonte erkannt werden. Diese Bestimmungsdefinition muß als Gruppenprozeß durchgeführt werden, dessen Schwerpunkt auf dem divergierenden Denken liegt. Das Unternehmen kann mehr leisten; es gibt mehr Möglichkeiten, als gegenwärtig ausgemacht werden können. Die Mitglieder haben sich nicht wirklich festgefahren, sie können ihre Zukunft noch beeinflussen. Dieser Prozeß hilft den Gruppenmitgliedern, das technologische, politische, ökonomische, rechtliche, soziale und physikalische Umfeld der Organisation zu analysieren. Dadurch lernen sie, ihre Märkte, Produktmöglichkeiten und Werte zu analysieren. Dies alles zusammen ermöglicht es ihnen, die Möglichkeiten und Gefahren zu erkennen, denen ihre Organisation ausgesetzt ist. Sie legen fest, wie ihre Zukunft aussehen soll, und das zwingt sie, eine Struktur zu entwerfen, um diese Zukunft Wirklichkeit werden zu lassen.

Eine dezentralisierte Organisationsstruktur wird geplant (Phase V), um die in der Bestimmung entdeckten Strategien umzusetzen. Die

Organisation klammert alle tatsächlichen und potentiellen kindlichen und Go-Go-Organisationen aus der Aristokratie aus und unternimmt eine horizontale Umstrukturierung der Aristokratie in eine Familienstruktur. Die Kolonialstruktur wird gebrochen.

Ist eine Familienstruktur einmal erreicht, wird als nächstes das Informationssystem, das die dezentralisierte Verantwortlichkeit unterstützt, in Angriff genommen (Phase VI). Danach folgen die Ressourcenzuteilung (Phase VIII) und die Umgestaltung des Anreizsystems (Phase XI), um die Rentabilität zu fördern und zu einer Leistungsorientierung zurückzukehren.

In der Aristokratie könnte auch ein Wechsel in der Führung erforderlich sein. Es ist jedoch nicht ratsam, schon sehr früh eine Person mit einem großen (E) in die Organisation zu holen. Die Mitglieder einer solchen Organisation errichten eine Gesellschaft gegenseitiger Verehrung, in der nicht das Wachstum, sondern das Detail und die Erhaltung die hauptsächlichen Anziehungspunkte sind. In einer derartigen Umgebung würde eine überwiegend (E)-bestimmte Person Schwierigkeiten haben, sich mitzuteilen und einen kreativen Führungsstil auszuüben. Eine solche Umgestaltung hat wahrscheinlich mehr Erfolg, wenn die Umstrukturierung abgeschlossen ist.

Der Therapeut muß ein Umleitungssystem anwenden, wenn (E) vor der endgültigen Umstrukturierung eingebracht werden soll oder wenn es für die Umstrukturierung notwendig ist. Wird eine Person eingestellt, deren Stil der Organisation fremd ist, wird die aristokratische Organisation diesen Stil mißbilligen. (A) weist (E) zurück, da letzteres Turbulenzen mit sich bringt, die (A) nicht kontrollieren kann. Das Ergebnis ist, daß (E) entweder zurückgewiesen wird oder von der Organisation als bösartige Substanz absorbiert wird. Er verliert Effektivität. Mit anderen Worten, die Organisation entwickelt Immunität gegenüber seltsamen, fremden oder andersartigen Substanzen und widersetzt sich dabei Qualitäten, die für ihr Wachstum und ihr Überleben von Bedeutung und funktional sein könnten.

Um (E) in eine aristokratische Organisation zu integrieren, hält der Therapeut in der gesamten Organisation Ausschau nach jemandem mit einem aktiven (E). Solche Personen sind leicht zu finden; es sind diejenigen, die sich beschweren, daß das eine oder andere nicht so ist, wie es sein sollte, oder die die Organisation loszuwerden versucht. Der Therapeut besteht darauf, daß sie noch für eine Weile bleiben. In gewissem Sinn verhindert dies das Ausbluten von (E).

Als nächstes beruft der Therapeut eine Projektgruppe, die an einer neuen Aufgabe arbeitet, die in kurzer Zeit vollendet werden kann (zum Beispiel ein neues Produkt, ein neuer Markt oder ein neues System). Der Therapeut empfiehlt, daß der neue (E) diese Projektgruppe leitet, die sich aus den Abweichlern der Organisation zusammensetzt. Da letztere die (E)s aus mehreren Richtungen und Ebenen der Organisation sind, bilden sie eine »Umgehungsstraße« um die (A)-Kanäle der Organisation, in denen Leute sitzen, die schon eine »Arteriosklerose« entwickelt haben. Letztere verübeln und widersetzen sich Veränderungen. Wenn die Aufgabe der Abweichler zu Ende gebracht wurde, ist (P) geschaffen, das die Organisation in gewisser Weise verjüngt. Wurden mehrere solcher Gruppen eingerichtet, fangen die Außenseiter an, sich wohl zu fühlen, erst recht dann, wenn sich die Struktur verändert, sich die Machtzentren verschieben und wenn Erwartungen wachsen, daß sich Ergebnisse einstellen.

Wenn sich eine frühe Bürokratie entwickelt, wird die Aufgabe noch schwieriger, da anstelle von (E) ein schwarzes Loch herrscht. Es kommt zu einer totalen Verweigerung und Zurückweisung des Wandels. Ein drastischer Eingriff, ein Austausch des Managements könnte die einzige Alternative für eine solche Organisation sein, da sie am Rande eines Bankrotts steht. Ein drastischer Eingriff allein genügt jedoch nicht, eine anschließende Therapie ist für die Organisation unausweichlich.

Behandlung der frühen Bürokratie

Die Verleumdungen, die für dieses Stadium charakteristisch sind, verlangen nach einer prompten drastischen Behandlung. Mehrere Personen, deren Haltung negativ ist, die das Klima vergiften oder die gänzlich ineffektiv sind, müssen ersetzt werden. Auf diese drastische Maßnahme sollte man nur einmal zurückgreifen und nur sehr vorsichtig. Wenn danach noch mehrere einschneidende Maßnahmen ergriffen werden, könnte das die Organisation lähmen. Der Argwohn und die Paranoia des Managements, die in diesem Stadium des Lebenszyklus sehr stark ausgebildet sind, könnten überhandnehmen; mit anderen Worten, die Behandlung könnte kontraproduktiv wirken, statt die Neurose zu heilen.

Das Management sollte unrentable Einheiten verkaufen und den negativen Cashflow stoppen. Der Schwerpunkt sollte auf dem Überleben liegen. Zu diesem Zweck muß *CAPI* konzentriert werden, möglichst auf einen einzelnen. In der Aristokratie und im stabilen Stadium liegt *CAPI* bei Gruppen, weil Zeit für Teamentscheidungen vorhanden ist. In der frühen Bürokratie gibt es dafür keine Zeit. Da muß ein einzelner in den sauren Apfel beißen und das Unternehmen auf seine rentable Essenz zurückstutzen. Hier ist die gleiche Behandlung wie bei einer kindlichen Organisation angezeigt: gleitende 16-Wochen-Cashflow-Projektionen, Kostenrechnung zur Identifikation der wirklichen Lücken der Rentabilität, wöchentliche Ermittlung des Lagerumschlags und der ausstehenden Forderungen.

Nach dem drastischen Eingriff wird die gleiche therapeutische Behandlung wie bei einer Aristokratie angewandt, nur daß das Maß der Intervention (die Behandlungsdosis) viel höher ist. Wichtig ist, daß das *Wie* zurückgeschraubt und das *Was* in den Vordergrund geschoben wird.

Behandlung bürokratischer und toter Organisationen

Hier findet die Adizes-Therapie kein Betätigungsfeld, da die Therapie Zeit benötigt, und frühe Bürokratien haben keine Zeit mehr.

In der Regel bevorzugen bürokratische Organisationen einen Systemanalytiker, um (**A**) zu mehren, das sie bereits im Überfluß besitzen. In der Regel stellen sie Computerspezialisten und Wirtschaftsprüfer ein, um ihre Führungsprobleme zu lösen. Bei solchen Organisationen müßte ebenfalls ein drastischer Eingriff vorgenommen werden, und eine lang anhaltende Rehabilitationsphase wäre notwendig. Der Eingriff müßte nämlich die Einführung von (**E**), eine Art Umgehungsstraße sein. (**E**) müßte der Organisation aufgezwungen werden, die höchstwahrscheinlich dagegen kämpfen würde.

Eine Rehabilitation wäre notwendig, um (**P**) zu reaktivieren. Schockbehandlungen (Kündigungsandrohungen, unrealistische Forderungen usw.) sind nicht ratsam, weil sie die Leute einfach nur verschrecken und dazu treiben, gottergeben jeden verlangten Schritt zu machen. Die Ergebnisse wären kurzlebig, und schließlich würde die Organisation wieder in Apathie verfallen. Eine Serie solcher Behandlungen würde die verbliebenen guten Manager forttreiben und die Organisation ins Koma zurückfallen lassen.

Angebracht wäre eine vielschichtige, simultane Durchführung sämtlicher elf Phasen, diagonal vom oberen Management bis zum einzelnen Arbeitsplatz, wobei die Integration der Maßnahmen genauestens beaufsichtigt werden müßte. Jedoch: Die Wiederbelebung toter Organisationen ist wahrscheinlich ein Kunststück, das Heiligen vorbehalten ist.

Unzeitgemäße und nicht notwendige Eingriffe

Ein drastischer Eingriff, ein Austausch des obersten Managements ist der schnellste Weg, um zu einer Veränderung zu kommen, aber gleichzeitig ist dies auch die schmerzhafteste und gefährlichste Behandlung. Sie wird häufig eingesetzt, weil sie nur wenig Zeit erfordert und höchst lukrativ ist (für Personalberater). Unglücklicherweise bleiben wenige Organisations-Chirurgen lange genug, um die Resultate ihrer Arbeit in Augenschein zu nehmen oder um die Verantwortung für postchirurgische Komplikationen zu übernehmen.

Ein erfolgreicher Chirurg zeichnet sich aber nicht durch die Schnelligkeit seiner Schnitte aus, sondern dadurch, wie gut er postoperative Komplikationen, die auftreten, wenn der Körper geschwächt und verletzlich ist, beobachtet. Berater, die einen neuen Organisationsplan vorschlagen, dabei helfen, diejenigen Leute auszumachen, die in die Schachteln passen, ihre Honorare einsammeln und die Aufgabe im übrigen als erledigt betrachten, haben ihre Aufgabe nicht erfüllt. Wenn die neue Struktur in Kraft tritt, beginnen die *wirklichen* Schmerzen der Anpassung. Obwohl der Schmerz akut sein kann, vermeiden es die Manager, öffentlich über irgendein Problem zu klagen. Sie fürchten eine neue drastische Behandlung, wenn sie auf Probleme hinweisen. Sie leiden lieber schweigend oder klagen in dunklen Räumen, als sich erneut in Behandlung zu begeben.

Während Veränderungen von Organisationen für einen langfristigen Erfolg unvermeidbar sind, könnte es zu einem anhaltenden Rückschlag kommen, wenn sie zur falschen Zeit als Kur verordnet werden; die Organisation könnte sich weigern, den Kurbehandlungen zu folgen. Wenn die ausschließlich als Kur konzipierten Eingriffe schmerzhaft und ineffektiv waren, könnte sich die Organisation einer präventiven Operation widersetzen, insbesondere wenn das Problem noch nicht evident ist (zum Beispiel in der frühen Bürokratie). In diesem Stadium ist ein Eingriff aber unvermeidlich. Die Behandlung sollte längst zu einem Zeitpunkt stattgefunden haben, zu dem die Wirkung nicht so schmerzhaft gewesen wäre – im Blütestadium des Lebenszyklus. Zu diesem Zeitpunkt war das Klima der Organisation für einen Wandel empfänglich. Dem Wachstum und den Erwartungen für die Zukunft entsprechend, waren die wahrgenommenen Gefahren des Wandels wesentlich kleiner und konnten sogar noch stärker verringert werden. In der frühen Bürokratie, wenn die wirtschaftlichen Ergebnisse schlecht sind und die Atmosphäre schon voller Mißtrauen ist, verstärkt ein Wandel eher die Ängste, als sie zu beseitigen.

Wenn es sich bei der Organisation um eine Aristokratie handelt, empfiehlt sich eine *zurückhaltende* Politik. Es gibt viele (E)s, die sich wie (A)s verhalten, um zu überleben. Ein Wandel im Organisationsklima für sechs Monate, der die erwarteten Möglichkeiten des externen Wachstums reflektiert, wird diese (E)s ans Tageslicht bringen. Es besteht in der Organisation kein Bedarf, neue (E)-Leute einzustellen. Sie sind schon da. Überall war diese Behandlung erfolgreich.

Kann ein interner Berater diese Aufgaben erledigen?

Bei großen Organisationen ist es in Mode gekommen, ihre eigenen Beratungsabteilungen zu entwickeln. Die Abteilungen werden Organisationsentwicklung (OE) genannt.

In den frühen Stadien des Lebenszyklus können solche Abteilungen funktionsgerecht sein. Ältere Organisationen – ab der stabilen Phase – werden weniger Erfolg mit OE-Abteilungen haben. In einer jungen Organisation gehören (A) und (I) zu der notwendigen Ausstattung. Diese können mit Leichtigkeit von innen heraus kommen; die Berater brauchten nicht um ihren Job zu fürchten. Wenn jedoch eine Organisation ihren Zenit erreicht hat, wird nach (E) verlangt, und das erfordert eher Ankläger als Beschwichtiger. Ein interner Berater wird kaum in der Lage sein oder würde es ablehnen, die notwendigen Wellen zu schlagen und das Bewußtsein und den Wunsch nach Veränderung zu erzeugen.

OE-Spezialisten scheinen dafür geschult und geneigt zu sein, nur die (I)-Funktion zu erfüllen. Meistens sind sie aber (---i). Hat man Glück, dann sind sie (paeI)s. Dieser Stil hilft aber nicht einer Organisation, die eine ernste Therapie und Verjüngung braucht. Ein (paeI)- oder (---I)-Stil erhält nur das schon Bestehende. OE-Spezialisten agieren mehr als Agenten des Establishments, die die vorherrschende Kost schmackhaft erscheinen lassen, denn als Agenten des Wandels, die das notwendige neue Geschirr kreieren.

Durch die Adizes-Methodik der Therapie, wie sie oben dargestellt wurde, sind die Integratoren, die als Agenten des Wandels handeln, geschult und ausgebildet. Ich habe festgestellt, daß ein externer

»Schrittmacher« zumindest in den frühen Stadien der Therapie notwendig ist, um den Anstoß und die Richtung für den Wandel zu schaffen und jedwede negativen Reaktionen, die die Organisation zeigen könnte, zu bremsen. Für Organisationen jenseits des stabilen Stadiums ist eine höhere Medikation als ein einfacher Ratschlag nötig, und in der Regel muß sie von außen herangetragen werden.

Zusammenfassung

Dieses Buch präsentiert die Beschreibung, Analyse und präskriptive Therapie für Organisationskulturen.

Wir haben gesehen, wie sich Organisationskulturen im Laufe des Lebenszyklus verändern. Die dargestellte Managementtheorie ermöglicht es uns festzustellen, wie und warum sich Kulturen ändern. Ferner wurde dargestellt, wie diese Theorie zur Veränderung der Position einer Organisation im Lebenszyklus und in ihrer Kultur angewendet werden kann.

Die dargestellte Theorie kann jedoch nicht als »fertig« bezeichnet werden. Ich arbeite immer noch an Teilen davon, und ich denke, der Leser sollte sich dessen bewußt sein. Zur Weiterentwicklung dieser Theorie bleibt noch viel zu tun.

Das Buch enthält keine detaillierte Beschreibung des therapeutischen Teils. Auch Fallstudien wurden nicht präsentiert, die zeigen würden, wie das Verfahren in der Praxis funktioniert oder wo die Fallstricke liegen. Ich wollte die Therapie und die Fallstudien detaillierter beschreiben. Nach allerhand Ärger damit habe ich mich entschlossen, dieses Material herauszulassen. Das Buch ist ohnehin schon zu dick geraten. Jede kurze Zusammenfassung öffnet mehr Türen, als sie Fenster schließt.

Literaturverzeichnis

Adizes, Ichak: Industrial Democracy. Yugoslaw Style, New York 1971
–: New Age Management Theory, Adizes Institute 1989
–: Wie man Mismanagement überwindet. Erkennen und Beseitigen
der Ursachen, Aus d. Amerik. von Stein, Brigitte, München 1981
Adizes, Ichak/Mann-Borgese, Elizabeth: Self Management. New
Dimensions to Democracy, Santa Barbara 1975
Chandler, Alfred B.: Strategy and Structure. Chapters in the History
of the Industrial Enterprise, Cambridge 1962
Djilas, Milovan: The New Class. An Analysis of the Communist
System, San Diego 1983
Peters, Thomas J./Waterman, Robert H.: Auf der Suche nach Spitzen-
leistungen. Was man von den bestgeführten US-Unternehmen lernen
kann, Aus d. Amerik. v. Reddmann, Hartmut, 4. Aufl., München 1993
Samuelson, Paul A.: Economics, 12. Aufl., New York 1985
Shapiro, David: Neurotische Stile, Aus d. Amerik. v. Behrends,
Sabine, Göttingen 1991
Stigler, George Joseph: The Theory of Price, New York 1966
»Who's Excellent Now«, in: *Business Week* vom 5. November 1984

Das Adizes® Institute

Das Adizes® Institute widmet sich der Forschung, Entwicklung und Anwendung holistischer, systematischer und partizipativer Methoden des Wandels im Management.

Das Adizes® Institute schult geeignete Personen – das Diplom ist in den Vereinigten Staaten als qualifizierter Abschluß anerkannt –, die die Adizes-Methode unterrichten und/oder in der Unternehmensführung oder bei Führungsaufgaben in Organisationen anwenden.

Das Adizes® Institute veröffentlicht Audio- und Videomaterial sowie Schriften, erstellt Programme für Organisationen, bereitet Vorträge für unternehmensinterne Veranstaltungen, Seminare, Workshops etc. vor und unterhält einen weltweiten Beratungsservice.

Bei Interesse wenden Sie sich bitte an

The Adizes® Institute
820 Morage Drive. Bel Air
Los Angeles California 90049
Tel 001/310/471 96 77
Fax 001/310/471 12 27

Eine frappierende Methode zur Analyse der Unternehmensführung.

Ichak Adizes

Wie man Mis- manage- ment überwindet

Erkennen und Beseitigen der Ursachen

Wirtschaftsverlag Langen-Müller/Herbig

Ichak Adizes beschreibt ausführlich die verschiedenen Grundtypen des Managers, die für ein erfolgreiches Management erforderlich sind: die ideale Ergänzung zu »Die Adizes-Methode®«.

Wirtschaftsverlag Langen Müller/Herbig